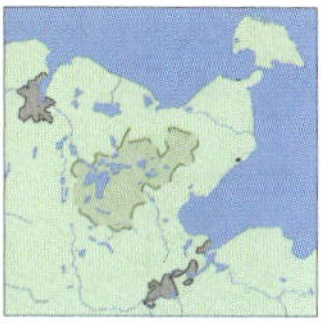

Gesichter einer Küste

Lübeck

Lübecker Bucht

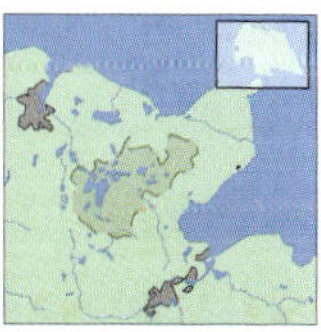

Fehmarn

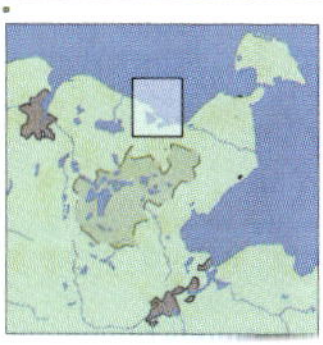

Hohwachter Bucht

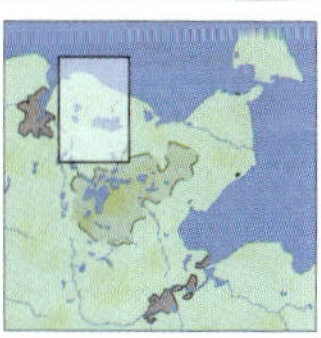

Probstei

Holsteinische Schweiz

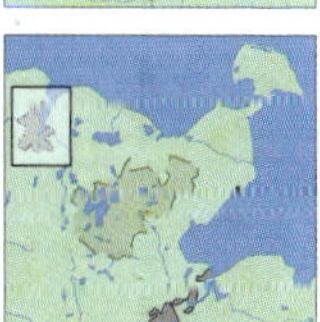

Kiel

Text & Recherche: Dr. Dieter Katz,
unter Mitarbeit von Susanne Katz
Lektorat: Peter Ritter
Redaktion und Layout: Claudia Martins
Fotos: Dr. Dieter Katz
Karten: Carlos Borrell, Judit Ladik, Gábor Sztrecska
Covergestaltung: Karl Serwotka
Covermotive: oben: Mohnfeld bei Neukirchen (Heiligenhafen)
unten: Burgtiefe – Südstrand auf der Insel Fehmarn

Ein besonderer Dank für die Unterstützung an Birgit und Niko (Grube).

ISBN 3-89953-105-1

Aktuelle Infos online unter www.michael-mueller-verlag.de

Originalausgabe 2003

OSTSEEKÜSTE

von Lübeck bis Kiel

INHALT

Gesichter einer Küste 8

Ostholstein auf einen Blick 11

Ferienprofil Ostholstein: Was für wen? 13

Familienurlaub mit Kindern 13
Baden, Sonnenbaden, Faulenzen 13
Kur und Genesungsurlaub 14
Wandern und Radfahren 14
Segeln, Windsurfen, Kanu und Kajak 14
Angeln 15
Reiterferien 15

Reisepraktisches 16

Anreise/Öffentliche Verkehrsmittel 16
Geschäftszeiten 16
Kurtaxe/Gästekarte 17
Parken 17
Übernachten 18
Wohnmobil 19

Ostholstein in Stichworten 20

Bernstein – der Schatz der Ostsee 20
Ebbe und Flut 20
Flora und Fauna 21
Geologie 22
Herrenhäuser 22
Holsteinische Küche 23
Hünen- oder Hügelgräber 25
Klima 26
Knicks 26
Kunst- und Kultur 26
Mühlen und Windkrafträder 28
Quallen 28
Reetdächer 29

Geschichte 30

Lübeck 33

Geschichte 35
Sehenswertes 40
Museen und Ausstellungen 47
Umgebung von Lübeck 51

Lübecker Bucht 54

Travemünde 54
Niendorf 60
Timmendorfer Strand 64
Scharbeutz 67
Umgebung von Scharbeutz 68
Haffkrug 69
Sierksdorf 70
Umgebung von Sierksdorf 73
Altenkrempe 74
Neustadt in Holstein 76
Pelzerhaken 81
Rettin 82
Schashagen 83
Grömitz 83
Umgebung von Grömitz 89
Cismar 91
Kellenhusen 93
Dahme 96
Grube 100
Umgebung von Grube 103
Heringsdorf 104
Neukirchen 105
Großenbrode 106

Fehmarn 109

Burg 114

Gemeinde Bannesdorf 121

Leuchtturm Staberhuk 121
Katharinenhof 122
Klausdorf 124
Bannesdorf Ort 125

Marienleuchte 125
Puttgarden 125
Naturschutzgebiet Grüner Brink 126

Gemeinde Westfehmarn 128

Dänschendorf/Schlagsdorf/Altenteil 128
Westermarkelsdorf 129
Petersdorf 130
Wasservogelreservat Wallnau 131
Flügger Strand 132
Orth 134
Lemkenhafen 135

Gemeinde Landkirchen 136

Landkirchen Ort 137
Bisdorf 138
Albertsdorf 138
Gold 139
Strukkamphuk 140
Fehmarnsund 140
Wulfener Hals 140

Hohwachter Bucht 141

Heiligenhafen 141
Umgebung von Heiligenhafen 147
Oldenburg in Holstein 148
Umgebung von Oldenburg 151
Lensahn 152
Umgebung von Lensahn 153
Weissenhäuser Strand 154
Umgebung von Weissenhäuser Strand 156
Sehlendorfer Strand/Blekendorf 159
Hohwacht 161
Lütjenburg 166
Umgebung von Lütjenburg 169
Behrensdorf 171
Panker 173
Hohenfelde 175

Probstei 177

Schönberg 178
Umgebung von Schönberg 181
Wendtorf und Stein 183
Laboe 184
Heikendorf 187
Probsteierhagen/Passader See 189
Selent/Selenter See 190
Orte und Sehenswertes rund um den Selenter See 192
Preetz 195
Umgebung von Preetz 201

Holsteinische Schweiz 203

Schönwalde am Bungsberg 204
Kirchnüchel 206
Eutin 208
Umgebung von Eutin 214
Bad Malente-Gremsmühlen 215
Umgebung von Bad Malente-Gremsmühlen 217
Plön 218
Umgebung von Plön 224
Bosau 225
Dersau 226
Ascheberg 228
Wankendorfer Seengebiet 229
Bad Segeberg 230
Umgebung von Bad Segeberg 233
Ahrensbök 234

Kiel 235

Geschichte 237
Sehenswertes 241
Museen und Ausstellungen 244
Außerhalb des Zentrums 250

Sach- und Personenindex 253

Geographischer Index 254

Verzeichnis der Wanderungen und Fahrradtouren

Fahrradtour: Rund um den Hemmelsdorfer See (inkl. Karte) ... 62

Fahrradtour: Grömitz – Gut Brodau – Neustadt – Altenkrempe – Grömitz (inkl. Karte) ... 90

Wanderung/Fahrradtour: Dahme – Grube – Siggeneben – Rosenfelder Strand – Dahme (inkl. Karte) ... 100

Fahrradtour: Landkirchen – Orther Reede – Petersdorf und zurück ... 136

Wanderung/Fahrradtour: Rund um den Großen Binnensee (inkl. Karte) ... 164

Fahrradtour: Im Gutsland zwischen Selenter See und Plöner See (inkl. Karte) ... 194

Wanderung/Fahrradtour: Rund um den Lanker See ... 200

Wanderung: Von Schönwalde zum Bungsberg und zurück ... 206

Wanderung: Rund um den Großen Eutiner See ... 212

Fahrradtour: Rund um den Plöner See (inkl. Karte) ... 224

Wanderung/Fahrradtour: Rund um den Vierersee (inkl. Karte) ... 226

Kartenverzeichnis

Übersicht ... Umschlagklappe vorn u. hinten

Bad Malente-Gremsmühlen ... 215
Burg ... 115
Eutin ... 211
Fehmarn ... 110/111
Grömitz ... 87
Heiligenhafen ... 144/145
Kiel ... 238/239

Lübeck ... 41
Neustadt ... 78
Oldenburg ... 151
Plön ... 221
Preetz ... 197
Travemünde ... 57
Wanderungen/Fahrradtouren ... s. o.

Zeichenerklärung für die Karten und Pläne

Landkarten

- Autobahn
- Bundesstraße
- Hauptverkehrsstraße
- Nebenstraße
- Wanderweg
- Fahrradtour
- Leuchtturm
- Windmühle
- Camping
- Badestrand

Stadtpläne

- Hauptstraße
- Nebenstraße
- Fußgängerzone
- bebaute Fläche
- Grünanlage
- Gewässerfläche

- Kirche
- Schloss/Festung
- Information
- Post
- Museum
- Parkplatz
- Krankenhaus
- Apotheke
- öffentliches WC
- Bank/Geldautomat

Alles im Kasten

Der Strandkorb 10
Die Novembersturmflut von 1872 21
Adel und Leibeigenschaft 31
Die Brüder Mann 35
Die Hanse 38
Die steinerne Maus 43
Lübecker Marzipan 49
Bismarcktürme 53
Die vergessene Kirchenschuld 72
Das Unglück der Cap-Arcona 81
Die Promenade: Es begann mit ein paar Brettern 84
Der dicke Mann und die alte Eiche 94
Die Fehmarnsundbrücke: Wahrzeichen der Ostseeküste 107
Die Vogelfluglinie 112
Steinfischer 116
Der Untergang des Segelschulschiffs "Niobe" 127
Wo Jimi Hendrix sein letztes Konzert gab 133
Nehrungshaken 142
Der Silberfund von Farve 157
"Hier hielt König Wilhelm" 172
Das Testament des Fürsten 174
Der Fördewanderweg 185
Die Weiße Flotte 204
Die Bräutigamseiche 214
Der "Schwarze Mann" 223
Der Nord-Ostsee-Kanal 243
Kieler Umschlag 245
Die Kieler Woche 251

Sonnenuntergang am Graswarder/Heiligenhafen

Gesichter einer Küste

Zwischen Lübeck und Kiel erstrecken sich, einschließlich der Insel Fehmarn, rund 280 Kilometer abwechslungsreiche Ostseeküste. Mal präsentiert sie sich als Steilküste, mal dominieren lange, weite Strände, die herrliche Möglichkeiten zum Schwimmen und Sonnenbaden bieten. Dazwischen liegen viele gut besuchte Ostseebäder mit langer Tradition und klangvollen Namen, aber auch kleine, ruhige Ortschaften, in denen es sehr beschaulich zugeht. Und im Hinterland breitet sich die von zahlreichen Seen durchzogene, sanft-hügelige und waldreiche Landschaft der Holsteinischen Schweiz aus.

Die Ostseeküste ist heute eines der beliebtesten Feriengebiete Deutschlands. Dabei rangiert der Küstenstreifen zwischen Lübeck und Kiel immer noch im oberen Bereich der Rangskala, auch wenn ihm in den letzten Jahren insbesondere durch die mecklenburg-vorpommerschen Badeorte eine mächtige Konkurrenz erwachsen ist. Viele Urlauber kehren Jahr für Jahr zurück und können es kaum erwarten, sich in die kühlen Fluten zu stürzen. Die Vorväter der heutigen Badetouristen waren in dieser Hinsicht noch weit zurückhaltender. Wer überhaupt baden wollte, ging gemessenen Schrittes in ein geschütztes Binnengewässer, denn das Meer galt als wild und stürmisch, war also nach landläufiger Meinung für derartige Vergnügungen schlicht nicht geeignet. Erst Ende des 19. Jh. wurde der aus England auf den Kontinent übergreifende Gedanke, dass das Meerwasser durchaus der Gesundheit förderlich sei, auch hierzulande hoffähig, und zwar im wahrsten Sinne des Wortes: 1793 nämlich überredete der Leibarzt des Herzogs von Mecklenburg, Professor Samuel Gottlieb Vogel (1750–1837), in Heiligendamm bei Bad Doberan, eine ganze Hofgesellschaft, sich dem bislang verschmähten Ostseewasser auszusetzen – noch dazu im

September! Mit Meeresbadevergnügen im modernen Sinne hatte die von Vogel initiierte Veranstaltung freilich noch nichts zu tun; es war eher ein wohldosierter Annäherungsversuch an das neue Element, der die adelige Gesellschaft nicht gleich überfordern sollte: Man stellte Badewannen an den Strand, füllte sie mit Ostseewasser, spannte ein schützendes Zelt um das kleine "Privatmeer", entkleidete sich, stieg hinein und ließ es sich dort mehr oder minder gut gehen. Ein wahrlich bescheidener Anfang, aber doch so etwas wie die Geburtsstunde deutscher Ostsee-Badefreuden.

Der nächste Schritt in Sachen "Eroberung der Ostsee" ließ nicht lange auf sich warten, denn ab etwa 1800 begann die Ära der sog. Badekarren. In diesen komplett geschlossenen Gefährten wurde man von Pferden ins hüfttiefe Wasser gezogen. Dort angelangt, konnte man seine mobile Umkleidekabine nach hinten heraus verlassen, selbstverständlich geschützt von einer ausladenden Markise, die jeden neugierigen Blick verhinderte (Voyeure hätten allerdings ohnehin keine Freude gehabt, denn die Badekostüme dieser Zeit waren lediglich leicht reduzierte Versionen der Tagesmode). Wer genug gebadet hatte, läutete kurz eine in der Karre angebrachte Glocke und gab damit kund, wieder "an Land" geholt werden zu wollen.

Holsteinische Blütenpracht

Die Ära der Badekarren sollte die Badekultur an der Ostseeküste fast ein ganzes Jahrhundert beherrschen. Was folgte, war das Zeitalter der Badeanstalten, und zwar in Form von fest installierten Badehäusern, die auf Holzpfählen gebaut wurden und vom Strand bis weit ins Meer hineinreichten. Von einer Plattform konnte man sich dann in die kühlen Fluten stürzen. Natürlich musste all dies streng nach dem Gebot der Geschlechtertrennung geschehen, das heißt, man baute Badehäuser für Männer und Frauen, die häufig an unterschiedlichen Strandabschnitten platziert wurden, damit man sich nicht ins Gehege kam. Außerhalb der Badeanstalten den Schritt ins Meer zu wagen war strengstens verboten, und das Strandleben genoss man im Liegestuhl, natürlich von Kopf bis Fuß bekleidet. Nur den Kindern war es gestattet, gelegentlich die Kleiderordnung etwas aufzuweichen: Sie durften zum Spielen am Wasser die Schuhe ausziehen ...

Badeanstalten dieses Zuschnitts waren noch bis in die 1920er Jahre ein gewohntes Bild an der Ostseeküste. Erst danach kamen sog. Familienbäder auf, in denen die Geschlechtertrennung aufgelockert wurde. Wer in solchen Einrichtungen baden wollte, musste allerdings seine Familienzugehörigkeit nachweisen. Trotzdem war damit der Grundstein für die heutige Ostsee-Badekultur gelegt, die sich dann ab den 1930er Jahren und noch verstärkter nach dem Zweiten Weltkrieg bis zur heutigen Form ausbilden konnte.

Am Strand von Scharbeutz

Der Strandkorb

Er gehört zum Bild der Küste wie der Strand und das Meer. Ein Strandkorb erlaubt es, den Tag bei jedem Wetter zu genießen, er ist Windschutz und Schattenspender zugleich. In ihm kann man sogar einen kurzen Regenschauer abwettern, und das schon seit über 120 Jahren.

Im Jahr 1882 ging die rheumakranke Elfriede Maltzahn aus Kühlungsborn (ein einst bekanntes mecklenburgisches Seebad) zum Rostocker Hof-Korbmacher Wilhelm Bartelmann. Sie beauftragte ihn, ihr einen Korbstuhl zu fertigen, mit dem sie die Seeluft windgeschützt genießen konnte. Damit war der Strandkorb geboren und feierte schon bald durchschlagende Erfolge. Mit der Zeit wurden die Strandkörbe immer komfortabler und bekamen ein bewegliches Oberteil. Zuletzt musste das Rohrgeflecht weichen und wurde durch witterungsbeständigeren Kunststoff ersetzt. Doch trotz aller Vorteile: Diese ausgesprochen praktische Erfindung ist eine ganz und gar deutsche Eigenheit und konnte sich im Ausland nie richtig durchsetzen. Wer es ausprobieren will: Mit einer Tagesmiete von 7 bis 9 Euro ist man dabei. Und Auswahl gibt es reichlich: 70.000 Körbe warten an den deutschen Küsten auf Urlauber.

Im Zuge dieser Entwicklung avancierte der Tourismus zur wichtigsten Einkommensquelle der Küstenorte. Um die immer zahlreicher anreisenden Gäste zufrieden stellen zu können, baute man Strandpromenaden, Kurhäuser mit entsprechenden Einrichtungen und natürlich jede Menge Unterkünfte. Dass dabei mancherorts auch regelrechte Bausünden begangen wurden, versteht sich von selbst. Insbesondere in den 1960er und 70er Jahren galt oft das Motto "Masse statt Klasse", und es entstanden wahre Bettenburgen, die den Charakter vieler ehemals kleiner Fischerdörfer nachhaltig verändert haben. Nicht zuletzt durch die oben bereits angesprochene neue (alte) Konkurrenz der mecklenburg-vorpommerschen Küstenorte hat mittlerweile aber ein Umdenken eingesetzt. Die Bauvorhaben sind schon lange nicht mehr überdimensioniert, man hegt und pflegt seine Naturparks, rückt stolz das reiche kulturelle Erbe der Region in den Blickpunkt, setzt also insgesamt auf sanftere und zeitgemäßere Formen des Tourismus.

Ostholstein ist aber bei weitem nicht nur Küste und Strandvergnügen. Immer stärker entdeckt wird das Hinterland, dessen Markenzeichen die adeligen Güter sind, zu denen häufig alte, ehrwürdige Alleen führen. Keine andere Gegend in Deutschland ist so reich an – oft schlossähnlichen – Herrenhäusern. Nicht wegzudenken sind auch die vielen noch reetgedeckten Bauernkaten und Scheunen, die den Dörfern mit ihren Feldsteinkirchen eine besondere Note verleihen. Wanderern, Radfahrern, aber auch Auto- und Motorradtouristen bietet die reizvolle Hügellandschaft reichlich Abwechslung; interessante Ausflugsziele gibt es mehr als genug. Und wer hier im Mai unterwegs ist, dem bietet sich ein Naturschauspiel der besonderen Art: Dann nämlich verwandeln sich Tausende Hektar des fruchtbaren dunklen Ackerbodens in das leuchtende Gelb der Rapspflanze und bilden einen faszinierenden Kontrast zum kräftigen Blau des Himmels.

Ostholstein auf einen Blick

Die Lübecker Bucht: Sie gilt als Deutschlands Riviera, an der sich bekannte Ostseebäder wie Perlen an der Schnur aneinander reihen. Neben typischen Familienbädern wie Grömitz oder Kellenhusen finden sich hier auch mondänere Badeorte, etwa Travemünde oder Timmendorfer Strand. Allen gemeinsam sind die weiten, sehr feinsandigen Strände, die bisweilen von Steilküstenabschnitten unterbrochen werden. Der nördliche Teil der Lübecker Bucht, etwa ab Dahme, ist fest in der Hand der vielen Campingfreunde.

Die Insel Fehmarn: Auf kleinstem Raum bietet Fehmarn fast eine Wiederholung des gesamten Ostseeküstenverlaufs: Steile Küsten wechseln mit flachen Ufern ab, denen teilweise Sandbänke vorgelagert sind. Nur am Burger Südstrand sind die Strände sehr fein und weichsandig. An der Ostküste hingegen herrscht eine urwüchsige Steilküstenlandschaft vor, im Norden zeigt sich eine wunderbare Dünenlandschaft, an der ebenso wie an der steinigen Westküste meist eine steife Brise weht. Auch das Inland ist reizvoll, die überaus fruchtbaren Böden gelten als Kornkammer Schleswig-Holsteins. Fehmarn hat noch einen weiteren Trumpf: Nirgendwo in Deutschland scheint die Sonne häufiger als hier!

Wolkenspiele bei Gahlendorf/Fehmarn

Die Hohwachter Bucht: Sie ist längst kein Geheimtipp mehr, dennoch geht es hier vergleichsweise ruhig zu. An der – nach Norden ausgerichteten – Küste sind noch einsame Spaziergänge am

Holsteinische Schweiz bei Kirchnüchel

Strand entlang möglich. Eine Ausnahme bildet der Weissenhäuser Strand, wo sich die größte Ferienanlage Deutschlands befindet. Hohwacht selbst gilt als ruhiges, etwas feineres Ostseebad. Deshalb blieb Hohwacht bislang vom großen Hotelsterben verschont; an kaum einem anderen Ort der Küste gibt es noch so viele Hotels, fast alle in der gehobenen Kategorie. Ganz im Gegensatz dazu steht das sanft-hügelige Hinterland an diesem Teil der Küste. In den netten kleinen Dörfern werden nur vergleichsweise wenige Ferienwohnungen angeboten. Dafür beherbergt dieser landschaftlich großartige Abschnitt Ostholsteins eine Vielzahl schönster Gutsanlagen mit prächtigen Herrenhäusern.

Die Probstei: Bis weit in die Kieler Förde hinein zieht sich eine geschwungene, fruchtbare Landschaft, die man Probstei nennt. Seit Ende des 19. Jh. werden die Salzwiesen an der Küste durch den heute so charakteristischen Deich begrenzt, nur am Rand der Förde sind die Ufer von Natur aus etwas steiler. Auf der Deichkrone erstreckt sich ein kilometerlanger Weg, er ist sozusagen die längste Promenade an der Küste. Davor breiten sich besonders feinsandige Strände aus, z. B. der Schönberger Strand, aber auch die Fördestrände von Laboe oder Heikendorf. Bis zur landeinwärts gelegenen Klosterstadt Preetz breitet sich ein hügeliges und seenreiches Bauernland aus, das vor allem um den Selenter See herum Natur pur bietet.

Die Holsteinische Schweiz: Geprägt wird das Gebiet von seinen fast 200 Seen, die sanft zwischen Wiesen und Wäldern eingebettet sind. Inmitten dieser Seenlandschaft liegen die beschaulichen Städte Plön und Eutin und auch der traditionelle Kurort Malente-Gremsmühlen. Die Region wird von zahllosen kleinen, alleeartigen oder von Knicks (siehe S. 26) begleiteten Nebenstraßen durchzogen, auf denen sich die wunderschöne hügelige Landschaft mit ihren satten Farben auch mit dem Fahrrad entdecken lässt. Zudem gilt der *Naturpark Holsteinische Schweiz* als lohnenswertes Ziel für Wanderer.

Lübeck und Kiel: Beide Städte könnten unterschiedlicher kaum sein: hier das altehrwürdige Lübeck und dort das moderne Kiel. Lübeck kann seine alte Hansetradition kaum verbergen und verbreitet jede Menge Flair durch die Backsteingotik prunkvoller Kaufmannshäuser und prächtiger Kirchen. Kiel hingegen gibt sich großstädtisch, kulturell ambitioniert und maritim: Mitten im geschäftigen Stadtzentrum liegen die Mammutfähren zum Greifen nah, und rundherum locken ungewöhnliche Museen die Besucher zu Stippvisiten oder längeren Rundgängen.

Ferienprofil Ostholstein: Was für wen?

Familienurlaub mit Kindern

Ebbe und Flut sind an der Ostseeküste kaum zu spüren, was diesen Landstrich mit seinen flachen Sandstränden zu einem idealen Feriengebiet für Familien mit Kindern macht. Zudem gibt es an den meist feindsandigen Stränden kaum Brandung. (Vorsicht ist aber beim Spielen an den zahlreichen glitschigen Buhnen geboten, denn die scharfkantigen Steine unter diesen Befestigungen können gefährlich sein.) Zur Ferienzeit zieht es daher Familien mit Kindern zu Tausenden an die Küste. Teilweise gleicht der Uferstreifen dann einer einzigen riesigen Sandkiste.
Nicht zuletzt im Interesse stressgeplagter Eltern verfügen alle Ostseebäder über spezielle Kindereinrichtungen bzw. organisieren eine Kinderbetreuung und/oder zahlreiche Veranstaltungen für die Kleinen. Die Palette reicht von Strandspielplätzen bis zum Inline-Fun-Park, von Clown-Vorführungen bis zur öffentlichen Darbietung von Gutenachtgeschichten.
Für Kinder immer wieder ein Erlebnis ist das Drachensteigenlassen, was durch den beständigen Wind jederzeit möglich ist. Das führt dazu, dass an der Küste jede Menge Drachenfeste stattfinden, bei denen die Besten dieser Zunft ihr Können zeigen.

Baden, Sonnenbaden, Faulenzen

Obwohl sich die Ostsee auch im Sommer selten auf mehr als 19 °C erwärmt, sind die Strände an schönen Tagen bei Einheimischen und Feriengästen äußerst beliebt und zur Hochsaison recht voll. Abgelegene und wenig besuchte Strände gibt es nur wenige. Selbstverständlich sind fast alle Badestrände der Küste bewacht, meist durch die DLRG. Eine nennenswerte Brandung gibt es lediglich bei stürmischem Wetter. Achtung: Ein roter Ball an den Beobachtungsstationen bedeutet Badeverbot für Nichtschwimmer. Sind zwei rote Sturmbälle aufgehängt, herrscht allgemeines Badeverbot.
Eine echte Alternative abseits des Trubels sind die vielen – aber wenig bekannten – Badestellen an den zahlreichen Seen im Hinterland, besonders in der Holsteinischen Schweiz. Die Bezeichnung "Badestelle" meint fast immer eine gepflegte, frei zugängliche Liegewiese (mit Toilette) und ein flaches Seeufer, das oft etwas mit Sand bedeckt ist und auch kleinen Kindern Badespaß ermöglicht. Und wenn das Wetter einmal nicht mitspielt, finden sich in vielen Orten der Küste große Hallen- und Erlebnisbäder, die allerdings recht deftige Eintrittspreise verlangen.

- *FKK* Vielerorts abseits der Kurstrände gestattet. An den Naturstränden ist FKK ohnehin jederzeit möglich.
- *Sauberkeit* In den Ostseebädern werden die Strände regelmäßig gesäubert, auch das vielerorts angeschwemmte Seegras wird immer wieder entfernt.
- *Wasserqualität* Im Allgemeinen gut, wird ständig überwacht. Aktuelle Daten zur Wasserqualität sind im Internet unter www.badewasserqualitaet.schleswig-holstein.de. zugänglich.

Kur und Genesungsurlaub

Die meisten Badeorte sind auch als Ostseeheilbad anerkannt und bieten Kuren an. Behandelt werden beispielsweise chronische und allergische Erkrankungen der Atemwege, Hauterkrankungen, Stoffwechselstörungen sowie Erkrankungen von Knochen, Gelenken und Wirbelsäule. Kurzentren mit beheizten Meerwasserhallen- und/oder Brandungsbädern sowie einer Saunalandschaft gibt es in allen größeren Ostseebädern. Sie stehen ebenso wie die Kurmittelhäuser auch Urlaubern für Bäder, Massagen, Packungen, Kneippsche Anwendungen, Inhalationen, Bestrahlungen usw. offen. Informationen erteilen die jeweiligen Kurverwaltungen bzw. Touristeninformationen der Ostseebäder.

Wandern und Radfahren

Vor allem die Holsteinische Schweiz verfügt über ein gut erschlossenes Netz von Wanderwegen. Vor Ort erhältliche Wanderkarten erleichtern dennoch die Orientierung. Prachtvolle Natur genießen kann man natürlich auch bei einem langen Strandspaziergang oder auf den windigen Wegen der zerklüfteten Steilküsten. Gesunde Luft ist garantiert.

Auch für Fahrradtouristen gibt es vielfältige Möglichkeiten, auf herrlichen Routen kreuz und quer durch das sanft hügelige Land zu radeln. Man kann dabei auf ein beschildertes Wegenetz von gut 1.500 km Gesamtlänge zurückgreifen. Fast generell verlaufen neben den größeren Straßen gut ausgebaute Radwege, ansonsten bewegt man sich auf asphaltierten Straßen, Spurbahnwegen und Feinschotterpisten fort. Probleme bereitet allenfalls der manchmal recht heftige Gegenwind.

Immer die Küste entlang verläuft auf 280 km von Lübeck bis Kiel der beliebte **Ostseeküsten-Radweg** (s. Umschlagkarte). Bei einer Rundreise wird es in der Hauptsaison allerdings schwer, ein günstiges Quartier zu finden – es sei denn, man ist mit Campingplätzen oder Heuhotels zufrieden. Sicherheitshalber sollte man auch hier vorher buchen.

Segeln, Windsurfen, Kanu und Kajak

Ob an der Küste oder auf den Seen: Ostholstein gilt als eines der schönsten Segelreviere Deutschlands. Einem romantischen Törn an der Küste entlang bis hinüber in die Dänische Südsee steht nichts im Wege. An allen Yachthäfen sind Gastlieger herzlich willkommen. Aber auch sportliche Action auf dem Katamaran ist fast überall möglich.

Windsurfer fühlen sich vor allem auf Fehmarn wohl. Dafür sorgen zwölf ausgewiesene Surfreviere aller Schwierigkeitsgrade. Anfänger kommen am besten in der geschützten Lage des Burger Binnensees auf ihre Kosten (Wulfener Hals, Burgtiefe). Könner lieben die Brandungswellen im Norden und Westen der Insel, und Speedfahrer sind begeistert von den starken Winden auf der vor hohen Wellen geschützten Orther Reede.

Bei Wasserwanderern ist besonders die Holsteinische Schweiz beliebt; die Schwentine ist von Eutin bis Kiel auf rund 50 km für Paddler befahrbar und gilt mit ihrem abwechslungsreichen Streckenverlauf über Seen und vorbei an Gütern oder Mühlen als besonders attraktiv. Als größtes Fließgewässer des Landes verbindet sie die Seen der Holsteinischen Schweiz miteinander.

• *Information* Vor allem in Heiligenhafen hat man sich auf das Verchartern von **Yachten** spezialisiert (✆ 04362/7323 oder 90700). **Surfschulen** gibt es fast überall an der Küste. Das Ministerium für Umwelt, Natur und Forsten des Landes Schleswig-Holstein hat eine kostenlose Broschüre für **Kanufahrer** herausgegeben, in der auch die

Der Hafen von Laboe

Etappen durch die ostholsteinische Seenplatte (Schwentine) und die Untertrave ausführlich beschrieben sind (Mercatorstr. 3, 24106 Kiel). Ein Faltblatt mit dem genauen Streckenverlauf durch die Seenplatte gibt's auch beim Tourismusverband der Holsteinischen Schweiz: Bahnhofstr. 4 a, 23714 Bad Malente-Gremsmühlen, ✆ 04523/200100. Weitere Infos im Internet unter www. kanush.de.

Angeln

Die Ostseeküste und ihr seenreiches Hinterland ist ein Paradies für Angler. In den fischreichen und sehr sauberen Flüssen und Seen sind jede Menge Süßwasserfische wie Seeaal, Hecht, Lachsforellen und Maränen zu Hause. Fast überall dürfen einen Bundesfischereischein vorausgesetzt – die Petrijünger ihr Glück versuchen. Darüber hinaus werden von allen Häfen aus zünftige Hochseeangeltouren angeboten.

- *Angelschein* Wegen der unterschiedlichen Besitzverhältnisse ist für fast jedes Gewässer der Angelschein an einer anderen Stelle zu erwerben. Die tägliche Gebühr beträgt 4–9 €, wöchentlich ist man mit 15–25 € dabei. Eine aktuelle Preis- und Gewässerübersicht für den Angelsport erhält man bei: Holsteinische Schweiz Tourismus e.V., Bahnhofstraße 4 a, 23714 Bad Malente-Gremsmühlen, ✆ 04523/200100.
- *Brandungsangeln* Vor allem rund um Fehmarn gibt es schöne Brandungsangelreviere. Den Angelschein für die Ostsee (6 €) erhält man im Burger Rathaus, Zimmer 8, ✆ 506-163.
- *Hochseeangeln* Heiligenhafen ist die Hochburg der Hochseeangler, entsprechend groß ist das Angebot für Angelfahrten. Infos gibt's bei der Touristik GmbH, Bergstr., 23774 Heiligenhafen ✆ 04362/90720. Auch von anderen Häfen, besonders von Laboe, Burgstaaken und Niendorf aus, stechen täglich um 7.30 Uhr für etwa 26 € (pro Person) die Angelkutter in See.

Reiterferien

Holstein ist ein Pferdeland, immerhin wurde eine ganze Pferderasse nach dieser Landschaft benannt. Ponyreiten für Kinder wird in vielen Ferienorten angeboten, aber auch die Ausbildung in guten Reitschulen ist meist kein Problem. Ein Ausritt am Strand oder durch die weichen Hügel gilt als besonderes Erlebnis. Deshalb ist man an der Küste und in der Holsteinischen Schweiz wie in kaum einem anderen Ferienland auf Reiterferien spezialisiert. Seit Jahren arbeitet man an einem landesweiten Reitwegenetz, einige Reitpfade gibt es schon. Auch Ferien auf dem Bauernhof oder Reiterhof sind vielerorts möglich.

Information Auskunft erteilen die jeweiligen Fremdenverkehrsämter, ein Faltblatt "Reiter- und Ponyhöfe" gibt's beim Ostseebäderverband Schleswig-Holstein, Vorderreihe 57, 23570 Lübeck-Travemünde.

Reisepraktisches

Anreise/Öffentliche Verkehrsmittel

Fast alle Urlauber reisen mit dem Auto an, dabei gibt es durchaus andere Möglichkeiten, nämlich Bahn und Bus, die sich auch für einen Tagesausflug vor Ort eignen.

Bahn: Drei Verbindungen stehen zur Verfügung, die im Stundentakt bedient werden. Die beliebteste Strecke führt von Hamburg über die Lübecker Bucht bis Fehmarn. In der Regel muss man in Lübeck umsteigen und nimmt dann den Zug über Timmendorfer Strand, Scharbeutz, Neustadt und weiter über Oldenburg bis nach Puttgarden. Für Fahrradtouristen verkehrt an den Sommerwochenenden sogar ein extra Fahrradzug; dieser fährt von Hamburg nach Travemünde. Eine zweite Verbindung führt von Hamburg direkt nach Kiel. Eine dritte (ebenfalls im Stundentakt bediente) Strecke schlängelt sich quer durch die Holsteinische Schweiz von Lübeck über Plön bis nach Kiel (Infos unter www.bahn.de).

Bus: Schon für die Anreise gibt's als Alternative zum Auto von Berlin und Hamburg aus einen Busshuttle der Firma Autokraft. Von Berlin fahren täglich Busse über die Orte der Holsteinischen Schweiz und Neustadt nach Kiel und zurück (Einzelfahrt ab Berlin 38 €, Kinder 21 €). Von Hamburg fährt ebenfalls täglich der sog. Bäderbus über Lübeck und dann die Küste entlang bis zum Weissenhäuser Strand (Einzelfahrt für die weiteste Strecke ab Hamburg 11,30 €, Kinder 5,70 €, Familienkarte hin und zurück 38 €, Zuschlag für ein Fahrrad 1 €).
An der Küste existiert darüber hinaus eine Bus-Verkehrsgemeinschaft, auf der ebenfalls vorwiegend Busse der Firma Autokraft verkehren. Sie verbindet regelmäßig die einzelnen Ostseebäder sowie die Orte der Holsteinischen Schweiz miteinander. Als besonderen Gästeservice und zur Verkehrsberuhigung können mancherorts mit einer mindestens zwei Tage gültigen Gästekarte auch die Linienbusse innerhalb einer Region zum Nulltarif benutzt werden. Dies gilt für die Region zwischen Timmendorfer Strand, Scharbeutz, Sierksdorf bis nach Eutin, das Gebiet zwischen Neustadt, Grömitz und Dahme und schließlich die Region zwischen Heiligenhafen und Burg auf Fehmarn.

Information Firma Autokraft GmbH, ✆ 01803/121999, www.autokraft.de. Außerdem bei den regionalen Fremdenverkehrsämtern.

Geschäftszeiten

Auf den Strandpromenaden und in manchen Fußgängerzonen der Ostseebäder sind viele Geschäfte die ganze Woche über bis 20 Uhr oder darüber hinaus geöffnet. Selbst im Hinterland, beispielsweise in Eutin, gilt die "Bäderregelung", die Ausnahmen vom Ladenschlussgesetz erlaubt. Im Sommer haben hier vor allem Supermärkte abends länger und auch an Sonn- und Feiertagen geöffnet.

Die Fußgängerzone von Neustadt in Holstein

Kurtaxe/Gästekarte

Zur Finanzierung und Unterhaltung der zur Erholung dienenden öffentlichen Einrichtungen wird in den größeren Orten eine Kurabgabe erhoben. Oft erhält man dann eine sog. Gästekarte, die zum freien Zugang zum Strand und zu ermäßigtem Eintritt in Schwimmbädern, bei Veranstaltungen usw. berechtigt. Teilweise ist mit der Gästekarte auch die Benutzung der Linienbusse frei oder deutlich verbilligt.
Mittlerweile erkennen fast alle Gemeinden der Küste ihre Kurkarten gegenseitig an, sodass Tagesausflügler an "fremden Stränden" nicht noch mal zur Kasse gebeten werden. Überprüft wird die Zahlung von Kontrolleuren, die an den Stränden der großen Ostseebäder die Badegäste ansprechen. Am vornehmen Timmendorfer Strand muss man die Karte schon vorzeigen, bevor man überhaupt den Strand betritt. In Travemünde sind Automaten aufgestellt, an denen man sich eine Strandkarte ziehen kann.
Der Tourismusbeitrag variiert je nach Saison und Ort. Er liegt in der Hauptsaison für Erwachsene zwischen 1,50 und 3 € pro Tag, für Kinder und Jugendliche (bis 18 Jahre) zahlt man in der Regel nichts.

Parken

Fast alle Ostseeurlauber reisen mit dem PKW an, weshalb das Parken zunehmend zum Problem wird. Um Abhilfe zu schaffen und die Ortszentren zu entlasten, wurden in den Ostseebädern vielfach gut beschilderte und zum Teil kostenlose Großparkplätze eingerichtet, die meist relativ strandnah liegen. Wer noch näher am Strand parken will, wird zum Teil ganz ordentlich zur Kasse gebeten. Beispielswiese ist man am Timmendorfer Strand mit 1 € pro Stunde dabei, andernorts sind die Preise etwas moderater und betragen etwa 2–3 € am Tag.

Auch an vielen kleinen und abgelegenen Stränden gibt es (kleine) Parkplätze; statt Kurtaxe kassiert hier oft ein Parkplatzwächter eine Gebühr, die im Regelfall pro Auto 2 € am Tag beträgt.

Übernachten

Der Ostseeurlauber schläft mehrheitlich in Ferienwohnungen, von denen es hier ein Überfülle gibt. Auch die Variante "Urlaub auf dem Bauernhof" ist in großer Zahl vertreten (Info unter www.bauernhof-erlebnis.de). Besonders in der Hochsaison zwischen Juni und August ist die Küste vielerorts ausgebucht; hier empfiehlt sich eine Reservierung oder ein Ausweichen in die Holsteinische Schweiz, wo immer mal ein Zimmer frei ist.

Ferienwohnungen: Gelegentlich bieten private Vermittlungsbüros Wohnungen an, fast überall übernehmen diese Aufgabe jedoch die örtlichen Fremdenverkehrsbüros und halten Kataloge mit Ferienwohnungen bereit. Wenn Sie entsprechende Angebote einholen wollen, sind Sie hier an der richtigen Adresse. Informieren kann man sich zudem im Internet, beispielsweise unter www.sh-tourismus.de.

Wegen der wirklich unüberschaubaren Fülle von Angeboten im Bereich Ferienwohnungen haben wir im Reiseteil dieses Buches auf entsprechende Hinweise verzichtet; lediglich örtliche Vermittlungsagenturen werden genannt.

Hotels/Pensionen: Wer in einem Hotel schlafen möchte, wird meist kräftig zur Kasse gebeten, denn die meisten Häuser an der Küste gehören der gehobenen Kategorie an. Pensionen gibt es insgesamt relativ wenige, da viele Häuser in den letzten Jahren zu Appartementanlagen umgebaut worden sind. Alle DZ-Preise im Buch beziehen sich auf die Hauptsaison.

Jugendherbergen: Es gibt sie in allen größeren Orten, namentlich in Lübeck, Travemünde, Scharbeutz-Klingberg, Burg, Schönberg, Schönwalde, Eutin, Malente, Plön, Bad Segeberg und Kiel. Die Herbergen sind allen Altersgruppen zugänglich, Voraussetzung ist nur ein gültiger Jugendherbergsausweis (bis 26 Jahre 10,50 €, für Senioren oder Familien 18 € pro Jahr). Für den Aufenthalt hat man in der Regel die Wahl zwischen Übernachtung/Frühstück, Halbpension oder Vollpension. Die Übernachtung mit Frühstück kostet zwischen 12,50 und 18 €. Einzelgäste ab 27 Jahren zahlen einen Zuschlag von 2,70 € pro Nacht.

Information Der Landesverband Nordmark e.V. des Deutschen Jugendherbergswerks hat ein kostenloses Verzeichnis der norddeutschen Jugendherbergen herausgegeben: Rennbahnstr. 100, 22111 Hamburg, ✆ 040/6559950, www.jugendherberge.de.

Heuhotel: Eine urige und neue Variante der Übernachtung sind die vereinzelt eingerichteten Heu- und Strohhotels. Einfacher geht's nicht, günstiger auch nicht. Geschlafen wird im Heu und Stroh in ehemaligen Pferdeboxen oder auf dem schön hergerichteten Heuboden. Schlafsack und Taschenlampe sind mitzubringen. Bad, eine kleine Küche und ein gemütlicher Aufenthaltsraum sind in der Regel vorhanden. Pro Person sind um die 10 € zu zahlen, dafür gibt's aber auch ein deftiges Frühstück.

Empfehlung Ein nettes Heuhotel liegt bei Travemünde (Ivendorf, ✆ 04502/2602), ein zweites bei Schönberg (Barsbek, ✆ 04344/9844), ein drittes in Ascheberg (✆ 04526/1322). Eine Übersicht der Heuhotels gibt's im Internet unter www.lwk-sh.de (bei "Kaffee, Wurst, Urlaub" und weiter unter "Heuherbergen").

Camping: Ganz sicher ist die Ostseeküste ein Eldorado für Campingfreunde. Ganze Küstensteifen und manche Seeufer sind mit Campingplätzen übersät, insgesamt sind es fast 100. Die zum Teil sehr großen Plätze bieten Sportmöglichkeiten, Kin-

Bauernkate in Thomsdorf bei Grube

derbetreuung und Animation, fast immer sind auch Lebensmittelladen und Restaurant vorhanden. Viele Campingplätze sind jedoch nur in der Zeit von April bis Oktober geöffnet und im Hochsommer sehr voll; eine Reservierung ist dann dringend zu empfehlen. Camping ist kein billiges Vergnügen, die Preise pro Übernachtung liegen für eine Familie pro Stellplatz bei 20–30 €.

Information Eine Übersicht der Campingplätze entlang der Ostseeküste und in der Holsteinischen Schweiz gibt's kostenlos beim Ostseebäderverband Schleswig-Holstein (Voderreihe 57, 23570 Lübeck-Travemünde).

Wohnmobil

Wohnmobilisten sind an der Küste gerne gesehen, auf vielen Parkplätzen allerdings nicht über Nacht. Die vielen Campingplätze bieten sich aber immer als Alternative an. Freies Übernachten direkt an der Küste ist hingegen ein Problem, im Hinterland aber gelegentlich möglich.

• *Wohnmobilplätze* **Travemünde** verfügt über einen gebührenpflichtigen Stellplatz für 70 Mobile (mit WC- und Duschcontainer). Am Fischereihafen.

Der Hansa-Park in **Sierksdorf** lockt mit 100 gebührenfreien Stellplätzen.

In **Grömitz** sind auf dem ausgeschilderten Großraumparkplatz (inkl. Entsorgungsanlage) 50 gebührenpflichtige Plätze reserviert (auch für Übernachtungen).

In **Heiligenhafen** gibt's einen ähnlichen Platz für 90 Mobile auf dem schönen Steinwarder.

Burg auf Fehmarn bietet den nur über Nacht gebührenpflichtigen und innenstadtnahen Parkplatz Ost (mit WC).

Nur in **Puttgarden/Fehmarn** gibt es ein reines campingplatzartiges Wohnmobilgelände (80 Plätze, abseits vom Strand, ✆ 04371/4070).

Plön bietet 20 gebührenfreie Stellplätze am Kleinen Plöner See (B 430, Ortsausgang Richtung Neumünster).

Von Bernstein, Knicks und Quallen: Ostholstein in Stichworten

Wissen Sie, was *Knicks* sind oder was der Holsteiner meint, wenn er in seiner Stammkneipe *"Lütt un Lütt"* bestellt? Wenn Sie Antworten auf solche und ähnliche Fragen haben wollen und sich für Regionsspezifisches interessieren, suchen Sie sich einfach aus den folgenden Stichworten das Passende heraus.

Bernstein – der Schatz der Ostsee

Wo heute die Ostsee rauscht, standen einst – vor etwa 40 Millionen Jahren – subtropische Wälder, deren herabtropfendes Harz durch die Flüsse ins Meer gelangte. Unter Luftabschluss versteinerte es dort und wurde im Laufe der Zeit zu Bernstein. Etwa 300 verschiedene Bernsteinarten sind bekannt, die Farbpalette reicht von hellen Elfenbein- bis zu dunkel schimmernden Brauntönen. Der Stein selbst kann milchig, trüb oder klar sein, mitunter sind kleine Insekten eingeschlossen, die am Harz kleben geblieben sind. Schon in frühester Zeit wurde Bernstein am Strand gesammelt und zu Schmuck verarbeitet. Im antiken Griechenland und in Rom galt er als so kostbar, dass er dort häufig mit Gold aufgewogen wurde.

Bernstein, das Gold der Ostsee

Unverwechselbares Kennzeichen der Steine ist ihre Brennbarkeit (auch ihr Name ist von dieser Eigenschaft abgeleitet: niederdeutsch *börnen* = brennen). Hinzu kommt: Er ist ganz leicht und schwimmt in konzentriertem Salzwasser. Wer sich auf die Suche nach dem "Gold der Ostsee" machen will, sollte einen Sturm abwarten. Dann ist die Chance am größten, dass Bernstein am Strand angespült wird. Wer einen Stein kaufen möchte, sollte Folgendes wissen: Bei mit "Echt Bernstein" gekennzeichneten Produkten handelt es sich um Pressbernstein, der erhitzt, gepresst und gelegentlich mit einem Farbzusatz versehen wird. Der tatsächlich echte Bernstein firmiert dagegen unter dem Label "Naturbernstein".

Ebbe und Flut

Ähnlich wie am Mittelmeer beträgt der messbare Tidenhub an der Ostsee nur wenige Zentimeter. Nach Ebbe und Flut muss man sich beim Baden und Wassersport also nicht richten. Dennoch kommt es manchmal vor, dass das Wasser weiter zurückweicht oder näher als üblich an die Deiche spült. Grund dafür ist der Wind, der für einen "Badewannen-Effekt" sorgt: Wenn starke Südwestwinde das Wasser einige Zeit Richtung Dänemark drücken, dann schwappt es bei nachfolgender Flaute wieder an die holsteinische Küste zurück. Dreht der Wind dann auf nördliche Richtung und erreicht gar Orkanstärke, kann es schon einmal zu einer Sturmflut kommen, die das Wasser sogar in Kiel und Lübeck über die Ufer treten lässt. Vor allem während der Frühjahrs- oder Herbststürme zeigt sich die Ostsee auch von ihrer ungemütlichen Seite.

Die Novembersturmflut von 1872

Am 13. November 1872 wurde die Ostseeküste Schleswig-Holsteins von der größten Sturmflut seit Menschengedenken erfasst. Orkanartige Nordwestwinde führten vom 6. bis 9. November riesige Wassermassen durch Skagerrak, Kattegat und den Fehmarnbelt bis in die Lübecker Bucht. In der Nacht vom 12. auf den 13. November drehte der Wind plötzlich auf Nordost und erreichte dabei Windstärke 12. Infolgedessen türmten sich Wellen von bis zu sieben Metern Höhe auf und krachten mit ungeheurer Wucht auf die weitgehend ungeschützte Küste. Dörfer und Städte wurden überschwemmt, Menschen und Vieh ertranken. Der Wasserspiegel stieg um vier Meter höher als normal. Riesige Flächen Acker- und Weideland waren durch das Salzwasser unbrauchbar geworden. Unaufhaltsam bahnte sich die Flut den Weg ins zum Teil erheblich unter dem Meeresspiegel gelegene Hinterland. Um dieses Land zu schützen, wurde in der Folgezeit der vier Meter hohe Deich gebaut.

Vier Meter höher als normal: Wasserstand der Sturmflut in Dahme

Alles hat zwei Seiten: Landvermesser, Ingenieure und Tiefbauarbeiter wurden zum Deichbau an die Küste geholt. Teilweise kamen die Familien nach, Verwandte und Freunde wurden eingeladen, hier die Ferien zu verbringen. Die weitgehend unbekannte Küste war plötzlich in aller Munde. Dank der Eisenbahnverbindung kamen Neugierige aus Hamburg und Kiel, die nicht nur das Ausmaß der Verwüstung sahen, sondern auch die schönen Küstenstreifen, Strände und die schlichten, aber gemütlichen Unterkünfte entdeckten. Das sprach sich schnell herum, mehr Herbergen entstanden, mehr Gäste kamen. Der Badebetrieb an der Küste entwickelte sich unaufhaltsam und brachte der einst so geplagten Region Arbeit und Wohlstand.

Flora und Fauna

Ostholstein ist Lebensraum und Rückzugsgebiet für eine Vielzahl bedrohter Tier- und Pflanzenarten. Um die herrliche Ostseelandschaft zu erhalten, stehen einige Landesteile unter Naturschutz.

Typisch für manche Regionen an der Küste sind die gelegentlich überfluteten Salzwiesen, in denen Pflanzen gedeihen, die sich an den hohen Salzgehalt angepasst haben, z. B. Salzbinsen und Strandastern. Auf den Dünen wächst u. a. Sandhafer bzw. -roggen, in Ufernähe vor allem Silbergras.

Das Hinterland ist eine typische Kulturlandschaft mit großen Wiesen, Feldern und Wäldern. Diese Wälder sind besonders wildreich, vor allem Schwarzwild, Reh- und Damwild tummelt sich hier. Einige Wildgehege bieten einen schönen Einblick in das Leben der Waldbewohner (vor allem im Wildfreigehege Trappenkamp, siehe

S. 229). Eine regionale Besonderheit sind die an einigen Orten in hoher Zahl vorkommenden Fledermausarten. So gelten die Kalkberghöhlen von Bad Segeberg als größtes natürliches Fledermausquartier Mitteleuropas.

Die das Land an der Küste am meisten prägenden Tiere sind die Vögel. Das wasserreiche Ostholstein – an der Vogelfluglinie gelegen (siehe auch S. 112) – ist ein sehr beliebtes Rast- und Brutgebiet. Die zahlreichen Vogelschutzgebiete bieten ideale Lebensbedingungen, und zwar nicht nur für Möwen, sondern auch für bedrohte Vogelarten. In einzelnen Regionen brütet – gut geschützt – sogar wieder der Seeadler, immerhin das Wappentier der Bundesrepublik. Der majestätische Vogel mit über 2,5 m Spannweite (die Weibchen) benötigt ein Jagdgebiet mit Wäldern und Seen und nistet meist in einem gigantischen Nest auf alten Buchen. Weniger anspruchsvoll und kaum menschenscheu ist dagegen der Weißstorch), der in den letzten Jahren in immer mehr Dörfern wieder auf hohen Scheunen oder alten Schornsteinen "sein Lager aufschlägt".

• *Naturschutzgebiete* Die meisten Naturschutzgebiete der Küste sind durch Wanderwege erschlossen und stehen dem Urlauber – außerhalb der Brutsaison der Vögel – zum Besuch offen. Man strebt einen "sanften" Tourismus an. Besonders beliebt sind das **Wasservogelreservat Wallnau** in Westfehmarn und die **Vogelschutzstation Graswarder** bei Heiligenhafen, die beide mehrmals täglich recht informative Führungen anbieten.

Geologie

Erdgeschichtlich ist das Land ziemlich jung und bekam erst in der letzten Eiszeit vor etwa 120.000 Jahren seine heutige Form. Unaufhaltsam rollten die Gletscher – aus Skandinavien kommend – wie Bulldozer über Schleswig-Holstein hinweg und schleppten Geröll, Kalk, Lehm und riesige Findlinge mit. Durch den unvorstellbaren Druck dieses wandernden Eisgebirges wurden Hügel aufgeschoben und Täler geformt, sodass sich die für die Region typische hügelige Endmoränenlandschaft herausbildete. Aus den Gletscherablagerungen entstand der fruchtbare Ackerboden der heutigen Landschaft, die durch Rodung der Wälder und Trockenlegung der Sümpfe zur Kulturlandschaft wurde.

Die Ostsee hat sich durch das Abschmelzen der riesigen Eismassen gebildet. In ihrer heutigen Form ist sie erst vor ein paar tausend Jahren entstanden. Durch den Zugang zur Nordsee nahm sie (sauerstoffreiches) Salzwasser auf. Da dieser Durchlass (über das Skagerrak) mit der Zeit immer schmaler wurde (und heute noch wird), hat das Ostseewasser zunehmend an Salz- und Sauerstoffgehalt eingebüßt; der Salzgehalt liegt heute zwischen 1,8 % an der Küste Schleswig-Holsteins und nur 0,3 % an der Küste Finnlands. Zum Vergleich: Die Nordsee kommt im Durchschnitt auf einen Wert von 3,5 %.

• *Daten zur Ostsee* Fläche: 412.560 km^2 (zum Vergleich: Deutschland hat 356.957 km^2); Volumen: 21.631 km^3 (dies ist rund die Hälfte des Volumens der Nordsee); Nord-Süd-Erstreckung: ca. 1.300 km; West-Ost-Erstreckung: ca. 1.000 km; maximale Breite: ca. 300 km; mittlere Tiefe: 52 m; maximale Tiefe: 460 m.

Herrenhäuser

Alte, majestätische Alleen sind meist ein sicheres Zeichen dafür, dass man sich in der Nähe eines der prachtvollen Herrenhäuser befindet, die nicht umsonst die Schlösser des Nordens genannt werden. Fast immer liegen sie etwas versteckt, umgeben von alten Bäumen und abseits der Verbindungsstraßen. Nicht nur die

Das prächtigste Herrenhaus Schleswig-Holsteins: Salzau

Alleen und imposanten Fassaden der Herrenhäuser, sondern auch große Parks um das Anwesen herum zeugen noch heute von der stolzen Vergangenheit. Keine andere Gegend in Deutschland ist so reich an prächtigen Herrenhäusern wie der Osten Holsteins und besonders die Umgebung von Lütjenburg und Plön, weshalb man diesen Landstrich auch *Grafenwinkel* nennt.

Seit vor gut 800 Jahren holsteinische Ritter das Land von den slawischen Wagriern eroberten, haben sie hier ihre Besitzungen. Anfangs waren es kleine Wasserburgen, doch mit der Entwicklung zu modernen Großlandwirtschaften wurden auch die Herrenhäuser immer stattlicher. Die meist adeligen Besitzer der Häuser beherrschten das Land bis weit ins 20. Jh. hinein. Die Bauern der umliegenden Dörfer hingegen mussten häufig noch bis in die 1920er (!) Jahre warten, bis sie Land bewirtschaften konnten, das ihnen auch gehörte.

Viele Gemeinden sind aus den ehemaligen Gutsbezirken hervorgegangen. Gleichwohl sind fast alle Güter auch heute noch in adeligem Besitz und verfügen über nach wie vor bedeutende Ländereien, nicht selten 600–1200 ha groß. Somit sind die meisten Herrenhäuser auch gegenwärtig noch das, was sie seit jeher waren, nämlich Mittelpunkt eines landwirtschaftlichen Großbetriebes und daher nicht von innen zu besichtigen. Oft lohnt aber schon der Blick von außen die Anfahrt.

Holsteinische Küche

In den Augen mancher Gourmets gilt Schleswig-Holstein immer noch als kulinarisches Entwicklungsland. Tatsächlich ist in den Touristenhochburgen meist deftige Hausmannskost üblich, und natürlich haben sich auch hier die Preise in den letzten Jahren zum Teil kräftig erhöht. Doch wahre "Touristenfallen" mit fettigen Schnitzeln und ebensolchen Pommes gibt es immer weniger, stattdessen eröffnen immer mehr gute Gaststätten, ja Spezialitätenrestaurants.

Café Niederegger in Lübeck

In vielen Restaurants der Küste wird das sog. "Ostseegericht" angeboten. Dabei handelt es sich um ein Menü, das die jeweiligen Köche zusammengestellt und dann auf einem Wettbewerb vorgestellt haben, um es anschließend das ganze Jahr über zu einem vergleichsweise günstigen Preis auf die Speisekarte ihrer Restaurants und Gaststätten zu setzen.

Wer die etwas ungewöhnlichere regionale Küche ausprobieren möchte, dem seien folgende Gerichte empfohlen: Zunächst der *Grote Hans,* ein im Wasser gekochter Hefeteig, der dann in verschiedenen Variationen angeboten wird. Beispielsweise wird er mit Schweinebacke gefüllt, gut gewürzt und dann mit reichlich Senfsoße übergossen. Nicht ganz jedermanns Geschmack dürfte das *Schwarzsauer* sein, das früher am Schlachttag zubereitet wurde: Kleine Schweinefleischstücke (auch Schnauze und Bein) werden mit Schweineblut verkocht und mit Gewürzen verfeinert. Süßsauer eingekocht und dann frisch gebraten wird die *Gänse-* oder *Entenkeule,* die vornehmlich in der kalten Jahreszeit serviert wird. Typisch für die Region ist auch das *Labskaus,* das wohl bekannteste Seemannsgericht. Ursprünglich handelte es sich um ein typisches Restegericht, dessen Zusammensetzung mittlerweile natürlich standardisiert ist: Matjes, gepökeltes Fleisch, Rote Bete und Kartoffeln werden vermengt und mit einem Spiegelei gekrönt.

Weit verbreitet sind auch die weniger "dramatischen" Spezialitäten wie *Räucherfisch* und *Holsteiner Katenrauchschinken,* die im ganzen Land in oft historischen Räuchereien erzeugt werden.

Seefisch wird fast überall angeboten, doch die Gerichte unterscheiden sich zumeist nicht wesentlich von den gängigen Fischspezialitäten anderer deutscher Küstenregionen. Auf jeden Fall sehr empfehlenswert ist es, sich in den Hafenorten beispielsweise Dorsch, Scholle oder Butt fangfrisch vom Kutter zu besorgen – der Geschmack ist wirklich unvergleichlich. In vielen Restaurants der Küste kann man sich hingegen nicht immer sicher sein, ob der Fisch frisch aus dem nächsten Hafen kommt oder tiefgefroren angeliefert wurde, denn die Nachfrage nach Fisch übersteigt zur Hochsaison oft das regionale Angebot. Dem Namen nach bekannt sind vor allem die *Kieler Sprotten.* Die Sprotte ist ein an der Küste vorkommender heringsartiger Fisch, der – fast immer geräuchert – mit seinen feinen Gräten, aber ohne Kopf und Schwanz gegessen wird. Die längste Tradition hat das Sprottenräuchern nicht in Kiel, sondern in Eckernförde. Den Namen aber verdankt der Räucherfisch seinem Transportweg. Die schnelle Beförderung der verderblichen Ware in weite Teile Deutschlands war nur mit der Bahn möglich, Versandbahnhof aber war Kiel, und genau das stand auf den hölzernen Transportkisten.

Bemerkenswert ist auch das Angebot an *Süßwasserfischen.* In den vielen Seen der Holsteinischen Schweiz tummeln sich beispielsweise Zander, Maränen und Lachsforellen. Im Winter ist Karpfenzeit. Der wohlschmeckende, aber grätenreiche Fisch wird dann in den Gasthöfen der Region meist als im Bierteig gebackenes Filet angeboten.

Egal ob Fisch oder Fleisch gegessen wird, was den Nachtisch angeht, so ist eine Speise im Norden überhaupt nicht wegzudenken: die aus verschiedenen Beeren zubereitete *rote Grütze.*

Weil das heimische Essen meist besonders deftig ist, gehört zum Abschluss ein *Köm,* also ein Kümmelschnaps, einfach dazu. Auch in seiner Stammkneipe bestellt der Norddeutsche gerne "Lütt un Lütt", also Bier und Korn. Lediglich in Lübeck hat auch Wein Tradition, und zwar der *Rotspon.* Die Bezeichnung geht auf das niederdeutsche Wort *span* zurück, das "Fass" bedeutet. Tatsächlich wurden schon seit dem Mittelalter in den Lübecker Lagerhäusern französische Weine bis zur Flaschenabfüllung in Holzfässern gelagert und nahmen hier ihren ganz besonderen Geschmack an.

Gut erhaltenes Hünengrab: das Langbett von Flehm

Hünen- oder Hügelgräber

Ursprünglich war Ostholstein geradezu übersäht mit Gräbern aus der Stein- und Bronzezeit. Die meisten von ihnen wurden aber geplündert und die Steine als Baumaterial verwendet. Viele wurden auch beseitigt, weil sie beim Pflügen der großen Äcker störten. Dennoch schlummern auch noch heute einige Gräber versteckt im Wald oder unter Buschwerk inmitten großer Felder, andere wurden restauriert und für Besucher zugänglich gemacht.

Nur Hünen – so die dem volkstümlichen Namen zugrunde liegende Vorstellung – konnten in der Lage gewesen sein, die riesigen Steine herbeizuschaffen und zu Gräbern aufzuschichten. Tatsächlich errichteten die Menschen der Jungsteinzeit ihre

aufwendigen Begräbnisstätten mit Hilfe von Zugtieren und einfachsten Karren. Entstanden sind die Gräber im Zeitraum zwischen 4000 und 2000 v. Chr. In der Wissenschaft werden sie als "Megalithgräber" (Gräber aus großen Steinen) bezeichnet, besonders große Grabanlagen nennt man Lang- oder Riesenbetten. Die Gräber waren ursprünglich mit einem Erdhügel umgeben (also Hügelgräber), doch die Erde wurde im Laufe der Zeit abgespült. Sie bargen in ihrem Inneren rechteckige Grabkammern aus riesigen Findlingen. Auf einer Seite gab es einen tief liegenden Zugang, sodass die Ruhestätten meist über mehrere Generationen Verwendung fanden. Für ein Leben nach dem Tode wurden den Verstorbenen Tongefäße, Schmuck und Waffen mitgegeben.
In der nachfolgenden Bronzezeit (etwa 1800–800 v. Chr.) wurden die Menschen in einer anderen Form der Hügelgräber bestattet. Man legte sie in ausgehöhlte Eichenstämme, umgab diese mit weniger großen Steinen und überwölbte das Ganze schließlich mit einem großen Erdhügel.

Klima

Der deutsche Norden hat – zu Unrecht – den Ruf, ein Schlechtwettergebiet zu sein. Natürlich ist auf das Wetter an der Küste kein Verlass, krasse Temperaturschwankungen sind häufig. Aber lange Regenperioden gibt es selten, die Insel Fehmarn gilt sogar als das sonnenreichste Gebiet Deutschlands. Das Klima ist vergleichsweise mild, und die saubere, staubfreie und jodhaltige Luft gilt als gesundheitsfördernd. Tagsüber ist es fast durchgehend windig, abends wird es dann häufig ruhiger. Kommt der Wind von Westen her, hat das meist Wolken und kurze Schauer zur Folge; Ostwind bringt dagegen die Sonne mit.

Information Wettervorhersagen und aktuelle Wetterdaten für die einzelnen Regionen der Küste kann man unter www.tourismus.schleswig-holstein.de einholen.

Knicks

Die für Ostholstein so typische Knicklandschaft ist erst ca. 200 Jahre alt und entstand im Rahmen der ersten Bodenreform. Jeder Bauer erhielt eigenen Grund und Boden, den er nach dem Willen des dänischen Königs Christian VII. mit "lebenden Zäunen" einzukoppeln hatte. Denn Holz für Zäune war knapp, und so wurden Wälle angelegt und dicht mit Sträuchern bepflanzt. Dies war die dauerhafteste und damit billigste Art, das Vieh ausbruchsicher zu weiden. Der ungewöhnliche Name "Knick" rührt daher, dass beim Bau der Wälle junge Zweige nach unten gebunden, also geknickt wurden, um damit die einzelnen Sträucher dichter miteinander zu verschlingen.

Kunst- und Kultur

Im Sommer verwandelt sich das Land an der Küste in einen einzigen großen Konzertsaal, in dem viele internationale Künstler aufspielen. Vor allem Liebhaber klassischer Musik kommen voll auf ihre Kosten. Insbesondere das *Schleswig-Holstein Musik-Festival* ist überregional bekannt. Für zwei Monate erklingen die Konzerte in prächtigen Gutsscheunen und Herrenhäusern, in kleinen Dorfkirchen oder großen Basiliken. Landauf, landab gibt es weitere Musikfestivals, beispielsweise die *Eutiner Festspiele,* die seit über 50 Jahren auf ihrer einzigartigen Naturbühne im Schlossgarten stattfinden. Hier werden vor allem Opern aufgeführt. Eine weitere Freilichtveranstaltung blickt ebenfalls auf eine über 50-jährige Tradition zurück: die berühmten *Karl-May-Spiele* von Bad Segeberg.

Gildeumzug in Grube

Die reiche Landesgeschichte spiegelt sich vor allem auch in den interessanten Museen wider, von denen es eine Fülle gibt. Über sehr bedeutende Sammlungen verfügen die Städte Lübeck und die Landeshauptstadt Kiel, vor deren Toren das *Freilichtmuseum Molfsee* besonders hervorzuheben ist, weil es sehr sehenswerte Einblicke in das hiesige Brauchtum gewährt. Aber auch viele kleine Gemeinden pflegen ihr kulturelles Erbe in liebevoll zusammengestellten Heimatmuseen.

Was die vielen Hafen-, Altstadt-, Volksfeste oder Bauernmärkte angeht, entpuppen sich die meisten bei genauerem Hinsehen als Verkaufsveranstaltungen und "Fressmeilen" mit lauter Musik und ohne besonderen Charme. Eine Ausnahme von dieser Regel ist beispielsweise das *Klosterfest in Cismar* am zweiten Augustwochenende mit seinem sehenswerten historischen Markt. Bunt und multikulturell geht es auch bei der *Europäischen Volkstum- und Trachtenwoche* zu, die seit über 50 Jahren (Ende Juli) in Neustadt stattfindet. Von ganz anderem Kaliber sind die großen Segelregatten wie die *Kieler Woche* (Ende Juni) und die *Travemünder Woche* (letzte Juliwoche). Diese ziehen Hunderttausende von Besuchern an und bieten ein wahrhaft gigantisches Rahmenprogramm mit Märkten und viel Unterhaltung. In den meisten Ostseebädern heißt der unumstrittene Saisonhöhepunkt jedoch *"Ostsee in Flammen"*, ein gigantisches Höhenfeuerwerk mit musikalischer Untermalung. Das Spektakel zieht beispielsweise in Grömitz am ersten Augustwochenende etwa 75.000 Menschen an den Strand.

• *Eintrittskarten* Für das **Schleswig-Holstein Musik-Festival** (Juli/August) beginnt der Kartenvorverkauf bundesweit schon Ende April unter ✆ 0800/74632000; Programmvorschau und Informationen unter www.shmf.de. Für die **Eutiner Festspiele** (Juli/August) kann man sich unter ✆ 04521/80010 nach Karten erkundigen, weitere Infos unter www.eutiner-festpiele.de. Tickets für die **Karl-May-Spiele** erhält man unter ✆ 04551/95210, weitere Auskünfte unter www.karl-may-spiele.de.

Mühlen und Windkrafträder

Von den einst einigen hundert Windmühlen der Region sind nur wenige erhalten geblieben. Es handelt sich dabei fast ausschließlich um – teilweise reetgedeckte – Galerieholländer aus den Jahren 1850–1890. Viele von ihnen wurden inzwischen zu Restaurants umgebaut. Betriebsbereite Windmühlen sind dagegen rar geworden. Eine davon steht in Lemkenhafen auf Fehmarn, wo auch ein Mühlen- und Landwirtschaftsmuseum eingerichtet worden ist (siehe S. 135).

Deutschlands einzige funktionstüchtige Segelwindmühle in Lemkenhafen/Fehmarn

An Stelle der historischen Windmühlen schießen heute Windkrafträder an der Küste wie Pilze aus dem Boden. Tausende sind es schon, und fast täglich werden es mehr. Teilweise ist der Horizont geradezu von Windrädern übersäht. Die Bundesrepublik ist hier Marktführer; mehr als ein Drittel aller Windkraftanlagen stehen in Deutschland. Bundesweit wird derzeit 3 % der Stromversorgung durch Windenergie gedeckt, langfristig sind bis zu 25 % geplant, Schleswig-Holstein kommt bereits heute auf 18 %. Das technische Hauptproblem dieser sauberen Energiequelle ist der unstete Wind und die damit ständig schwankende Energieleistung der Windkrafträder. Diese muss kontinuierlich durch andere in Bereitschaft stehende Stromerzeuger dem ebenfalls wechselnden Stromverbrauch angepasst werden.

Einmal im Jahr – an Pfingstmontag – ist **Deutscher Mühlentag,** dann sind auf Betreiben der *Deutschen Gesellschaft für Mühlenkunde und Mühlenerhaltung (DGM) e.V.* auch viele der sonst geschlossenen historischen Mühlen Schleswig-Holsteins für die Öffentlichkeit zugänglich.

Quallen

Ausgerechnet im Sommer, und dann je nach Strömungsverhältnissen und Wind, tauchen an den Stränden der Küste die Quallen auf. Vor allem wenn der Wind von See her kommt, treibt er mitunter massenweise *Ohrenquallen* in Ufernähe. Diese sind an sich völlig harmlos, aber beim Schwimmen eben nicht jedermanns Sache. Die vier kreis- oder ohrenförmigen, rosa- oder lilafarbenen Zeichen in der Mitte der Qualle sind ihre Geschlechtsorgane. Unter ihrem glockenförmigen Schirm haben sie zur Beutejagd Fangfäden, welche bei Berührung winzige Nesselzellen aussondern, die

innen mit Gift gefüllt sind. Ohrenquallen haben allerdings ein sehr schwaches und für den Menschen unschädliches Gift.
Vereinzelt tauchen aber auch andere Quallen vor der Küste auf, beispielsweise die *Blaue Nesselqualle,* häufiger die *Rote Nesselqualle,* die auch *Feuerqualle* genannt wird. Diese können das Badevergnügen gründlich verleiden und schmerzhafte Ausschläge oder gar verbrennungsartige Hautveränderungen hervorrufen, die man am besten mit Kälte oder juckreizstillenden Salben behandelt. Betroffene Stellen darf man nicht mit Süßwasser abwaschen, da sonst noch unversehrte Nesselzellen augenblicklich zerplatzen und ihren Giftapparat auslösen. Übrigens soll Urin das Nesselgift kurzfristig neutralisieren.

Reetdächer

Reetgedeckte Häuser sind aus der Region kaum wegzudenken, man sieht sie allerorten. Die Reetdächer schauen nicht nur malerisch aus, sie sind auch funktional, denn im Winter sorgen sie für Wärme und im Sommer für angenehme Kühle. Sie sind regen- und schneedicht, frostbeständig und atmungsaktiv, luftfilternd und feuchtigkeitsregulierend und bei Sturm elastisch. Früher galten Reetdächer als billige Lösung für arme Leute, heute sind sie wegen der teuren Handarbeit purer Luxus geworden. Hinzu kommen noch die Kosten für eine meist teure Brandversicherung, denn das Material ist relativ leicht entzündbar.
Die Dachdecker arbeiten sich von der Traufe zum First hoch. Die Halme werden gleichmäßig in einer Dicke von gut 30 cm auf dem Unterbau verteilt, mit einer etwa einen Meter langen Stahlnadel und Bindedraht an die Dachlatten angenäht und dann ordentlich geschnitten. Ein Reetdach ist dann ebenso lange haltbar wie ein gewöhnliches Ziegeldach. Heute wird hochwertiges Reetgras mangels geeigneter Schilfgürtel nur noch an wenigen Stellen in Holstein geerntet und kommt meist aus Osteuropa.

Reetdachdecker am Werk: Tews-Kate in Malente

Geschichte

Die Geschichte des Küstenlandes ist durch das ständige Gerangel zwischen den verschiedenen Machthabern überaus kompliziert. Dem britischen Premierminister Lord Palmerston (1784–1865), der die Dänen gegen die deutschen Einheitsbestrebungen unterstützte, wird folgendes Aperçu zugesprochen: Die Geschichte des Landes sei so verworren, dass sie nur drei Menschen auf der Welt richtig verstanden hätten. Der Erste sei der deutschstämmige Prinzgemahl Albert (1819–1861), seinerzeit Ehemann der englischen Königin Viktoria; dieser habe aber seine Kenntnisse mit ins Grab genommen. Beim Zweiten handele es sich um einen deutschen Professor, der aber sei durch die Beschäftigung mit dem komplizierten Sachverhalt verrückt geworden. Der Dritte sei er selber, ihm aber sei alles wieder entfallen ...

Wir beschränken uns deshalb auf die Grundzüge: Um 3500 v. Chr. wurden in der eisfrei und wärmer gewordenen Region die ersten **steinzeitlichen Rentierjäger** sesshaft. Sie begannen, ihren Lebensraum durch Abholzen der Wälder und durch Beweidung zu verändern und errichteten auch die vereinzelt heute noch erhaltenen gewaltigen Grabanlagen für ihre Toten (siehe "Hünen- oder Hügelgräber", S. 25).

In der **Bronzezeit** um 1000 v. Chr. wurde die Besiedelung langsam etwas dichter. Die Bewohner verließen aber zur Zeit der Völkerwanderung von 375 bis 500 n. Chr. das Land, welches damit quasi entvölkert war. Dieser Zustand hielt etwa 200 Jahre an, dann kamen aus dem Osten Europas wendische Stämme (vor allem vom Volke der Obotriten) – also **Slawen** – und besiedeln das Land aufs Neue. Sie bauen in dem Gebiet zwischen Lübeck und Kiel ihre "Burgen", die allerdings ganz anders aussahen, als das, was man sich gemeinhin darunter vorstellt. Es waren lediglich durch hohe Erdwälle gesicherte kleine Ansiedlungen in geschützten Lagen. Man nannte diese Menschen Wagrier, was vom altnordischen *vagr* (= Bucht) abgeleitet war und nichts weiter bedeutete als "Menschen, die an der Bucht wohnen". Deshalb wird Ostholstein auch heute noch **Wagrien** genannt (im Folgenden wird weder von Wenden noch von Wagriern, sondern der Einfachheit halber nur von Slawen gesprochen).

Als Karl der Große im Zuge seiner Expansionspolitik sein Frankenreich auch nach Norden ausweitete, verbündete er sich mit den Slawen und schlug im Jahre 798 die nördlich der Elbe siedelnden Sachsen bei Bornhöved vernichtend. Doch das Bündnis hielt nicht lange, und in den nächsten Jahrhunderten lieferten sich die Slawen immer wieder erbitterte Kämpfe mit ihren Nachbarn.

Zur Sicherung des Friedens zwischen den sächsisch-germanischen Holsteinern und Stormanern auf der einen und den Slawen auf der anderen Seite wurde Anfang des 9. Jh. eine Grenze festgelegt, der **Limes Saxoniae** (Sachsenwall). Dabei handelte es sich um einen breiten, unbesiedelten Geländestreifen, der natürliche Hindernisse wie Sümpfe und Flüsse mit einbezog und an wichtigen Übergangsstellen mit Wallburgen geschützt war. Der Sachsenwall reichte – grob gesagt – vom heutigen Kiel bis hinunter in die Gegend um Lauenburg.

Die Slawen waren Heiden, und mit der Ausbreitung des Christentums unter den germanischen Stämmen kam es unweigerlich zu religiös motivierten Auseinandersetzungen. Im Zuge der germanischen Missionierungsbestrebungen wurde 968 das Bistum Oldenburg in Holstein gegründet, das in den folgenden Jahrhunderten eines der Zentren im oft blutigen Kampf zur Christianisierung der Slawen wurde.

1111 übernahmen die **Schauenburger Grafen** die Landesherrschaft, doch die Kämpfe gingen vorerst weiter, und das Land wurde zunehmend verwüstet. In dieser Zeit trat der Bremer Domherr **Vicelin** auf den Plan, der auch "Slawenapostel" genannt wird und 1126 den Auftrag erhielt, von Lübeck aus die Slawen zu christianisieren. Die typischen Feldsteinkirchen im Land, meist mit runden Steintürmen versehen, werden heute noch Vicelinkirchen genannt, auch wenn viele davon erst später entstanden sind.

Durch die immer wieder aufflammenden Kämpfe wurde das Land nach und nach entvölkert. Der einzige Ausweg war eine gezielte Zuwanderungspolitik, die unter Graf Adolf II. ab 1142 mit der massiven Anwerbung von Menschen aus den dicht bevölkerten Regionen Flandern, Holland, Friesland und Westfalen begann. Er lockte einwanderungswillige Bauernfamilien, indem er ihnen reichlich eigenes Acker- und Weideland anbot. Im Rahmen dieser Besiedlungspolitik, die später von Adolf III. und Adolf IV. fortgesetzt wurde, entstanden zahlreiche Ortschaften, von denen einige ab etwa 1230 Stadtrechte verliehen bekamen.

Adel und Leibeigenschaft

Im Zuge der Neubesiedelung entstand auch der holsteinische Adel. Einheimische Bauernführer, die sich in den Kämpfen mit den Slawen besonders bewährt hatten, wurden von den Schauenburger Grafen mit größeren Besitztümern belehnt. Zugleich mussten sie in ihrem Gebiet Verwaltungsaufgaben übernehmen, z. B. den Einwanderern Siedlungs- und Ackerflächen zuweisen, Streitigkeiten schlichten und Ähnliches mehr. Auf der anderen Seite wurden sie verpflichtet, den Schauenburger Grafen bei Kriegs- und Verteidigungsaufgaben zur Seite zu stehen, während die Siedler vom Kriegsdienst befreit waren, im Gegenzug aber Abgaben an den Adel zu entrichten hatten. Der holsteinische Adel wurde in der Folgezeit immer unabhängiger. Das zugeteilte Lehen betrachtete man zunehmend als Eigentum, das vererbt oder verkauft werden konnte, und aus den ehemals noch bedingt freien Siedlern wurden Leibeigene, die zur Bewirtschaftung des Gutslandes herangezogen wurden und denen bei Strafe verboten war, den Gutsbezirk zu verlassen. Erst viel später, nämlich 1805, wurde die Leibeigenschaft von den dänischen Behörden offiziell aufgehoben; faktisch wurde sie in einigen Gebieten aber noch bis in die 1920er Jahre ausgeübt. Denn da das Land weiterhin der Herrschaft gehörte, mussten die Bauern es pachten, oft in Form von Dienstleistungen auf dem Gutshof.

Ab dem Ende des 12. Jh. neigten sich die Christianisierungskämpfe langsam ihrem Ende zu. Es gibt viele Belege dafür, dass Christen und Slawen in verschiedenen Dörfern nun vergleichsweise friedlich nebeneinander lebten. Die logische Folge war, dass sie auch untereinander heirateten und sich die unterschiedlichen Kulturen auf diese Weise vermischten. Es hätten also glückliche Zeiten anbrechen können, aber es kam anders, denn Kaiser Friedrich II. schenkte Storman und Holstein dem Dänenkönig Waldemar. Plötzlich war Wagrien dänisch, was letztlich wieder zahlreiche kriegerische Auseinandersetzungen nach sich zog. 1227 wurde in der **Schlacht von Bornhöved** die schauenburgische Herrschaft wiederhergestellt. Die dänische Vorherrschaft war damit zunächst überwunden.

Im Jahr 1459 starb Graf Adolf VIII., der keine männlichen Nachkommen hatte, weshalb mit ihm die schauenburgerische Linie erlosch. Daraufhin wurde sein Neffe, der aus dem Hause Oldenburg stammende dänische König Christian I., Landesherr von Schleswig-Holstein. Allerdings wurde mit den Holsteiner Grafen 1460 das sog. **Ripener Privileg** vereinbart, welches deren Eigenständigkeit garantierte. Außerdem sah es vor, dass Schleswig und Holstein "auf ewig ungeteilt" zusammenbleiben sollten. Die Formel von der ewigen Einheit *("dat se bliven tosamende up ewich ungedeelt")* wurde oft beschworen, hielt der Realität aber nicht lange stand. Schon nach dem Tod Christians I. teilten die Erben das Land untereinander auf, was wieder zu jahrhundertelangen Auseinandersetzungen führte. Die nun gebildeten Herzogtümer Schleswig und Holstein zerfielen zunächst in einen königlichen und einen Gottorfer Teil, die später noch weiter aufgespalten wurden.

Auch im **Dreißigjährigen Krieg** hatte das Land schwer zu leiden, weil der Dänenkönig Christian IV. als Herzog von Holstein der katholischen Liga den Krieg erklärte. Weitere militärische Auseinandersetzungen folgten, so die schwedisch-dänischen Kriege um 1658 und später die Napoleonischen Kriege – immer war auch Schleswig-Holstein Schauplatz von Kampfhandlungen, blieb aber weitgehend unter dänischer Herrschaft.

1848 erhoben sich die Schleswig-Holsteiner mit einer provisorischen Regierung in Kiel gegen die dänischen Gesamtstaatspläne, aber die Revolte scheiterte. Als Dänemark 1864 versuchte, zumindest den Landesteil Schleswig voll dem Königreich einzuverleiben, nutzte Preußen die Gelegenheit und erklärte Dänemark den Krieg. Preußische Truppen und die mit ihnen verbündeten Österreicher rückten ein, und nach dem hart umkämpften Sieg über Dänemark wurde Schleswig-Holstein 1867 **preußische Provinz.** Die Einwohner, jahrhundertelang von großen Gütern oder der Kirche verwaltet, wurden nun preußische Bürger mit allen Rechten und Pflichten, auch der Pflicht zum Kriegsdienst. Peinlich genau wurde die Verwaltung und Regierung des Landes nach preußischem Muster umstrukturiert. 1871 wurde Schleswig-Holstein schließlich **Teil des Deutschen Reiches.**

1927 wurden die Gutsbezirke aufgelöst, und selbständige Gemeinden entstanden. Der **Zweite Weltkrieg** brachte – wie überall – Not und Elend, und nach dem Krieg mussten die Schleswig-Holsteiner eine weitere Bewährungsprobe bestehen. Durch die Heimatvertriebenen verdoppelte sich die Bevölkerung mit einem Schlage, in einigen Orten verdreifachte sie sich sogar. Zwar wurden 1948 einige Vertriebene in andere Bundesländer umgesiedelt, dennoch mussten über eine Millionen Flüchtlinge integriert werden. Die Zusammenführung der vielen Menschen ohne Wohnung und Eigentum stellte eine gewaltige Leistung dar.

In die Schlagzeilen geriet Schleswig-Holstein nach dem Zweiten Weltkrieg noch einmal 1987, und zwar europaweit. Anlass war die sog. **Barschel-Affäre,** die mit dem bis heute von manchen angezweifelten Selbstmord des ehemaligen schleswig-holsteinischen Ministerpräsidenten endete, nach dem die Affäre benannt ist. Uwe Barschel hatte im Wahlkampf einen Mann fürs Grobe engagiert, der mit allerlei fragwürdigen Mitteln versuchte, den sozialdemokratischen Gegenkandidaten Björn Engholm öffentlich zu diskreditieren. Das Ganze flog auf, Barschel trat zurück, kündigte aber sofort an, der Öffentlichkeit alsbald Informationen präsentieren zu wollen, die ihn rehabilitieren sollten. Am 11. Oktober 1987 wurde er von zwei Reportern des Stern tot in der Badewanne eines Genfer Hotels aufgefunden.

Marienkirche und Marktplatz

Lübeck

210.000 Einwohner

Lübeck ist Weltkulturerbe, und das zu Recht. Schon von weitem grüßt die berühmte Silhouette mit den sieben Kirchtürmen, und in der Altstadt der einstigen "Königin der Hanse" ist an jeder Ecke etwas vom Ruhm und Reichtum vergangener Zeiten zu spüren. Fast scheint es, als sei Lübeck mit seinen jahrhundertealten, aber voller Betriebsamkeit steckenden Straßenzügen und den vielen historischen Gebäuden so etwas wie ein lebendiges Museum.

Die gesamte Altstadt befindet sich auf einem wasserumflossenen Oval. Hier verkehren stündlich Ausflugsschiffe, die Lübeck mit seinen alten Salzspeichern am Traveufer von seiner sehenswerten Wasserseite aus vorstellen.

Das nach wie vor schönste Entree in die Altstadt bildet das wuchtige, doppeltürmige Holstentor. Von hier ist es nur ein kurzes Stück hinauf zum weltberühmten Rathaus und der gewaltigen St.-Marien-Kirche. Noch vor Beginn eines Stadtrundgangs kann man vom Turm der nur wenige Schritte entfernten St.-Petri-Kirche einen herrlichen Rundblick über die Stadt genießen. Ein Aufzug führt hinauf zur 50 m hohen Aussichtsplattform. Oben angekommen, erkennt man, dass sich die Stadt auf einem Hügel befindet, von dessen Zentrum um die Marienkirche die Straßen fast schachbrettartig nach allen Seiten hinunter zum Wasser führen. Es wird auch deutlich, dass Lübecks historisches Zentrum nur knapp 1 km breit und knapp 2 km lang ist, alles ist also bequem zu Fuß erreichbar.

Noch ist die Altstadt nicht autofrei, aber verkehrsberuhigt. Vom Markt aus zieht sich die stets geschäftige Fußgängerzone, die Breite Straße, nach Norden. Auf ihr

Marzipanfigurenkabinett im Café Niederegger

ist auch das berühmte Café Niederegger zu finden, das den Ruf Lübecks als Marzipanstadt mitbegründet hat (siehe "Lübecker Marzipan", S. 49, und Bild S. 24). Aber vor allem das jenseits von Markt und Geschäftsmeile liegende Lübeck lohnt, entdeckt und erlaufen zu werden. Dicht gedrängte Häuserzeilen mit über 3000 prächtigen Patrizierhäusern, die stolz ihre typischen Stufengiebel zeigen, schmücken viele Straßen und Plätze. Prunkvolle Exemplare finden sich beispielsweise im Ostteil der Altstadt, so in der Fleischhauerstraße und in der Wahmstraße. Ebenfalls sehenswert sind die Gruben (so heißen die zur Trave führenden Straßen) im Südwesten, insbesondere die im Schatten von St. Petri beginnende Große Petersgrube. Sie ist die einzige Altstadtstraße, in der die ursprünglichen Fassaden der Gebäude vollständig erhalten geblieben und darüber hinaus auch noch Bürgerhäuser aller Baustile zu finden sind. Die Petersgrube mündet in die Straße "An der Obertrave", wo einige Restaurants zur Einkehr einladen und auch Traverundfahrten starten. Eine wenig bekannte Besonderheit ist der Bau an der Obertrave 19–20, der von außen wie ein uralter, schöner Speicher aussieht. Das aber ist nur Tarnung, denn es handelt sich schlicht um einen Bunker.

Obwohl Lübeck einst eine überaus reiche Stadt war, lebten in der Hansestadt natürlich nicht nur wohlhabende Kaufleute. Im Norden der Altstadt liegt beispielsweise das Gängeviertel (am Engelswisch), wo auf engstem Raum die spätmittelalterlichen Handwerker und Tagelöhner wohnten. Deren ehemalige Behausungen sind durch Gänge verbunden, die teilweise so niedrig sind, dass man sich tief bücken muss, um hindurchzugelangen. Heute ist die Hinterhofidylle der winzigen, blumenberankten Häuschen liebevoll restauriert, und es lohnt sich unbedingt, bei einem Stadtspaziergang in diese andere Welt mit ihren "Scheinsackgassen" und versteckten Ausgängen einzutauchen. In der gesamten Altstadt sind heute noch etwa 90 dieser typischen Lübecker Gänge erhalten geblieben.

Die Brüder Mann

Die berühmtesten Söhne Lübecks sind zweifellos Heinrich und Thomas Mann: beide Schriftsteller, der eine, Thomas (1875–1955), 1929 sogar mit dem Literatur-Nobelpreis ausgezeichnet. Den Preis erhielt er für seinen 1901 veröffentlichten Roman "Die Buddenbrooks", in dem es – so der Untertitel – um den "Verfall einer Familie", konkret um den Niedergang einer Lübecker Kaufmannsfamilie geht. Der Roman ist also aufs engste mit seiner Heimatstadt verbunden, und für den zeitgenössischen Leser war sofort klar, dass die Fiktion äußerst reale Vorbilder im Lübecker Gesellschaftsleben hatte. Kaum verschlüsselt werden nicht nur wesentliche Eckpunkte der eigenen Familiengeschichte in die Romanhandlung integriert, sondern auch die stadtbekannter Honoratioren. Entsprechend ablehnend waren die Reaktionen: Man warf Mann Nestbeschmutzung vor, zumal der Roman in oft satirischer Weise demonstriert, wie das traditionelle Wertesystem des alteingesessenen hanseatischen Bürgertums zum Ende des 19. Jh. hin Schritt für Schritt unzeitgemäßer wird und schließlich in Auflösung begriffen ist.

Heinrich Manns (1871–1950) literarische Laufbahn stand schon früh im Schatten der preisgekrönten Karriere seines jüngeren Bruders. Sein politisches Engagement und die kritische Haltung gegenüber den autoritären Strukturen der wilhelminischen Gesellschaft, die er u. a. in seinem Roman "Der Untertan" zum Ausdruck bringt, sorgten schon bald für tiefgreifende Konflikte zwischen den zwei Brüdern, die erst nach jahrelangen wechselseitigen Anfeindungen Anfang der 20er Jahre bereinigt werden konnten.

Wer sich für Leben und Werk der beiden berühmten Söhne der Stadt interessiert, schaut sich am besten das Buddenbrookhaus in der Mengstraße an (siehe S. 50).

Lübeck
Karte Seite 41

Geschichte

Dreimal musste Lübeck gegründet werden, ehe es sich in voller Blüte entwickeln konnte. Etwas nördlich der heutigen Stadt, am Zusammenfluss von Trave und Schwartau (Alt-Lübeck genannt), entstand um das Jahr 1000 die Slawensiedlung *Liubice*, was "die Liebliche, die Schöne" bedeutet. Doch im Jahr 1138 wurde diese Siedlung, in der sich mittlerweile bereits eine Niederlassung deutscher Kaufleute mit christlicher Kirche behauptete, im Zuge innerslawischer Auseinandersetzungen von heidnischen Slawen komplett niedergebrannt.

Die Neugründung erfolgte 1143 unter der Federführung des Schauenburger Grafen Adolf II., der auf eben jenem Hügel zwischen Trave und Wakenitz, der heute noch die Altstadt bildet, eine Siedlung errichten ließ. Hier bestand seit alter Zeit ein Handelsweg, deshalb war der Standort ein idealer Ausgangspunkt, um das slawische Gebiet zu unterwerfen. Schnell zog die neue Stadt viele Kaufleute an und wickelte einen immer größeren Teil des Nordosthandels ab. Das wiederum war dem Lehnsherren des Grafen, Herzog Heinrich dem Löwen, ein Dorn im Auge, denn in seinem unmittelbaren Einflussbereich nahm der Handel ab. Deswegen forderte er Adolf II. auf, ihm die Hälfte der städtischen Einnahmen zu überlassen, was dieser jedoch ablehnte. Daraufhin entzog der Herzog der Stadt das Recht auf einen Fernhandelsmarkt, womit den hiesigen Kaufleuten die Existenzgrundlage genommen wurde. Das vorläufige Ende der Stadtgeschichte markierte schließlich ein verheerender Brand im Jahr 1157, dem große Teile der Siedlung zum Opfer fielen.

Kleine Petersgrube

Der Neuanfang und damit gewissermaßen die dritte Stadtgründung ließ allerdings nicht lange auf sich warten. Nachdem Heinrich der Löwe den Kaufleuten nach der Brandkatastrophe einen neuen Siedlungsplatz im Lande Ratzeburg zugeteilt hatte, der jedoch wirtschaftlich nicht sonderlich florierte, ließ er sie kurzerhand zurückholen und wies sie an, ihre alte Siedlung wiederzuerrichten. So entstand Lübeck 1159 unter Heinrich dem Löwen nochmals, und zwar mit einem Grundriss, der heute noch Bestand hat. Eine seiner ersten Maßnahmen bestand darin, Lübeck zum Bischofssitz zu machen (den Grundstein für den Dom soll er angeblich selbst gelegt haben), sodass die Stadt schon bald zum Zentrum der Missionierung Ostholsteins wurde. Zudem stattete er Lübeck mit einem Stadtrecht (nach Soester Vorbild) aus, welches später "Lübisches Recht" genannt und mehr als 100 Städten im Ostseeraum verliehen wurde.

Aus Brandschutzgründen waren ab 1250 nur noch Backsteine als Baumaterial erlaubt. Auf engstem Raum entstanden so prächtige Häuser und Höfe, deren kunstvolle Giebel noch heute den Charme der Stadt ausmachen. Durch seine vielfältigen Handelsbeziehungen kam Lübeck in ungeheuer kurzer Zeit zu Macht und Reichtum. Dokumentiert wird dies u. a. durch die berühmten sieben Kirchtürme, die innerhalb von nur fünf Jahrzehnten, nämlich zwischen 1170 und 1220, erbaut wurden.

Zwar fiel die Stadt 1201 zwischenzeitlich in die Hände der Dänen, aber mit der Schlacht von Bornhöved (1227; siehe S. 229) erlangte auch Lübeck seine Souveränität zurück und wuchs rasend weiter. Denn nun wurde die neue Metropole an der Ostsee von Friedrich II. auch noch zur freien Reichsstadt erhoben, war also fortan keinem Grafen, Herzog oder Bischof, sondern lediglich dem Kaiser verpflichtet. Im Jahr 1300 trat die Stadt dann der Hanse bei und konnte hier rasch eine Führungsrolle übernehmen, ja sich zur "Königin der Hanse" entwickeln (siehe Kasten auf S. 38). Was Venedig für das Mittelmeer war, wurde Lübeck für die Ostsee, nämlich das Handelszentrum schlechthin. Die Metropole wuchs immer weiter und war bald nach Köln die zweitgrößte Stadt des Reiches.

Die politische Macht lag bei den reichen Kaufleuten, was fast zwangsläufig zu Differenzen mit den kirchlichen Autoritäten führen musste. Als steinernes Sinnbild kaufmännischen Selbstbewusstseins ließen die stolzen Ratsherren ab 1250 die gigantische Marienkirche bauen. Der Bischof, weitgehend entmachtet und des selbstherrlichen Rates überdrüssig, zog nach Eutin und lenkte seitdem von dort die Geschicke seines Bistums Lübeck.

Im Zeitalter der Reformation musste Lübeck behutsam vorgehen, denn die freie Reichsstadt unterstand ja dem katholischen Kaiser. Zudem wollte und konnte Lübeck als Oberhaupt der Hanse seine ebenfalls zum Teil katholischen Handelspartner nicht plötzlich verprellen. So dauerte es in Lübeck bis zum Jahr 1531, ehe der Rat der Stadt auf Drängen der Bürgerschaft eine protestantische Kirchenordnung verabschiedete.

Durch geschickte Diplomatie schafften es die Lübecker Ratsherren, ihre stark befestigte Stadt aus dem Dreißigjährigen Krieg herauszuhalten, sodass Lübeck bis zum Ende des 18. Jh. eine blühende Kaufmannsstadt blieb. Der Niedergang begann erst, als napoleonische Truppen die Stadt 1806 besetzten. Zwar war der Spuk bereits 1813 wieder vorbei, doch die wenigen Jahre reichten, um die wirtschaftliche Macht Lübecks zu brechen. Einen wesentlichen Einfluss hatte die von Napoleon gegen England verhängte Wirtschaftsblockade (Kontinentalsperre), die auch Auswirkungen auf die Handelsaktivitäten der Hansestädte hatte. Die Folge war der Bankrott zahlreicher Kaufmannsfamilien.

Noch bis 1937 blieb Lübeck als eine von sechs Städten in Deutschland freie Reichsstadt, die sie seit 711 Jahren war. Dann wurde die Stadt von den Nationalsozialisten der preußischen Provinz Schleswig-Holstein zugeschlagen und verlor – anders als Bremen und Hamburg – ihre Selbständigkeit.

Am Palmsonntag 1942 ging ein Teil Lübecks im britischen Bombenhagel unter; es war der erste große Luftangriff auf eine deutsche Stadt. Von weiteren Zerstörungen blieb Lübeck wohl nur deshalb verschont, weil der Schweizer Präsident des Internationalen Roten Kreuzes sich vehement für eine "Neutralisierung" der Stadt als Umschlagplatz für Rot-Kreuz-Sendungen einsetzte. Dennoch schien es nach dem Ende des Krieges fast unmöglich, die gewaltigen Schäden zu beheben. Doch im Laufe der Zeit gelang es den Lübeckern, viel von der einstigen Pracht wiederherzustellen. Als Lohn für die jahrzehntelangen Bemühungen wurde die gesamte Altstadt 1987 von der UNESCO zum Weltkulturerbe erklärt. Heute, da sich der Osten Europas neu ordnet und seine Grenzen öffnet, liegt Lübeck wieder ganz zentral und hofft darauf, erneut Drehscheibe des Ostseehandels zu werden.

Altstadtgang

Die Hanse

Die Geschichte der Hanse begann mit einer Fahrgemeinschaft: Fernhandel treibende deutsche Kaufleute taten sich seit dem 12. Jh. (beispielsweise in Gotland oder London) zusammen, um ihre ebenso einträglichen wie gefährlichen Reisen kostengünstig zu organisieren. Aus den losen Interessengemeinschaften entwickelten sich dauerhafte Kooperationen, von Außenstehenden *Hansen* (= "Schar" oder "Bund") genannt. Diese Hansen waren die Keimzellen, aus denen im 13. Jh. unter der Führung Lübecks ein Bund niederdeutscher Städte entstand.

Vornehmliches Ziel der Hanse war (neben der Sicherung der städtischen Freiheiten) die Sicherung des Handels. Sie bot ihren Mitgliedern im Ausland Rechtssicherheit, verwaltete die ausländischen Handelsprivilegien und organisierte den Fernhandel. Über die Richtlinienkompetenz des Städtebundes entschieden unregelmäßig stattfindende Hansetage, die seit 1356 im Lübecker Rathaus abgehalten wurden. Dabei erörterten die Hansedelegierten nicht nur kaufmännische Fragen, sondern entschieden auch darüber, ob Krieg oder Frieden ihren wirtschaftlichen Interessen zuträglicher war. Spätestens mit dem Frieden von Stralsund 1370, der den zehn Jahre dauernden Krieg gegen Dänemark beendete und die Vorherrschaft der Hanse im Ostseeraum festigte, war der Städtebund – und damit Lübeck – auf dem Höhepunkt seiner Macht angelangt. Der Hanse gehörten 200 Binnen- und Hafenstädte an. Ihre Einflusssphäre reichte vom Finnischen Meeresbusen bis zur Zuidersee im Westen und Thüringen im Süden. Was Venedig für den Mittelmeerraum, das war Lübeck für den Norden.

Den Aufstieg zur "Königin der Hanse" verdankte Lübeck seiner strategisch günstigen Lage. Die Stadt, die seit dem Erwerb von Travemünde 1329 über einen ungehinderten Zugang zur Ostsee verfügte, war der Knotenpunkt der bedeutendsten hanseatischen Handelsrouten zwischen Ostseeraum und Westeuropa. Die Lübecker Lagerhallen wurden von den Kompanien, die für den Handel mit dem Osten und dem Norden zuständig waren, mit Rohstoffen beliefert. Die Nowgorod-Fahrer brachten Holz, Pelze, Teer, Wachs und Hanf aus Russland, Erz und Hering kamen aus Schweden, Stockfisch aus Norwegen. Von Lübeck aus wurden die Rohstoffe weiterversandt, während aus dem Süden und Westen Europas gelieferte Fertigwaren (Tuche, Werkzeuge, Wein etc.) für den Markt im Norden und Osten umgeschlagen wurden.

Grundlage für die logistischen Anforderungen war das richtige Transportmittel. Die Schiffe der Hanse, die Koggen, waren billig zu produzieren und verfügten dank ihres bauchigen Rumpfs vielleicht nicht über die Eleganz venezianischer Galeeren, dafür aber über die immense Ladungskapazität von bis zu 100 Tonnen. Die Lübecker Flotte war noch bis zum Dreißigjährigen Krieg größer als die Englands, lediglich die Niederländer besaßen mehr Schiffe.

Mit dem Verlust des hanseatischen Kontors in Nowgorod 1478 begann der Niedergang der Hanse. Der alte Städtebund erwies sich auf Dauer gegenüber sich verändernden Marktbedingungen (der wirtschaftspolitischen Entwicklungen der frühneuzeitlichen Staaten, die wachsende Bedeutung der großen Bankhäuser) als nicht konkurrenzfähig. Mit der zunehmenden Bedeutung des transatlantischen Handels verschoben sich zudem die europäischen Marktzentren nach Westen und marginalisierten den Ostseehandel. Der letzte Hansetag wurde 1630 abgehalten, neben Lübeck nahmen nur Hamburg und Bremen daran teil.

Information/Adressen

- *Vorwahl* 0451
- *Information/Zimmervermittlung* **Lübecker Verkehrsverein,** Holstenstraße 20 sowie Hauptbahnhof, ✆ 72300 und 72339; **Lübeck und Travemünde Tourismus-Zentrale (LTZ),** Beckergrube 95 und Breite Straße 62, ✆ 1228109 und 1228106, www.luebeck.de.
- *Fahrradverleih* **Leihcycle + Rent-A-Bike,** Schwartauer Allee 39, ✆ 42660.
- *Sauna* **Sauna Blankensee,** Blankenseer Dorfplatz 3, ✆ 581959; **Waldsauna Müggenbusch,** Müggenbuschweg 8, ✆ 501005.
- *Schiffsrundfahrten* **Stadt-, Kanal- und Hafenrundfahrten,** Fahrtzeit 1 Std., Maak-Linie, An der Untertrave 114, ✆ 7063859; Quandt-Linie, Holstentorterrassen, ✆ 77799. Erwachsene 7 €, Kinder 3,50 €.

Wakenitzfahrten zum Ratzeburger See (ab Lübeck-Moltkebrücke), Schifffahrt Maiworm, ✆ 35455. Erwachsene 10 €, Kinder 8 €.

- *Schwimmbad* Hallenbad in der Schmiedestraße 1–3, ✆ 702580.

Übernachten (siehe Karte S. 41)

Klassik Altstadt Hotel (3), im Herzen der historischen Altstadt, sehr gepflegt, 28 Zimmer, gediegen-elegant mit dunklen Möbeln eingerichtet, gutes Frühstücksbuffet, Parkplätze. DZ 105–123 €. Fischergrube 52, ✆ 702980, www.klassik-hotel.com

Ringhotel Jensen (9), an der Trave beim Holstentor gelegenes Haus mit langer Tradition. Innen ist das 42-Zimmer-Hotel rustikal ausgestattet, die Zimmer sind in üblicher Hoteleinrichtung gehalten. DZ 85–108 €. Ansprechendes Essen bietet das hoteleigene *Restaurant Yachtzimmer*, hier gibt's v. a. Seefisch (z. B. Holsteiner Fischteller zu 16 €). An der Obertrave 4–5, ✆ 702490 u. 77282, www.hotel-jensen.de.

Hotel am Dom (14), zentrale Lage im ruhigen Winkel der Altstadt, 17 saubere Zimmer, Frühstücksbuffet. Das nachgemachte Fachwerkambiente im Gastraum ist Geschmackssache. DZ 77–87 €. Dankwartsgrube 43, ✆ 78886, www.hotel-am-dom.de.

Hotel am Mühlenteich (16), am Altstadtrand gelegenes Hotel garni, unauffälliges Äußeres, innen sehr einfache kleine Zimmer (Dusche teilweise im Flur). DZ ab 69 €. Mühlenbrücke 6, ✆ 77171, www.hotel-am-muehlenteich.de.

Rucksack-Hotel im Werkhof (6), die wohl preiswerteste Bleibe in der Altstadt. 2er-, 4er- und 8er-Zimmer, im DZ mit Dusche u. WC 20 €, im Mehrbettzimmer (Etagendusche) 13 € pro Person, Frühstück 3 €. Angegliedert ist ein Zentrum für umweltverträgliche Lebensformen mit Ökoläden und dem Café Affenbrot, einem vegetarischen Bistro in alternativer Wintergartenatmosphäre (tägl. 9–21 Uhr). Kanalstr. 70 (Ecke Glockengießerstr.), ✆ 706892.

Essen und Trinken (siehe Karte S. 41)

Schabbelhaus (5), traditionelles, nobles und stilvolles Restaurant, ausgestattet mit Einrichtungsgegenständen aus alten lübischen Kaufmannshäusern. Bei Roberto Rossi gibt's seit einigen Jahren feine italienische Küche (z. B. Saiblingfilet zu 21,50 €). Tägl. 12–14 u. 18–23 Uhr, So Ruhetag. Mengstraße 48, ✆ 72011.

Markgraf (4), gediegene Kaufmannshausatmosphäre in der Diele eines spätgotischen Patrizierhauses von 1330. Hoher Gastraum mit Empore und ockerfarbenen Wänden, getafelt wird bei Kerzenschein, anspruchsvolle Küche (z. B. Straußenfilet zu 17,50 €). Mi–So ab 18 Uhr. Fischergrube 18, ✆ 7060343.

Schiffergesellschaft (2), in dem zweifellos sehenswerten historischen Treffpunkt lübischer Seeleute herrscht so etwas wie Reisegruppen-Pflichtprogramm-Atmosphäre, dennoch ist das Essen schmackhaft (z. B. Kapitänsschüssel zu 15 €). Spezialität ist natürlich die Holsteiner Küche, abends besser Tische vorbestellen. Breite Straße 2, ✆ 76776.

Ratskeller (7), so wie man sich ein Ratskellergewölbe vorstellt. Als Besonderheit steht hier heute noch ein reich beschnitztes Weinfass, das um 1800 entstanden ist und mit zwölf verschiedenen Weinsorten gefüllt werden kann. Wer mag, setzt sich in eins der kleinen, nach einheimischen Schriftstellern benannten Kabäuschen und genießt die kräftige deutsche Küche, z. B. Ratsherren-Topf zu 11 € (auch Mittagsmenü). Markt 13, ✆ 72044.

Lübke's Speicher (13), regionale gutbürgerliche Küche (beispielsweise Holsteiner

Schlemmerscholle zu 12,30 €), gemütliches Ambiente und vor allem eine schöne große Terrasse an der Trave. In der Saison täglich geöffnet, im Winter Di Ruhetag. An der Obertrave 21, ✆ 705413.

Kartoffelkeller (1), in den großen historischen Gewölben unterm Heilig-Geist-Hospital gelegenes, urig-gemütliches und gut besuchtes Restaurant, in dem es viel mehr als nur Kartoffelgerichte (5–10 €) gibt. Spezialität ist Lübecker Pannfisch, das sind deftig gebratene Lachs- u. Seelachsfilets mit Bratkartoffeln, die nur hier in einer speziellen Senfsoße zubereitet werden (12 €). Gartenterrasse am Eingang. Koberg 8, ✆ 76234.

Tipasa (10), in der Altstadt etwas abseits vom Trubel gelegenes Kneipenrestaurant mit Pizza & Pasta oder vegetarischen Gerichten zu akzeptablen Preisen (6 €). Die Wände sind bemalt mit künstlerischen Darstellungen aus allen Kontinenten, alles in warmen Gelbtönen gehalten, für Kinder gibt's ein extra Spielzimmer. Täglich 12–1 Uhr. Schlumacherstr. 12 (zwischen Hüx- u. Fleischhauerstr.), ✆ 7060651.

Marli-Café (12), gegenüber der Aegidienkirche gelegenes, in warmen Gelbtönen gemütlich und großzügig eingerichtet. Es werden auch kleine Speisen serviert (täglich preiswerter Mittagstisch für 3–5 €, Zutaten teilweise aus ökologischem Anbau). Das Café ist eine gemeinnützige Einrichtung, in der auch behinderte Menschen beschäftigt werden. Die geschmackvoll in das Interieur eingebundenen Kunstgewerbeprodukte (Kerzen, Keramik usw.) kann man kaufen. So–Mi 8–18 Uhr, Do–Sa bis 20 Uhr. St.-Annen-Str. 1, ✆ 8899744.

Café-Konditorei Niederegger (8), gegenüber der Rathaustreppe gelegenes, fast immer volles Haus, das eine Institution in Lübeck ist. Man sitzt am besten in der 1. Etage, alles ist groß und prächtig in vornehmem Dunkelrot gehalten, dazu eine Spiegeleinrichtung und goldene Leuchter. Im Erdgeschoss befindet sich ein Marzipangeschäft, im Obergeschoss ein Marzipanmuseum, das sich mit der Geschichte der Marzipanherstellung beschäftigt. Fast schon obligatorisch ist die Marzipan-Nusstorte, daneben gibt es aber noch eine Fülle weiterer frisch gebackener Torten. Tägl. 9–18 Uhr. Breite Str. 89, ✆ 5301126.

Döring's Schokoladen Café (11), gleich neben dem Figurentheater im Schatten der St.-Petri-Kirche befindet sich dieses winzige, gemütliche Stehcafé, das als Geheimtipp gelten kann (von außen nur an der Fahne mit dem Café-Logo zu erkennen). 2001 hat die Inhaberin einfach die Küche im historischen Haus zum Café umfunktioniert. Es gibt tollen, nach alten Rezepten selbst gebackenen Kuchen, einen Spitzenkaffee, und hinter dem Haus findet sich auch noch ein wunderschönes Hinterhofplätzchen mit zwei Tischen. Nur Mi–Sa 14–18 Uhr geöffnet. Kleine Petersgrube 10, ✆ 74953.

Metro (15), Café-Bar, die gerne mit dem Slogan als "originellste Metro-Station jenseits von Paris" wirbt und sich daher im Kneipen-U-Bahn-Ambiente präsentiert. Vor allem am späten Abend ist hier immer viel los. Überwiegend junges Publikum, jeden Freitag sorgt ein regional bekannter DJ für Stimmung, es sind auch kleine Speisen erhältlich. Mo–Fr ab 12 Uhr geöffnet (dann Mittagsbuffet für 5,30 €), Sa/So ab 10 Uhr (dann großes Frühstücksbuffet für 8,60 €). Mühlenbrücke 11 (neben dem Stadthallen-Kino), ✆ 7020689, www.metrocafe.de.

Sehenswertes

Petrikirche: Ein Fahrstuhl führt zur 50 m hohen Aussichtsplattform hinauf und ermöglicht einen lohnenswerten Rundblick über die Stadt. Die im 13. Jh. erbaute ehemalige Kirche der Fischer wurde im Zweiten Weltkrieg fast völlig zerstört und über viele Jahrzehnte (bis 1987) wiederaufgebaut. Seitdem dient die weitgehend kahle, weiß getünchte Kirchenhalle als Ausstellungsraum kulturellen Zwecken. Die Kirche finanziert sich ausschließlich aus den Eintrittgeldern.

Öffnungszeiten Täglich außer Mo ab 10 Uhr, letzte Auffahrt im Sommer um 18.45 Uhr. Erwachsene 2 €, Kinder 1,20 €, Familienkarte 4 €.

Rathaus: Es wurde zwischen dem 13. und 15. Jh. errichtet und gilt als eines der schönsten Rathäuser in Deutschland, obwohl es keinen einheitlichen Baustil aufweist. Vom Markt aus fällt der Blick auf die um 1350 fertig gestellte Fassade mit den lasierten Steinen, deren Pracht die Bedeutung der Stadt als "Haupt der Hanse"

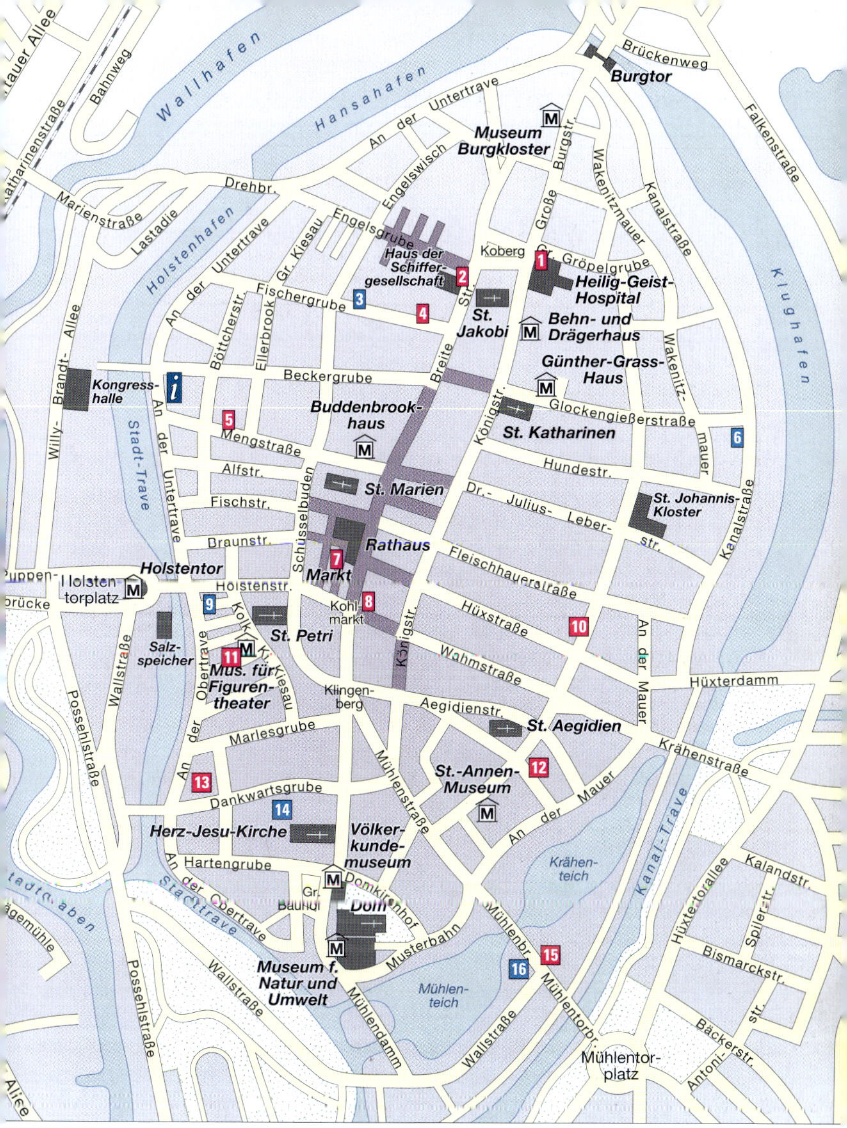

bernachten

Klassik Altstadt Hotel
Rucksack-Hotel
Ringhotel Jensen
Hotel am Dom
Hotel am Mühlenteich

Essen & Trinken

1 Kartoffelkeller
2 Schiffergesellschaft
4 Markgraf
5 Schabbelhaus
7 Ratskeller
8 Café-Konditorei Niederegger
10 Tipasa
11 Döring's Schokoladen Café
12 Marli-Café
13 Lübke's Speicher
15 Metro Café/Bar

150 m

Lübeck

dokumentieren sollte. Drei Türme und zwei riesige Windlöcher zieren die Hauptfront, darunter befindet sich ein in der Renaissance erbauter Laubengang. Besonders eindrucksvoll sind die sich nach Süden hin zwischen Markt und Fußgängerzone erstreckenden Vorbauten (siehe Bild S. 45). Zunächst das um 1300 entstandene *Lange Haus* mit seiner Wappenschildfolge unter dem Hauptgesims. Daran schließt sich das vielleicht auffälligste Gebäude der Stadt an, der *Kriegsstubenbau* (um 1440) mit seiner Glasursteinfassade und den schmalen, spitzbehelmten Rundtürmen zwischen hohen, mit Stadtwappen geschmückten Schildwänden. Zur Marktseite zieht sich ein Arkadengang durch beide Gebäude. Von der Fußgängerzone (Breite Straße) aus führt eine große Freitreppe hinauf in die im Stil der Neugotik gestaltete Eingangshalle des Rathauses.
Im Erdgeschoss des alten Rathaustraktes befindet sich der *Audienzsaal* mit seiner aus dem Rokoko stammenden Ausstattung. Er war früher Tagungsort des hansischen Obergerichts. Zwei unterschiedlich hohe Türen führen in den Saal. Das hohe Portal war den Ratsherren vorbehalten, die mit ihren großen Hüten erhobenen Hauptes eintreten konnten, während die Angeklagten in gebückter Haltung die niedrige Tür benutzen mussten. Noch bis 1963 war der hohe eiserne Ofen die einzige Möglichkeit, den Saal zu heizen.
Besichtigung Mo–Fr 11, 12 und 15 Uhr. Erwachsene 2,50 €, ✆ 1221005.

Marienkirche: St. Marien ist die Kirche des einst mächtigen Rates der Stadt Lübeck. Mit ihrem Bau wollten die Ratsherren die immense Bedeutung der Stadt unterstreichen und sicher auch ihre eigene Machtfülle demonstrieren. Die Arbeiten begannen im Jahr 1250 und waren erst 100 Jahre später abgeschlossen; seither bildet die Marienkirche den Mittelpunkt der Stadt.

Teufelsfigur von St. Marien

Architektonische Vorbilder waren die gotischen Kathedralen Frankreichs, die die Kaufleute auf ihren Reisen kennen gelernt hatten. Allerdings waren die aus Naturstein gebaut, während das heimische Baumaterial der Backstein war – man musste also gewissermaßen "baustofftechnische Übersetzungsarbeit" leisten. Dies gelang so meisterhaft, dass die dreischiffige Kirche – damals die größte der Christenheit und noch heute immerhin die drittgrößte Deutschlands – zum Prototypen der nordeuropäischen Backsteingotik wurde.
Beim Betreten der Kirche richtet sich der Blick unweigerlich hinauf zum mit zartem Blätter- und Rankenwerk bemalten Mittelschiff, mit fast 40 m immer noch das höchste Backsteingewölbe der Welt.
Im Zweiten Weltkrieg musste St. Marien schwerste Zerstörungen hinnehmen. In der Bombennacht am Palmsonntag 1942 fielen auch die Glocken des Südturms hinab und krachten durch

das Gewölbe auf den Boden der südlichen Turmkapelle, wo sie noch heute liegen. Einige Kunstschätze konnten allerdings vor der Zerstörung gerettet werden, so der Antwerpener Marienaltar (1518) mit seinen vergoldeten Holzschnitzereien, das in Bronze gegossene Sakramentshaus (1479) und die Bronzetaufe von Hans Apengeter aus dem 14. Jh.
In der nördlichen Totentanzkapelle befindet sich eine riesige astronomische Uhr. Es handelt sich um eine Rekonstruktion, denn das Original von 1566 fiel den Kriegsbomben zum Opfer, hatte bis dahin aber jahrhundertelang einwandfrei funktioniert. Die Uhr war und ist ein wahres Meisterwerk an Präzision und Technik. Auf ihrer Kalenderscheibe ist genau abzulesen, auf welchen Wochentag irgendein Datum aus der Zeitspanne zwischen 1911 und 2080 fiel bzw. fällt. Täglich um 12 Uhr mittags setzen sich die Figuren der Uhr in Gang.
Anstelle der ebenfalls verbrannten Originalorgel wurde 1968 ein neues Meisterwerk geschaffen. Es besitzt auf fünf Manualen und Pedalen 101 Register mit etwa 100 Pfeifen und ist damit die größte mechanische Orgel der Welt. Um auf ihr spielen zu können, muss der Organist etwa 15 Minuten Fußweg quer durch die Kirche und das Kirchendach zurücklegen und dabei 110 Stufen erklimmen.

Lübeck
Karte Seite 41

Die steinerne Maus

Nicht nur um das Marzipan, sondern auch um die Marienkirche ranken sich einige hübsche Legenden. Die bekannteste ist wohl die von der gefräßigen Maus, an die heute ein abgegriffenes Sandsteinrelief mit Rosenstock an einer Säule hinter dem Chor erinnert (Abendmahltisch).
Die Legende verdeutlicht, dass auch kleine Dinge große Wirkungen haben können: Als im Jahr 1201 die Dänen vor den Toren der Stadt standen, wähnten sich die Bürger in Sicherheit, denn eine andere alte Geschichte erzählte, dass der vor der Kirche gepflanzte Rosenstock die Stadt vor allen Angreifern schützen würde. Doch die besagte Maus baute im Rosenstock ihr Nest, fraß die Wurzeln an und brachte die Pflanze so zum Absterben, sodass der Zauber des Rosenstocks ein für alle Male verflogen war und sich die Ratsherren der Stadt mutlos ergaben. Zur Erinnerung an die Geschehnisse ließen sie später in ihrer neuen Kirche Maus und Rosenstock in Stein meißeln. Und obwohl das Mäuschen seinerzeit so viel Schaden angerichtet hat, soll es heute Glück bringen – zumindest dann, wenn man es streichelt.

Jakobikirche: Die Kirche, die den Zweiten Weltkrieg völlig unversehrt überstanden hat, wurde 1334 als Kirche der Schiffer und Seefahrer fertig gestellt. In ihrem Inneren beeindrucken v. a. der Altar (um 1500) und das reich beschnitzte Gebetsgestühl. In St. Jakobi befinden sich auch die letzten historischen Orgeln Lübecks mit originalem Pfeifenbestand. Ihre jeweils ältesten Teile sind gotische Werke (die heutigen Hauptwerke), von denen es weltweit nur noch sehr wenige gibt (um 1466 entstanden und damit aus hochprozentigem Blei). Die kleine Orgel wurde 1637 von Friedrich Stellwagen meisterhaft umgebaut (sie heißt auch Stellwagen-Orgel). Die größere Orgel über der Westempore ist mehrfach umgestaltet worden (hauptsächlich im 16. und 17. Jh.) und füllt die ganze Turmwand. Die Orgeln bestechen noch heute durch ihren außergewöhnlichen Klang; wer sich davon überzeugen will, kann an einer Orgelvesper teilnehmen (jeden Samstag um 17 Uhr).
Die nördliche Turmkapelle beherbergt ein zerborstenes Rettungsboot der 1957 im Atlantik untergegangenen "Pamir" und erinnert so an die 80 Toten dieses Unglücks

Das Schwesterschiff der "Pamir", die "Passat", liegt heute als Museumsschiff in Travemünde. Die Backsteintraufenhäuser vor der Kirche stammen aus dem Jahr 1601 und dienen seit dieser Zeit als Pastorat.

Adresse/Öffnungszeiten Breite Straße/Jakobikirchhof. 10–17 Uhr, Mo geschlossen.

Heilig-Geist-Hospital: Das gegenüber der Jakobikirche gelegene Hospital wurde schon 1286 eingeweiht und war für mittelalterliche Verhältnisse ein wahrer Monumentalbau. Stifter dieser Sozialeinrichtung waren fromme Lübecker Kaufleute, aufgenommen wurden kranke und alte Bewohner der Stadt.

Im Kernbau der Anlage, dem *Langen Haus* mit seiner sich über fast 90 m erstreckenden Halle, standen bis 1820 die Betten der Heimbewohner nebeneinander in Reih und Glied. Dann wurden winzige hölzerne "Kabäuschen" eingebaut, die sehr spärlich eingerichtet waren und lediglich der Nachtruhe dienten. Die Halle war und ist nur über die Hospitalskirche aus zu betreten, dessen sehenswerte Altarraumabtrennung (Lettner von 1300) die Legende der Hl. Elisabeth erzählt, die als Schutzpatronin der Armen, Alten und Kranken gilt. Erst 1970 zogen die letzten Bewohner hier (widerstrebend) aus. Heute werden Halle und Kammern in der Adventszeit für einen sehr stimmungsvollen Weihnachtsmarkt genutzt. In den 1970er Jahren wurden die übrigen Gebäude zum modernen Seniorenheim und zur Altentagesstätte umgebaut.

Adresse/Öffnungszeiten Am Koberg, ✆ 1222040. 10–17 Uhr (Winter), 10–16 Uhr (Sommer), Mo geschlossen. Eintritt frei.

Schiffergesellschaft: Das ebenfalls an der Jakobikirche gelegene und von einem Dreimaster als Wetterfahne gekrönte Haus der Schiffergesellschaft (Breite Straße 2) ist die älteste erhaltene Seemannskneipe der Welt. 1535 als Gildehaus der Schiffer und Kaufleute Lübecks erbaut, zieht sie noch heute Touristen magisch an. Nach wie vor sitzt man in der seit langem als Restaurant genutzten ehemaligen Versammlungshalle an langen Tischen und Bänken aus dunklem Eichenholz, an deren Enden die Wappen der Seefahrer angebracht sind. Die vor etwa 600 Jahren gegründete Schiffergesellschaft besteht übrigens noch immer und nimmt nur Lübecker Kapitäne auf. Sie verwendet die Pachteinkünfte nach wie vor satzungsgemäß für die Unterstützung bedürftiger Seeleute und deren Witwen. Für diesen Zweck sammelt auch die lebensgroße Figur eines Schiffsjungen, die schon seit 150 Jahren im Eingangsbereich steht.

Stiftshöfe: In Lübeck gab und gibt es noch andere Wohnstifte als nur das Heilig-Geist-Hospital. Meist sind dies gepflegte Stiftshöfe mit langer Tradition, die nach ihrem Gründer, in der Regel einem wohlhabenden Lübecker Kaufmann, benannt sind. Zu ihnen zählt der *Von-Dornes-Hof* in der Schlumacherstraße 15 (Nähe Hüxstr.), der vor etwa 550 Jahren gegründet wurde und in dem noch heute Altenwohnungen untergebracht sind. Der jüngste Stiftshof ist der 1725 erbaute *Haasenhof* (Dr.-Julius-Leber-Str. 37–39), in dem ursprünglich Wohnungen für Witwen und ledige Frauen zur Verfügung standen. Aus dem Jahr 1612 stammt die im Renaissancestil gebaute Wohnanlage *Glandorps Hof*, die aus einem dreigeschossigen Backsteintraufenhaus mit zwei Flügelbauten besteht. Auch diese Anlage wird heute noch genutzt.

Der vielleicht eindrucksvollste aller Stiftshöfe befindet sich ebenfalls in der Glockengießerstraße (Nr. 23–27); es ist der 1639 erbaute *Füchtingshof*. Durch ein prächtiges Sandsteinportal gelangt man in den Hof und sieht die jeweils paarweise angeordneten Eingangstüren der Wohnungen, die einst Kaufmanns- und Schifferwitwen vorbehalten waren (freie Unterkunft auf Lebenszeit). Die Stiftung *Johann Füchting Testament* betreibt das Wohnstift noch heute.

Öffnungszeiten Besucher sind von 9 bis 12 Uhr und von 15 bis 18 Uhr gerne gesehen.

Lübeck
Karte Seite 41

Der Marktplatz mit einem der schönsten Rathäuser Deutschlands

Burgtor: Baulicher Höhepunkt des Burgtorviertels im Norden der Altstadt ist das für seine Erbauungszeit riesengroße Burgtor selbst. Es sicherte einst den einzigen natürlichen Zugang zur Stadt (noch heute fließt der Verkehr mitten hindurch). Das Tor mit seinen vier Öffnungen geht im Kern schon auf das 13. Jh. zurück und erhielt seine heutige Form 1444, als es mit schwarzen und roten Ziegeln neu verblendet wurde. Nach einem Brand im Jahre 1685 bekam es seine barocke Turmhaube. Zu beiden Seiten des Tores ist noch etwas von der alten, gewaltigen Stadtmauer von 1320 erhalten.

Aegidienkirche: Die im Zweiten Weltkrieg unzerstört gebliebene Kirche mit ihrem 86 m hohen quadratischen Turm war als Kirche der Handwerker und Bauern das kleinste und bescheidenste Gotteshaus der Stadt. Im Inneren der im 13. Jh. erbauten und im 15. Jh. erweiterten Kirche ist vor allem der von einem Lübecker Meister 1587 reich beschnitzte "Singechor" bemerkenswert (so wird die Lettnerbühne hier genannt). Sehenswert sind auch die gotischen Wandmalereien im Chor und in der Turmhalle, die nahezu vollständig erhalten sind.
Adresse/Öffnungszeiten Aegidienstraße. Di–Sa 10–16 Uhr.

Dom: Ohne das älteste Baudenkmal der Stadt mit seinen beiden 115 m hohen Türmen wäre die Silhouette Lübecks nur unvollständig. Am gewaltigen Dom wurde schon im 12. Jh. fleißig gebaut. Fertig gestellt war er im Jahr 1230, doch bald darauf baute man ihn – dem Zeitgeschmack entsprechend – zur gotischen Hallenkirche um. 800 Jahre lang hielt er allen äußeren Einflüssen stand, dann brannte er im Zweiten Weltkrieg vollständig aus. Die Kriegszerstörungen am Dom waren so gewaltig, dass der Wiederaufbau Jahrzehnte brauchte; das *Paradies,* eine besonders kunstvolle, ursprünglich spätromanische Vorhalle, konnte erst 1982 wiederhergestellt werden.
Die Mitte des Doms beherrscht ein sage und schreibe 17 m hohes Triumphkreuz mit dem von Figuren der Heilsgeschichte umgebenen Gekreuzigten. Geschaffen

wurde es 1477 vom einheimischen Bildhauer Bernd Notke, von dem auch der holzgeschnitzte Lettner stammt. Die Renaissancekanzel, an die 1625 eine Kirchenuhr angefügt wurde, datiert aus dem Jahr 1568. In der Kirche befinden sich zahlreiche weitere Kunstschätze, vor allem Bischofsgrabplatten sowie Steinsärge der Fürstbischöfe von Lübeck und späteren Großherzöge von Oldenburg.
Die zum Dom hinführende kleine Straße heißt "Fegefeuer" und galt im Mittelalter als Fluchtweg für diejenigen, die Unterschlupft im Machtbereich des Bischofs suchten und sich auf diese Weise der städtischen Gerichtsbarkeit entziehen wollten.

Adresse/Öffnungszeiten Domkirchhof. Tägl. 10–18 Uhr.

Museen und Ausstellungen

Für 7,50 € (Schüler 4,50 €) ist in jedem städtischen Museum eine Verbundkarte erhältlich, die für den einmaligen Besuch aller sieben städtischen Museen Gültigkeit hat.

Museum zur Stadtgeschichte im Holstentor: Der mächtige Verteidigungsbau mit seinen beiden charakteristischen Türmen wurde 1464–1478 unter der Leitung des Lübecker Ratsbaumeisters Hinrich Helmstede erbaut. Das Tor lag wie eine Art Brückenkopf vor der Stadt und war mit 30 Geschützen ausgestattet, die jedoch nie zum Einsatz kamen. Schon während der Bauzeit hielt der weiche Boden der gewaltigen Last nicht stand, woraufhin der Südturm in Schieflage kam. Diese Neigung versuchte man bei der Errichtung der oberen Geschosse auszugleichen. Im Laufe der Jahrhunderte ist jedoch das gesamte Bauwerk abgesackt.

Durch die Entwicklung der Kriegstechnik war das Holstentor schon relativ schnell veraltet, sodass bereits im 16. Jh. eine dem Tor vorgelagerte Bastion errichtet wurde, um die Verteidigungsanlage zu verstärken. Deren prächtiges Tor wurde Mitte des 19. Jh. abgerissen, und fast wäre dem Holstentor das gleiche Schicksal widerfahren. Zu dieser Zeit war es nämlich zur Ruine verfallen und wurde von vielen als "steinernes Gerümpel" verunglimpft; folgerichtig drohte der Abriss. Nach kontroversen Diskussionen im Rat entschied man sich aber schließlich doch mit einer Stimme Mehrheit für den Erhalt und die Renovierung des historischen Bauwerks, das heute in aller Welt bekannt ist. Dazu beigetragen hat sicher auch der Umstand, dass es von 1958 bis 1991 auf den 50-Mark-Scheinen der Deutschen Bundesbank verewigt war.

Begrüßt wird der Besucher mit einer über dem Falltor angebrachten Inschrift in goldenen Lettern: *Concordia Domi Foris Pax* ("Eintracht drinnen, außen Frieden"). Auf der Stadtseite des Tors, dessen Mauern teilweise drei Meter dick sind, sieht man die großen Buchstaben "S.P.Q.L." als Abkürzung für *Senatus Populusque Lubecensis* ("Senat und Volk von Lübeck").

Heute beherbergt das Holstentor das Museum zur Stadtgeschichte. Das Kernstück bildet ein Stadtmodell, das Lübeck um 1650 zeigt. Auch historische Schiffsmodelle der berühmten Hansekoggen erinnern an die große Vergangenheit der Stadt. Des Weiteren präsentiert das Haus die Ausstellung "Gebrannte Größe", die sich mit der Entwicklung der norddeutschen Backsteingotik befasst. Der eher unrühmliche Teil der Stadtgeschichte, nämlich der äußerst grausame Umgang mit Gefangenen, wird in der Folterkammer dokumentiert.

Adresse/Öffnungszeiten Holstentorplatz, ✆ 1224–129. April–September 10–17 Uhr, Oktober–März 10–16 Uhr (im Winterhalbjahr Mo Ruhetag). Eintritt 3 €, Schüler 1,50 €, Kinder unter 6 J. 0,50 €.

Lübecks Visitenkarte: das Holstentor

Museumskirche St. Katharinen: In der im 14. Jh. erbauten turmlosen Kirche eines ehemaligen Franziskanerklosters konnte im Hochchor und im Mittelschiff noch original mittelalterliche Farbgebung freigelegt werden. Im Inneren beherbergt die Backsteinbasilika unter anderem das berühmte Gemälde "Auferweckung des Lazarus" von Jacobo Tintoretto (1578). Einen großen Schatz stellen auch die im Vorübergehen gut sichtbaren neun Terrakottafiguren dar, welche die Nischen der Westfassade zieren. Die drei linken wurden 1930–33 von Ernst Barlach geschaffen, ursprünglich für einen auf 18 Figuren angelegten Zyklus mit dem Titel "Gemeinschaft der Heiligen".

Adresse/Öffnungszeiten Königstraße, Ecke Glockengießerstraße, ✆ 1224–180. Nur April–September 10–13 und 14–17 Uhr, Mo Ruhetag. Informationen zu Führungen unter ✆ 1224–144. Eintritt 0,50 €.

Drägerhaus/Behnhaus: Um einen Eindruck davon zu bekommen, wie reiche Kaufleute im 18. Jh. lebten, lohnt ein Besuch im Drägerhaus, in dem man sich eine original erhaltene Folge von Fest- und Repräsentationsräumen aus dieser Zeit anschauen kann. Heute beherbergt es ebenso wie das benachbarte Behnhaus einen Teil der städtischen Kunstgalerie und zeigt unter anderem Bilder des 1789 in Lübeck geborenen Bürgermeistersohns Johann Friedrich Overbeck, der einer der wichtigsten Vertreter der zeitgenössischen religiösen Malerei war. Darüber hinaus sind aber auch Werke nachfolgender Künstlergenerationen zu sehen, beispielsweise Arbeiten von August Macke (1887–1914), Edvard Munch (1863–1944) und Ernst Barlach (1870–1939).

Adresse/Öffnungszeiten Königstraße 9–11, ✆ 1224–148. April–September 10–17 Uhr, Oktober–März 10–16 Uhr (im Winterhalbjahr Mo Ruhetag). Eintritt 3 €, Schüler 1,50 €, Kinder 0,50 €.

Giebelspeicher an der Untertrave

Museum Burgkloster: Das 1229 im Norden der Altstadt gegründete Burgkloster gilt als die bedeutendste norddeutsche Klosteranlage des Mittelalters. Nach der Reformation wurden die Gebäude als Armenhaus genutzt, später als Gericht und Untersuchungsgefängnis; unter nationalsozialistischer Herrschaft diente es schließlich der Inhaftierung von Juden und Widerstandskämpfern.

Heute ist hier ein interessantes Museum untergebracht, das ein breites Spektrum an Exponaten aus den Bereichen bildende Kunst, Architektur sowie Zeit- und Klostergeschichte im Programm hat. Zu bewundern ist auch der im Jahr 1984 zufällig bei Bauarbeiten entdeckte und in einer sehenswerten Ausstellung präsentierte Münzschatz aus 23.864 Silber- und 395 Goldmünzen, den ein Lübecker Kaufmann einst unter der Treppe seines Hauses versteckt hatte. Warum er ihn nicht wieder hervorholte, ist bis heute ungeklärt. Die Herkunft der Münzen vermittelt einen Eindruck davon, wie weit die Handelsbeziehungen der Stadt zur damaligen Zeit reichten.

Adresse/Öffnungszeiten Hinter der Burg 2–6, ✆ 1224-195. April–September 10–17 Uhr, Oktober–März 10–16 Uhr (im Winterhalbjahr Mo Ruhetag). Eintritt 3 €, Schüler 1,50 €, Kinder 0,50 €.

St.-Annen-Museum: Das kunsthistorisch bedeutendste Museum der Stadt befindet sich im Südwesten Lübecks in den Räumlichkeiten eines ehemaligen Klosters. Hier sind alte Schätze kirchlicher Kunst und des Kunsthandwerks ausgestellt. Kernstück ist die größte deutsche Sammlung mittelalterlicher Schnitz- und Flügelaltäre, zu der unter anderem auch der berühmte Passionsaltar von Hans Memling gehört (1491). Es heißt, dass nach dem Zweiten Weltkrieg ein reicher Amerikaner eine unvorstellbar hohe Summe für den Altar geboten hat, mit der man einen großen Teil der Stadt hätte wiederaufbauen können; die Lübecker lehnten jedoch ab.

Zu sehen gibt es darüber hinaus einige vollständig eingerichtete Wohnräume alter Lübecker Kaufmannsfamilien sowie erlesene Möbel, Gemälde, Porzellan und Fayencen. Dunkel wird es in der *Paramentenkammer*, wo kostbare alte Messgewänder aus Lübeck und Danzig ausgestellt sind; die Dunkelheit soll die wertvollen Textilien vor dem Verfall bewahren.

Im Garten des Museums stehen Skulpturen aus dem 18. Jh., die römische Götter und Personifikationen von Tugenden darstellen. Kopien dieser Skulpturen zieren die zum Holstentor führende Brücke. Sie werden im Volksmund als "Puppen" bezeichnet, weshalb die Brücke auch *Puppenbrücke* heißt.

Adresse/Öffnungszeiten St.-Annen-Str. 15, ✆ 1224-137. April–September 10–17 Uhr, Oktober–März 10–16 Uhr (im Winterhalbjahr Mo Ruhetag). Eintritt 3 €, Schüler 1,50 €, Kinder 0,50 €.

Lübecker Marzipan

Das Lübecker Marzipan ist weltbekannt, und wie in Fällen großer Berühmtheit üblich, ranken sich auch um seine Herkunft viele Legenden. Eine davon besagt, dass im Jahre 1407 eine große Hungersnot in der Stadt geherrscht habe und alle Vorräte in den Lagerhäusern aufgebraucht gewesen seien – bis auf Mandeln und Zucker. Um der Misere ein Ende zu bereiten, wies ein findiger Ratsherr die Bäcker an, aus diesen Zutaten ein stärkendes Kraftbrot zuzubereiten, eben das Marzipan.

Lange nicht so schön, dafür aber glaubwürdiger ist die folgende Geschichte, die auch ein wenig Licht in die Herkunft der ungewöhnlichen Bezeichnung für die süße Schleckerei bringt. Demnach soll das Marzipan über die Handelsbeziehungen Lübecks zu Venedig in die Stadt gekommen sein. Lübecker Händler, die ihren Hering in die Lagunenstadt lieferten, brachten auf dem Rückweg köstliches *Marci panis* mit, das "Brot des (heiligen) Markus", des Schutzpatrons Venedigs.

Allerdings waren auch die Venezianer nicht die Erfinder der Köstlichkeit, die sie selbst als *marzapane* bezeichneten. Dieses Wort stammt aus dem arabischen Sprachraum und verweist damit auf den orientalischen Ursprung der "üppigen Magenbelastung aus Mandeln, Zucker und Rosenwasser" (Thomas Mann,), die vermutlich von den Kreuzfahrern nach Europa gebracht wurde.

Entgegen Thomas Manns Kennzeichnung als "üppige Magenbelastung" wurde das Marzipan kurioserweise zunächst für Heilzwecke verwendet. Man schrieb ihm stimulierende Wirkung zu und setzte es zur Behandlung körperlicher Mattigkeit ein. Entsprechend war es gewissermaßen "verschreibungspflichtig", durfte nur von Apothekern hergestellt werden und nannte sich demzufolge auch "Apothekerkonfekt". Doch die teure Medizin wurde in der wohlhabenden Gesellschaft bald immer beliebter, und nach Aufhebung des Apothekermonopols Ende des 17. Jh. traten flugs die Zuckerbäcker auf den Plan, um die besonderen kulinarischen Bedürfnisse ihrer gut betuchten Klientel zu befriedigen.

Das Flair der Exklusivität blieb der verführerischen Gaumenfreude noch eine ganze Weile erhalten. Dann jedoch ließ der weitflächige Anbau von Zuckerrüben die Preise für einen der Grundstoffe der Marzipanherstellung drastisch purzeln, sodass die einstmals wertvolle Delikatesse für breitere Schichten erschwinglicher wurde.

Im Grunde erst jetzt, zu Beginn des 19. Jh., wird das Marzipan zum Markenartikel Lübecks. Initiator dieser Entwicklung ist der junge Zuckerbäckergeselle Johann Georg Niederegger aus Ulm, der um 1800 in der Konditorei Maret am Lübecker Markt seine Arbeit aufnimmt. Bereits sechs Jahre später übernimmt er die *Maretsche Conditorey* und baut sie kontinuierlich zur "Marzipanschmiede" aus. Schon bald werden Dampfmaschinen eingesetzt, die die Rübenpressen, Mandelmühlen und Knetmaschinen antreiben, sodass die Produkte nun tonnenweise hergestellt werden können.

Auch wenn es in der Folgezeit noch zu vielen weiteren Firmengründungen in der Hansestadt kam, hat das Haus Niederegger bis heute seinen herausragenden Ruf wahren können (s. Bild S. 24). Im Marzipan-Salon im zweiten Stock des Cafés Niederegger ist sogar ein Museum eingerichtet worden (tägl. 9–18 Uhr, Eintritt frei). Zu sehen gibt es hier u. a. zwölf lebensgroße Figuren (aus dem Jahr 1964), die zusammen das weltweit größte Kunstwerk aus Marzipan bilden (s. Bild S. 34).

Museum für Natur und Umwelt: Südlich des Doms kommen Freunde der Tierwelt und Erdgeschichte auf ihre Kosten. Das (lange nicht renovierte) Museum widmet sich u. a. der heimischen Tierwelt; eines der Glanzstücke sind die lebenden Honigbienen, die unter Glas ihrem geschäftigen Treiben nachgehen. In der geologischen Abteilung dreht sich alles um die Entstehungsgeschichte des Landes. Gezeigt werden u. a. ein durch den Eintritt in die Erdatmosphäre angeschmolzener, 208 kg schwerer Meteorit, Originalfunde vom eiszeitlichen Riesenhirschen oder das zehn Millionen Jahre alte Skelett eines Bartenwals.

Adresse/Öffnungszeiten Mühlendamm 1–3, ✆ 1224–127. Di–Fr 9–17 Uhr, Sa/So 10–17 Uhr (im Winterhalbjahr jeweils eine Stunde früher geschlossen), Mo Ruhetag. Eintritt 3 €, Schüler 1,50 €, Kinder 0,50 €.

Völkerkundemuseum: Im 1594 errichteten Zeughaus direkt am Dom werden auf etwa 800 m^2 wechselnde Ausstellungen zur Kulturgeschichte fremder Völker gezeigt (oft mit Exponaten aus dem eigenen Fundus). Lediglich eine 2600 Jahre alte ägyptische Mumie zeugt hier von Kontinuität, sie wird schon seit dem Jahr 1696 in Lübeck ausgestellt.

Adresse/Öffnungszeiten Parade 10, ✆ 1224–342. April–September 10–17 Uhr, Oktober–März 10–16 Uhr (im Winterhalbjahr Mo Ruhetag). Eintritt 3 €, Schüler 1,50 €, Kinder 0,50 €.

Museum für Figurentheater: Das private Museum ist in fünf historischen Backsteinhäusern in den engen Gassen zwischen Holstentor und Petrikirche untergebracht. Es handelt sich um die weltgrößte Sammlung von Theaterfiguren und zugehörigen Utensilien, anhand derer man einen guten Einblick in die Entwicklung des Genres erhält.

Adresse/Öffnungszeiten Kleine Petersgrube 4–6. Täglich 10–18 Uhr. Erwachsene 3 €, Kinder 1,50 €.

Buddenbrookhaus: Das gleich hinter der Marienkirche gelegene Haus wurde 1758 erbaut und war das Vorbild für den wichtigsten Handlungsschauplatz des berühmten Romans, für den Thomas Mann im Jahre 1929 den Literaturnobelpreis erhielt (im Buch ist von "einem Haus in der Mengstraße" die Rede, und genau in dieser Straße steht das Gebäude). In den Besitz der Manns kam es 1841, als es der Großvater von Heinrich und Thomas Mann aufkaufte und hier sein Kontor und die Wohnräume für seine Familie einrichtete. Ab 1957 wurde das im Zweiten Weltkrieg stark zerstörte und anschließend wiederaufgebaute Gebäude von einer Bank genutzt. Ende 1991 ging es in den Besitz der Stadt Lübeck über, seit 1993 ist hier das Heinrich-und-Thomas-Mann-Zentrum untergebracht. Den Besucher erwartet eine recht leseintensive, in neun Stationen unterteilte Dauerausstellung zu Leben und Werk von Heinrich und Thomas Mann. Behandelt werden u. a. die Entstehungsgeschichte der Buddenbrooks, das komplizierte Verhältnis der Brüder und die Exiljahre in der Schweiz, Frankreich und den USA. Im zweiten Stock sind aus dem Roman nachempfundene Zimmer aus der Zeit des 19. Jh. zu sehen.

Adresse/Öffnungszeiten Mengstraße 4, ✆ 1224–190. Täglich 10–17 Uhr. Eintritt 4,10 €, Jugendliche ab 15 J. 2,60 €.

Günter-Grass-Haus: Seit Ende 2002 ehrt die Stadt auch einen zweiten Literatur-Nobelpreisträger mit einem eigenen Museum. Träger des Grass-Hauses, das sich als "Forum für Literatur und Bildende Kunst" versteht, ist die Kulturstiftung der Stadt, die auch das Buddenbrookhaus betreibt. Die Sammlung umfasst eine repräsentative Auswahl aus dem Gesamtwerk des Künstlers, darunter nicht nur seine literarischen, sondern auch seine druckgraphischen, zeichnerischen und bildneri-

Lübeck
Karte Seite 41

An der Untertrave

schen Arbeiten. Außerdem sind hier ein Buchladen, eine Forschungsbibliothek und ein Archiv untergebracht.

Adresse/Öffnungszeiten Glockengießerstraße 21. Täglich 10–18 Uhr (im Winter bis 17 Uhr). Eintritt 3,50 €, Jugendliche 2,20 €.

Geschichtswerkstatt Herrenwyk: Fast 75 Jahre lang – bis 1981 – wurde an der Trave in mächtigen und heute längst abgerissenen Hochöfen Metall verhüttet. Zum Gedenken an Lübecks Industriekultur ist im ehemaligen, von außen unscheinbaren Werkskaufhaus Herrenwyk eine Dauerausstellung zu sehen, die das Arbeitsleben an den Öfen und in der Werkskolonie besonders anschaulich dokumentiert.

Anfahrt/Öffnungszeiten Das Museum liegt weit außerhalb der Altstadt im Norden Lübecks. Anfahrt von Lübeck aus: Richtung Travemünde, noch hinter der Klappbrücke rechts, immer auf der Hauptstraße bleiben, hinter der alten Eisenbahnbrücke rechts (Bäckereistr./Ecke Kokerstr. 1–3, ✆ 301152). Fr 14–17 Uhr, Sa/So 10–17 Uhr. Eintritt 1,50 €, Kinder 0,50 €.

Umgebung von Lübeck

Gothmund: An den Ufern der Trave hat sich nordöstlich von Lübeck ein Kleinod erhalten, so versteckt, dass selbst Napoleons Truppen Gothmund nie entdeckten. Einem alten Recht zufolge darf das Dorf nur aus 21 Häusern bestehen, und exakt so viele sind es auch. Umgeben von Industriegebieten, taucht man hier in die Welt der Gothmunder Fischer ein; auch heute noch haben sie das ausschließliche Fischrecht auf der Trave. Man parkt oberhalb des Ortes oder an der Fischerklause und geht zu Fuß weiter. Eine Straße gibt's nämlich nicht, nur ein schmaler Fußweg zieht sich an den malerischen, oft reetgedeckten und von gepflegten Gärten umgebenen Fischerhäusern entlang.

• *Anfahrt* Von Lübeck-City aus Schnellstraße Richtung Travemünde, dann rechts (beschildert).

• *Essen/Übernachten* **Fischerklause Gothmund,** am Rande des Dorfes in einem der wenigen "Neubauten" untergebracht, mit

Kleinod an der Trave: Gothmund

zweckmäßiger Einrichtung und großer Terrasse. Bekannt wegen seiner guten Fischgerichte, am Wochenende daher besser Tische reservieren. Außerdem verfügt das Gasthaus über sechs ordentliche Zimmer (DZ 70 €). Mo Ruhetag. Fischerweg 21, 23568 Lübeck-Gothmund, ✆ 398870.

Bad Schwartau: Die größte Stadt des Kreises Ostholstein (21.000 Einwohner) ist – auch wenn dies deren Einwohner nicht gerne hören – praktisch ein Vorort Lübecks. Die Zufahrt in die Stadt markieren die vor allem bei Marmeladenliebhabern berühmten Schwartauer Werke, die übrigens stolz die sieben Türme Lübecks in ihrem Firmenemblem tragen. Die Stadt geht schon auf das 13. Jh. zurück, als hier an der Schwartau eine Wassermühle und ein Aussätzigenhospital entstanden. Im Schatten Lübecks gelegen, blieb Schwartau aber klein und eher unbedeutend. Doch 1899 stieß man in 316 m Tiefe sozusagen auf Gold, genauer: auf eine stark sprudelnde Jod- und Natriumquelle, von der noch heute ein Teil der Stadt lebt.
Im *Museum der Stadt Bad Schwartau* wird neben der Stadtgeschichte auch die Entwicklung der Schwartauer Werke dokumentiert. Darüber hinaus widmet es sich dem Leben und Werk des regionalen Bildhauers Paul Peterichs und der Geschichte des 1903 nördlich der Stadt auf dem *Pariner Berg* gebauten *Bismarckturms*. Wem das nicht reicht, kann sich den 13 m hohen, seit 1980 unter Denkmalschutz stehenden Turm mit Aussichtsterrasse und lohnendem Panoramablick natürlich auch im Original anschauen (der Turm ist ganzjährig geöffnet, Eintritt wird nicht erhoben; vor dem Turm befindet sich eine Gaststätte).

- *Vorwahl* 0451
- *Information/Zimmervermittlung* **Tourist-Information,** 23611 Bad Schwartau, Rathaus, Markt 15, ✆ 20002-02, www.bad-schwartau.de. Kurabgabe 1,65 € pro Tag.
- *Adresse/Öffnungszeiten Stadtmuseum* Anton-Baumann-Str. 4 (gut beschildert), ✆ 20001–03. Di–Do 10–13 u. 14–17 Uhr, So 14–17 Uhr. Erwachsene 1 €, Jugendliche 0,50 €.
- *Fahrradverleih* **Westphal-Zweiräder,** Carl-Diem-Str., ✆ 27035.

• *Reiten* **Höppner Hof,** Ossenbrook, Groß Parin, ✆ 27154.

• *Schwimmen* **Holsten-Therme,** Am Kurpark 3, ✆ 20041–48. Zwei 300 m² große Jodsolebecken, Innenbecken 32 °C, Außenbecken 29 °C, dazu kommt natürlich ein großer Wellness-Bereich mit Whirlpools, Saunen und Dampfbad (Parken nur im Parkhaus). Täglich 9–21.30 Uhr. Eintritt für 2 Std. 9,80 €, Tageskarte 14,60 €.

Schwimmhalle im Sportzentrum, Ludwig-Jahn-Str. 5, ✆ 22966. Variable Öffnungszeiten.

Lübeck
Karte Seite 41

Bismarcktürme

Der erste Reichskanzler Otto von Bismarck (1815–1898) war schon zu Lebzeiten eine Legende. Doch nach seinem Tod setzte eine heute kaum nachvollziehbare Bismarckverehrung ein, die sich zu einem wahren Kult steigerte. Vor allem die *Deutsche Studentenschaft* rief dazu auf, "auf allen Höhen unserer Heimat [...] ein Wahrzeichen vaterländischen Dankes" für den "Schmied der deutschen Einheit" zu errichten. So entstanden fast 240 Bismarcktürme und -säulen, von denen noch 170 erhalten sind. Gemeinsam war allen Bauwerken ein Überbau für eine Feuerschale, in der an Gedenktagen (vor allem Bismarcks Geburtstag) "Flammen über ganz Deutschland zu Ehren Bismarcks" entzündet wurden.

Ratekau: Zentrale Sehenswürdigkeit des gut 10 km nördlich von Lübeck gelegenen Ortes ist die romanische Feldsteinkirche, die als besterhaltenes Beispiel ihrer Art in Ostholstein gilt. Die Kirche wurde schon 1156 errichtet und ist mit ihrem mächtigen, bergfriedähnlichen Rundturm 850 Jahre äußerlich fast unverändert erhalten geblieben. Im Inneren hat das Gotteshaus im Laufe der Zeit mehrere Veränderungen erfahren; Kirchenschätze sind kaum vorhanden. Lediglich im Triumphbogen hängt ein um 1600 entstandenes Kruzifix, das lange unbeachtet auf dem Dachboden lag. Der Haupteingang durch den Turm wurde erst vor 200 Jahren eingebaut. Im Foyer findet sich eine Vitrine mit Ausstellungsstücken und Fotos zur Geschichte der Kirche (8–18 Uhr geöffnet, aber nur bis zum Eingangsgitter, das die Sicht in den Kirchenraum freigibt). Am Ortsende Richtung Techau wurde eine schöne Räucherkate wiederaufgebaut und in ihr eine museumshofartige Heimatstube mit einem Bauern- und Kräutergarten eingerichtet (sonntags 10–12 Uhr geöffnet).

850 Jahre äußerlich fast unverändert geblieben: Feldsteinkirche von Ratekau

Am Strand von Dahme

Lübecker Bucht

Deutschlands Riviera liegt an der Lübecker Bucht, ein Strandabschnitt bei Scharbeutz trägt sogar diesen Namen. Verdient hätte ihn die ganze landschaftlich reizvolle Bucht mit ihren besonders feinsandigen, kilometerlangen Stränden, die bisweilen von kleineren Steilküsten unterbrochen sind.

Als nach dem Zweiten Weltkrieg von den insgesamt 1800 km deutscher Ostseeküste für die bundesdeutschen Urlauber nur jene 383 km in Schleswig-Holstein zur Verfügung standen, entwickelten sich die vergleichsweise leicht zu erreichenden Ostseebäder der Lübecker Bucht geradezu explosionsartig. Wen wundert's, dass sich hier die heute größten und mondänsten Bäder befinden und demzufolge auch die meisten Feriengäste tummeln. Die Lübecker Bucht mit ihren zahlreichen Badeorten findet in der vorspringenden Landspitze von Dahmeshöved ihren Abschluss. Nördlich davon haben vor allem Campingplätze das Terrain bis zur angrenzenden Insel Fehmarn erobert.

Travemünde

12.500 Einwohner

Diese Kombination findet sich nur in Travemünde: Man sitzt an einem außergewöhnlich breiten Sandstrand und hat beim Sonnenbaden die in unmittelbarer Nähe ein- und auslaufenden großen Skandinavienfähren fest im Visier.

Travemünde gehört zur Hansestadt Lübeck und hat sowohl etwas Städtisches als auch den Charme eines eleganten Ostseebades. Stets im Blick hat man die beiden Wahrzeichen des Ortes: zum einen das im Mündungsbereich des Flusses gelegene

Maritim-Strandhotel mit seinen 35 Stockwerken, zum anderen die auf der gegenüberliegenden Seite der Trave vor Anker liegende "Passat", den letzten großen deutschen Windjammer.

Der zum Teil dicht mit Strandkörben übersäte feinsandige Strand erstreckt sich auf 4,5 km Länge vom Priwall – unterbrochen durch die Travemündung – bis zum Brodtener Steilufer. Nicht nur Strand und Steilküste sind in Travemünde etwas größer als anderswo, auch die Strandpromenade ist sehr großzügig angelegt. Auf dieser schlendert man abends bis zur Flussmündung und weiter die Travepromenade entlang. So gelangt man bis zur von Cafés, Hotels und schicken Geschäften flankierten Vorderreihe, wie die hinter dem Hafen gelegene Uferstraße mit ihren schönen Hausfassaden heißt. Ein Stückchen weiter durch die Jahrmarktstraße Richtung St.-Lorenz-Kirche sind noch einige alte Häuschen erhalten geblieben, die den Eindruck vermitteln, als stehe die Kirche noch immer in dem kleinen Fischerort von einst.

Gegenüber der alten Vogtei in der Vorderreihe verkehrt Tag und Nacht die Autofähre hinüber zum Priwall (4 €). Diese zu Travemünde gehörende Landzunge war zu DDR-Zeiten ausschließlich mit der Fähre zu erreichen. Heute führt eine kleine Straße weiter ins Mecklenburgische hinein. Auf dem Priwall geht es noch etwas beschaulicher zu. Der Yachthafen und ein breiter Strand bilden hier die Kulisse, umrahmt von Campingplätzen und einem Areal winziger Ferienhäuschen. Wer nur den schönen Strand besuchen will, nimmt am besten die Personenfähre von der Nordermole aus (40 Cent).

Lübecker Bucht

Geschichte

Im Jahre 1187 ließ Graf Adolf III. hier an der Travemündung einen festen Turm als Bollwerk gegen Slawen und Wikinger errichten. Damit war der Grundstein für die Entwicklung des Ortes gelegt. Schon 1204 wurde ein Hafen gebaut, und seit 1316 ist ein Leuchtturmwärterdienst belegt. Aber bereits kurze Zeit später geriet der Ort unter den Einfluss des mächtigen Nachbarn Lübeck. Weil die Lübecker Kaufleute die Sperrung der Travemündung durch die Holsteiner Grafen befürchteten, kauften sie zunächst für die damals gewaltige Summe von 6000 Lübschen Mark den Wachturm. Nur neun Jahre später (1329) übernahmen sie dann den gesamten Ort, diesmal vergleichsweise preisgünstig für 1060 Lübsche Mark. Von nun an war die Zufahrt zum Lübecker Hafen gesichert, und Travemünde konnte sich zu "Lübecks schöner Tochter" entfalten. Bis zur Regulierung der Trave im Jahre 1845 konnten größere Schiffe wegen einiger Sandbänke im Mündungsbereich nicht nach Lübeck hineinfahren, sodass der kleine Ort auch vom Lotsendienst und vom Be- und Entladen der Schiffe lebte. Der Eigenhandel Travemündes wurde jedoch argwöhnisch unterdrückt, das Recht auf das Betreiben eigener Reedereien blieb den Lübeckern vorbehalten.

Schon Ende des 18. Jh. suchten die reichen Lübecker Kaufleute einen Platz für standesgemäße Sommerresidenzen. Was lag näher, als diese im eigenen "Vorgarten" zu errichten. 1802 war es dann so weit: Nach Heiligendamm (Bad Doberan) und Norderney durfte sich Travemünde als dritter deutscher Ort offiziell Seebad nennen. Bald entstand einer der elegantesten deutschen Badeorte mit Kurhaus, Seebadeanstalt, Strandpromenade und Spielbank, in der bereits ab 1833 die Kugel rollte. In etwas zwielichtiger Atmosphäre verspielten hier vor allem betuchte russische Aristokraten ihre Rubel, bis 1872 das von Bismarck erlassene Verbot jeglicher Spielbanktätigkeiten dem Ort zunächst einiges von seiner Attraktivität nahm (erst

1949 wurde der Spielbankbetrieb wieder aufgenommen). Aber als Kaiser Wilhelm II. 1889 hier an einer Segelwettfahrt teilnahm, wurde Travemünde schlagartig in ganz Deutschland bekannt, und ein wahrer Bauboom setzte ein. Mit der damaligen Wettfahrt wurde übrigens die "Travemünder Woche" begründet, heute eine Segelveranstaltung von Weltruf.

Stolz ist man in Travemünde darauf, dass man immer wieder prominente Bewunderer zu Gast hatte: Josef Freiherr von Eichendorff, Richard Wagner und Clara Wieck schwärmten von der Sommerfrische, während die Dichter Dostojewski und Turgenjew eher im Kasino anzutreffen waren. Thomas Mann würdigte den breiten Sandstrand in seinem Roman "Die Buddenbrooks", und von Franz Kafka wird berichtet, dass er im Jahre 1914 zum Entsetzen anderer Badegäste mit entblößten Füßen am Strand entlangspazierte.

Information/Adressen/Veranstaltungen

- *Vorwahl* 04502
- *Information/Zimmervermittlung* **Touristbüro,** Strandpromenade 1 b, 23570 Lübeck-Travemünde, ✆ 01805/882233, Fax 804-159, www.luebeck-tourismus.de. Kurabgabe pro Person und Tag in der Hauptsaison 2,60 €, in der Nebensaison 1 €, Kinder frei.
- *Fahrradverleih* **Firma Beitsch,** Kurgartenstr. 67, ✆ 6622; **Bruders**, Mecklenburger Landstr. 14, ✆ 5340; **Greisen,** Moorredder 15, ✆ 3550; **Röhl KG**, Kurgartenstr. 86, ✆ 75129.
- *FKK-Strand* Am Priwall-Strand und am Beginn des Brodtener Steilufers.
- *Schiffstouren* **Travefahrten nach Lübeck** (ab Anleger Travepromenade), Könemann Schifffahrt, ✆ 0451/2801635; einstündige **Einkaufsfahrten** oder **Hochseefahrten** mit der MS "Sven Johannsen", ✆ 74545; **Ausflüge nach Schweden** mit der Fähre der TT-Line, ✆ 80181.
- *Schwimmbad* **AQUA TOP,** Strandpromenade 1 b, ✆ 888722. Die am Maritim-Hotel gelegene Badelandschaft bietet auf 6000 m² die üblichen Anreize großer Erlebnisbäder: 105 m lange Wasserrutsche, großes Meerwasserbrandungsbecken, Thermalbecken, Saunalandschaft und Restaurant. Mo–Fr 10–21 Uhr, Sa/So 10–18 Uhr. Tageskarte für Erwachsene 8 €, Kinder 4 €, Sauna 11 €.
- *Segeln* Segelschule und Bootsverleih bei **Skipper Schött,** Teutendorfer Weg 2, ✆ 4504; **Segelschule Möwenstein,** Kaiserallee 40, ✆ 2452; **Segelschule Lochte,** Travemünder Landstr. 300 in der Marina Baltika, ✆ 309881.
- *Spielkasino* Kaiserallee 2, ✆ 8410. Roulette, Black Jack und Automatenbetrieb, Spielbetrieb 15–2 Uhr.
- *Veranstaltungen* Jedes Jahr Anfang April findet das viel besuchte **Drachenfest** am Travemünder Strand statt. Höhepunkt im Terminkalender ist aber die jährlich in der letzten Juliwoche stattfindende **Travemünder Woche.** Die Segelregatta und das umfangreiche Rahmenprogramm ziehen Hunderttausende Besucher an.

Übernachten/Essen und Trinken

- *Übernachten* Travemünde ist städtisch, gilt als nobel und ist deshalb teuer. Wer etwas preiswertere Unterkünfte sucht, sollte in die umliegenden Dörfer ausweichen.

Maritim Strandhotel (6), wegen seiner 35 Stockwerke wohl das bekannteste Hotel der Küste, allerdings sind die oberen Etagen fremdvermietet. 240 mit allem Komfort eingerichtete Zimmer bieten dennoch einen herrlichen Blick auf die Trave, den Hafen und den Strand. Gediegene Lobby aus den 1980er Jahren. DZ 205 € (Nebensaison 120 €). Schwimmbad und Sauna sind selbstverständlich. Das *Café "Über den Wolken"* im obersten Stockwerk hat nur zwischen 15 u. 17 Uhr geöffnet (wer nicht Kaffee trinken geht, zahlt eine Auffahrtgebühr von 1,50 €). Trelleborgallee 2, ✆ 890, www.maritim.de.

Hotel garni Villa Charlott (2), Jugendstilvilla gegenüber dem strandnahen Kasino, nette Wirtin, tolles Ambiente, die Zimmerpreise variieren erheblich: je nach Lage und Ausstattung 80–130 € für das geschmackvolle DZ (Sparangebote bei längerem Aufenthalt). Kaiserallee 5, ✆ 86110, www.villa-charlott.de.

Strandperle (1), die stuckverzierte Jugendstilvilla hat direkte Strandlage. Innen ein-

Übernachten

1 Strandperle
2 Hotel Villa Charlott
3 Heu + Stroh Hotel
4 Grüner Jäger
6 Maritim Strandhotel
7 Naturfreundehaus Priwall
8 Jugendherberge

Essen & Trinken

5 Rest. Pesel

Travemünde

fach gehalten (in gediegenem Blau), 10 ordentliche Zimmer, DZ 100 €. Im *Restaurant* gibt's eine kleine Karte mit geschmackvoller, leichter Küche (Wolfsbarsch zu 16,80 €, Salatteller zu 8,50 €). Kaiserallee 10, ✆ 86600.

Grüner Jäger (4), etwas außerhalb an der Straße nach Ivendorf in der Nähe des Skandinavienkais gelegenes Hotel mit 23 Zimmern. Einfach, solide, freundlicher Service, kleine Terrasse vor dem Haus. *Holsteiner Spezialitäten-Restaurant* im Haus. Für Travemünder Verhältnisse relativ günstig: DZ mit allem Komfort ab 55 €. Ivendorfer Landstr. 40–42, ✆ 2667, www.hotelgruenerjaeger.de.

Naturfreundehaus Priwall (7), schön gelegen am Pötenitzer Wiek und damit fast schon in Mecklenburg. Großer Speisesaal, vergleichsweise modern und nett eingerichtete Zimmer, überwiegend mit Du/WC, Vollpension oder Halbpension, DZ 60–66 €. Mecklenburger Landstr. 128, ✆ 2838, www.naturfreundehaus-priwall.de.

Heu + Stroh Hotel (3), uriger und einfacher geht's nicht, günstiger auch nicht, geschlafen wird im Stroh in ehemaligen Pferdeboxen. Schlafsack und Taschenlampe sind mitzubringen. Der Hof liegt am Ortsrand von Ivendorf und ist ca. 2 km vom Ostseeradweg und von Travemünde entfernt.

Ideal für Fahrrad- oder Motorradfahrer. Pro Person sind 10 € zu zahlen, dafür gibt's aber auch ein deftiges Frühstück im sehr gemütlichen Aufenthaltsraum. Abendessen nach Absprache. Grillplatz, gelegentlich Ponyreiten. Bauernhof Kallmeyer, Ivendorfer Landstraße 68, ✆ 2602.

Jugendherberge Travemünde (8), auf dem Priwall direkt am bewachten Strand gelegen, allerdings in einem sehr nüchternen Bau. 4- und 6-Bett-Zimmer, gute Möglichkeiten für Ballspiele. 15.10.–1.4. geschlossen. ✆ 2576.

Standcamping Priwall, zwischen Yachthafen und Priwall-Strand gelegener und mit vier Sternen ausgezeichneter Platz, 200 Parzellen (davon 60 Dauercamper), geöffnet April–September. Dünenweg 3, ✆ 2835, www.strandcamping-priwall.de.

• *Essen und Trinken* **Pesel (5),** wer einen guten Dorsch, Hering oder Butt essen möchte, ist hier richtig (es sind aber auch Fleischgerichte im Angebot). Am Hafenkai gelegen, etwas konservative Einrichtung, sehr große Terrasse, 6 Sorten Bier vom Fass, Hauptgerichte 10–15 €. Vorderreihe 23 a, Tischreservierung ratsam, ✆ 3330.

Sehenswertes

Viermastbark "Passat": Schräg gegenüber dem Strand, auf dem Priwall, liegt seit 1960 der letzte große deutsche Windjammer vor Anker. Die 56 m hohen Masten des 1911 bei *Blohm und Voss* in Hamburg gebauten Viermasters sind heute imposantes Wahrzeichen von Travemünde. An Bord erzählen einige Fotos und eine Ausstellung eher spärlich von der Funktion und Geschichte des stolzen Schiffes.

Die zuletzt als Segelschulschiff verwendete "Passat" hat eine Länge von 115 m, die einstige Segelfläche betrug 4600 m^2. Das Schiff diente früher als Frachtensegler der legendären Flying-P-Linie der Hamburger *Reederei Laeisz* und fuhr vor allem nach Südamerika (Chile), um Getreide und Salpeter (als Düngemittel) zu laden. Die Reederei besaß 86 Segler, darunter 66 auf Namen mit dem Anfangsbuchstaben P getaufte Schiffe, und zwar vorwiegend aus Stahl gebaute Großsegler. Die Erklärung für diesen Spleen ist einfach: 1857 wurde eine große Bark des Reeders Ferdinand Laiesz (1801–1887) auf den Kosenamen seiner jungen Frau getauft, die wegen ihrer lockigen Haarpracht "Pudel" genannt wurde. Von nun an blieb man einfach bei diesem Buchstaben. (Die Reederei besteht im Übrigen noch heute recht erfolgreich – v. a. im Containergeschäft –, und noch heute fangen die Schiffsnamen ihrer großen Flotte mit P an.)

Von der einstigen Großseglerflotte der Reederei sind nur vier Schiffe übrig geblieben: die drei Museumsschiffe "Passat" (Travemünde), "Pommern" (Aalandinseln, Finnland), "Peking" (New York), die für immer vor Anker liegen, und die ehemalige "Padua", die heute noch als russisches Schulschiff "Kruszenstern" mit vollen Segeln über die Weltmeere kreuzt.

Geschichte, allerdings sehr traurige, schrieb auch das baugleiche Schwesterschiff der "Passat", die "Pamir". Sie ging 1957 in einem furchtbaren Sturm vor den Azoren unter, 80 Mann ertranken, nur sechs konnten gerettet werden. Fast hätte die "Passat" das gleiche Schicksal ereilt, als sie zwei Monate später ebenfalls in einen schweren Sturm geriet. Ihre Getreideladung verrutschte, doch konnte sie sich mit Schlagseite in den Hafen von Lissabon retten.

Öffnungszeiten Täglich 10–17 Uhr, in der Vor- und Nachsaison nur an Wochenenden (✆ 0451/122-5202). Eintritt 2,60 €, Jugendliche 1,30 €. Die "Passat" kann nicht nur besichtigt werden: Gruppen ab 10 Personen können nach Anmeldung sogar an Bord übernachten.

Leuchtturm: Der 1539 erbaute und später erhöhte runde Backsteinturm (31 m) ist das älteste noch erhaltene Seezeichen Deutschlands. Jahrhundertelang versahen Leuchtturm und Wärter treu ihren Dienst und sicherten die Travemündung zunächst mit einem durch Hohlspiegel verstärkten offenen Feuer, dann durch Hanföl-,

Blick von der "Passat" auf die Stadt

später durch Petroleumlampen und seit 1903 durch elektrisches Licht. 1972 hatte der alte Turm seinen Dienst getan, nachdem er durch das benachbarte Maritim-Hotelhochhaus verdeckt wurde, auf dessen Dach sich nun Europas höchstgelegenes Leuchtfeuer befindet (117 m).

Öffnungszeiten Nur zu den Führungen von Mai bis September jeweils Mi um 17 Uhr. Eintritt 1 €.

St.-Lorenz-Kirche: Bekannt ist der im 16. Jh. auf den Resten einer romanischen Kirche neu aufgebaute Backsteinsaalbau vor allem wegen seines Holzaltars (1723). Anders als in Lübeck war in Travemünde das Geld knapp, und so täuscht der Altar durch seinen Anstrich Marmor nur vor; die gut gearbeiteten Altarfiguren sind hingegen tatsächlich aus dem edlen Material. Bemerkenswert sind auch die bemalte Holzbalkendecke aus dem 17. Jh. sowie die ebenfalls marmorfarben gehaltene und reich verzierte Holzkanzel aus dem Jahr 1735. Schließlich verfügt die Kirche noch über einen aus zwei Lichtkränzen bestehenden Messingkronleuchter von 1660, gekrönt von Jupiter auf einem Adler.

Öffnungszeiten Täglich außer Mo 10–12 Uhr, im Sommer auch Di–Fr 13–16 Uhr. Jeden Donnerstag um 10.30 Uhr 30 Min. Orgelmusik, anschließend kostenlose Führung.

Lübische Vogtei: Hinter der schön beschnitzten Rokokotür der ehemaligen Vogtei (gegenüber der Priwall-Autofähre, Vorderreihe 7) achtete der Stadthauptmann streng darauf, dass in Travemünde das lübische Recht nicht verletzt wurde. Auch heute noch werden in dem Backsteingiebelhaus ähnliche Aufgaben erledigt: hier nämlich residiert die Polizei.

Skandinavienkai: 1962 begann man an der Untertrave mit dem Bau des Skandinavienkais. Mit bis zu zwei Millionen Passagieren und 5000 Abfahrten jährlich handelt es sich heute um den größten Fährschiffhafen Europas. Acht Anleger, drei davon mit Eisenbahngleisen, stellen die Verbindung nach Schweden und Finnland her.

Wer einen Tagestrip nach Schweden unternehmen möchte, ist hier richtig. Wer dagegen nur den Anblick großer Fähren liebt, kann diese besser von der Travemündung aus beobachten. Größtes Fährschiff auf der Ostsee ist seit vielen Jahren die "Finnjet". Sie bewältigt die 1145 km lange Strecke nach Helsinki in gut 22 Stunden.

Brodtener Steilufer: Die nördlich von Travemünde gelegene, durchschnittlich 15–20 m hohe Steilküste lohnt immer einen Besuch. Sie gilt als geologisches Naturdenkmal, das vor allem während der Frühjahrs- und Herbststürme einen gewaltigen Eindruck von der Zerstörungskraft der Ostsee hinterlässt. Der gut 5 km lange Wanderweg nach Niendorf musste in den letzten Jahren immer wieder landeinwärts zurückweichen, weil das Meer der Steilküste jährlich etwa einen halben Meter Fläche abtrotzt. Auf der Hälfte der Strecke liegt die *Hermannshöhe* mit gleichnamigem Restaurant. Von hier aus hat man einen wahren Logenblick über die Lübecker Bucht und kann auch die Uferschwalben beobachten, die ihre Brutröhren in die Steilküste graben.

- *Anfahrt* Kurz vor dem Ort Brodten führt eine 1,5 km lange Piste zum Aussichtspunkt Hermannshöhe; Parkmöglichkeiten sind vorhanden.
- *Essen und Trinken* **Restaurant und Café Hermannshöhe,** das traditionsreiche Restaurant hat etwas Gediegenes. Bei schönem Wetter sitzt man schattig unter alten Bäumen. Eine große, gepflegte Wiese gibt den wunderschönen Blick hinunter aufs Meer frei. Kuchenbuffet aus der eigenen Konditorei, reiche Auswahl an gutbürgerlichen Speisen, mittleres Preisniveau, großer Parkplatz für Ausflugsgäste. Mo Ruhetag, ✆ 04502/73021.

Niendorf

3000 Einwohner

Obwohl der ehemalige Bauern- und Fischerort mit dem benachbarten Timmendorf eine Großgemeinde bildet, hat er seinen ruhigen und beschaulichen Charakter etwas bewahren können. Und im Gegensatz zu vielen Nachbarorten findet sich rund um den Hafen noch so etwas wie Fischerromantik.

Frühmorgens, wenn die Fischer ihren Fang anlanden, ist am Niendorfer Hafen schon Betrieb. In kleinen Holzbuden direkt am Steg werden Scholle, Dorsch, Aal und Hering verkauft, und über allem liegt der typische Geruch von frischem Fisch. Vor allem an bedeckten Tagen zieht es viele Besucher in den kleinen Hafen, wo außer Fischkneipen auch eine kleine Töpferwerkstatt zum Verweilen einlädt. Fast kann man dabei vergessen, dass Niendorf ein Ort mit großer Badetradition ist. Östlich des Hafens gibt es noch einen kleinen, allerdings etwas steinigen Freistrand – ganz ohne Strandkörbe und ohne Kurtaxe. Der sich anschließende "ordnungsgemäße" Niendorfer Strand ist etwa 2 km lang und geht flach ins Wasser über. Er ist feinsandig, wenn auch hier und da mit Steinen durchsetzt, dafür aber deutlich ruhiger und weniger mit Strandkörben belegt, als dies im benachbarten Timmendorfer Strand der Fall ist. Eine leicht erhöhte Promenade – eher ein zum Bummeln einladender breiter Spazierweg – zieht sich an der Seebrücke vorbei bis zum Meerwasserschwimmbad am östlichen Strandende. Auf der gegenüberliegenden Seite des Hafens (am westlichen Ortsausgang) kann man wunderschöne Villen unter schattigen Kiefernhainen bewundern, die schon das elegante Timmendorfer Strand ankündigen.

Geschichte: Bereits 1385 befand sich das Bauern- und Fischerdorf namens *Nyendorpe* im Besitz Lübecks. Die Bauern bearbeiteten ihre Felder, fischen durften sie aber nur im Hemmelsdorfer See, denn die Rechte für den Fischfang in der Lübecker Bucht lagen bei den Fischern von Travemünde, Gothmund und Schlutup, was

Fischer im Hafen von Niendorf

zu zahlreichen Streitigkeiten führte. Als das Dorf 1803 dem Herzogtum Oldenburg zugeschlagen wurde, konnten die juristischen Auseinandersetzungen weitgehend beendet werden, und das "Niendorfer Fischereirecht" von 1817 sicherte dem Ort eine Existenzgrundlage. Auf einen eigenen Hafen mussten die Niendorfer aber noch gut 100 Jahre warten. Dabei hatte schon Napoleon die ausgezeichnete Lage an der Mündung des Flüsschens Aalbeek erkannt. Den Hemmelsdorfer See, den die gut 1,5 km lange Aalbeek mit dem Meer verbindet, wollte er gar zum strategisch günstig gelegenen Kriegshafen ausbauen; die folgenden (für den Kaiser bekanntermaßen äußerst ungünstigen) Ereignisse der Weltgeschichte sorgten allerdings dafür, dass es beim Vorhaben blieb. Erst 1922 wurde dann der Fischereihafen eröffnet, an den heute auch ein kleiner Yachthafen angeschlossen ist.

Schon 1855 eröffnete das erste "Logierhaus für Badegäste", das allerdings mit weiteren zwölf Gehöften von der Novembersturmflut von 1872 vollständig weggerissen wurde. Aber der Wiederaufbau ließ nicht lange auf sich warten. Bereits 1901 wurde die Strandstraße nachts von Gaslampen erhellt, ein ungeheurer Luxus für die damalige Zeit. Gerne besuchten die Schriftsteller Emanuel Geibel (1815–1884), Wilhelm Raabe (1831–1910) und vor allem Hermann Löns (1866–1911) den Ort. Zu Beginn des 20. Jh. setzte sich der rasante Aufstieg zum Badeort fort. Seit 1945 gehört Niendorf zur Großgemeinde Timmendorfer Strand.

Information/Adressen

- *Vorwahl* 04503
- *Information/Zimmervermittlung* **Fremdenverkehrsverein,** Strandstraße 121 a, 23669 Niendorf, ✆ 2203, www.timmendorfer-strand.de; **Haus des Kurgastes,** ✆ 2257. Kurabgabe pro Tag/Person 3 € (1,50 € in der Nebensaison), Kinder frei.
- *Fahrradverleih* **Lemnitz,** Strandstr. 62, ✆ 2005, **Helmecke,** Barkholdredder 1, ✆ 2278; **Denker,** Parkplatz Sydowstr., ✆ 86786.

• *Hundestrand* Westlich des Hafens.

• *Parken* Kostenfrei nur am Parkplatz P4 zwischen Hafen und Vogelpark; Schwimmbadbesucher parken kostenlos auf P5.

• *Sauna* Große Saunalandschaft in Wilmsdorf am Hemmelsdorfer See, ✆ 04502/74170.

• *Schwimmbad* Kleines **Meerwasserschwimmbad** am östlichen Strandende, täglich 10–18 Uhr geöffnet, Do bis 20 Uhr, Fr 18–20 Uhr Disko-Kinderbadespaß. Erwachsene 4 €, Kinder 1,50 €. Strandstraße 133, ✆ 5456.

• *Schiffstouren* H. Böttcher, ✆ 1024; Günther Möller & Sohn, ✆ 31371.

• *Segeln* **Segelschule Skipper,** Strandstraße 58 a, ✆ 881033.

• *Windsurfen* **Surf-Schule Axel Sommer,** Strandstraße 22 a, ✆ 31244.

Übernachten/Essen und Trinken

• *Übernachten* **Strandhotel Miramar,** frisch renovierter Bau, saubere, helle Zimmer und eine Lage direkt am Strand, außerdem Sauna und Fitnessgeräte. DZ 110–150 € (viele Sonderarrangements). Gutbürgerliches *Restaurant Arielle* im Haus. Strandstraße 59, ✆ 8010, www.miramarniendorf.de.

Hotel Atlantic, Familienhotel direkt an der Promenade mit Nebenhaus "Susanne". Einfache, zweckmäßige Zimmer, DZ 84–89 € (mit Halbpension 8,50 € zusätzlich). Eigene Strandkorbvermietung, Café-Konditorei im Haus, davor eine sehr große, windgeschützte Sonnenterrasse mit viel Publikumsverkehr. Strandstraße 119, ✆ 889100, www.hotel-atlantic-niendorf.de.

• *Essen und Trinken* **Fischkiste,** die gegenüber dem Fischereihafen gelegene Gaststätte präsentiert sich in Weiß- und Blautönen und mit einer großen, überdachten Terrasse. Das Angebot ist so differenziert wie die Preise: schmackhafte Fischspezialitäten von 10 bis 20 €. Strandstraße 36, ✆ 31543.

Hafenräucherei, der urige Imbiss mit frischem Fisch liegt direkt im Hafen. Man sitzt in der mit Fischernetzen, Bojen und allerlei Kutterzubehör ausgestatteten ehemaligen Lagerhalle oder draußen an nahe am Kai aufgestellten Tischen. Bratfisch, Fischbrötchen, Getränke usw. sind am Verkaufsstand erhältlich (Selbstbedienung). ✆ 881409.

Sehenswertes

Vogelpark Niendorf: Gut ausgeschildert in Richtung Hemmelsdorfer See tummeln sich inmitten eines kleinen Sumpfgebietes auf 70.000 m² etwa 350 verschiedene Vogelarten, darunter Störche, Kraniche, Reiher, Flamingos, Fasane, Adler und Geier. Reetgedeckte Tierhäuser, in denen auch Europas größte Eulensammlung zu bewundern ist, sorgen für das passende Ambiente. Eine Café-Terrasse (mit leckerem Blaubeerkuchen) befriedigt die kulinarischen Bedürfnisse.

Öffnungszeiten Täglich 9–19 Uhr, im Herbst und Winter bis es dunkel wird. Erwachsene 6 €, Kinder 3,50 €. ✆ 4740.

Hemmelsdorfer See: Der südlich der Gemeinde Timmendorfer Strand in hügeliger Landschaft gelegene Hemmelsdorfer See lohnt einen Ausflug. Immerhin bietet das Gewässer einen Superlativ: Der Grund des Sees ist mit 44 m unter dem Meeresspiegel der tiefste Punkt Deutschlands ... Ein Fußweg führt in etwa 15 Minuten vom Vogelpark zum Hermann-Löns-Blick, einem Aussichtsturm am Nordende des Sees, den der Dichter oft besucht haben soll.

Fahrradtour: Rund um den Hemmelsdorfer See

Länge 19 km, ca. 1,5–2 Stunden, fast ausschließlich Fahrradwege. Die Tour bietet immer wieder schöne Seeblicke. Viele Einkehrmöglichkeiten.

Ausgangspunkt ist der Vogelpark Niendorf, von dem aus man in südlicher Richtung etwa 1 km zum **Hermann-Löns-Blick** fährt. Der hölzerne Ausguck mit Blick über den ganzen See lohnt schon einen ersten Stopp. Von hier aus wird über eine lange Holzbrücke das Flüsschen Aalbeek überquert. Dann folgt man dem anfangs etwas holprig, aber landschaftlich sehr schönen Weg in einem 2,5 km langen

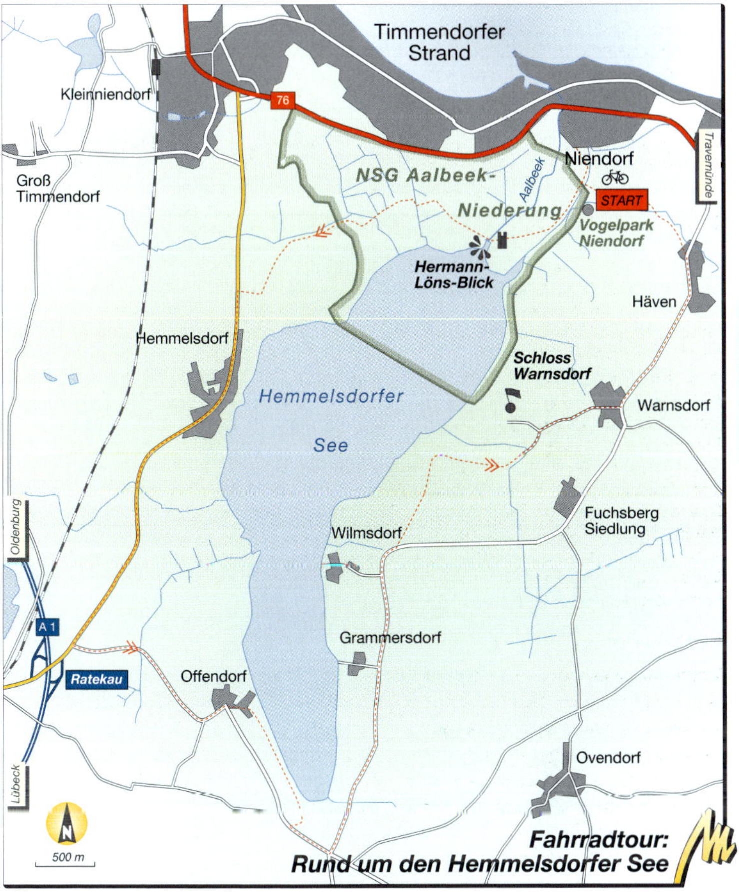

linksseitigen Rundbogen nach Hemmelsdorf (im Zweifel immer links halten).

Auf dem Radweg der Hauptstraße angelangt, wird (links ab) bald **Hemmelsdorf** durchfahren. Hier bleibt man auf dem leicht ansteigenden Radweg (an der relativ stark befahrenen Straße), bis es nach wiederum 2,5 km durch eine alleeartige Straße hinab nach **Offendorf** geht. Dort führt links eine Einbahnstraße zum See (vorbei am Café Seeblick), wo eine öffentliche Badeanstalt zu einer Abkühlung einlädt (Erwachsene 1 €, Kinder 0,50 €).

Direkt am Eingang der Badeanstalt vorbei kann man etwa 1 km den schmalen, dicht bewachsenen Weg am See entlangfahren, der kurz vor Kreuzkamp wieder auf die Straße führt (Achtung: Fußgänger). Gemütlicher geht's allerdings voran, wenn man ab Offendorf gleich auf dem Fahrradweg neben der Hauptstraße bleibt. Bald zweigt eine Nebenstraße links ab nach **Grammersdorf** (der Fahrradweg neben der Straße bietet gelegentlich Ausblicke auf den See). Etwa 500 m hinter dem Abzweig Wilmsdorf am Ende der Kurve biegt man in einen Feldweg ein, der zwar nur anfänglich geteert, aber gut befahrbar ist. Am Wäldchen entlang (sich rechts haltend) geht's am Schloss Warnsdorf (heute eine Kurklinik, dahinter ein Golfplatz) vorbei in den Ort **Warnsdorf,** der einige Einkehrmöglichkeiten bietet. Beim Bauernhof hinter dem Dorf kann man noch "glückliche" Schweine antreffen, die sich auf einer großen Wiese suhlen dürfen.

Die Straße führt nun nach **Häven.** Dort fährt man links einen nicht geteerten Weg hinab zur **Burg Räuberkuhle** (Hinweisschild). Der schön geschwungene Weg führt nach 1 km zu einem archäologischen Hügel, auf dem im Mittelalter ein Turm stand und heute eine alte Eiche den Hang hinabzustürzen droht. Dahinter führt der Weg links zurück zum Vogelpark.

Timmendorfer Strand

6000 Einwohner

Timmendorf hat den Ruf des etwas nobleren Ostseebades – und pflegt ihn auch. Edle Boutiquen und Schmuckgeschäfte verführen zum Einkaufsbummel der feinen Art, und auf der Kurpromenade heißt es Sehen und Gesehenwerden. Die Kinder allerdings zieht es eher ins Sea Life Centre, das große Meeresaquarium.

Seit langem sind Timmendorfer Strand und das benachbarte Niendorf zur Großgemeinde Timmendorfer Strand zusammengeschlossen. Doch während es in Niendorf noch recht beschaulich zugeht, ist man hier stolz auf den Ruf, das schickste und bekannteste Bad an der Küste zu sein. Was lag für die Gemeinde da näher, als den Namen "Timmendorfer Strand" mit dem allgegenwärtigen Logo des Seepferdchens auch als Markennamen eintragen und schützen zu lassen.

Der knapp 4 km lange Strand von der Ostseetherme bis nach Niendorf ist weitgehend mit Strandkörben belegt. Ein dichter Heckenbewuchs schützt Strand und Ufer, sodass es nur bei den Strandkorbvermietern ein Durchkommen gibt. Der angrenzende, durch einen Strandwald verlaufende Weg führt zur Seebrücke. Davor steht die altehrwürdige Trinkkurhalle, eingerahmt vom Hotel Maritim und dem zentral gelegenen Sea-Life-Aquarium. Ein Stückchen landeinwärts erstreckt sich die berühmte, sandfarben gepflasterte Kurpromenade mit der auffälligen Markierung, die den 54. Breitengrad anzeigt. Neben vielen Restaurants und Straßencafés gibt es hier eine ganze Reihe extravaganter Boutiquen und erlesener Schmuckgeschäfte, in deren Auslagen wie selbstverständlich die Produkte von *Gucci, Armani, Jil Sander, Versace, Cartier & Co.* zur Schau gestellt werden. Hier trifft man sich zum Bummel und zum Shopping oder genießt den Augenblick bei Cappuccino oder Cocktail.

Hinter der Kurpromenade zieht sich die Strandallee durch den ganzen Ort. Sie ist die Adresse der eleganten Hotels und Pensionen. Wer ein ruhigeres Plätzchen sucht, wird es nur bei einem Spaziergang durch den Kurpark finden. Richtung Scharbeutz verabschiedet sich die Gemeinde, wie sie bei Niendorf begonnen hat: Großzügige Villen, viele aus der Zeit der vorletzten Jahrhundertwende, säumen den Weg.

Geschichte: Fischfang wurde am Timmendorfer Strand nie ernsthaft betrieben, auch der Strand wurde wenig beachtet. Erst nachdem ein Pastor namens Gleiß aus dem ca. 15 km entfernten Curau sich 1865 in Strandnähe eine ansehnliche Fachwerkkate als Sommerhaus baute, um auch Badefreuden zu genießen (heutige Wohldstraße), setzte langsam, aber unaufhaltsam die Entwicklung zu einem der größten und bekanntesten deutschen Seebäder ein. 1889 wurde das erste Hotel gebaut, heute sind es etwa 25; dazu kommen viele Pensionen und etwa 200 Appartementhäuser.

Sehen und gesehen werden: Cafés an der Kurpromenade

Information/Adressen

- *Vorwahl* 04503
- *Information/Zimmervermittlung* **Tourist-Service Timmendorfer Strand e.V.,** Timmendorfer Platz 10, 23669 Timmendorfer Strand, ✆ 3585-0, Zimmervermittlung ✆ 3585-35. **Kurbetrieb Timmendorfer Strand,** ✆ 3577-0, www.timmendorfer-strand.de. Kurabgabe 3 € (1,50 € in der Nebensaison). Kinder frei.
- *Eislaufen* **Eishalle am Kurpark,** ✆ 5020. Nur im Winterhalbjahr: Mo u. Mi 20–22 Uhr; Di, Do und Fr 14–16 Uhr; Sa 11–18 und 19.30–22.30; So 13–17 Uhr.
- *Fahrradverleih* **Paul Koryciak,** Otto-Langbehn-Str. 22, ✆ 87488; **Steffenhagen,** Kurparkstraße, ✆ 6211; **Jens Jacobsen,** Strandallee 147, ✆ 2425.
- *FKK-Strand* Nacktbader haben ihr Areal an der Grenze Timmendorfer Strand/Scharbeutz.
- *Hundestrand* Westlich des Niendorfer Hafens (= östliches Ende des Timmendorfer Strandes).
- *Parken* Die drei gut ausgeschilderten großen Parkplätze (P1, P2, P3) sind gebührenfrei. Von dort sind es wenige Minuten zum Strand. Auf den in Strandnähe gelegenen Kurzparkplätzen wird man kräftig zur Kasse gebeten: pro Stunde 1 €.
- *Sauna* **Ostsee-Therme Scharbeutz,** ✆ 35260, Weiteres siehe S. 68; **Hotel Princess,** Strandallee 198, ✆ 60010; **Fitness-Center,** An der Mühlenau 14, ✆ 881588; **Maritim Golf- & Sporthotel,** An der Waldkapelle, ✆ 6070.
- *Schwimmbad* **Ostsee-Therme Scharbeutz,** ✆ 35260, Weiteres siehe S. 68.
- *Wochenmarkt* Jeden Mi und Sa (vormittags) auf dem Großparkplatz Höppnerweg (P2).

Übernachten/Essen und Trinken

- *Übernachten* Timmendorfer Strand ist nicht preiswert. Wer keine hohen Ansprüche stellt, kann über die Zimmervermittlung (s. o.) aber auch Privatzimmer für etwa 30 € (DZ) bekommen.

Hotel Villa Röhl & Villa Gropius, beide Villen gehören zu den schönsten Häusern im Ort und bilden zusammen eine der nobleren Herbergen der Region. Historische Baukunst ist geschickt mit neuestem Komfort

Timmendorfer Strand: Bronzestatue "Die Badende" von K.-H. Goedtke

kombiniert (90 Betten, teilweise im Hinterhaus). Durch einen hauseigenen Weg erreicht man nach 60 m den Strand. Genuss hat seinen Preis: DZ 100–120 €. In der aus der Zeit der vorletzten Jahrhundertwende stammenden Halle der Villa Gropius, heute ein stilvoller Gastraum, befindet sich auch ein gutes *Restaurant*, in dem hauptsächlich Fisch serviert wird (z. B. Butterscholle mit Krabben für 14 €, Scampipfanne für 18,50 €). Reservierung erbeten, Mi Ruhetag. Strandallee 50–52, ✆ 2244 oder 4466, www.villaroehl.de, www.villagropius.de.

Villa Möwenstein, gepflegtes Hotel garni mit dem Charme einer traditionellen Ferienpension, 100 m vom Strand entfernt, Fahrräder kostenlos. DZ 60–70 €. Friedrich-August-Str. 6, ✆ 31887.

Gästehaus Seehof, das kleine, direkt am Strand Richtung Niendorf gelegene, von einigen Bäumen umgebene Gästehaus bietet 10 vergleichsweise preiswerte und vielleicht etwas altmodische DZ mit Frühstück für 35–50 €. Teilweise behindertengerecht eingerichtet, auch Familien mit Kindern sind gerne gesehen. Strandallee 155, ✆ 5320.

Timmendorfer Strand verfügt – wegen des z. T. exklusiven Publikums wohl beabsichtigt – über **keinen Campingplatz.**

• *Essen und Trinken* **Restaurant Bierlachs** (im Hotel Holsteiner Hof), die verklinkerte Fassade wirkt protzig, das Essen hält aber, was es verspricht (z. B. Dorschfilet für 15,50 €, auch Tageskarte). Man sitzt im nachgebauten Alt-Lübecker Rathaus-Ambiente oder auf der großen Terrasse mit weich gepolsterten Holzstühlen. Durchgehend geöffnet. Strandallee 92, ✆ 2022.

Bierrestaurant Seelord, im rustikalen Ambiente eines alten Segelschiffs gehalten, bietet das direkt im Zentrum gelegene, stets gut besuchte Lokal eine große Auswahl an Fisch- und Fleischgerichten für 10–13 € und natürlich ein entsprechendes Angebot an Bier. Beliebt ist der Mittagstisch für 6,50 €. Timmendorfer Platz 7, ✆ 1368.

Sehenswertes

Sea Life Centre: Direkt an der Seebrücke, dort, wo einst ein Hallenbad stand, erhebt sich seit 1996 das in Form einer Welle gestaltete Gebäude des beeindruckenden Aquariums. Von außen wirkt das blaue Bauwerk eher klein, denn die 30 Aquarien auf insgesamt 1500 m² Fläche sind größtenteils unterirdisch angelegt. Thema von Sea Life ist die heimische Wasserwelt. Bei seinem Rundgang folgt der Besucher dem Kreislauf des Wassers mit Bächen und Flüssen bis hin zum Meer mit seinen küstennahen Lebensräumen. Höhepunkt ist ein etwa 8 m langer, von 220.000 Litern Wasser umgebener gläserner Tunnel durch die "offene See". Von Seepferdchen über Schollen und Rochen bis hin zu Katzenhaien lassen sich die heimischen Meerestiere hautnah erleben. Schautafeln informieren kurz und präzise, zudem geben die Mitarbeiter nützliche Hinweise; so erfährt man beispielsweise, dass ein Dorsch unglaubliche sieben Millionen Eier legt, wovon im Schnitt lediglich zwei bis fünf Tiere auswachsen.

Das Sea Life Centre ist eine durch und durch kommerzielle, aber gut gemachte Erlebniswelt, weshalb ein Restaurant und natürlich ein Souvenirshop am Ausgang nicht fehlen dürfen. An bedeckten oder verregneten Tagen in der Hochsaison ist der Ansturm sehr groß; lange Warteschlangen sind dann üblich.

Adresse/Öffnungszeiten Kurpromenade 6, 23669 Timmendorfer Strand, ✆ 3588-0, Infoline unter ✆ 3588-88, www.sealife.de. Juni–August 10–19 Uhr (letzter Einlass 18 Uhr), in den verbleibenden Monaten des Jahres bis 18 Uhr (letzter Einlass 17 Uhr). Erwachsene 9,50 €, Kinder (4–16 Jahre) 5,95 €.

Scharbeutz

4000 Einwohner

Ein flacher Strand, feiner Sand und reichlich Ferienwohnungen: das typische Familienbad. Alles ist bequem zu Fuß erreichbar. Vor allem die Ostseetherme, ein Schwimmbad der Extraklasse, hat den Namen Scharbeutz auch überregional bekannt gemacht.

Scharbeutz beginnt mit seiner Attraktion: Direkt an der südlichen Gemeindegrenze Richtung Timmendorfer Strand liegt das Erlebnisbad Ostseetherme, mit dem beide Ostseebäder kräftig werben. Hier grenzt ein Stück der bewaldeten und hügeligen Küste direkt an die Straße, die am Strand entlang zum Zentrum von Scharbeutz führt.

Das eigentliche Glanzstück ist aber auch in Scharbeutz der erstaunlich feinsandige, bis Haffkrug reichende, 6 km lange und etwa 35 m breite Strand. Dieser ist mit reichlich Strandkörben bestückt und versteckt sich hinter Dünen und Heckenrosen (siehe Bild S. 10). Doch von der 100 m langen Seebrücke lassen sich Strand und fast die gesamte Küste der Lübecker und Neustädter Bucht gut überblicken. Vom davor gelegenen Promenadenplatz mit einigen Springbrunnen lädt die gepflegte Kurpromenade zum Bummeln ein, allerdings ohne Blick aufs Meer. Das alte Meerwasserhallenbad im Kurzentrum an der Promenade hat ausgedient. Statt Wasser ist nun Sand das hier vorherrschende Element, denn seit dem Jahr 2000 wird es als Beach-Center, eine Art Indoor-Kinderspielplatz, genutzt (Tageskarte 2,50 €).

Geschichte: Der Name Scharbeutz (slawisch *Scorbuze*) bedeutet so viel wie "Hof des (flinken und schnellen) Skorbyk". Schon 1271 ging das ursprünglich gräflich-holsteinische Dorf in den Besitz Lübecks über, es wurde nämlich einfach an das dortige Heilig-Geist-Hospital verkauft. Zu dieser Zeit gab es lediglich ein kleines Bauerndorf auf der Anhöhe (am Wennsee), zu dem sich nach und nach eine Fischersiedlung am Strand gesellte. Nach mehr als 500 Jahren kam Scharbeutz 1803 an den Herzog von Oldenburg (um dann 1937 Teil Schleswig-Holsteins zu werden). Als ein Hamburger Kaufmann in der Strandsiedlung ein Hotel errichtete, das Hotel Augustusbad, wurde der Ort im Jahre 1850 durch eine großherzogliche Erlaubnis zum Seebad. Dennoch waren die Anfänge eher bescheiden, so wurde das erste Badehaus in einer ehemaligen Fischräucherei eingerichtet. Richtig aufwärts ging es mit dem Tourismus erst, als der Ort 1923 einen eigenen Bahnhaltepunkt erhielt. Seitdem haben zahlreiche bekannte Persönlichkeiten Scharbeutz die Ehre gegeben. Der wohl berühmteste Gast war Albert Einstein (1879–1955), der in den Jahren 1927–1929 hier seinen Sommerurlaub verbrachte.

1974 wurde der Ort mit mehreren kleinen Dörfern zur Großgemeinde Scharbeutz zusammengeschlossen, die im Tourismusgeschäft der Region nach Grömitz und Timmendorfer Strand mit rund einer Million Übernachtungen mittlerweile an dritter Stelle rangiert.

Information/Adressen

- *Vorwahl* 04503
- *Information/Zimmervermittlung* **Kurbetrieb Scharbeutz,** Strandallee 134, ✆ 74255 oder ✆ 770964, www.scharbeutz.de. Kurtaxe 2,50 €, Jugendliche ab 14 Jahren 1 € (Nebensaison die Hälfte).
- *Bootsvermietung* **Detlev Johst,** Möwenberg 21, ✆ 881223; **Torben Geberbauer,** Strandallee/Hansastraße.
- *Fahrradverleih* **Detlef Dittmer,** Badeweg am Kurpark, ✆ 75415; **Hotel Wennhof,** Seestraße 62, ✆ 72354 u. 72333.
- *FKK-Strand* Nähe Ostsee-Therme.
- *Parken* Die Großraumparkplätze für 2,50 € Tagesgebühr sind gut ausgeschildert. Kurzparkzone im unmittelbaren Strandbereich für 1 € pro Stunde.
- *Schwimmbad* **Ostseetherme Scharbeutz,** ✆ 35260, www.ostsee-therme.de. Eines der ersten, größten und schönsten Erlebnisbäder der Republik. Direkt am Meer eröffnet sich unter einer riesigen Glaskuppel eine tropische Badelandschaft. Ein Salzwasserbecken, Whirlpools und eine Doppelriesenrutsche (insgesamt 310 m) bieten großartigen Badespaß. Hinzu kommt eine Saunalandschaft der Extraklasse. Außerdem: Fitnesscenter, Kosmetikstudio und Restaurant. Preisgünstig ist das Vergnügen aber nicht: Tageskarte Erwachsene 17 €, Kinder 9 €, freitags für die gesamte Familie 30 €. Täglich 9–23 Uhr geöffnet.
- *Tauchen* **Tauch-Sport-Zentrum,** Strandallee 143, ✆ 889999.
- *Wohnmobil-Parkplatz* Ver- und Entsorgungsstation auf dem strandnahen Parkplatz Hamburger Ring/Trelleborgstraße.

Übernachten/Essen und Trinken

- *Übernachten* **Hotel Augustusbad,** im ehemaligen Zentrum und damit nicht ganz am Strand gelegene Herberge mit 27 Zimmern (7 Min. Fußweg zum Strand). Die Zimmer sind mit allen Annehmlichkeiten ausgestattet, wirken aber fast ein wenig nüchtern. *Italienisches Spezialitätenrestaurant Da Gino* im Haus. DZ 75–80 €, Kinder 21 €. Seestraße 48, ✆ 804-0, www.augustusbad.de.

Villa Scharbeutz, rustikal-gediegen, saubere Zimmer, vorwiegend nicht mehr ganz so junge Gäste, gutes Frühstücksbuffet, 2 Min. Fußweg zum Strand. DZ 75–82 €. Seestraße 26, ✆ 87090, www.hotel-villa-scharbeutz.de.

- *Essen und Trinken* **Herzberg's,** auf rustikal getrimmtes Ambiente und eine recht gute Küche (z. B. Schwedischer Kräutermatjes für 11 €), oft gut besucht, daher abends besser einen Tisch reservieren. Strandallee 129 (nahe der Seebrücke), ✆ 74159.

Pfannkuchen-Restaurant, im Erdgeschoss eines strandnahen Appartementhauses gelegenes, kinderfreundliches Restaurant im Stil der 1980er Jahre. Es gibt viel mehr als nur Pfannkuchen (7–9 €), beispielsweise einen Mittagstisch für 6,60 €. Tägl. 12–14.30 Uhr und ab 17.30 Uhr geöffnet. Seestraße 8, ✆ 75014.

Umgebung von Scharbeutz

Pönitzer Seenplatte: Das Erholungsgebiet rund um Pönitz, das mit Scharbeutz eine touristische Allianz bildet, bietet sich für Wanderungen oder Radtouren geradezu an. Kunsthistorisch interessant ist die Kirche in Gleschendorf, deren Bau um 1195 begann. Aus dieser Frühphase stammt freilich nur noch der gedrungene viereckige Feldsteinturm mit hoch ausgezogenem Mansard-Zeltdach, das in eine achteckige Spitze übergeht. Das Kirchenschiff wurde 1864 aus Ziegeln im Rundbogenstil neu gebaut.

- *Essen und Trinken* **Landhaus am See,** am Ortseingang (von Scharbeutz kommend) direkt neben der Hauptstraße gelegen. Das Restaurant im Fachwerkambiente hat ein rustikales Inneres und eine schöne Terrasse mit Blick auf den Großen Pönitzer See. Angeboten wird eine gute deutsche Küche mit reichhaltigem Fischangebot (Forelle Müllerin für 10,20 €). Mo Ruhetag. ✆ 04524/1073.

Blumenpark Kesdorf: Blumen haben es dem Landwirt Carsten Paulsen angetan, und deshalb baut er sie großflächig zum Selbstpflücken auf seinen Feldern an. Die in der Nähe von Kesdorf gelegenen Felder (bei den Windrädern) bieten im Sommer einen herrlichen Anblick. Attraktion für die Kinder ist im Spätsommer das riesige Maislabyrinth des eifrigen Landwirts mit insgesamt 3000 m Irrwegen.

Adresse/Öffnungszeiten An der Kreisstraße 55 gelegen, ✆ 0177/5638209. Tagsüber geöffnet. Erwachsene 2,50 €, Kinder ab 6 Jahren 1,50 €.

Deutschlands Riviera: der Strand von Haffkrug

Haffkrug

1700 Einwohner

Man muss nicht nach Italien fahren, um an der Riviera zu baden: Der Strandabschnitt zwischen Scharbeutz und Haffkrug heißt nämlich genauso. Zentrale Sehenswürdigkeit der kleinen Schwester von Scharbeutz ist damit der Strand.

Beide Orte gehen in ihren Randbereichen ineinander über, getrennt nur durch ein Ortsschild. Dahinter liegen die Haffwiesen, die entstanden sind, als eine vor Jahrtausenden vorhandene Bucht langsam verlandete. Auf der angrenzenden Landzunge ist seit 1398 eine Siedlung urkundlich erwähnt. Der heutige Ortsname rührt daher, dass zu Beginn des 19. Jh. hier ein Wirt seinen "Krug" (Wirtshaus) eröffnete, der am Sonntag von zahlreichen Ausflüglern besucht wurde. Bereits 1811 errichtete dann ein einfallsreicher Geschäftsmann ein kleines Badehaus und machte Haffkrug damit zum ersten Badeort der Lübecker Bucht.

Im Ort erinnern noch einige wenige reetgedeckte Häuser daran, dass Haffkrug einst ein selbständiges Fischerdorf war (seit 1974 ist der Ort Teil der Großgemeinde Scharbeutz). An die Fischertradition knüpft auch der Fischlehrpfad neben der Seebrücke an. Auf 15 interessanten Schautafeln entlang der Promenade (eher ein breiter Gehweg) findet sich alles Wissenswerte rund um das vielfältige Meeresgetier der Ostsee.

- *Vorwahl* 04563
- *Information/Zimmervermittlung* **Kurbetrieb Scharbeutz/Haffkrug,** Nebenstelle Haffkrug, ✆ 1404. Kurtaxe 2,50 €, Jugendliche ab 14 Jahren 1 € (Nebensaison die Hälfte).
- *Fahrradverleih* **Bettina Brockmann,** Timmerhorst 14 a und am Kurparkhaus, ✆ 5676 und 0173/6370142; **Lenly Hinz,** Strandallee 38, ✆ 5201.
- *Parken* Großraumparkplatz am Waldweg für 2,50 € Tagesgebühr. Kurzparkzone im unmittelbaren Strandbereich für 1 € pro Stunde.
- *Sauna* **Hotel Maris,** Strandallee 10, ✆ 1778.
- *Segeln* Segelschule **Buten + Binnen,** ✆ 7402.
- *Übernachten* **Haus am Meer,** wie der Name sagt, in allerbester Lage. Die 1928 erbaute Backsteinvilla hat schöne, helle Zimmer mit dem Charme eines alteingesessenen, kleinen Hotels. DZ mit Dusche 62–82 €. Auch *Restaurant* mit gutbürgerlicher Küche. Strandallee 84, ✆ 1646.

Gästehaus Schlüter (Haus Daheim), alles ist sehr sauber und frisch renoviert, DZ 46 €. Bahnhofstr. 19, ✆ 1615.

Pension Priehs, die liebevolle ältere Wirtin hat die Unterkunft "wohnzimmermäßig" eingerichtet. DZ 42 €, auch für eine Nacht, 2 Min. Fußweg zum Strand. Bahnhofstr. 10, ✆ 5339.

- *Essen und Trinken* **De ole Fischschuppen,** direkt an der Seebrücke gelegen, fällt dieser reetgedeckte Fachwerkbau mit seiner großen Terrasse sofort ins Auge. Nicht nur Fisch ist im reichhaltigen Angebot, besonders lecker ist die Scampipfanne für 14 €. Strandallee, ✆ 1357.

Kurpark-Kroog Klöndeel, wer deftig, einfach und gut essen möchte und auf eine gediegene Inneneinrichtung keinen besonderen Wert legt, ist hier richtig. Direkt am Kurpark gibt es gute Holsteiner Küche mit frischem Fisch und Bratkartoffeln. Im Angebot ist auch ein täglich wechselndes Stammessen für 6,60 €. Kurpark Haffkrug, ✆ 5144.

Sierksdorf

1600 Einwohner

Beim Stichwort Sierksdorf denken viele zuerst an den Hansa-Park, einen der größten deutschen Freizeitparks. Darüber hinaus gibt's hier noch einen nicht zu vollen Strand und eine natürliche Steilküste, von der man einen schönen Blick über die See genießt.

Beim Sonnenbaden blickt man aufs Meer, und das ist für einen deutschen Badeort schon eine Besonderheit (durch einen Knick in der Bucht ist der Strand nach Südosten ausgerichtet). Der Strand ist 3,5 km lang und etwas schmaler als an anderen Stellen der Lübecker Bucht. Auch der Ort ist etwas schmaler als andernorts, er misst gerade einmal 500 m in der Breite, ist dafür aber über die gesamte Strandlänge gestreckt. Im Südteil besteht das Seebad lediglich aus Strand, Straße und einer recht hübschen Häuserzeile. Anders als in den Nachbarorten dominieren hier noch nicht Souvenirläden oder Imbissbuden. Die Einkaufsmöglichkeiten sind damit eher begrenzt. Im nördlichen Teil, den Berg hinauf, befinden sich Touristeninformation (derzeit noch Kurverwaltung genannt), Kirche und Bahnhof. Alles wirkt noch vergleichsweise ruhig und beschaulich, und alte Bäume – sonst eher eine Seltenheit in Ostseebädern – dominieren hier das Ortsbild. Zahlreiche Villen, stets eingebettet in ansehnliche Gartenanlagen, verleihen diesem Ortsteil so etwas wie eine erhabene Gediegenheit. Einige bekannte Persönlichkeiten haben sich hier niedergelassen; so wohnt in der Nähe des Seehofs der Schauspieler Armin Mueller-Stahl, wenn er nicht gerade Theater spielt oder zu Dreharbeiten unterwegs ist. Zum Strand gelangt man über Treppen die Steilküste hinab, die so steil aber nicht ist, wie es der Name verheißt. Noch weiter nördlich ändert sich das Ortsbild übrigens drastisch: Hier nämlich liegen die Bettenburgen des Ferienparks Sierksdorf und der Hansa-Park.

Reusen am Strand von Sierksdorf

Ein Fischerdorf ist Sierksdorf natürlich auch schon lange nicht mehr, aber vereinzelt gibt es sie noch, die (Freizeit-)Fischer, die morgens bei Sonnenaufgang aufbrechen, um die Stellnetze zu kontrollieren. Doch zunächst müssen sie mangels Hafen in Fischerhosen zu ihren Booten waten, meist mit kleinem Außenborder oder Kisten und Eimern bepackt. Nachmittags kehren sie mit Dorsch, Hering oder Scholle zurück. Der Fang wird gleich am Strand verkauft.

Stolz ist man in Sierksdorf auf die gewissermaßen künstlerische Vergangenheit des Ortes: Hier hat der expressionistische Maler Karl Schmidt-Rottluff von 1951 bis 1973 seine Sommermonate verbracht und die Küstenlandschaft mit ihren besonderen Farben in vielen heute weltberühmten Werken festgehalten. Die künstlerische Tradition verpflichtet, weshalb in den Räumen der Kurverwaltung eine ständige Dokumentation zum Werk des berühmten Gastes zu sehen ist.

Geschichte: Der in verschiedenen Schreibweisen überlieferte Name *Syrikestorpe* ist slawischen Ursprungs und bedeutet so viel wie "Dorf des Herrschers Sigirik (oder Sirik)". Seit dem Mittelalter gehörte die Siedlung dem benachbarten Gut Övelgönne. Erst 1802 durften die Bauern die Felder in Erbpacht bebauen – die Leibeigenschaft war damit aufgehoben –, und 1857 wurden sie auch rechtmäßige Eigentümer des von ihnen bewirtschafteten Landes. Im gleichen Jahr standen vor einem Badelogierhaus mit immerhin 28 Betten für Erholungssuchende bereits vier Badekarren. Wie andere Küstenorte auch entwickelte sich Sierksdorf endgültig nach dem Zweiten Weltkrieg vom Bauerndorf zum Ferienort.

- *Vorwahl* 04563
- *Information/Zimmervermittlung* **Kurverwaltung Sierksdorf,** Vogelsang 1, 23730 Sierksdorf, ✆ 47899-0, www.sierksdorf.de. Kurabgabe nur für Erwachsene (im Sommer): Feriengäste 1,50 €, Tagesbesucher 2 €.
- *Rundflüge* **AERO Club LSV Neustadt,** auf dem Flugplatz Hof Altona, Neustadt-Sierksdorf, ✆ 8341.

• *Schwimmbad* **Panoramic Schwimmbad,** in den Ferienhochhäusern am Pfingstberg (Nähe Hansa-Park) gelegenes, wenig spektakuläres, aber ordentliches Schwimmbad mit 29 °C Wassertemperatur. Unterschiedliche Öffnungszeiten, in der Regel 8–10 und 14–18 Uhr, Mi bis 21 Uhr. Erwachsene 3 €, Kinder 2 €. ✆ 71217.

• *Übernachten* **Ringhotel Seehof,** parkähnlicher Garten mit uralten Bäumen an einem 15 m über der Ostsee gelegenen Logenplatz, von dem man einen phantastischen Blick die Steilküste hinunter aufs Meer hat. 12 individuell eingerichtete Zimmer und einige Appartements, Sauna, Frühstücksbuffet. DZ 100–118 €. Angeschlossen ist ein *Restaurant-Café* mit frischer Holsteiner Küche. Gartenweg 30, ✆ 7031 und 47730, www.ringhotel-sierksdorf.de.

Hotel Ostseestrand, sehr zentral am Ende der Strandstraße gelegen, von außen nicht unbedingt einladend, aber von innen sehr liebevoll farblich harmonisch in Pastelltönen eingerichtet. Alle Zimmer sind bunt und frisch gestaltet, jedes in einer speziellen Farbe gehalten. DZ 88–95 €. Das Essen im *Ristorante Ostseestrand* ist nicht ganz preiswert, aber gut (Spaghetti und Pizza ab 8 €). Im Restaurant gibt es außerdem italienische Weine und Olivenöl zu kaufen. Am Strande 2, ✆ 47700, www.hotel-ostseestrand.de.

Hotel Hof Sierksdorf, Charme der 80er Jahre, kleine, aber gepflegte Zimmer direkt am Strand, DZ 75 €. *Restaurant* mit deutscher Küche, Mittagstisch, eigene Konditorei. Am Strande 32, ✆ 8884, www.hof-sierksdorf.de.

Camping Buchholz, das gibt's nicht alle Tage: einen einfachen Campingplatz mitten im Ort und gleichzeitig am Strand gelegen. 147 Stellplätze, ✆ 8615.

Die vergessene Kirchenschuld

Als die Eigentümer der altehrwürdigen Schäferkate am Vogelsang in den 1970er Jahren bei der Bank einen Kredit für einen geplanten Umbau beantragten, kam zutage, was bis dahin keiner wusste: Im Grundbuch von 1872 war an erster Stelle eine Kirchenschuld eingetragen. Dort stand zu lesen, dass der Kirche im nahe gelegenen Süsel jährlich 78 Pfund Roggen, 58 Pfund Hafer und 90 Pfennig Kirchenopfer abzuliefern seien. In so einer Sache verstehen Banken keinen Spaß. Solange die Kirche den ersten Platz der Grundschuld behielt, gab's keinen Kredit. Zudem rechnete ein fleißiger Kirchenmann nach und verlangte für 25 Jahre die beachtliche Summe von 25.000 DM, was in etwa der Summe entsprach, die der Hausherr für seinen Umbau kalkuliert hatte. Die Kirche zeigte sich später kompromissbereit, die Bank weniger. So wurde die Kirchenschuld der Einfachheit halber auf die dritte Stelle im Grundbuch verlegt, weshalb diese Schuld noch heute auf dem Anwesen lastet.

Sehenswertes

Hansa-Park: Wenn die Kinder das Urlaubsziel Ostsee wählen, dann oft in Erwartung auf einen Besuch im Hansa-Park. Tatsächlich entpuppt sich "Deutschlands einziger Erlebnispark am Meer" als ein Vergnügungsparadies für Klein und Groß. Problemlos über die A 1 oder den Bahnhof Sierksdorf zu erreichen, lässt der Park kaum Wünsche offen. Vom Kiddie-Camp für die Kleinsten bis zur Wasserachterbahn findet sich alles, was Kinderaugen glänzen oder den Adrenalinspiegel ansteigen lässt. Hier eine Westernstadt, dort ein Jahrmarkt, dahinter ein Varieté oder gar ein Flugsimulator. Wer es etwas ruhiger mag, sollte nicht den 100 m hohen Holsteinturm versäumen, der einen grandiosen Ausblick bietet. Der bunte Mix für die ganze Familie ist kaum an einem Tag zu bewältigen.

Öffnungszeiten April–Oktober täglich 9–18 Uhr. Eintritt für Besucher von 4 bis 14 J. und über 60 J. 17 €, ab 15 J. 19 €. ✆ 474-0, www.hansapark.de.

Die "DDR-Ecke" im Bananenmuseum von Sierksdorf

Bananenmuseum: Warum ist die Banane krumm? Hier finden Sie eine Antwort auf diese seit unzähligen Generationen quälende Frage. In dem an der Hauptstraße Richtung Neustadt gelegenen kleinen Museum ist von einer Bananenwasserwaage bis zum Kondom mit Bananengeschmack fast alles zu sehen, was auf irgendeine Weise mit der tropischen Frucht zu tun hat. Der Museumsinhaber Bernhard Stellmacher weiß zu jedem seiner Exponate eine nette Geschichte zu erzählen und klärt auch darüber auf, dass die Banane (arabisch *banan* = Finger) die größte Beere der Welt ist.

Adresse/Öffnungszeiten Prof. Haas Str. 60, ☎ 8335. Nur Sa/So 11–13 Uhr. Eintritt 1,50 €.

Umgebung von Sierksdorf

Gut Oevelgönne: Das Gut nahe der Autobahnausfahrt Neustadt-Süd (Richtung Eutin) verrät durch den Namen seine Geschichte. Der Vorgängerhof mit dem Namen *Rogesdorf* lag ursprünglich etwa einen Kilometer westlich auf einer Anhöhe. Um 1550 wurde der Hof aber aus strategischen Gründen "övergünt" verlegt, was auf gut Hochdeutsch "nach gegenüber" heißt.
Eine mit Kopfsteinpflaster befestigte Kastanienallee führt zum schönen Fachwerk-Torhaus (18. Jh.). Im Schatten der alten Bäume liegen die ehemaligen Arbeiterkaten, während sich das (nicht näher zu besichtigende) Herrenhaus weit hinter dem alten Torhaus hinter mächtigen Bäumen versteckt. Die ehemals dazwischen liegenden Wirtschaftsgebäude wurden in den 1950er Jahren abgerissen.

Gut Wintershagen: Ursprünglich hatte das kurz hinter dem Hansa-Park (Richtung Neustadt) liegende Gut die Funktion eines Meierhofs des Gutes Oevelgönne. Die noch heute bewirtschaftete Hofanlage ist vom Weg aus gut zu erkennen. Um das Anwesen herum entstanden einige Landarbeiterhäuser, deren jeweiliges Baujahr noch heute an den Giebeln abzulesen ist (zwischen 1907 und 1912).

• *Essen und Trinken* **Gutshof-Restaurant,** in einem alten reetgedeckten Stall verbirgt sich dieses gehobene Restaurant, das vom Preis-Leistungs-Verhältnis wohl führend in der Umgebung von Sierksdorf ist (13–19 €). Vor dem Haus grüßt ein alter Traktor (als Spielgerät für Kinder). Tischreservierung empfohlen, ✆ 04561/2070. Di Ruhetag (werktags nur abends geöffnet, Sa/So ganztags).

Gemeinde Süsel: Mitten im ostholsteinischen Hügelland zwischen Sierksdorf und dem Naturpark Holsteinische Schweiz liegt die Gemeinde Süsel, die mit ihren Weilern, Höfen und vielen Seen gemeinsam mit Sierksdorf um die Feriengäste wirbt. Wogende Getreidefelder mit grünen Knicks gehören hier zum prägenden Landschaftsbild. Der Ort selber wird dominiert von der uralten und trutzigen *St.-Laurentius-Kirche* (ca. 1156), die wie so viele Kirchen dieser Gegend aus Feldstein erbaut wurde und zugleich Schutzburg vor heidnischen Slawen war. Die Inneneinrichtung ist schlicht und dennoch beeindruckend. Ein mittelalterliches Kruzifix (um 1290) mit überlebensgroßem ausdrucksvollem Corpus dominiert die Szenerie. Im Chorraum finden sich Reste mittelalterlicher Malerei (tagsüber meistens geöffnet).

Auf dem *Rumpelsee* bei Süsel findet sich ein Freizeitspaß der anderen Art: Wasserskiläufer werden von zwei Seilbahnen auf rechteckigen Kursen herumgezogen.

• *Information/Zimmervermittlung* **Süsel Touristik,** An der Bäderstraße 46, 23701 Süsel, ✆ 04524-355.

• *Wasserskiseilbahn/Camping* Erwachsene zahlen für 2 Std. 20 €. Seit dem Jahr 2001 ist auch ein gepflegter Campingplatz angeschlossen, der aber nur in der Saison geöffnet ist. Moor 6, 23701 Süsel (an der alten B 207), ✆ 04524/1777 oder 373, www.Wasserskiseilbahn.de/Suesel.

• *Übernachten/Essen* **Hotel Süseler Hof,** gegenüber der Kirche gelegener Landgasthof, gepflegtes und gastliches Ambiente, Zimmer mit allem Komfort, DZ 65 €, Restaurant mit gutbürgerlicher Küche (Babydorsch zu 11 €). Bäderstr. 71, ✆ 04524/319.

Aussichtsturm am Gömnitzer Berg: Gut 4 km westlich von Neustadt, hinter dem Dorf Roge (Richtung Bujendorf, dann rechts nach Gömnitz), steht ein schöner, schlanker, 13 m hoher Aussichtsturm aus Backstein. Platziert ist er auf der kahlen Kuppe des für Ostholsteiner Verhältnisse sagenhaft hohen Gömnitzer Berges, der satte 92 m in den Himmel ragt. 1928 erbaut, diente er den Fischern lange Zeit als Seezeichen und ersetzte einen alten Baum, der im Sturm fiel und vormals die gleiche Funktion hatte.

Ohne ein besonderes Hinweiszeichen führt ein Treppenweg durch ein Wäldchen hinauf. Vor der Treppe befinden sich ein Fahrradständer und ein kleiner Parkplatz, von dem aus man etwa 5 Minuten Aufstieg vor sich hat. Im Turm selbst führt eine stählerne Wendeltreppe empor. Durch Luken kann man dann in die Ferne schauen.

Altenkrempe

1200 Einwohner

Der kleine Ort wird überstrahlt von seiner Basilika. Die Kirche ist eines der schönsten und besterhaltenen mittelalterlichen Bauwerke Ostholsteins. Direkt an der A 1 (Abfahrt Neustadt-Nord) weithin sichtbar gelegen, lohnt sie einen kurzen Abstecher.

In einem so kleinen Ort eine so stattliche Kirche zu finden ist schon verwunderlich. Es heißt, dass Graf Adolf III. von Schauenburg um 1190 mit der Gründung von Crempe ein Gegengewicht zu Lübeck schaffen wollte. Der am Neustädter Binnenwasser gelegene Ort in der sumpfigen "krummen Au" (Kremper Au) war vormals Schlupfwinkel slawischer Seeräuber.

Mit der Zeit stellte sich heraus, dass die Verbindung zum Meer durch das Binnenwasser zunehmend verlandete und für größere Handelsschiffe nicht geeignet war, weshalb an einer günstigeren Küstenlage *Nyghe Crempe* (*Neucrempe*, das spätere Neustadt) gegründet wurde (nach neueren Forschungen ist dieser Erklärungsversuch allerdings nicht ganz unumstritten). Ab 1244 wurde zur besseren Unterscheidung beider Orte dann die zusätzliche Ortsbezeichnung "Alt-" üblich.

Im 14. Jh. verfiel das Dorf und kam nach der Reformation zum Gut Hasselburg. So blieb Altenkrempe bis heute ländliche Idylle mit einem großen Kirchspiel. Die heutige Durchgangsstraße ist eine neu angelegte Lindenallee mit zum Teil noch reetgedeckten, lang gezogenen Mehrfamilienkaten aus dem 19. Jh.

- *Vorwahl* 04561
- *Information/Zimmervermittlung* **Fremdenverkehrsverein Altenkrempe,** 23730 Kassau, Plunkauer Weg 5 a, ✆ 6735.
- *Essen/Übernachten* **Kremper Krug,** unscheinbar gegenüber der Basilika gelegen. Der Chef, Herr Aagard, kocht noch selbst, und das schmeckt man: gutes und rustikales Essen mit frischen Zutaten, z. B. Steakteller (13,50 €) oder Holsteiner Sauerfleisch (9 €) und natürlich frische Ostseefische. Schattiger Biergarten und Fremdenzimmer (DZ 50–60 €) im Haus. Mo Ruhetag. Milchstr. 19, ✆ 4319.

Sehenswertes

Basilika: Diese meisterhafte Schöpfung der Spätromanik steht inmitten eines ehemaligen slawischen Burgplatzes (siehe Bild S. 90). Der Backsteinbau ist wohlproportioniert und klar gegliedert, obwohl sich die Arbeiten über viele Jahrzehnte hingezogen haben. Der Chor mit seinen in Schwarz und Rot gehaltenen Backsteinen entstand um 1190, das Langhaus wurde im Verlauf des 13. Jh. angelegt. Von großen Umbauten blieb die Kirche in der Folgezeit verschont. Die Wände im Kirchenraum sind überwiegend im natürlichen Steinton belassen, Bänder aus farbig getönten Backsteinen kontrastieren mit weißen Putzflächen. Die Kirche hat kein Querschiff und nur schmale Seitenschiffe. Ungewöhnlichstes Stück der Ausstattung ist der Taufstein. Einer gotländischen Steintaufe ist eine schüsselartige Bronzetaufe aufgesetzt, beide stammen aus dem 13. Jh. und erinnern durch ihre Größe daran, dass die Taufe früher durch das vollständige Eintauchen des Kindes vollzogen wurde.

Das Torhaus von Gut Hasselburg

Gut Hasselburg: Knapp 2 km hinter Altenkrempe führt (links ab) eine schöne Lindenallee zu dieser absolut sehenswerten

Gutsanlage. Als stattliche Visitenkarte empfängt das 1763 erbaute Torhaus den Besucher. Es gilt als das bedeutendste Torhaus im Lande und führt auf den Hofplatz mit zwei sehr imposanten Scheuen. Eine wurde 1924 erbaut, die andere stammt aus dem Jahr 1761, ist noch reetgedeckt und eine der größten Kornscheunen Schleswig-Holsteins. Hier mischen sich zuweilen die Geräusche einer landwirtschaftlichen Anlage mit Mozartklängen, denn das barocke Anwesen bietet regelmäßig den stilvollen Rahmen für Konzerte des Schleswig-Holstein Musik-Festivals. Das ansehnliche Herrenhaus der ursprünglich von einem Wassergraben umgebenen Hofanlage ist Privatbesitz und normalerweise nicht zu besichtigen. Das ist bedauerlich, denn das herrschaftliche Haus hat eine im Barockstil gestaltete, zweigeschossige Treppenhalle, wie sie prächtiger kaum sein kann.

Antikes und Naturfloristik Im Torhaus befinden sich ein in der Saison nachmittags geöffneter Laden für Naturfloristik und vieles mehr sowie eine Galerie mit Keramik, Möbeln und antiken Kachelöfen. ✆ 04561/714646.

Gut Sierhagen: Das schon um 1300 erwähnte Gut, das über wunderschön geschwungene, von uralten Bäumen gesäumte Wege zu erreichen ist, gilt als eines der wenigen spätslawischen Adelssitze aus vordeutscher Zeit. Um die weiträumige (privat genutzte) Hofanlage ist ein Wassergraben gezogen, der sich südlich des Herrenhauses zum See weitet. Das gelblich verputzte Herrenhaus wurde 1825 gebaut, steht aber auf älteren Fundamenten. Durch zwei Torhäuser (von 1738 bzw. 1857) gelangt man in den übergroßen Innenhof.

Eine Besonderheit ist die alte Gutsgärtnerei, die vor 1900 eingerichtet und noch bis 1997 als Pachtbetrieb weitergeführt wurde. Zwar verfügten einst auch die anderen Güter der Region fast ausnahmslos über vergleichbare Gärtnereien, doch sind diese im Laufe der Zeit allesamt verschwunden. Deshalb hat man die heute landesweit einzigartige Anlage im Jahr 2000 unter Denkmalschutz gestellt, restauriert und für Besucher geöffnet.

Essen und Trinken **Palmenhaus Café,** im 2002 renovierten Palmenhaus der alten Gutsgärtnerei oder auf der großen geklinkerten Terrasse gibt's täglich hausgebackene Kuchen (daneben in der Gärtnerei auch Pflanzenverkauf). April–Oktober 14–18 Uhr, So ab 9 Uhr, Mo Ruhetag. ✆ 04561/558412.

Neustadt in Holstein

15.000 Einwohner

In der attraktiven und vielleicht schönsten Hafenstadt der Küste schlägt traditionell das Herz Ostholsteins. Eine hübsche Fußgängerzone lädt zum Einkaufen ein, und einige historische Gebäude zeugen von der einstigen Bedeutung der Stadt. Liebevoll renovierte Speicher und alte Segelschiffe prägen das Bild des Hafens, an dem alle Straßen münden.

Die Stadt am Nordufer der Lübecker Bucht ist nicht mondän, aber einladend und trägt stolz den Namen "Europastadt". Trotz vergangener Brandkatastrophen sind verschiedene geschichtsträchtige Gebäude bis heute erhalten geblieben. Das Zentrum bildet ein großer, rechteckiger Marktplatz, flankiert von der sehenswerten Stadtkirche und dem klassizistischen Rathaus, das von seinen beiden dorischen Säulen geprägt ist. Von hier aus verläuft die den Fußgängern vorbehaltene Einkaufsstraße bis zum historischen Kremper Tor (siehe Bild s. 17). Kleine, teilweise verwinkelte Straßen mit altem Kopfsteinpflaster ziehen sich hinunter zum Neustädter Binnenwasser, das einstmals schiffbar war, mittlerweile aber zum Naturschutzgebiet erklärt wurde.

Der malerische Hafen von Neustadt

Die ebenfalls als Einkaufsstraße fungierende Brückenstraße führt vom Marktplatz zum Hafen und weiter über eine Brücke, die das Nadelöhr des Ortes bildet, durch das sich die Autos langsam hindurchzwängen müssen. Der natürliche Hafen ist weitläufig und zieht sich in die Neustädter Bucht hinein. Ein paar alte Segelschiffe liegen idyllisch in Brückennähe. Speicher und imposante Kaufmannshäuser zeugen davon, dass die Stadt schon immer von Schifffahrt und Handel, vor allem dem Getreidehandel, lebte. Die Jahrhunderte überdauert hat auch das Fischeramt. Seit 1474 residiert diese älteste Fischerinnung Deutschlands in ihrem Amtsgebäude am Hafen. Zwar ist die Krise der Fischerei, Reedereien und Werften auch an Neustadt nicht spurlos vorübergegangen, aber immerhin hat die größte deutsche Reederei für Luxuskreuzfahrtschiffe (Peter Deilmann), unter deren Flagge auch das aus der Fernsehserie "Traumschiff" bekannte Kreuzfahrtschiff "Deutschland" fährt, noch immer in Neustadt ihren Sitz.

Auf der Westseite des Hafens ist noch geschäftiges Treiben zu beobachten. Allerdings dienen die Hafenanlagen derzeit überwiegend dem Verladen alter Autos auf rostige und zum Teil abenteuerlich aussehende Schiffe. An der östlichen Hafenseite bekommt man in den frühen Morgenstunden manchmal noch frischen Fisch direkt vom Kutter. Von hier führt der Jungfernsteg weiter Richtung Yachthafen. Er ist wesentlich beschaulicher als sein Hamburger Vorbild und diente früher den ankommenden und abfahrenden Segelschiffen als Treidelpfad. Wen das Badefieber packt, der kann knapp 2 km weiter bis zum Strandbad laufen bzw. fahren. Ein- und auslaufende Schiffe sind von hier aus gut zu beobachten. Nach wie vor haben die Marine und auch die Küstenwache einen Stützpunkt in Neustadt.

Geschichte: Neustadt geht auf eine Gründung der schauenburgischen Grafen aus dem Jahre 1226 zurück, die im südlichen Teil der Landschaft Wagrien einen günstig an der Küste gelegenen Ort suchten. Dazu gehörte das Gebiet um das Binnenwasser,

an dessen Nordende Altenkrempe als Mittelpunkt eines großen Kirchspiels entstand (siehe Seite 74). Für die Handelsschifffahrt weitaus günstigere Bedingungen bot aber der am Ausfluss des Binnenwassers und dennoch geschützt an der Küste gelegene Landstrich, sodass man hier mit dem Bau einer Siedlung begann, die zunächst *Nyghe Crempe* genannt wurde (erst ab 1600 ist der Name *Neustadt* belegt). Schon 1244 wurde dem um einen Marktplatz angelegten Ort das lübische Stadtrecht verliehen, sodass sich Handel, Schifffahrt und Wirtschaft gut entwickeln konnten. Vor allem der verheerende Brand von 1817, dem zwei Drittel der Stadt zum Opfer fielen, hat vom mittelalterlichen Ortsbild nur noch wenig übrig gelassen. Seit 1973 ist Neustadt mit seinen Ortsteilen Pelzerhaken (siehe S. 81) und Rettin (siehe S. 82) staatlich anerkanntes Ostseebad.

Information/Adressen/Veranstaltungen

- *Vorwahl* 04561
- *Information/Zimmervermittlung* **Touristinformation,** Königstraße 2–4, ✆ 407478, www.neustadt-ostsee.de. **Kurbetrieb Neustadt-Pelzerhaken-Rettin** ✆ 7011, Dünenweg 7, 23730 Neustadt-Pelzerhaken. Kurtaxe 1,50 € (nur für Erwachsene, Nebensaison 0,75 €).
- *Parken* Ein Parkleitsystem führt zu zahlreichen Parkplätzen in der Oberstadt oder am Hafen.
- *Sauna* **Freizeit-Center Fitness und Bodyline,** Vor dem Kremper Tor 8–10, ✆ 2525.
- *Schwimmbad* Kostenfreies Strandbad am Kaisergehölz (im Süden der Stadt), ✆ 3151.
- *Segeln* Segel- und Motorbootschule Lübecker Bucht GmbH, Vogelsang 6 b, ✆ 3272.
- *Tauchen* **Tauchschule Seebär** im Strandbad, ✆ 0171/4434263.
- *Umwelthaus* Der **BUND** (Bund für Umwelt- und Naturschutz Deutschland) besitzt ein "Umwelthaus Neustädter Bucht", das in bester Lage direkt neben dem Strandbad zu finden ist. In der Saison ist es tagsüber geöffnet. Vor allem für Kinder werden viele umweltbezogene Veranstaltungen angeboten. Am Strande 9, ✆ 50565.
- *Veranstaltungen* Höhepunkt im jährlichen Festtagskalender ist die **Europäische Volkstum- und Trachtenwoche,** Europas größte Veranstaltung dieser Art, die seit über 50 Jahren hier stattfindet. Das jährlich Ende Juli veranstaltete farbenprächtige Spektakel bewahrt die Tradition und wird gleichzeitig immer mehr zum multikulturellen Fest. In jüngster Zeit haben sich die **Ostsee-Oldtimer-Tage** im August etabliert, welche die Herzen der Freunde chromglänzender Nos-

talgiekarossen höher schlagen lassen. Daneben gibt es natürlich jährlich **Hafen- und Altstadtfeste** sowie zahlreiche **Konzerte** in der Stadtkirche.

Übernachten/Essen und Trinken

• *Übernachten* **Hotel Wallburg (2),** im gemütlichen Villenambiente mit Blick über den äußeren Hafen gibt's auch Zimmer für eine Nacht, was vor allem Radwanderer schätzen. Das DZ mit allem Komfort kostet 70–90 €. Im Erdgeschoss ist das *Café Wallburg* täglich ab 14 Uhr geöffnet. Auf der Sonnenterrasse oder im Wintergarten genießt man dann hausgemachte Torten und Kuchen. Heisterbusch 4, ✆ 51220, www.wallburg.de.

Neustadt ist ein campingfreundlicher Ort. Die vielen Campingplätze liegen alle fast nebeneinander am schmalen Strand Richtung Pelzerhaken. Aber auch die Stadt breitet sich langsam in diese Richtung aus; das neue Klinikum liegt schon ganz in der Nähe. Recht gepflegt und schön gelegen ist der mit allen Annehmlichkeiten (Einkaufsmöglichkeiten, Trockner, Behinderten-WC) versehene **Campingplatz Seeblick** in der Pelzerhakener Straße 55–59, ✆ 7428.

• *Essen und Trinken* **Restaurant Marienhof (1),** östlich der Altstadt (ein Stück hinterm Kremper Tor) in historischem Ambiente. Im ehemaligen Stall des Hofes wurde ein Restaurant eingerichtet, in dem sehr schmackhaftes Essen zu einem vernünftigen Preis-Leistungs-Verhältnis serviert wird. Lecker ist die Entenbrust sauer für 9,50 €. Tägl. 11.30–14.30 und 17.30–22 Uhr (Di erst ab 17.30 Uhr).

Café & Kunst, in einem anderen historischen Gebäude des denkmalgeschützten Marienhofes ist auf zwei Etagen ein Café untergebracht, in dem nach alten Rezepten gebackener Kuchen, Kaffee und erlesene Teesorten serviert werden (geöffnet tägl. 14–18 Uhr, Sa/So ab 13 Uhr). Nebenan in der großen Scheune wird ein **Kunsthandwerksmarkt** veranstaltet. Dort ist der Kaffee (und oft auch Kuchen) etwas günstiger zu haben (Selbstbedienung). Marienhof, Rosengarten 50, ✆ 16010 (Restaurant).

Lübecker Bucht

Sehenswertes

Stadtkirche: Die dreischiffige Basilika am Marktplatz ist ein besonderes Beispiel norddeutscher Backsteinarchitektur. Von außen wirkt sie durch das tief heruntergezogene Dach eher schlicht. Im Inneren erstaunt die gewaltige Höhe des Mittelschiffs. Große Fenster scheinen dem Langhaus Licht zu geben und unterstützen die Höhenwirkung des Raumes, sind aber nur in Blenden hineingemalt. Diese Besonderheit wurde erst in den 1950er Jahren wiederentdeckt und restauriert. Der auffallend niedrige Chor, in dem sich romanische und gotische Formelemente mischen, stammt noch aus der Zeit der Stadtgründung um 1244; vollendet wurde der Bau im 14. Jh. An den Wänden und Gewölben finden sich Reste von Bemalungen aus mehreren Jahrhunderten. Die Ausmalung des Chores – 1930 freigelegt – stammt vornehmlich aus dem Mittelalter. Das spätgotische Christopherus-Fresko an der nördlichen Seitenschiffwand wurde 1957 erneuert. Juwel der Kirche ist der barocke Schnitzaltar (1643), der ursprünglich für den Schleswiger Dom gefertigt wurde.

Öffnungszeiten Tagsüber geöffnet, Mo geschlossen.

Kremper Tor: Wer 1244 das frisch gegründete Neustadt besuchen wollte, musste hier durch. Neben der Stadtkirche ist dieses am Ende der Fußgängerzone gelegene Tor das einzig erhaltene Gebäude aus der Stadtgründungszeit und sogar das einzig bewahrte mittelalterliche Tor in Holstein. Der Treppengiebel wurde allerdings erst im Jahre 1907 hinzugefügt.

Ein Stück nördlich des Kremper Tors hat das typisch norddeutsche Handwerk der Blaudruckerei noch überlebt (allerdings nicht in einem historischen Gebäude). In der *Leineweberei und Blaudruckerei J. H. Koch* werden nach alter Tradition Kleiderstoffe, Tischdecken, Tücher usw. Indigoblau bedruckt. Auf der gegenüberliegenden Straßenseite befindet sich eine kleine Töpferei.

Der Pagodenspeicher: Wahrzeichen am Hafen

Ostholstein-Museum: Schon seit 1908 werden das Kremper Tor und seine Nachbargebäude als Kreisheimatmuseum genutzt. Als Schwerpunkte des Museums gelten Sammlungen zur Vor- und Frühgeschichte Ostholsteins. Angefangen von Steingeräten der Rentierjäger vom Ende der letzten Eiszeit bis hin zu Fischerei- und Landwirtschaftsgeräten vermitteln zahlreiche Exponate einen Einblick in die Tätigkeiten vergangener Zeiten. Aber die Mischung ist bunt: Beispielsweise steht hier ein Modell des 1850 gebauten Dampfkanonenschiffs "Von der Tann", eines der ersten Schiffe, das mit einer Schraube angetrieben wurde. Zudem sind fünf bedeutende Moritätenschilder des Neustädter Malers Adam Hölbing (1855–1929) ausgestellt, die einst auf Jahrmärkten der Veranschaulichung schauriger Geschichten dienten.

Öffnungszeiten Juni–August täglich außer Mo 10–12 und 15–17 Uhr; April, Mai, Sept., Okt. täglich außer Mo 15–17 Uhr. Eintritt 1,50 €, ermäßigt 1 €. ✆ 558424, www.oh-museum.de. Das angrenzende **Cap-Arcona-Museum** ist nur nach Anmeldung unter ✆ 39770 zu besichtigen.

Pagodenspeicher: Mit seinem mehrfach gestuften Dach erscheint das Wahrzeichen am Hafen wie ein Gebäude aus einer anderen Welt. Erst 1830 erbaut, war es nichts anderes als ein mit Trockenluken versehener Speicher für Getreide. Heute sind hier Geschäfte und ein Café untergebracht.

Brückengeldeinnehmerhaus: Noch heute ist die Brücke am Hafen die einzige Verbindung zwischen Binnenwasser und Neustädter Bucht. Bis 1930 diente dieses eher unscheinbare, 1846 errichtete Gebäude jenseits der Speicher dazu, den Brückenzoll zu kassieren.

Hospital zum Heiligen Geist: An der Westseite des Hafens liegt das 1344 erbaute erste Krankenhaus der Stadt. Errichtet wurde es, um kranken Pilgern auf dem Weg zum Kloster Cismar Unterkunft zu gewähren oder sie zu pflegen. Viel ist von den ursprünglichen Gebäuden allerdings nicht mehr erhalten. Nur die Kapelle aus dem Jahr 1408 (1636 erneuert) steht noch, die Wohnungen hingegen stammen aus dem 19. Jh. Die hinterste Wohnung wurde als Hospitalmuseum hergerichtet.

Öffnungszeiten Die Besichtigung des Museums (Einzelwohnung von 1853) und der Kapelle ist nur nach Anmeldung unter ✆ 3248 möglich.

Das Unglück der Cap-Arcona

Wenige Tage vor Kriegsende, am 3. Mai 1945, ereignete sich eine Katastrophe in der Neustädter Bucht. Hier lagen einige Schiffe vor Anker, auf denen mehrere tausend Häftlinge aus dem KZ Neuengamme (bei Hamburg) zusammengepfercht waren. Der Schiffsverband war nicht als Flüchtlingsflotte gekennzeichnet. Als britische Bomber einen Angriff auf Neustadt flogen, warfen sie Brandbomben auf die "Thielbeck" und die "Cap Arcona" und versenkten beide Schiffe. Von den 3000 Menschen auf der "Thielbeck" überlebten nur 50, auf der "Cap Arcona" konnten sich 600 von 4600 Häftlingen retten. Fünf Tage vor Kriegsende mussten somit etwa 7000 Gefangene und viele Besatzungsmitglieder auf tragische Weise sterben. Warum die KZ-Häftlinge auf die Schiffe gebracht wurden, ist bis heute ein Rätsel.

An das Drama erinnert das **Cap-Arcona-Denkmal.** Die von Sträuchern umgebene und im Wesentlichen aus drei Steinblöcken bestehende Gedenkstätte liegt direkt am Strand unterhalb des Klinikums Neustadt (Richtung Pelzerhaken). Ein weiteres Ehrenmal befindet sich an der Autobahnauffahrt Eutin/Haffkrug.

Pelzerhaken

1650 Einwohner

Neustadts Hausstrand blüht auf: Ein schöner Holzsteg in den Dünen hat dem Südstrand ein neuartiges Gesicht gegeben, und auf dem ehemaligen Militärgelände entsteht ein ganz neues Dorf.

In Strandnähe lag ursprünglich das Dorf Pölitz, von dem sich der Namen "Pelzer" ableitet. Der Namenszusatz "Haken" geht auf eine dem Ufer vorgelagerte hakenförmige Anschwemmung zurück, die in früheren Zeiten ein gefährliches Hindernis war. Zur Warnung wurde 1844 der 21 m hohe Leuchtturm gebaut. Anfang des 20. Jh. kam der Badebetrieb in Schwung und lockte Gäste an. Hermann Löns schrieb hier seine Novelle "Der Seehund" (1913). Später entdeckte die Marine die strategisch günstige Lage des Ortes, nutzte sie für ihre Zwecke und bremste so für lange Zeit einen Ausbau des Bades. Heute entsteht auf dem ehemaligen Militärgelände die Anlage "Jahrtausenddorf am Meer" mit Gutshofhotel, Seebrücke, Dorfplatz, archäologischem Park, Wellness- und Gesundheitscenter und natürlich mit vielen Komfort- und Luxusferienhäusern.

Der ursprüngliche Badeort Pelzerhaken verfügt weder über bedeutsame historische Bauten noch über eine moderne Einkaufsstraße. Dennoch strahlt er Gemütlichkeit aus und präsentiert sich ab der alten Seebrücke mit einer neu gestalteten schmalen Strandpromenade. Daneben – zwischen Düne und Strand – liegt ein in schönen Kurven angelegter hölzerner Laufsteg, der den Durchgang zum feinen Sandstrand erleichtert.

- *Vorwahl* 04561
- *Information/Zimmervermittlung* **Kurbetrieb Neustadt-Pelzerhaken-Rettin,** Dünenweg 7, 23730 Neustadt-Pelzerhaken, ✆ 7011, www.neustadt-ostsee.de. Kurtaxe 1,50 € (nur für Erwachsene, Nebensaison 0,75 €).
- *Fahrradverleih* **Fa. Egler,** Auf der Pelzerwiese, ✆ 7249; **Joli,** Strandpromenade, ✆ 716737.
- *FKK-Strand* Neben der Strandsauna.
- *Hundestrand* Zw. Pelzerhaken u. Rettin.
- *Sauna* **Strandsauna,** Wiesenstraße 100, ✆ 528360.
- *Windsurfen* Anbieter in Pelzerhaken ist das **Surf-Center Lübeck,** ✆ 0451/796482.
- *Übernachten* **Seehotel Eichenhain,** gediegen, seriös, solide, aber leider neben Pelzerhakens einzigem Wohnblock gelegen, dennoch 10 nette, helle Zimmer. DZ 90–130 €. Im *Restaurant* (mit Terrasse) genießt

man gute gehobene Küche (Dorade zu 16,80 €). ✆ 53730.

Campingplatz Seeblick, am höchsten Punkt der Küste zwischen Neustadt und Pelzerhaken gelegen. Gepflegter, familienfreundlicher Rasenplatz auf leicht abfallendem Gelände. Eine Treppe führt hinab zum Strand, hier kann man sämtliche Wassersportarten betreiben (eigene Bootsliegeplätze vorhanden). Pelzerhakener Str. 55–59, ✆ 7428, www.campingplatz-ostsee.de.

• *Essen und Trinken* **Stranddistel,** Haus mit Tradition, an der Seebrücke gelegen, trotz großer Terrasse von außen nicht unbedingt einladend, aber innen behaglich. Ordentliche Küche (10–13 €), hausgebackener Kuchen, Kinderspielecke. Strandallee 14, ✆ 71242.

Ostseestuben, nicht direkt am Strand, sondern in der Ortsmitte gelegen. Rustikales Interieur, gutbürgerliche deutsche Küche, Fisch und Wildspezialitäten. Pelzerhakener Straße 1–3, ✆ 7739.

Rettin

450 Einwohner

Ein flacher Deich, ein schöner kleiner Sandstrand und eine Mini-Seebrücke – so präsentiert sich der Küstenabschnitt vor Rettin.

Hier baden auch die Einheimischen gerne, weil der Strand von vergleichsweise wenigen Strandkörben belegt ist und sich jeder dort platziert, wo er eben möchte. Dank einiger flacher Sandbänke ist das Baden relativ ungefährlich und der Strand somit auch bei Eltern mit Kindern sehr beliebt. Imbiss, Strandcafé und Fischbrathütte, das war's auch schon fast an Infrastruktur am Rettiner Strand.

Das einige hundert Meter landeinwärts liegende ehemalige Bauern- und Fischerdorf Rettin gehörte seit 1350 dem Hospital zum Heiligen Geist in Neustadt und wurde 1592 an die Gutsherren von Brodau verkauft, in deren Besitz es noch bis in die 1920er Jahre blieb; danach wurde der Ort nach Neustadt eingemeindet. Als Ende der 1930er Jahre der Ausbau des militärischen Geländes in Pelzerhaken dort viele Badegäste vertrieb, begann der Aufstieg zum kleinen Ostseebad.

Das Ufer gehört in Rettin den Campern, die Strand, Wind und Sonne genießen. Auch am folgenden Küstenabschnitt bis nach Grömitz finden sich an allen Stränden fast ausschließlich (große) Campingplätze und Ferienbungalows.

Rettin: Mini-Seebrücke

• *Vorwahl* 04561

• *Information/Zimmervermittlung* **Kurbetrieb Neustadt-Pelzerhaken-Rettin,** Dünenweg 7, 23730 Neustadt, ✆ 7011, www.neustadt-ostsee.de; **Lesehalle in Rettin,** Strandpromenade, 15. Mai bis 15. September, ✆ 7632. Kurtaxe 1,50 € (nur für Erwachsene, Nebensaison 0,75 €).

• *Fahrradvermietung* **Melching,** am Strand, ✆ 716888.

• *Hundestrand* Zwischen Pelzerhaken und Rettin.

• *Ponyreiten* Neben dem (gebührenpflichtigen) Parkplatz am Deich liegt die **Pony-Wiese-Rettin.** Zwei Runden kosten 1 €, sechs Runden 2,50 €.

• *Übernachten* Die beiden **Campingplätze Rettin** (✆ 7322 und 7070) und der etwas kleinere und weniger komfortable Platz **An der Düne** (✆ 7318) liegen direkt am Strand.

Schashagen

2400 Einwohner

Die weit verzweigte Gemeinde besteht aus insgesamt 13 Dörfern. Eine steile Küste verhindert jedoch ein nennenswertes Strandleben. Historisch und architektonisch bedeutsam ist das auf einer Insel in einem kleinen See gelegene Gut Brodau.

Seit 1938 besteht die Gemeinde in ihren heutigen Grenzen. In den Dörfern finden sich zahlreiche gemütliche Ferienwohnungen und Privatzimmer für Gäste, die abseits vom Strand viel Ruhe in der hügeligen Küstenlandschaft suchen. Die geschichtliche Entwicklung ist eng mit dem **Gut Brodau** verbunden, das in wunderschöner Umgebung an der kleinen Straße etwa 2 km hinter Rettin liegt. Bis zur Aufhebung der Leibeigenschaft waren die Schashagener hier hofdienstpflichtig. Das 1526 von Heinrich von Rantzau , gegründete Anwesen liegt gut geschützt auf einer natürlichen Insel in einem wassergrabenähnlichen kleinen See und ist noch weitgehend im Originalzustand erhalten. Über einen Damm und durch ein schönes Torhaus gelangt man auf den ehrwürdigen Gutshof. Das Herrenhaus präsentiert sich als eindrucksvoller Fachwerkbau von 1585. Außergewöhnlich ist ein fast 70 m langer Fachwerkspeicher, erbaut um das Jahr 1600. Er gilt als einer der schönsten landwirtschaftlichen Zweckbauten Ostholsteins. Die Stirnseite zeigt in den Gefachen originelle Steinsetzungen, formschön geschnitzte Halbkreisrosetten und verzierte Stützbalken, Knaggen genannt. Noch heute wird das Gut bewirtschaftet und ist aus diesem Grunde leider nicht zu besichtigen.

Die an der B 501 gelegene, weithin sichtbare **Brodauer Windmühle** ist ein reetgedeckter Galerieholländer aus dem Jahre 1864.

- *Information/Zimmervermittlung* **Zimmervermittlung & Vermittlung von Ferienwohnungen Schashagen,** Brodauer Straße 7, 23730 Bliesdorf, ✆ 04562/7006, www.schashagen.de, www.bliesdorf.de.
- *Essen und Trinken* **Brodauer Mühle,** das direkt an der Bundesstraße gelegene gut bürgerliche Restaurant residiert seit vielen Jahren im historischen Ambiente der weithin sichtbaren Windmühle. Die Küche bietet z. B. Schollenfilet für 10,50 € und Schweinmedaillon für 13 €. Durchgehend von 11.30 bis 21 Uhr geöffnet, abends besser reservieren, ✆ 04561/8537. Mi Ruhetag.
- *Übernachten* Die beiden gemeindeeigenen Zugänge zum Meer mit dem schmalen Strand sind fest in der Hand der Camper. Die großen und komfortablen **Campingplätze** mit zahlreichen Dauercampern unterschieden sich nur wenig voneinander. **Elfenschlucht,** Brodau, ✆ 04561/7030; **Krüger's Camping,** Bliesdorf, ✆ 04562/6056; **Walkyrien,** Bliesdorf, ✆ 04562/6787; **Kagelbusch,** Bliesdorf, ✆ 04562/7122.

Grömitz

7500 Einwohner

Das "Bad an der Sonnenseite", wie es sich gerne nennt, bietet alles, was einen Ostseeurlaub auszeichnet: 8 km feinster Sandstrand, davor verläuft auf 3,5 km die im Jahr 2000 neu gestaltete Strandpromenade mit Möglichkeiten zum Bummeln. Ein großer Segelhafen und eine klassische Seebrücke runden das Bild ab.

Grömitz ist ein Ostseeheilbad mit allen erforderlichen Kureinrichtungen. Vor allem aber hat sich Grömitz einen Namen als besonders familienfreundlicher Ferienort gemacht und sich längst zum größten Bad der schleswig-holsteinischen Ostseeküste entwickelt. Jährlich gut zwei Millionen Übernachtungen sprechen für sich. Dank des weitläufigen Strandes und der gut ausgebauten Infrastruktur kann der Ort den allsommerlichen Ansturm mühelos verkraften.

Das Auto kann man in Grömitz getrost stehen lassen, der Ort ist so komprimiert angelegt, dass alles bequem zu Fuß erreichbar ist. Auch die Geschäfte für den täglichen Bedarf liegen zentral, allerdings nicht an der Strandpromenade, sondern in der Kirchenstraße, die sich im Laufe der Jahre zur Fußgängerzone gemausert hat.

Der Grund für den Ansturm auf Grömitz ist eindeutig der Strand, der noch etwas feinsandiger ist als andernorts. Außerdem verläuft die Küstenlinie hier so, dass, wenn man aufs Wasser blickt, die Sonne von vorne scheint, was eine echte Seltenheit an den sonst nordwärts ausgerichteten deutschen Küsten ist.

Wer sich etwas abseits der zentral gelegenen Seebrücke (fast 400 m Länge) orientiert, hat auch in der Hochsaison keine Probleme, ein ruhiges Plätzchen zu finden und einen der rund 5000 Strandkörbe zu mieten. Im Jahr 2000 wurde am östlichen Strand (gegenüber der DLRG-Rettungswache) eine kleinere Badebrücke eröffnet, die auch Rollstuhlbehinderten das Baden erleichtert.

Die Promenade: Es begann mit ein paar Brettern ...

Schon 1867 hatten es die ersten Sommergäste satt, mühsam durch den weichen, heißen Sand zu stapfen. Ständig rieselte er in die Schuhe, was umso unangenehmer war, als es die Schicklichkeit verbot, auf der Straße die Schuhe auszuziehen und zu entleeren. Also verlegte man einen Weg aus Bretterrosten in den Sand, der im Laufe der Jahrzehnte immer mehr befestigt und zur berühmten 3,5 km langen, bis zu 10 m breiten und mit 248.281 Granitsplittersteinen gepflasterten Grömitzer Strandpromenade, der Visitenkarte des Ostseebades, ausgebaut wurde. Zur Finanzierung konnte jeder beitragen: Nach Hollywood-Manier durfte man sich für 500 € mit seinem Namen und Wohnort auf einer 30 mal 30 cm großen Messingplatte auf der Promenade verewigen lassen. Eine von 23.000 Platten aus goldgelbem chinesischem Granit verkleidete Strandmauer, 26 Plätze und gut 150 Bänke säumen den Weg – viel Platz für "Sehleute", die einen schönen Blick auf das Strandgeschehen, zur offenen See und, bei gutem Wetter, zur 16 km entfernten mecklenburgischen Küste genießen möchten.

Geschichte: Das bereits 1198 erwähnte alte Grömitz lag als Bauerndorf auf der Höhe des Steilufers und geht zurück auf einen dem Lübecker St.-Johannis-Kloster gehörenden Hof am Bach Grobnize (= "kleiner Bach"). Doch viel bedeutender als Grömitz war lange sein heutiger Vorort Cismar (siehe S. 91), dank des einflussreichen Benediktinerklosters im Mittelalter das geistige und kulturelle Zentrum Ostholsteins. Als Handelszentrum der Klostergüter wurde Grömitz der Vermittler zwischen Cismar und dem mächtigen Lübeck. Davon profitierten die Grömitzer ordentlich und erhielten für ihre Handelsaktivitäten 1440 von Lübeck sogar das Stadtrecht verliehen. Nach der Reformation im 16. Jh. verließen die Mönche das protestantisch gewordene Cismar, Grömitz verlor sein Stadtrecht und sank auf einen dörflichen Stand zurück.

Neues Leben brachte hier – wie überall an der Küste – erst der Badebetrieb. Richtig in Schwung kam der Fremdenverkehr in dem kleinen Fischerdorf durch die couragierte Kapitänsfrau Sophie Stahl. Während ihr Mann auf einem Dreimaster zur See fuhr, rüstete sie ihr Haus zum "Gasthaus zu den vier Linden" um und kochte gute holsteinische Hausmannskost. Dies führte schnell dazu, dass wohlhabende Leute hierher reisten. Schon um die Jahrhundertwende besaß die Familie der geschäfts-

Grömitz: Sonne, Sand und Meer

tüchtigen Gastronomin drei Hotels im Ort. Nachdem 1912 die erste große Seebrücke erbaut worden war, die eine Schiffsverbindung mit Travemünde ermöglichte, stieg die Zahl der Besucher sprunghaft an (damals kamen über 90 % der nun schon 8000 Gäste mit dem Passagierdampfer). Die Zahl der Gäste konnten die Grömitzer in den nächsten Jahrzehnten allerdings nicht steigern. Zu groß war die Konkurrenz der feinen mecklenburg-vorpommerschen Bäderküste. Doch als nach dem Zweiten Weltkrieg fast drei Viertel aller Ostseebäder für die Westdeutschen nicht mehr erreichbar waren, war der kometenhafte Aufstieg zum heute größten deutschen Ostseeheilbad nicht mehr aufzuhalten.

Information/Adressen/Veranstaltungen

- *Vorwahl* 04562
- *Information/Zimmervermittlung* **Tourismus-Service Grömitz,** Kurpromenade 58, Postfach 1163, 23739 Ostseeheilbad Grömitz, ✆ 256-0, www.groemitz.de, Ferienwohnungen & Appartements ✆ 256-256, Zimmer ✆ 256-257. Tourismusbeitrag (Gastekarte) 3 € pro Tag (Nebensaison 2 €), Kinder frei. Mit der Gästekarte ist die Benutzung des Strandes und der Linienbusse der Firma Autokraft in den Gemeinden Grömitz, Kellenhusen und Dahme frei.
- *Fahrradverleih* **Fahrräder und Bollerwagen Haus Kehrwieder,** Fischerstr. 1, ✆ 8134, **Fahrradverleih für die ganze Familie,** Christian-Westphal-Str. 4, ✆ 1071, **Henry Johannsen,** Wicheldorferstr. 9, ✆ 4370; **Jochen Sachau,** Minigolfplatz Lensterstrand, ✆ 8755; **Micha's Fahrradverleih,** Haffkamp 17, ✆ 6381; **Zweirad-Center Grömitz,** Kleine Weide 25, ✆ 3670.
- *FKK-Strand* An einem schönen Naturstrandbereich am Lensterstrand, 4 km vom Grömitzer Zentrum entfernt.
- *Hundestrand* Ganz am nördlichen Ende der Strandpromenade.
- *Parken* Neben 500 gebührenpflichtigen Parkplätzen im Zentrum finden sich für die vielen Tagesgäste noch fast 3000 kostenfreie Parkplätze, insbesondere auf dem ausgeschilderten Großparkplatz.
- *Sauna* **Meerwasser-Brandungsbad Grömitzer Welle,** ✆ 256-247; **Kurbad Thieme,** Theodor-Klinkforth-Straße 18 (Nähe Neuer Markt), ✆ 5844.

• *Schiffstouren* Ausflugsschiffe verkehren täglich ab der Seebrücke zu verschiedenen Zielen (z. B. Travemünde, Wismar). Infos bei **MS Sturmvogel** (✆ 3371) oder **Hinrich Böttcher** (✆ 0451/26309).

• *Schwimmbad* **Meerwasser-Brandungsbad Grömitzer Welle,** direkt im Zentrum an der Kurpromenade 58, ✆ 256-247. Freizeitbad mit 1000 m^2 Wasserfläche, langer Wasserrutsche, Strömungsbecken, Whirlpool, großer Saunalandschaft und allem, was dazugehört. Die Öffnungszeiten wechseln je nach Jahreszeit, in der Regel aber von 10 bis 20 Uhr. Erwachsene mit Gästekarte 7 €, ohne Gästekarte 9,50 €, Kinder 3,50 € (jeweils für 3 Stunden).

• *Segeln* **Segelschule Blauer Peter,** Yachthafen, ✆ 9959.

• *Windsurfing* Am Strand beim Yachthafen, am Nordstrand und am Lensterstrand sind Surfschneisen eingerichtet.

Surf-Herby, Seestr. 26, ✆ 5158, Verleih und Unterricht; **Surf-Schule Gutowski,** Mittelweg 143, ✆ 8141, ebenfalls Verleih und Unterricht.

• *Veranstaltungen* Zahlreiche Veranstaltungen finden das ganze Jahr über statt. Das Angebot reicht vom Bürgervogelschießen bis zum Beachvolleyballturnier.

Jeden Mittwoch um 9.30 Uhr werden geführte **Fahrradtouren** angeboten (✆ 2560), jeden Montag um 10 Uhr **Steilküstenwanderungen** (Treffpunkt jeweils am Haupteingang des Kur- und Badezentrums).

Am zweiten Juliwochenende findet die **Grömitzer Woche** statt, eine Segelregatta mit Rahmenprogramm (am Yachthafen).

Saisonhöhepunkt ist das spektakuläre **Höhenfeuerwerk** "Ostsee in Flammen", das immer am ersten Samstag im August von der Seebrücke aus veranstaltet wird.

An jedem zweiten Augustwochenende ist **Klosterfest** in Cismar (siehe S. 92).

• *Wochenmarkt* Jeden Donnerstagvormittag am Neuen Markt/Rathaus.

• *Wohnmobilparkplatz* In Grömitz auf dem Großraumparkplatz in der Gildestraße (mit Ver- und Entsorgungsstation); ein zweiter Parkplatz befindet sich am Blankwasserweg im Ortsteil Lensterstrand.

Übernachten/Essen und Trinken

• *Übernachten* Die Übernachtungsmöglichkeiten in Grömitz sind fast grenzenlos. Der Grömitz-Urlauber schläft vor allem in Ferienwohnungen. Hotels finden sich fast nur noch in der gehobenen Kategorie.

Hotel Carat (9), Golf- und Sporthotel in direkter Strandlage. Auf neun Stockwerken finden sich 154 komfortable Zimmer mit Balkon und Seeblick. Das weithin sichtbare, trapezförmige Gebäude wurde innen frisch renoviert und sehr behaglich eingerichtet. Großer Wellnessbereich mit allen Annehmlichkeiten wie Hallenbad und Sauna, 600 m entfernt findet sich eine eigene Sporthalle mit Tennisplätzen, Badmintonfeld und Squashbox. DZ 120–170 €, umfangreiche Kurzurlaubarrangements. Strandallee 4, ✆ 3910, www.hotel-carat.de.

Hotel Seeblick (10), geschmackvoll renoviertes Haus aus der Gründerzeit. Der Blick auf das Meer wurde den 27 Zimmern allerdings weitgehend verbaut, beispielsweise durch das Meerwasserwellenbad, das in unmittelbarer Nähe liegt. Nur 100 m zum Strand. Besonders reichhaltiges Frühstücksbuffet, kostenloser Fahrradverleih, DZ ab 90 €. Gemütliches *Restaurant* mit abwechslungsreicher, schmackhafter Küche im Haus – der Chef kocht selbst. Di Ruhetag. Strandallee 2, ✆ 4375.

Hotel Hof Krähenberg (8), ruhig und idyllisch am Ortsrand von Grömitz gelegen, nicht in Strandnähe. Geräumiges und familienfreundliches Hotel mit Hallenbad, Sauna und Tennisplatz. 38 Zimmer, DZ ab 90 €. Nienhagener Weg, ✆ 22722, www.hof-kraehenberg.de.

Villa Undine (2), kleines, gepflegtes Hotel garni mit 27 gemütlichen Zimmern und mit angeschlossenem Appartementhaus. Reichhaltiges Frühstücksbuffet. 3 Gehminuten zum Strand. DZ ab 75 €. Gorch-Fock-Weg 3, ✆ 5649.

Gosch Hotel (4), im Oberdorf an einer etwas unruhigen Straße gelegen. Hotel mit Tradition. 30 unkompliziert eingerichtete Zimmer mit allem Komfort. Gratis-Fahrradverleih, 10 Gehminuten zum Strand. DZ 70 €. Im hauseigenen *Restaurant* gibt's gutbürgerliche Küche. Am Markt 6, ✆ 6341 und 22760.

Pension Hermer (6), 11 modern und gemütlich eingerichtete Zimmer mit Dusche/WC, TV, teilweise Balkon, gepflegte Atmosphäre, Frühstücksbuffet. Nur die Zimmer zum schönen Garten hin sind ruhig gelegen. 10 Gehminuten zum Strand. DZ ab 60 €. Am Markt 2, ✆ 9846.

bernachten
Villa Undine
Gosch Hotel
Pension Hermer
Hotel Hof Krähenberg
Hotel Carat
Hotel Seeblick
Essen & Trinken
1 Schlemmerland
3 Nickel's Milchbar
5 DAB-Krug
7 Rest. Störtebeker
11 Obsthof Schneekloth
12 Cap-Arcona
Lensterstrand
Lensterstrand
Feldweg
Deichweg
Hunde-strand
Mittelweg
Koppelwiesenw.
Möwenstr.
Fasaneneck
Hamburger Str.
Möwenstr.
Dünenweg
Kurpromenade
Am Scheidebach
Blankwasserweg
Golfplatz
Drosselstieg
Lübecker Str.
Kieler Straße
Stettiner Straße
Behinderten-badesteg
Freienwalder Str.
Am Schoor
Heisterb.
Haus des Kurgastes
Mittelweg
An der Paaschb.
Weidenweg
Kleine Weide
Zoo
Schützenstr.
Königsberger Allee
Pappelallee
Kurpromenade
Steinkamp
Brookgang
Brookgang
Schützenstraße
Grochbock-Weg
Grüntal
Am Huten
Stettiner Straße
Gutenberg-str.
Fischerstraße
Theodor-Klinkforth-Str.
Kruse-koppel
Trift
Mühlenstr.
Gemeinde-verwaltung
Pappelallee
Kleine Weide
Wichelhorfstr.
Neuer Markt
Am Markt
Kirchenstraße
Nienhagener Weg
Neustädt. Str.
Fischerkamp
Seestraße
Holsten-jäger
Nicolai-kirche (ev.)
Seebrücke
Buchenallee
Westphal-Str.
Chr.-
Schulweg
Strand-halle
Kl. Bergstraße
Lindenstr.
Kurpark
Wicheldorfstr.
Kurver-waltung
Im Winkel
Christian-Westphal-Str.
Strandallee
Ostsee
Brenkenhagener Weg
Neustädter Straße
Sport-platz
Gildehalle
St. Bonifatius kirche (kath.)
Polizei
Gildestraße
Am Seestern
Kurpromenade
Großraum-parkplatz
Gildestraße
Wicheldorfstr.
Ostholstein-halle
Neustädter Str.
Uferstraße
Hubertus W.
Rosenstr.
Rosenstr.
Körnickerfeld
Stiegk.
Stiegkamp
Hasenkamp
Haffkamp
Straße
Surfschneise
Neustädter
Wachtelweg
Kurpromenade
Blumen-trave
Birkenw.
Harfkamp
Yacht-hafen
Lübeck, Neustadt, Bliesdorf
Grömitz

Campingplätze siehe unter "Umgebung von Grömitz/Lensterstrand" auf Seite 89.

• *Essen und Trinken* **Restaurant Störtebeker (7),** nicht nur auf holsteinische Küche spezialisiert. Weiße Wände, dunkle Möbel, dennoch behaglich, hier steht der Hausherr selbst am Herd und erfüllt gerne auch besondere Menüwünsche. Kleine Terrasse, nicht ganz billig, aber gut, abends besser Tische reservieren. Wicheldorfstr. 33, ✆ 8711.

Schlemmerland (1), im ganz im Norden der Kurpromenade gelegenen Restaurant gibt's gutbürgerlich-schmackhafte Speisen (z. B. Räucherlachs), für die nur frische Ware verarbeitet wird. Der Familienbetrieb erfüllt noch ganz andere Ansprüche: Unter dem gleichen Dach des weiß geklinkerten Gebäudes in schönster Ostseelage und mit großer Terrasse ist auch ein Schnellrestaurant für die preiswerte gutbürgerliche Küche untergebracht. Ganzjährig täglich von 10 bis 22 Uhr geöffnet. Kurpromenade 2, ✆ 8901 oder 4269.

DAB-Krug (5), Name und Äußeres deuten auf Bierkneipenatmosphäre hin, die hier tatsächlich auch herrscht. Dennoch ist das vom Chef zubereitete Essen reichlich und schmackhaft, weshalb die wenigen Tische schnell besetzt sind. Seestraße 8, ✆ 4432.

Cap Arcona (12), neu gebaut, aber rustikal eingerichtet, etwas abseits vom Zentrum am Yachthafen gelegen. Die gutbürgerliche Küche mit regionalen Fisch- und Fleischspezialitäten lohnt aber den (abendlichen) Spaziergang zum Hafen. Besonders stolz ist der Koch auf seine leckeren Scampi-Variationen. Yachthafen 1, ✆ 6297.

Nickel's Milchbar (3), schon über ein halbes Jahrhundert und damit zu einer Zeit, als es noch keine Eiscafés gab, ist das Haus in bester Strandlage eine Institution. Im Gastraum oder auf der großen überdachten Terrasse gibt's nicht nur Eisbecher in allen Variationen oder Quark mit Früchten, sondern auch Pfannkuchen und andere kleine Speisen. Alles ist lecker und – natürlich – nicht billig. Kurpromenade 36, ✆ 5676.

Obsthof Schneekloth (11), eine echte Alternative zum nachmittäglichen Kaffeetrinken. Direkt am Ortsrand Richtung Neustadt gelegen, locken auf der Sonnenterrasse selbst gebackene Erdbeer- und Himbeertorten. Wer möchte, kann sich seine Beeren oder Kirschen in den angrenzenden Obstplantagen selbst pflücken. Im kleinen Hofladen werden ganzjährlich Eier, Schinken, Konfitüre, Gemüse und frisches Brot angeboten. Schmackhafte Brände und Liköre sowie eine Reihe von Obstweinen runden das Sortiment ab. Besonders zu empfehlen ist der Stachelbeerwein. Pappelhof, ✆ 1704.

Sehenswertes

Nicolaikirche: Die nach dem Hl. Nikolaus, dem Schutzpatron der Fischer und Seefahrer, benannte Feldsteinkirche von 1256 liegt am Ende der Fußgängerzone und ist die einzige historische Attraktion des Ortes. Der gedrungene Turm entstand – wie in Ostholstein üblich – erst später, nämlich 1665. Seine Ziegelsteine mussten die armen Grömitzer Bürger beim Lübecker Bischof erbetteln. Im Inneren sind einige bei Restaurierungen entdeckte mittelalterliche Wandmalereien zu erkennen. Ansonsten dominiert die überwiegend barocke Einrichtung mit einem Altar von 1734, der Holzkanzel mit schönen Rokoko-Ornamenten (1766) und mit einem Taufbecken, dessen sehenswerten Taufdeckel ein unbekannter Künstler schuf (um 1700).

Zoo Arche Noah: Auf 10 ha sind in etwa 30 Gehegen 300 heimische, aber auch exotische Tiere zu besichtigen. Nicht fehlen darf ein Seehundbecken, ein Vogelteich, in dem sich Enten, Kormorane und Pelikane tummeln, das fast obligatorische Ponyreiten und ein Streichelhof, in dem man auch Ziegen oder Lamas näher kommen kann. Die unbestrittene Attraktion des Zoos sind aber drei sog. Liger, eine Kreuzung aus Löwe und Tiger.

Adresse/Öffnungszeiten Mühlenstraße 22, ✆ 5660 (am Ortsausgang an der B 501 nach Cismar gelegen). Ganzjährig 9–18 Uhr. Eintritt 5 €, Kinder 3 €.

Badevergnügen auf der Grömitzer Seebrücke

Steilküste: Am südlichen Strand schließt sich hinter dem mit 780 Liegeplätzen beachtlich großen Yachthafen ein urwüchsiges Stück Steilküste an. Bei schönem Wetter kann man von hier aus einen weiten Blick über die ganze Lübecker Bucht genießen.

Umgebung von Grömitz

Lensterstrand: Jugendliche verbringen hier seit Generationen Sommerfreizeiten, weil zahlreiche deutsche Städte in Lenste ihre Jugendzeltlager haben. Der Strand gehört zur Gemeinde Grömitz und ist zwar feinsandig, aber relativ schmal. Der Deich trennt die Küste vom gleichnamigen Ortsteil (Lenste), der fast ausschließlich aus Campingplätzen und Zeltlagern besteht.

• *Camping* Das Campingleben konzentriert sich auf neun große Plätze, die allesamt mit ähnlicher Ausstattung am Mittelweg in Lensterstrand liegen.

Die strandnächsten Plätze sind **Porta del Sol Mare** (✆ 8141), **Hanseatic** (✆ 8571) und **Campingparadies** (✆ 5228). Die Plätze **Lerchengrund** (✆ 25050), **Lenster Südstrand** (✆ 8115) und die mit etwa 600 Stellplätzen größte Anlage **Ahoi** (✆ 8586) liegen an der gegenüberliegenden Seite des Mittelweges, ebenso wie die Plätze **Camaro** (✆ 8845, ganzjährig geöffnet) und **Porta del Sol** (✆ 8141, gleicher Betreiber wie Porta del Sol Mare). Der am nördlichen Strand besonders schön gelegene Campingplatz **Sonnenland** (✆ 8950) ist den FKK-Freunden vorbehalten.

• *Essen und Trinken* **Zur Düne,** der schmucklose Flachbau liegt jenseits des Deiches und bietet damit einen schönen Blick auf die Ostsee. Vor der Terrasse finden sich die einzigen (eng gestellten) Strandkörbe von Lenste. Warme Küche bis 22 Uhr, gerne wird frischer Fisch serviert, die Portionen sind schmackhaft und reichlich, Parkplätze vor dem Café-Restaurant. ✆ 4226.

Schleusen Kate, das sehr gemütlich in Weiß und Blau gehaltene Restaurant liegt in nördlicher Richtung vor dem ehemaligen Klostersee. Die alte Kate mit Tischen im Garten bietet als Spezialität ihren Schleusen-Teller: Steaks vom Puter oder Schwein für 10 €. Schleuse 1, ✆ 4646.

Fahrradtour: Grömitz – Gut Brodau – Neustadt – Altenkrempe – Grömitz

Länge 35 km, Dauer 3,5 Stunden. Schöne Rundtour entlang der Küste bis Neustadt, zurück durch hügelige Wiesen und Felder (viele Einkehrmöglichkeiten).

Gestartet wird an der **Seebrücke in Grömitz,** parallel zur Kurpromenade geht's zum westlich gelegenen Yachthafen. Kurz vor dem Hafen darf man ein kleines Stück die Promenade entlangfahren bis zur Straße, dann rechts und gleich wieder links in den Steilküstenweg (grünes Schild), damit man auf der Steilküste oberhalb des Hafens weiterradeln kann. Dort bietet sich ein wunderbarer Blick hinunter zum Sportboothafen. In der Ferne ist die mecklenburgische Küste zu erkennen.

Altenkrempe: Basilika

Nun beginnt ein schöner, aber auch sehr schmaler und holpriger Streckenabschnitt. (Vorsicht: Der Weg über das Steilufer ist nicht gesichert, Jahr für Jahr brechen die Herbst- und Winterstürme ein Stück Land weg.) Auf dem etwas holprigen Weg hält man sich im Wäldchen "Kagelbusch" immer geradeaus (bzw. nimmt stets den breitesten Pfad) und kommt nach 1 km ins Feriengebiet **Bliesdorfer Strand.** Quer durchs Feriengebiet geht's fast bis zur Gaststätte Seeräubernest und dann die Straße leicht bergauf (Fahrradweg) bis Bliesdorf. Im Ort biegt man dann scharf links (Bushaltestelle) in eine Straße ein, die zu dem auf einer Insel malerisch gelegenen **Gut Brodau** führt.

Vorm Gut geht es links ab nach **Rettin.** Hier hält man sich wieder links Richtung Strand und fährt dann rechts den bald schön geteerten Weg am Strand entlang nach **Pelzerhaken.** An der Seebrücke geht es durch die Strandallee in den Ort hinein und dann links die Hauptstraße (zunächst leicht bergauf) bis **Neustadt** (Fahrradweg). Am Klinikum Neustadt biegt man links ab und fährt wiederum links ums Klinikum herum bis zum **Cap-Arcona-Denkmal**. Nun radelt man am Wasser entlang bis in die Innenstadt (eine Besichtigung der Stadt lohnt sich). Der Pagodenspeicher am Hafen weist den Weg weiter geradeaus am östlichen Ufer des Binnenwassers entlang bis nach **Altenkrempe.** Die sehenswerte Basilika sollte man unbedingt anschauen.

Direkt neben der Kirche nimmt man den Weg durch die Wiesen. Nach 1 km geht es kurz an der Autobahn entlang, dann passiert man diese über eine Brücke und gelangt nach **Logeberg.** Dort orientiert man sich halblinks Richtung Ortskern, überquert die Kreisstraße, um dann auf der gegenüberliegenden Seite rechts die kleine Straße **Richtung Herrmanshof** zu nehmen. Im kleinen Wäldchen hält man sich links **Richtung Krummbek** und kommt dann (rechts) an zahlreichen neuen Windanlagen vorbei ins etwa 3 km entfernte **Bentfeld.** Dort geht es rechts ab die Kreisstraße entlang (2 km) bis in das idyllische

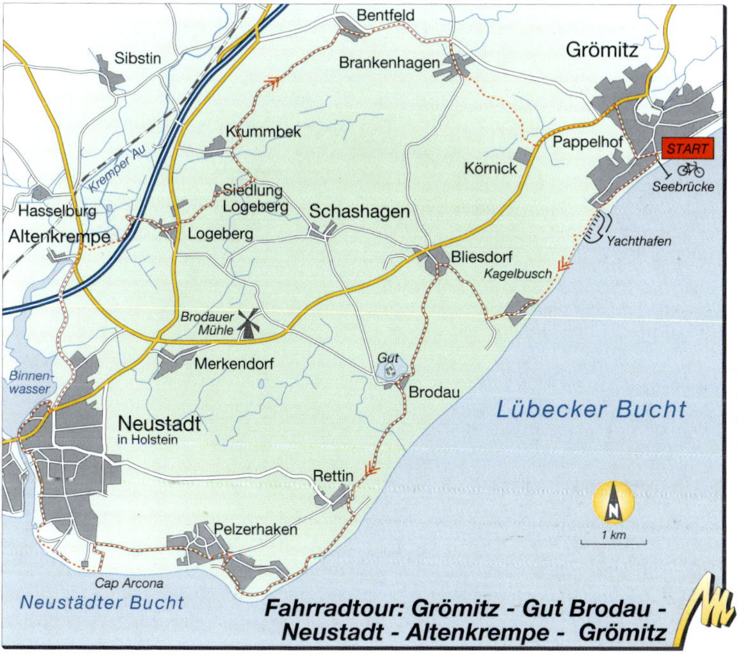

Dorf **Brenkenhagen** (Vorsicht, Verkehr). Hier biegt man rechts ab in die Grömitzer Straße. Auf einer Scheune in der Ortsmitte ist seit 1954 ein Storchennest besetzt.

Weiter geht es auf einem Feldweg in **Richtung Grömitz Yachthafen** (Schild) durch die typisch hügelige Landschaft bis 300 m vor dem Gut Körnick. Dort biegt man links ab auf die Bundesstraße zu. Neben dieser geht es den letzten Kilometer zurück nach Grömitz. Wer sich noch eine Belohnung gönnen will, fährt nach der Überquerung der Bundesstraße vor der Tankstelle rechts ab zum Pappelhof und besucht den **Obsthof Schneekloth.** Täglich gibt es hier frisch gemachten Erdbeer- und Himbeerkuchen oder Eis mit frischen Beeren.

Cismar

Der 6 km von Grömitz entfernte Ort gilt als Künstlerdorf, und tatsächlich finden sich einige Galerien und Werkstätten für altes Kunsthandwerk, aber auch für moderne Kunst.

Eine Seltenheit ist das an der Hauptstraße gelegene Geschäft "Alte Schriftkunst" (tägl. 11–16 Uhr geöffnet, ✆ 04366/638). Als eine der ganz wenigen ihres Faches fertigt die Inhaberin nach alter Tradition hergestellte Grußkarten, Texte und Urkunden in altdeutscher Schrift an.

Mittelpunkt des Ortes ist das direkt an der B 501 gelegene **Kloster Cismar.** Mönche wird man allerdings vergebens suchen, denn es ist Jahrhunderte her, dass Benediktiner das Kloster bevölkerten. Seine Entstehung hat übrigens einen pikanten Hintergrund. Wegen des ausschweifenden Lebenswandels der Benediktinermönche im

Im Mittelalter Zentrum Ostholsteins: Kloster Cismar

Lübecker Johanniskloster ordnete der zuständige Bremer Erzbischof an, das Kloster in eine beschaulichere Umgebung fernab aller Versuchungen zu verlegen. 1238 wurde mit dem Bau begonnen. Eine heilkräftige Quelle und die Schenkung wertvoller Reliquien machten Cismar bald zu einem bekannten und sehr wohlhabenden Wallfahrtsort, dem ein Großteil Ostholsteins gehörte. Die später verlandete Klosterseeniederung war im Mittelalter eine Bucht der Ostsee und ermöglichte noch die Wasserzufahrt nach Cismar.

Nach der Reformation war es mit der Blütezeit des Klosters vorbei. Die Anlage wurde zu einem Schloss umgebaut, stand danach aber 200 Jahre lang leer und verfiel. Die wertvolle Klosterbibliothek wurde auf 52 Pferdewagen verladen und nach Kopenhagen geschafft, wo sie den Grundstock der heute weltbekannten "Königlich-Dänischen Bibliothek" bildete.

Der imposante rote Backsteinbau der **Klosterkirche** wird umrahmt von einem Wassergraben und einem Spazierweg mit Naturlehrpfad. Im Inneren der Kirche befindet sich der weltweit älteste erhaltene Flügelaltar (1310/20), der als eines der Hauptwerke der deutschen Schnitzkunst gilt. Er diente einst zur Aufbewahrung der vielen wertvollen Reliquien.

Das Kloster, in dessen Hauptgebäude eine Dependance der Stiftung Schleswig-Holsteinisches Landesmuseum mit wechselnden Kunstausstellungen untergebracht ist (April–Oktober 10–17 Uhr, Erwachsene 2 €, ermäßigt 1,50 €, ✆ 04366/1080), bildet natürlich auch den Rahmen für den alljährlichen Höhepunkt der dörflichen Aktivitäten: Am zweiten Augustwochenende lädt der Ort zum Klosterfest ein, das mit Musik, traditionellen Tänzen und einer Ausstellung der hiesigen Kunsthandwerker begangen wird.

Neben dem Kloster kann man sich in Cismar noch das wirklich sehenswerte **Haus der Natur** anschauen. Das an der Durchgangsstraße gelegene private Naturmuseum beherbergt die unterschiedlichsten Exponate, so eine Vielzahl von präparierten einheimischen Tieren, insbesondere Vögeln. Eine interessante Eiersammlung zeigt die gesamte Palette vom größten jemals gelegten Vogelei des vor 1000 Jahren ausgestorbenen Madagaskar-Riesenstraußes (da passen 180 Hühnereier hinein) bis hin zum Ei des Kolibris. Bemerkenswert ist auch die mit über 4000 unterschiedlichen Ausstellungsstücken größte Schnecken- und Muschelsammlung Deutschlands, in der u. a. eine vom Hamburger Zoll beschlagnahmte Riesenmuschel von den Philippinen zu sehen ist, die etwa 80 Jahre gelebt hat. Vollrath Wiese, der Chef des Hauses, macht gerade auch für Kinder unterhaltsame Führungen und bläst auch schon mal auf dem Tritonshorn, einem pazifischen Schnecken-Blasinstrument.

- *Klosterführungen* Im Sommer Mi und Sa 17 Uhr.
- *Öffnungszeiten Haus der Natur* Täglich 10–19 Uhr (Gruppen müssen sich voranmelden). Eintritt 2,50 €, Kinder (bis 14 J.) 1 €. Bäderstraße 26, ✆ 04366/1288, www.hausdernatur.de.
- *Essen und Trinken* **Klostercafé & Bistro Brunnenhaus,** das Café liegt direkt auf dem Klostergelände. Bei beruhigender Musik wird eine gute Suppe (4 €) oder Fisch (10 €) serviert. 9.30–18 Uhr geöffnet, Mo Ruhetag, ✆ 04366/888881.

Café naturelle, in individuell künstlerischer Wohnzimmeratmosphäre bietet dieses Naturkostcafé alles, was das ökologische Herz begehrt, besonders selbst gebackenen Vollkornkuchen, aber auch warme vegetarische Küche. Terrasse vorhanden, aber an der Ortsdurchfahrt gelegen. Flexible Öffnungszeiten, in der Hauptsaison täglich von 12 bis etwa 18 Uhr. Bäderstraße 22, 04366/88015.

Klostersee-Strand: Auf der B 501 weiter nach Norden muss man kurz vor Grönwohlshorst rechts abbiegen, um nach 3 km auf zum Teil ungeteertem Weg zu diesem wunderbaren, auch bei Einheimischen beliebten Strand zu kommen. Von einem großen, kostenlosen Parkplatz gelangt man über Deich und Dünen zum Wasser. Der Strand ist besonders feinsandig und geht seicht in die Ostsee über. Auch Freunde des textilfreien Badens tummeln sich hier, vor allem am hinteren Teil des sogar meistens von einer kleinen DLRG-Station bewachten Strandabschnitts. Wer ein ruhiges Plätzchen sucht, ist hier goldrichtig (Toilette vorhanden, allerdings kein Kiosk).

Essen und Trinken **Restaurant Waidmannsruh,** in Grönwohldshorst am Abzweig nach Guttau an der B 501 gelegen. In rustikaler Atmosphäre gibt es Gerichte aller Art zu akzeptablen Preisen. Immer gut besucht, ✆ 04366/884900.

Kellenhusen

1000 Einwohner

Der von Wäldern umgebene Ort ist etwas kleiner als die Nachbarbäder, gerade das aber macht seine Behaglichkeit aus. Der südwärts ausgerichtete Strand ist breit und feinsandig, flache, dem Ufer vorgelagerte Sandbänke vermindern den Wellenschlag.

Der 4 km lange Strand ist im Norden des abseits der Verkehrswege gelegenen Ortes insgesamt etwas breiter, aber auch voller als im Süden. Das Ortszentrum bildet der neue, mit einem raffinierten wellenartigen Pflaster ausgestattete Brückenvorplatz vor der hölzernen Seebrücke, der mit seinen Bänken und den umliegenden Straßencafés zum Verweilen einlädt. Von hier aus führt die ebenfalls neu gestaltete Strandpromenade (ohne trennende Mauer) etwa 2 km den Strand entlang.

Zwischen Ort und Strandbereich erstreckt sich der obligatorische Deich. Da dieser etwa 50 m zurückliegt, ist er etwas weniger auffällig als anderswo. Wahrzeichen des Ortes, in dem keine nennenswerten historischen Bauten erhalten geblieben sind, ist der in Holz geschnitzte Fischer, der auf einer zentral gelegenen Verkehrsinsel platziert ist.

Der sich landeinwärts erstreckende **Kellenhusener Forst** ist das größte zusammenhängende Waldgebiet der gesamten Nord- und Ostseeküste und wird von einem weitläufigen Wegenetz durchzogen, auch ein Wildgehege gibt es hier. Einige alte Eichen sind bzw. waren der Stolz der Gemeinde: Die *Königseiche*, in deren Schatten der König von Dänemark einst ein Mahl eingenommen haben soll; die *Fünfmarkeiche*, die angeblich als Vorlage für das Prägebild des 5-Mark-Stücks aus alten Reichsbankzeiten diente; die *Wasserstandseiche*, die anzeigt, bis wohin die Sturmflut von 1872 reichte, und allen voran die alte *Kroneiche*. Doch auch Bäume leben nicht ewig, die prächtige Kron- und die Königseiche sind inzwischen abgestorben. Wer die Bäume bzw. deren Überbleibsel besichtigen will, biegt am Ortsausgang links ab Richtung Landhaus Puck. Dann folgt man der ungeteerten öffentlichen Straße bis zur Kreuzung und geht hier rechts ab Richtung Grönwohlshorst (Holzschild). Nach etwa 500 m sieht man zur Linken die stolzen Reste der alten Kroneiche. Etwas weiter der Straße folgend, erscheinen ebenfalls links die übrigen alten Bäume.

Der dicke Mann und die alte Eiche

In den 1920er Jahren wartete Kellenhusen gleich mit zwei Superlativen auf: Zum einen lebte hier der dickste Mann Deutschlands. Er hieß Heinrich Feig, war Tischlermeister, konnte seinen Beruf aber wegen seines kräftigen, rund 275 kg schweren Körpers schon lange nicht mehr ausüben. Deshalb ließ er sich zum Broterwerb fotografieren, und zwar vor dem zweiten Superlativ des Ortes, der fast tausendjährigen Kroneiche im Kellenhusener Forst. Die wiederum war ein beliebtes Ausflugsziel, galt sie doch mit einem Umfang von 9,20 m, einem Durchmesser von über 3 m und einer Höhe von 38 m als der mächtigste Baum Schleswig-Holsteins. Um sein Geschäft anzukurbeln, bot Meister Feig außer seiner Posierkunst auch noch Erdbeeren mit Schlagsahne an und verkaufte dabei Postkarten mit folgendem Vers: "Dütschlands starkste Eek, un dicksten Mann, seht sik in Ostseebad Kellenhusen an." Eiche und Mann waren so hoch geschätzt, dass sie nach dem Ersten Weltkrieg sogar das Kellenhuser Notgeld zierten.

Mit Meister Feig ging es übrigens 1923 auf ziemlich tragische Weise zu Ende: In jenem Jahr zeigte er sich auf dem Hamburger Dom, erkrankte dabei und starb an den Folgen. Doch wenigstens die tausendjährige Eiche würde weiterleben, dachte man. Inzwischen ist aber auch sie abgestorben, steht aber noch so lange trutzig im Wald, bis ein Sturm sie fällen wird.

Geschichte: Es klingt etwas makaber, aber für das ehemalige Fischerdorf Kellenhusen begann der Aufschwung mit der verheerenden Sturmflut von 1872. Die am anschließenden Bau des Deiches beteiligten Ingenieure entdeckten die Schönheit des nach Süden ausgerichteten Strandes, und bald brach ein wahrer Touristenboom über das kleine Dorf herein. Die Badegäste fuhren anfangs noch mit dem Zug bis Lensahn, von wo sie entweder auf dem Landweg mit dem Pferdefuhrwerk weiterreisten oder ins Schiff umstiegen, um dann vor Kellenhusen ausgebootet zu werden. Bevorzugt wurde der Seeweg, weshalb 1911 eine Dampferanlegebrücke von imponierenden 420 m Länge gebaut wurde. Im strengen Winter 1929 trug die Brücke durch Packeis schwere Beschädigungen davon, im Winter 1941 wurde sie endgültig zerstört. Erst 1963 baute man eine zweite Landungsbrücke, diesmal nur 113 m lang. Seit 1964 ist Kellenhusen als Ostseeheilbad anerkannt.

Typisches Familienbad: Kellenhusen

Information/Adressen/Veranstaltungen

• *Vorwahl* 04364

• *Information/Zimmervermittlung* **Kurverwaltung,** Strandpromenade, 23746 Kellenhusen, ✆ 4975-0, www.kellenhusen.de, Zimmervermittlung ✆ 4975-13. **Private Zimmervermittlung Wulf und Partner,** Strandstraße 3, ✆ 1041.

Tourismusbeitrag (Gästekarte) 2,60 € pro Tag (Hauptsaison), Kinder frei. Mit der Gästekarte kann man das am Strand gelegene Hallenbad sowie die Linienbusse zu den Gemeinden Neustadt, Grömitz und Dahme kostenlos nutzen.

• *Fahrradverleih* **D. Zeßin,** Minigolfplatz hinter DLRG, ✆ 521; **Moisel,** Ostlandstr. 18, ✆ 9707; **M. Hoepke,** Waldstr. 14, ✆ 9425.

• *FKK-Strand* Lensterstrand, 2 km südlich von Kellenhusen (siehe S. 89) oder nördlich von Dahme (siehe S. 98).

• *Sauna* **Kurmittelhaus,** Strandpromenade, ✆ 499091.

• *Schwimmbad* Kombiniertes Meerwasser-Hallen-Freibad (beheizt) im Kurzentrum, sie schwimmen direkt vom Hallenbad ins Außenbecken. Eintritt mit der Gästekarte von Kellenhusen frei. ✆ 497517.

• *Veranstaltungen* Der Veranstaltungskalender reicht von der Beach-Party bis zum Shanty-Abend. Auch für Kinder gibt es zahlreiche Angebote (vom Sandfiguren- und Burgenwettbewerb bis zum Waldcamp unter dem Sternenhimmel). Absolute Höhepunkte sind das **Seebrückenfest mit Höhenfeuerwerk** im Juli und das **Kartoffelfest** sowie das traditionelle **Vogelschießen** im September.

• *Windsurfschule* **Andreas Senkler,** Am Südstrand, ✆ 0175-3558685.

Übernachten/Essen und Trinken

• *Übernachten* **Ostseehotel Vier Linden,** seit 1922 im Familienbetrieb, 35 wohnlich eingerichtete Zimmer, Kinder sind willkommen, Sauna, Frühstücksbuffet, DZ 85 €, Voll- und Teilpension möglich. Im gutbürgerlichen *Restaurant* gibt's die üblichen Fisch- und Fleischgerichte (z. B. Holsteiner Pfannfisch für 12 €). Lindenstraße 4–6, ✆ 1060, www.hotel-vier-linden.de.

Kurhotel Steenbock, beste und ruhige Lage, mit Garten, nur 50 m vom Strand, rustikales, sauberes Gründerzeitambiente, DZ mit allem Komfort 72–74 €. Schützenweg 2, ✆ 218, www.kurhotel-steenbock.de.

Campingparadies Kellenhusen, am südlichen Ortsrand direkt am Naturstrand gelegen. 2001 eröffnet, dementsprechend sind die Sanitäranlagen auf dem neusten Stand. 3 Spielplätze, ganz in der Nähe befindet sich ein Ponyhof. Kirschenallee, ✆ 8140 oder 479470.

• *Essen und Trinken* **Restaurant Passat,** die wohl beste Küche des Ortes lohnt den schönen Spaziergang bis ganz ans nördliche Ende der Strandpromenade. In maritimer Atmosphäre werden täglich frische Fisch- und Fleischspezialitäten angeboten, gut ist der "Trennkostteller Nautilus" (gebratene Seelachs-, Rotbarsch- und Heringsfilets mit Salat für 13 €). Reservierung empfohlen, ✆ 8679. Im gleichen Gebäude lockt nachmittags ein **Café** mit reicher Kuchenauswahl und windgeschützter Promenadenterrasse.

Deichgraf, Bistro-Pub am Seebrückenvorplatz. Man sitzt schattig unter großen Schirmen und kleinen Palmen. Spezialitäten sind leckere Nudelgerichte, Salate und natürlich Fisch (großes Angebot). ✆ 479454.

Dahme

1200 Einwohner

Der Strand des etwas abseits der Durchgangsstraße gelegenen Familienseebades ist sein Mittelpunkt und sein Kapital. Durch die offene Lage zur See ist das Dahmer Ostseewasser auffallend klar und sauber.

Der insgesamt 6 km lange weiße Strand der Gemeinde ist relativ feinsandig (s. Bild S. 54). Im Süden geht der flache Dünenstrand in ein sehr reizvolles Steilufer über, auf dem der Leuchtturm Dahmeshöved steht. Die 1,5 km lange, im Jahr 2002 frisch renovierte Strandpromenade in der Ortsmitte hat wie in Kellenhusen keine Begrenzungsmauer zum Strand. Wie andernorts auch stehen hier Imbiss-, Eis-, Fisch- und Dönerbuden neben Restaurants, Cafés, Strandgeschäften und Boutiquen. Dazwischen liegt das Meerwasserhallenbad und – als Zentrum eines jeden Ostseebades – die Seebrücke (205 m lang), von der aus regelmäßig Abendfahrten und Hochseeangeltouren starten. In nördlicher Richtung hat man von hier aus einen Blick auf Fehmarn, und sogar die Fehmarnsundbrücke ist in der Ferne erkennbar.

Neue Strandpromenade von Dahme

Wie fast überall an der Küste schirmt der Deich wie ein Wall den Ort vom Strand ab, hier vielleicht ein wenig auffallender als in anderen Seebädern. Dahinter zeugen die Fassaden einiger Häuser noch vom Geltungsdrang der Gründerjahre; vereinzelt haben sie sich eine gewisse Gediegenheit bewahrt. Ein hübsches Kleinod ist die hinter alten Bäumen und Rosenbüschen versteckte reetgedeckte Fachwerkkate in der Memelstraße 1 (Ecke Stinkbütelgang, direkt in Strandnähe). Auch einige wenige (Hobby)-Fischer gibt es noch, die ihre Boote am Strand liegen haben und gelegentlich ihren Fang vor der Fischerhütte an der Promenade verkaufen.

Geschichte: Im 13. Jh. rief der Landesherr Siedler in diese Gegend, um die Vormachtstellung der ansässigen slawischen Wenden zu brechen. Mit ihnen kamen auch die beiden *Ritter de Dame* und ließen sich hier nieder. Der Ortsname geht also auf die Eigennamen der Lehnsherren des Gebietes zurück. Zeugen dieser frühen Siedlungsphase sind die hinter dem Deich an der Kirche gelegenen (allerdings wenig spektakulären) Reste der Turmhügelburg *Wittenwiewerbarg*. Auf solchen Hügeln standen im 13. und 14 Jh. mehrgeschossige Holz- bzw. (seltener) Steintürme, die zum Schutz vor Angriffen von Graben und Wall umgeben waren.

Der hölzerne Fischer vor Dahmes Kurverwaltung

Wie viele Siedlungen in der Gegend wurde das Dorf 1460 dem nahe gelegenen Kloster Cismar zugeschlagen. Aber bereits 1544 fiel der Ort im Zuge der Reformation an Herzog Adolf von Gottorf. 1784 wurde die Leibeigenschaft aufgehoben und der Besitz an die nunmehr freien Fischer und Bauern übergeben. Die große Sturmflut von 1872 traf Dahme schwer. Zehn Menschen starben in den Fluten, etliche Häuser wurden zerstört, das Vieh ertrank. Seitdem trennt ein hoher Deich den Ort vom Strandbereich. Heute erinnert die Markierung an einem Haus am Beginn der Paasch-Eyler-Allee (beim Denkmalplatz) an den damaligen Wasserstand (siehe Bild S. 21).

Ende des 19. Jh. entwickelte sich Dahme ganz langsam zum Badeort. 1898 entstand ein Warmbad, und 1902 wurde als Vorläufer der heutigen Strandpromenade ein aus Brettern gezimmerter Steg angelegt, volkstümlich "Trampelbahn" genannt. Die noch wenigen Gäste reisten meist per Schiff an und wurden vor der Küste ausgebootet, was bei Wellenschlag mühsam sein konnte. Aber der Landweg war noch erheblich strapaziöser. Aufschwung brachte die 1911 angelegte, weit in die See ragende Landungsbrücke, mit der die Gäste nach nur zweistündiger Dampferfahrt von Travemünde aus wesentlich bequemer anlanden konnten. Seit 1962 ist Dahme auch Ostseeheilbad.

Information/Adressen

- *Vorwahl* 04364
- *Information/Zimmervermittlung* **Kurbetrieb Dahme,** Strandpromenade, 23747 Dahme, ✆ 4920-0 u. 4920-25, www.dahme.com, Zimmervermittlung ✆ 4920 15. Private Vermietungsbüros: **Billiau,** Seestr. 48, ✆ 326; **Klotz,** Lange Wiese 4 a, ✆ 8282; **Knauff,** Memelstraße 15, ✆ 9265; **Pfeifer,** Querstr. 5, ✆ 314; **SHB-GmbH,** Seestraße 3, ✆ 49780. Tourismusbeitrag (Gästekarte) 2,50 € (Nebensaison 0,30–1,50 €), Kinder ab 6 Jahren 1 €. Mit der Gästekarte sind die Benutzung des Strandes und die Linienbusse zwischen Dahme, Kellenhusen und Grömitz frei.
- *Fahrradverleih* **Avia-Tankstelle Holst,** Seestr. 5, ✆ 9690; **Dieter Schulz,** Strandpromenade 27, ✆ 8608; **Uwe Voigt,** Strandpromenade 9, ✆ 8378 oder 479755

Ganz versteckt: Fachwerkkate am Stinkbütelgang in Dahme

- *FKK-Strand* Großer FKK-Strandabschnitt vor dem Campinggelände.
- *Gokart* **Gokart-Vermietung,** Im Korndorf 2, ✆ 8774; **Marcelo Schneider,** Am Deich 51, ✆ 9008/9; **Eurocamping Zedano,** ✆ 366.
- *Hundestrand* Hunde sind in Dahme willkommen; ein großer Hundestrand liegt nördlich des Hauptstrandes, ein kleinerer, aber auch sehr schöner im Süden im Anschluss an die Strandpromenade.
- *Sauna* Im Kurmittelzentrum (kleine Sauna ohne eigenen Aufenthaltsbereich).
- *Schwimmbad* Schönes **Meerwasser-Hallenschwimmbad** mit 400-m²-Außenbecken an der nördlichen Strandpromenade. Öffnungszeiten je nach Saison, i. d. R. 10–18 Uhr. Erwachsene 6 €, Jugendliche 3,50 €.
- *Veranstaltungen* Höhepunkte der zahlreichen jährlichen Veranstaltungen sind die **Dahmer Oldie-Tage** Anfang Juni, der **Holsteiner Bauernmarkt** Mitte Juni und natürlich die **Seebrückenparty mit großem Feuerwerk** am ersten Augustwochenende.
- *Wasserskischule* **Michael Smit,** Seebrücke, ✆ 388. Außer Wasserski auch Bananenreiten und Segelbootverleih.
- *Windsurfing* Surfschule des **Surfcenters Lübeck** am Bootsliegeplatz beim Eurocamping Zedano, ✆ 9304 oder 0451/796482.

Übernachten/Essen und Trinken

- *Übernachten* **Seehotel,** zentral und ruhig am Kurpark gelegen in einem etwa 100-jährigen Hotelbau, ca. 200 m zum Strand, immer sauber, ordentlich und zweckmäßig, reichhaltiges Frühstücksbuffet. DZ 85–95 €. Denkmalplatz 5, ✆ 470090.

Haus am Meer, die 20-Betten-Pension mit dem Charme der Gründerzeit befindet sich wirklich, wie der Name sagt, in optimaler Lage direkt am Strand. Für die mit allem Nötigen ausgestatteten, aber doch vergleichsweise einfachen DZ nimmt Familie Barthels 30–50 €. Innen ist alles in etwa noch so, wie man sich vor 30 Jahren eine Strandpension vorstellte. Leuchtturmstraße 6, ✆ 9444.

Am Strand hinter der Schleuse haben die **Camper** ihre Heimat. Schon 1953 entstand der "Zeltstrand Dahme Nord" (Zedano), der viele Jahre lang das größte in privater Hand befindliche Campinggelände Deutschlands war und vor allem bei Freunden der Freikörperkultur ein Begriff ist. Heute ist an dem 3 km langen Dahmer Nordstrand eine wahre Camp-Kolonie mit mehreren großen, gut ausgestatteten Plätzen entstanden: **Euro-**

Camping Zedano, ✆ 366; **Campingplatz Peter Ehring,** ✆ 1212; **Camping Stieglitz,** ✆ 1435; **Camping Danziger Platz,** ✆ 8140.

• *Essen und Trinken* **Café Hahn,** man merkt schon an der Einrichtung überdeutlich, dass der Wirt Jäger ist. Entsprechend gibt es Wildspezialitäten (aus eigener Jagd) in vielen Variationen (z. B. Rehrücken zu 16,50 €). Darüber hinaus im Angebot: "Essen vom Stein", auf dem z. B. Steaks zubereitet werden. Strandpromenade 34, ✆ 8570.

Nordstrand Restaurant, ganz im Norden der Strandpromenade gelegen, ✆ 775. Saalartige Atmosphäre, aber schmackhaftes Essen, vor allem leckerer Fisch (große Ostseescholle zu 11,60 €).

Cafe-Restaurant Blöser, große überdachte Terrasse mit behaglichem Interieur, das Café bietet ein reichhaltiges Kuchenbuffet (in eigener Konditorei hergestellt), im Restaurant gibt's akzeptable Fisch- und Fleischgerichte zu 9–18 €. Strandpromenade 22, ✆ 48020.

Wahrzeichen des Ortes: Leuchtturm Dahmeshöved

Sehenswertes

Leuchtturm Dahmeshöved: Der 2 km südlich des Ortes gelegene achteckige Leuchtturm wurde 1878/79 erbaut. Eine kleine Straße führt von Dahme aus zum Turm, auf den die Bürger so stolz sind, dass er sogar das Gemeindewappen ziert. Wer zu Fuß ist, sollte besser am Strand entlanggehen, um nicht ein außergewöhnlich schönes Stück Steilküste zu verpassen, auf dem einige Ferienhäuser in besonders exponierter Lage gebaut wurden. Vom Strand aus führt eine öffentliche Treppe die Steilküste hinauf zum Turm. Dank Satelliten-Navigationssystem sind viele Leuchttürme außer Dienst gestellt. Aber Dahmeshöved ist nach wie vor in Betrieb. Von der etwa 40 m hohen Spitze ist sein vollautomatisch betriebenes Leuchtfeuer noch von über 25 km entfernten Schiffen zu sehen. Der nebenan 1939 gebaute kleinere Backsteinturm diente einst dem Leuchtturmwärter als Ausguck, um die Sichtverhältnisse für die Seeschifffahrt zu prüfen. Heute ist er privat als Ferienwohnung zu mieten.

Öffnungszeiten Besichtigungen nur mit Führung, in der Saison täglich außer montags 15, 15.30, 16 und 16.30 Uhr. Eintritt 2 €, Kinder 1 €.

Wanderung/Fahrradtour: Dahme – Grube – Siggeneben – Rosenfelder Strand – Dahme

Länge 14 km, Rundwanderung ca. 3,5–4 Stunden, als kurze Fahrradtour 1,5 Stunden.

Ausgangspunkt ist der **Seebrückenvorplatz von Dahme**. Von dort geht es geradeaus die Saarstraße ganz durch, dann hinter der Tankstelle halbrechts und kurz darauf wieder rechts **Richtung Grube** (Fahrrad-/Fußweg). Nach 2 km erscheint halbrechts eine Straße, die in den Ort hineinführt. Dort geht's weiter (an der Grundschule vorbei), bis man auf die Durchgangsstraße (B 501) trifft. Diese wird wieder halbrechts überquert, und sofort nach der Kurve geht's links in die mit Feldsteinen gepflasterte Straße "Bei der Kirche" hinein.

Vorbei am **Storchennest** und der sehenswerten Kirche führt die Straße zum **Paasch-Eyler-Platz**. Hier geht es rechts ab (Drehkreuz) über den baumbewachsenen Platz der Bürgergilde, der bis zum Mittelalter ein Burgplatz auf einer Halbinsel im ehemaligen Gruber See war. Der Weg führt nun ein Stück durch die Wiesen wieder zur B 501. Dann geht's links ab auf dem Fahrradweg neben der Bundesstraße bis nach Gut Rosenhof. 200 m weiter biegt man nach rechts ins malerische **Siggeneben** ab.

Der Weg führt weiter (nun bald ungeteert) Richtung Ostsee. An der Wegkreuzung sollten sich Radler links halten; sie kommen so über einen großen Bauernhof und weiter auf dem Sträßlein (nach rechts) zum Rosenfelder Strand. (Wanderer können an der Wegkreuzung auch rechts gehen und halbkreisförmig hinter dem Campingplatz entlang zum Deich gelangen; das kürzt die Strecke ein wenig ab.) Nun geht's fast 4 km auf dem Weg hinter dem Deich – zum Teil über das Gebiet des Campingplatzes – zurück bis zum Ausgangspunkt Dahme. (Wanderer gehen besser und vor allem landschaftlich schöner oben auf der – allerdings etwas holprigen – Deichkrone.)

Grube

1000 Einwohner

Weit mehr als nur ein Durchgangsort: In der natursteingepflasterten Straße "Bei der Kirche" stehen neben einem sehenswerten Gotteshaus einige hübsche Wohngebäude, von denen eines ein verlässlich bewohntes Storchennest beherbergt. Der zum Gemeindegebiet gehörende Naturstrand Rosenfelde ist kurtaxenfrei.

Die von Backsteinhäusern aus dem 19. Jh. gesäumte, lang gezogene Hauptstraße lässt den Ort größer erscheinen, als er in Wirklichkeit ist. Von ihr zweigt die bereits erwähnte Straße "Bei der Kirche" ab, wo das ebenfalls schon erwähnte, gut zu beobachtende Storchenpaar auf dem Schornstein der alten Meierei hinter dem heutigen Haus Avalon nistet. In der Nähe der Kirche stand einst die ehemalige Pastoratsscheune. Sie gilt als ältestes Bauernhaus Schleswig-Holsteins. Wer sie sich heute anschauen will, muss nach Kiel fahren. Dort wurde sie nämlich im Freilichtmuseum Molfsee wiederaufgebaut (siehe S. 252).

In Grube gibt es oft etwas zu feiern. Sei es das Straßenfest unterm Storchennest (im Juni) oder eines der Gilde- oder Feuerwehrfeste (s. Bild S. 27). Höhepunkt ist sicherlich das Königsschießen der Gilde, das jedes Jahr 14 Tage nach Pfingsten auf dem 500 m hinter der Kirche gelegenen Paasch-Eyler-Platz stattfindet. Dieser mit alten Bäumen gesäumte historische Burgplatz liegt auf einer Anhöhe inmitten des ehemali-

gen Gruber Sees. Das Gelände schenkte vor über 100 Jahren der in Dahme geborene Kapitän Heinrich Paasch, der mit der Pastorentochter Claudine Eyler aus Grube verheiratet war, der *Alten Gruber Bürgergilde von 1275*, der drittältesten Schützengilde Deutschlands. Kapitän Paasch schrieb übrigens einen Bestseller der Marineliteratur: "Vom Kiel zum Flaggenknopf" enthält seemännische Ausdrücke in drei, in späteren Auflagen sogar in fünf Sprachen und wird selbst heute noch aufgelegt.

Geschichte: Kaum vorstellbar, aber bis 1938 erstreckte sich um Grube der riesige, einst sogar schiffbare Gruber See. Bereits 1925 war die Trockenlegung des immer mehr verlandenden Sees beschlossene Sache, sie wurde aber im Wesentlichen erst in den 30er Jahren durchgeführt. Die ortsansässigen Berufsfischer verloren seinerzeit ihre Fischgründe im See, viele büßten auch ihren ständigen Winterverdienst beim Reetschneiden ein. Dafür entstanden rund 545 ha Neuland. Heute werden allerdings schon wieder Stimmen laut, die fordern, den See aus Naturschutz- und touristischen Gründen wieder anzulegen.

Rund 7500 Jahre alte prähistorische Funde, die ältesten in Schleswig-Holstein, weisen auf eine sehr frühe Besiedelung der Gegend hin. Die Keimzelle des Ortes selbst bildete eine bereits im Mittelalter an der schmalsten Stelle des Sees errichtete Zollstation. Die Burg zum Schutz der Siedlung wurde bereits 1222 urkundlich erwähnt. Hundert Jahre später war der Handelsplatz sogar für kurze Zeit Stadt mit lübischem Recht. Ab 1460 gehörte Grube zum Kloster Cismar und verlor in der Folgezeit immer mehr an Bedeutung. Ein verheerender Brand zerstörte 1817 weite Teile des Dorfes, das kurz zuvor unter die Herrschaft holsteinischer Adelsgeschlechter gefallen war. Auch der Jahrhundertflut von 1872 fiel ein Großteil der Bausubstanz zum Opfer.

Der Ortsname leitet sich entweder vom slawischen *grove* (= durch Gräben geschützter Platz) oder (wahrscheinlicher) vom ebenfalls slawischen *grob* ab, was so viel wie "Weißbuche" bedeutet. Die Weißbuche am Rande eines Sees findet sich noch heute im Wappen der Gruber Bürgergilde (in Anlehnung an das ehemalige Siegel der Gruber Ratsherren aus dem 15. Jh.). Schon 1889 gab es einen Amtsbezirk Grube, der heute auch Verwaltungsbezirk für die umliegenden Gemeinden Dahme, Kellenhusen und Riepsdorf ist.

• *Vorwahl* 04364

• *Information/Zimmervermittlung* **Haus des Gastes,** Wenddorf 1, 23749 Grube, ✆ 04364/9696, www.grube-ostsee.de. In Grube-Rosenfelde ist der Strand kurtaxenfrei.

• *FKK-Strand* Am Südstrand Rosenfelde mit FKK-Campingplatz (s. u.).

• *Flugplatz* **Luftsportclub Condor,** Rundflüge, Segelfliegen, ✆ 04365/399.

• *Übernachten* Am 3 km langen Rosenfelder Strand liegen zwei große Campingplätze: **Camping Textil** mit 800 Stellplätzen, Restaurant und einigen Sport- und Freizeiteinrichtungen, ✆ 04365/412; **FKK-Camping-Park** mit 750 Stellplätzen und allem Komfort, Sauna und Wassersportmöglichkeiten, ✆ 04365/222.

• *Essen und Trinken* **Lindenkrug,** im 3 km entfernten Nachbarort Thomsdorf liegt dieser familiär-gemütliche, von zwei alten Linden flankierte Landgasthof, der auch ordentliche einfache Fremdenzimmer für den kurzübernachtenden (Fahrrad-)Urlauber zur Verfügung stellt (DZ 48 €). Die Gaststube wird dominiert von einem schönen alten Kachelofen, auch ein kleiner Biergarten gehört zum Haus. Der Wirt hat Sinn für skurrile Accessoires. Das Essen ist herzhaft. Es gibt nicht nur Bratkartoffelgerichte und Pfannkuchen, sondern z. B. auch italienische Nudeln mit leckerem Räucherlachs auf Blattspinat in Käse-Sahne-Soße (9 €). ✆ 04366/400.

Zum Mittelpunkt der Welt, kann es einen besseren Namen für ein Gasthaus geben? In gemütlicher Vereinslokalatmosphäre – man sitzt teilweise auf alten Sofas oder auch auf Holzstühlen im ehemaligen Festsaal – serviert die herzige Wirtin deftige Speisen, vor allem Schnitzel (8 €), aber auch eine Fischplatte (9 €) und einen prima Strammen Max (6,50 €). Die von außen schlichte Kneipe liegt 7 km von Grube (Richtung Lensahn) entfernt in Riepsdorf, Hauptstraße, ✆ 04363/1510. Nur freitagmittags geschlossen.

Sehenswertes

St.-Jürgen-Kirche: Die schon 1232 erstmals erwähnte Kirche ist dem Hl. Georg, dem Drachentöter, geweiht (Jürgen ist die niederdeutsche Variante von Georg). Den von prächtigen Linden gesäumten, sehenswerten Backsteinbau betritt man durch einen mächtigen, aber niedrigen quadratischen Turm mit gedrungenem Walmdach. Einst hatte der Turm eine sehr hohe, weithin sichtbare Spitze; diese

Jedes Jahr verlässlich besetzt: Storchennest in Grube

stürzte aber, baufällig geworden, 1718 ins Kirchenschiff. Im Kircheninneren dominieren die Farben Weinrot und Graublau, die zusammen mit den lichtdurchfluteten Fenstern eine behagliche Atmosphäre verbreiten, zu der auch die relativ niedrige Holzempore, die Balkendecke (von 1930) und die Gutslogen (17. Jh.) beitragen. Im Chor steht ein dreiflügeliger gotischer Altar (um 1475), der mit Ausnahme der Advents- und Fastenzeit ausgeklappt ist und seine farbigen Schnitzfiguren mit einer Kreuzigungsszene preisgibt (geschlossen zeigt er die bemalte Außenseite mit Motiven wie dem Drachenkampf und der Enthauptung des Hl. Georg). Ein hölzerner barocker Taufengel über der kunstvollen Steintaufe (1846) und die bauchige Kanzel runden das Bild ab.

Dorfmuseum: In einem 1890 erbauten, für den Ort typischen Wohnhaus an der Hauptstraße befindet sich dieses kleine Museum. Zu sehen gibt es eine volkskundliche sowie eine vor- und frühgeschichtliche Sammlung mit archäologischen Funden aus der Niederung bei Grube. Neben einigen alten Werkzeugen sind eine Klasseneinrichtung aus der alten Dorfschule und eine vollständig eingerichtete Schlafstube aus dem beginnenden 20. Jh. zu bewundern.

Adresse/Öffnungszeiten Hauptstraße 18, ✆ 8379. Mai, Juni, September Mi 11–16 Uhr; Juli und August Mi 17–19 Uhr. Eintritt 2 €, Kinder frei.

Umgebung von Grube

Nördlich von Grube liegt das im 16. Jh. gegründete, nicht zu besichtigende **Gut Rosenhof.** Immerhin kann man von der B 501 einen Blick auf das mächtige weiße Herrenhaus erhaschen.

Lohnenswerter ist ein Abstecher ins keine 2 km östlich von Rosenhof gelegene **Siggeneben** (Auto bitte vor der Siedlung stehen lassen). Die 15 reetgedeckten und weiß getünchten Häuser, zum Teil aus dem 18. Jh., waren ehemals Landarbeiterkaten

Immer windig, immer viel Platz: Rosenfelder Strand

des Gutes Rosenhof. Heute sind sie ein sehenswertes Kleinod, allerdings fest in der Hand wohlhabender Hansestädter, welche die Katen vor allem als idyllische Ferienhäuser nutzen.

6 km nordöstlich von Grube liegt der weitläufige und schöne **Natur-Sand-Strand Rosenfelde,** der hinter Deich und Dünen flach ins Meer abfällt und deswegen gerade bei Familien mit Kindern beliebt ist (Parkplatz vorhanden, Gebühr 2 €). Strandmuscheln sind als Schutz an windigen Tagen empfehlenswert. Der südliche Strandabschnitt ist – samt Campingplatz – FKK-Bereich. Vor Ort gibt's einen Imbiss und ein Toilettenhäuschen.

Heringsdorf

1000 Einwohner

Die kleine Ortschaft an der Bundesstraße ist nicht sonderlich spektakulär. Allerdings gehören zum Gemeindegebiet der kleine Strand Süssau und das Gut Siggen, einst eines der bedeutendsten Adelssitze Ostholsteins.

An den Ostseestränden Siggener Busch und Süssau regieren wie so oft in dieser Gegend Campingplätze und kleine Ferienhaussiedlungen. Doch am Süssauer Strand gibt es sogar eine kleine Promenade mit Imbiss, Restaurant und ein paar Geschäften. Drum herum ragen Wiesen und Felder bis dicht an den Strand heran, und wer Glück hat, kann in der Luft ein Seeadlerpaar entdecken, das in der Nähe von Siggen gut versteckt brütet.

Das östlich von Heringsdorf etwas versteckt liegende **Gut Siggen** ist wie viele Güter dieser Gegend nicht zu besichtigen. Es ist jedoch von allen Seiten gut einsehbar und präsentiert sich – umsäumt von alten Bäumen und mit den beiden den Innenhof flankierenden großen Backsteinscheunen – als typisch herrschaftliche Gutsanlage. Schon im späten 13. Jh. wurden die Herren von Siggen als Lehnsherren erwähnt. Nach wechselvoller Geschichte wird das Herrenhaus, das seit 1970 Eigentum einer Stiftung ist, heute hauptsächlich für Tagungen und kulturelle Zwecke genutzt. Der weiß verputzte Prachtbau (im Kern von 1590) wurde zuletzt 1850 stilistisch verändert. Er wird an beiden Seiten von ehemaligen Turmvorbauten flankiert, die von kräftigen Treppengiebeln geziert werden. Beiderseits der Hofzufahrt haben zwei schöne Fachwerkhäuser (um 1650) die Zeit überdauert.

Südlich von Heringsdorf liegt an der Bundesstraße **Gut Görtz** mit seinen geräumigen Scheunen. Dessen Geschichte reicht ebenfalls weit ins 13. Jh. zurück; das Herrenhaus stammt aus dem Jahre 1868. Auf dem Gut wird noch Getreidewirtschaft betrieben. Wesentliche Einkommensquelle ist aber der Tourismus. Zahlreiche Kunsthandwerker und ein Antiquitätenhändler bieten in den Ställen und Scheunen ihre Waren zum Kauf an.

- *Vorwahl* 04365
- *Information/Zimmervermittlung* **Fremdenverkehrsverein,** Lübsche Straße 43, 23777 Heringsdorf, ✆ 250, www.heringsdorf.com. Keine Kurtaxe.
- *Fahrradverleih* **W. Pätzold,** Am Wasserwerk, Klötzin (auch am Süssauer Strand), ✆ 8485/7552; **Minigolf & Fahrradverleih,** Süssauer Strand, ✆ 8485.
- *Übernachten* **Campingpark Süssau,** nördlich von Süssau (eigene Zufahrt). Die beiden recht schön hinterm Deich gelegenen Plätze **Am Minigolf** (✆ 284) und **Seestern** (✆ 7459) verfügen annähernd über die gleiche (übliche) Ausstattung.
- *Essen und Trinken* **Scheunen-Café Gut Görtz,** Kuchen nach alten Rezepten, Schmalz- oder Wurstbrote usw. sind in der Scheune oder an den auf dem Gutshof verteilten Tischen zu genießen. Die geräumige Hofanlage beherbergt darüber hinaus viele liebevoll dekorierte Stände, an denen landwirtschaftliche Produkte und Kunsthandwerk angeboten werden. Selbst eine Fischdiele gibt es hier. Von Ende April bis Anfang Oktober täglich außer montags von 11 bis 18 Uhr geöffnet. ✆ 212 oder 1005.

Lübecker Bucht

Neukirchen

1000 Einwohner

Der Ort liegt eher unauffällig am Rande der B 501, und entsprechend geruhsam geht's hier auch zu. Bemerkenswert ist die von einem hohen Baumkranz umgebene mittelalterliche Kirche. Noch sichtbare Wandmalereien aus dem 13. Jh. lohnen einen Besuch. Zudem verfügt die Gemeinde über einige kleine Strandabschnitte, die über Stichwege erreichbar sind.

Verkehr und Touristenströme gehen an Neukirchen vorbei. Das war nicht immer so. Bei der deutschen Besiedelung Wagriens kam dem Ort eine zentrale Bedeutung zu. Das Kirchspiel war eines der entlegensten christlichen Bollwerke inmitten des Siedlungsgebiets slawischer Stämme.

Prunkstück des Ortes ist die um 1240 errichtete backsteinerne **St.-Antonius-Kirche.** Ihren größten Schatz hat sie erst 1953 preisgegeben: Bei Renovierungsarbeiten wurden im Chor Wandmalereien aus der Erbauungszeit freigelegt. Zudem kam ein mittelalterlicher Figurenzyklus aus dem 13. Jh. zum Vorschein, der wohl der bedeutendste in Ostholstein ist. Die große Triumphkreuzgruppe am Eingang wurde um 1500 gefertigt, die Kanzel stammt von 1617. Leider ist die Kirche nur unregelmäßig geöffnet (meist vormittags).

Auf der Nebenstraße von Neukirchen nach Heiligenhafen, direkt zum **Gut Löhrstorf** hinführend, befindet sich noch eine sog. **Napoleonbrücke.** Diese aus großen

Feldsteinen gebauten Bogenbrücken wurden zur Herrschaftszeit des französischen Kaisers Anfang des 19. Jh. errichtet, wurden aber größtenteils bei Straßenerweiterungsarbeiten abgerissen. Der Gutshof selber war in vergangenen Zeiten einer der größten Ostholsteins, wurde aber aufgrund eines Konkurses bereits 1903 von den Gläubigerbanken aufgelöst. Das von einem breiten Wassergraben umgebene Herrenhaus stammt im Kern aus dem 18. Jh., wurde aber 1920 umgebaut.

Vier Strandabschnitte gehören zu Neukirchen. Südlich liegt **Kraksdorf-Strand**, ein schöner, aber schmaler Naturstrand. Auf dem erhöhten Ufer befinden sich Bistro, DLRG-Rettungsstation und natürlich die obligatorischen Campingplätze (Parkgebühr 2 €). Die nördlich davon gelegenen Uferstreifen **Ostermade, Sütel-Strand** und **Seekamp-Strand** bieten ein ähnliches Bild: sie sind fest in der Hand der vielen Camper, dafür aber kurtaxen- und auch hundefrei. Wohnwagensiedlungen oder kleine Ferienhäuschen bilden hier die Kulisse.

- *Vorwahl* 04365
- *Information* **Fremdenverkehrsverein,** 23779 Neukirchen, ✆ 1212, www.neukirchen-ostsee.de. Keine Kurtaxe.
- *Übernachten* **Camping Seekamp,** herrlich an der Südseite der Bucht gelegen, kurz vor der großen Binnenhafeneinbuchtung Großenbrode, die teilweise als Bojenfeld für Kleinboote genutzt wird. Großzügig angelegter Platz auf 150.000 m² Fläche, davor ein schmaler, aber netter Strand. ✆ 456, www.vcsh.de.

Großenbrode

1800 Einwohner

Auf drei Seiten vom Meer eingerahmt, bietet die Halbinsel des Ostseeheilbads eine 15 km lange Küstenlinie. Feinsandiger Strand wechselt mit sanft geschwungenen Deichen und einem kantigen, den Wellen der Ostsee trotzenden Steilufer.

Der im touristischen Schatten der Insel Fehmarn gelegene Ort besteht aus drei Teilen: dem Hauptort, der sich eher als Wohn- denn als Ferienort präsentiert; dem Ortsteil Großenbroderfähre, in dem es heute sehr beschaulich zugeht (es handelt sich im Wesentlichen um einen privaten Segelhafen, von dem aus – wie der Name schon sagt – bis 1963 die Fähren nach Fehmarn starteten); und dem eigentlichen touristischen Zentrum Großenbrode-Südstrand mit dem Charme des Ferienwohnblockstils der 1970er Jahre (selbst die umgebaute ehemalige Kaserne am Südstrand zählt – architektonisch gesehen – schon zum geschmackvolleren Teil Großenbrodes). Das alles soll die Vorteile des Ortes nicht schmälern: der Strand ist besonders feinsandig und bietet Badespaß pur. Die im Jahr 2001 modernisierte Strandpromenade zieht sich von Großenbrode-Kai, das den ehemals auch militärisch genutzten Binnenhafen und heutigen Fischerei- und Yachthafen schützt, an der Seebrücke vorbei nach Norden. Sie geht über in ein weites Netz von Rad- und Wanderwegen, das den landschaftlich reizvollen obersten Winkel der wagrischen Halbinsel erschließt.

Geschichte: Der Name geht zurück auf das wendische *groby,* was "Furt" bedeutet. Das urkundlich seit 1249 erwähnte Dorf erinnert mit seinem geräumigen Dorfplatz an fehmarnsche Siedlungen. Kein Wunder, denn seit jeher bestand reger Fährverkehr mit der Insel. Besonderen Aufschwung brachte 1905 der Umstand, dass von nun an auch die Eisenbahn übersetzte. Einen weiteren Schub erhielt der Ort, als mit der deutschen Teilung nach dem Zweiten Weltkrieg die Dänemark-Fährverbindung von Warnemünde nach Gedser wegfiel und die Fährschiffe ab 1951 vom Großenbrode-Kai in die dänische Hafenstadt starteten. Doch 1963 machte die Feh-

Die Fehmarnsundbrücke: Wahrzeichen der Ostseeküste

Weithin ist der "Kleiderbugel" sichtbar. Das wohl meistfotografierte technische Bauwerk Schleswig-Holsteins erfüllte den lange gehegten Wunsch der Verkehrsplaner, eine schnellere Verbindung nach Skandinavien zu schaffen. Bereits 1866 gab es Pläne für einen Damm oder eine Brücke über den Sund und weiter Richtung Dänemark auf der Route, die auch die Zugvögel nach Norden nehmen. Doch Kriege verzögerten immer wieder die Verwirklichung der "Vogelfluglinie", im Kriegsjahr 1940 gab es immerhin schon einen ersten Spatenstich. Am 14. Mai 1963 war es dann endlich so weit, die Fehmarnsundbrücke wurde eröffnet und verkürzte die Fährverbindung von 69 km (Großenbrode–Gedser) auf 18 km (Puttgarden – Rødbyhavn).

Das Bogentragwerk der Brücke galt als technische Sensation. 9200 Tonnen Stahl und 22.150 Kubikmeter Beton wurden verbaut. Allein der Anstrich verschlang 130 Tonnen Farbe. Die Baukosten betrugen damals 42,5 Millionen DM. Vom Festland reicht eine Rampe 330 m, von der Insel 110 m in den Sund hinein. Die Brücke selbst ist fast 1000 m lang, hat eine Breite von 21 m und eine Durchfahrtshöhe für Schiffe von 23 m. Von beiden Seiten ist die Brücke für Fußgänger und Radfahrer zugänglich.

marnsundbrücke alle Fährverbindungen überflüssig, der Verkehr floss von nun an am Ort vorbei.

- *Vorwahl* 04367
- *Information/Zimmervermittlung* **Kurverwaltung Großenbrode,** Rathaus, Teichstraße 12, 23775 Großenbrode, ✆ 9971-13/-14/-42/-27. Von Mai bis September Kurverwaltung am Südstrand, ✆ 978988. Kurabgabe (Gästekarte) 2 € (Hauptsaison) bzw. 1 € (Nebensaison), Kinder frei.
- *Fahrradverleih* **Sports & Friends,** Strandstraße, ✆ 999900; **Fa. Reise,** Teichstraße 13, ✆ 361; **Ostwind Segelsport GmbH,** Am Kai, ✆ 04381/9051-0.

• *Parken* Eine Seltenheit: Das Parken ist in Großenbrode auch in Strandnähe kostenfrei!

• *Sauna* Eine Saunalandschaft mit Dampfbad und zwei finnischen Saunen befindet sich im Freizeit- und Wellness-Center Sports & Friends, Strandstraße, ✆ 999900.

• *Schwimmbad* Das kleine Meerwasser-Bewegungsbad liegt am Kurmittelhaus/Südstrand, ✆ 560.

• *Segeln und Windsurfen* **Ostwind Segelsport GmbH,** Am Kai, ✆ 04381/9051-0.

• *Tauchen* **DOWN UNDER Tauchsport,** Am Kai 29, ✆ 040/4102002.

• *Übernachten* **Hotel am Wind,** das erst im Jahr 2000 eröffnete Hotel ist in einem ehemaligen Kasernengebäude in bester Lage direkt am Strand untergebracht. Die frischen Zimmer mit allem Komfort eignen sich besonders für Familien mit Kindern. Morgens gibt's ein ordentliches Frühstücksbuffet und nachmittags selbst gebackenen Kuchen auf der Caféterrasse. 54 Betten, DZ (zum Teil mit separatem Kinderzimmer) im Erdgeschoss 65 €, im Obergeschoss 75 €. Am Kai 11, ✆ 999911, www.hotel-am-wind.de.

Camping Strandparadies Großenbrode, der Platz erstreckt sich hinter der Strandpromenade und ein paar Häusern auf 87000 m² Fläche. 500 Stellplätze und jeder Komfort. ✆ 8697.

• *Essen und Trinken* **Schrankenwirtin,** an der Bahnschranke im alten Ortskern gelegen. Sehr einfache Dorfkneipe, aber dafür gibt es große Portionen (z. B. Dorschfilet für 8,70 €). Kleine Terrasse, Di Ruhetag.

Udo's Trödelcafé, die urigste Adresse vor Ort, der Chef kann von seiner Leidenschaft, Trödel zu kaufen und zu sammeln, nicht lassen und verkauft seinen Gästen "antikes" Porzellan, Bilder etc. Untergebracht ist das Ganze in einer als Café gestalteten Räumlichkeit der umgebauten Kaserne am Südstrand. Tägl. 11–19 Uhr, Mo Ruhetag. Am Kai 15, ✆ 8662 und 978844.

Sehenswertes

St.-Katharinen-Kirche: Jeder Großenbrode-Urlauber fährt an der neben der Hauptstraße liegenden evangelischen Kirche aus dem 13. Jh. vorbei, doch kaum einer geht hinein. Markant ist der nur ein wenig höher als das Kirchendach aufragende vierkantige Holzturm, der Ende des 17. Jh. angefügt wurde. Im Inneren des schlichten Backsteinbaus fallen der hölzerne Altar (1694) und die mit ländlichem Blumenwerk reich beschnitzte Kanzel (1713) auf. Die Kirche ist leider nur unregelmäßig geöffnet.

Großes Hünenbett Kronsteinberg: Kurz vor der Fehmarnsundbrücke kann man links versteckt zwischen den Knicks den sog. Kronsteinberg erkennen, eine etwa 100 m lange Hünengrabanlage, die zu den größten des Landes zählt. Bislang ist der touristische Wert dieses Kulturguts offenbar noch nicht erkannt, weshalb das Grab verwildert, mit Sträuchern und Bäumen bewachsen und nur umständlich zu erreichen ist. Dabei ist die Umgebung hier sehr schön. Lohnenswert ist auch ein Spaziergang die nahe zerklüftete Küste entlang (siehe Bild S. 3).

• *Anfahrt* Nördlich von Großenbrode überquert man die E 47 (Vogelfluglinie) nach Orthfeld zum AWO-Mutter-Kind-Heim Baltic. Dahinter befindet sich ein kleiner, kostenfreier Parkplatz. Zu Fuß geht's von hier zunächst den Deich entlang immer Richtung Brücke, bis man nach knapp 2 km die vollständig von einem Feld umgebene Grabanlage gut erkennen kann. Radfahrer gelangen immerhin in die Nähe des Grabes, und zwar über den zur Brücke führenden Radweg R 9.

Fehmarnsund: Blick von der Brücke

Fehmarn

Fehmarn ist die "Krone im blauen Meer". So symbolisiert es die Inselfahne, und so sehen es nicht nur die Einheimischen, sondern auch die vielen tausend Gäste, die jedes Jahr wiederkommen. Die steifste Brise, aber auch den romantischsten Sonnenuntergang erwartet den Besucher im Westen, die schönste Dünenlandschaft im Norden, die urwüchsigsten Steilküsten im Osten und die schönsten Strände im Süden. Übrigens: Ihre Insel nennen die Fehmaraner stolz den sechsten Kontinent, und alles, was jenseits der Brücke liegt, heißt schlicht Europa.

Wind und Sonne dominieren auf Fehmarn. Die Insel gilt als das regenärmste Gebiet Deutschlands, denn Regen und Sturm bleiben für gewöhnlich an der Westküste Schleswig-Holsteins hängen. Fast 2000 Sonnenstunden im Jahr machen die Insel zur deutschen "Costa del Sol". Auf der "Vogelfluglinie", dem schnellsten Weg zwischen den Überwinterungsplätzen im Süden und den Brutgebieten in Skandinavien, überqueren riesige Vogelschwärme die Insel.

Zentrum der Insel ist Burg, der einzige Ort mit Stadtrechten, in dem etwa die Hälfte der insgesamt 12.000 Bewohner Fehmarns lebt. Die übrigen Dörfer verteilen sich auf die drei Landgemeinden Bannesdorf, Landkirchen und Westfehmarn, die aber ihren gemeinsamen Amtssitz ebenfalls in der Inselhauptstadt haben.

Fehmarn misst etwa 16 mal 13 km und hat eine Küstenlänge von 78 km. Nach Rügen und Usedom ist sie damit die drittgrößte Insel Deutschlands. Das Küstenprofil entspricht im Grunde dem der gesamten Ostseeküste: Steile Küsten wechseln mit flachen Ufern ab, denen teilweise Sandbänke vorgelagert sind, die Strände sind mal fein und weichsandig, mal steinig und rau.

Niobe
Denkm
Altenteil
Wester-
markelsdorf
Wenkendorf
Dänschendorf
Schlagsdorf
Gammendorf
Dorotheenhof
Bojendorf
Vadersdorf
Petersdorf
Altes
Teichgut
NSG Walnau
Kopendorf
Lemkendorf
Bisdorf
Altjellingsdorf
Püttsee
Gollendorf
Bellevue
Mittelhof
Sulsdorf
Landkir
Neuhof
Sartjendorf
Flügge
Lemken-
hafen
Orth
Neujellingsdorf
Mur
dor
Westerbergen
NSG
Krummsteert -
Sulsdorfer Wiek
Teschendorf
Rosenh
Albertsdorf
Orther
Reede
Blieshend
Gold
Strukkamp
Avendorf
Alwerstein
Strukkamphuk
Fehmarnsund
Bergn
Fehrmarnsund

Fehmarn
Karte Seite 110/111

Die Vogelfluglinie

Landvögel meiden das Überfliegen großer Wasserflächen, Seevögel hingegen haben eine ausgeprägte Scheu vor dem Passieren größerer Landflächen. Für beide ist also die schmale Landbrücke, die Fehmarn und die dänischen Ostseeinseln bilden, gewissermaßen ein vergleichsweise "kleines Übel", sodass sich hier die Wege beider Zugvogelarten kreuzen und es zu einer ungeheuren Ansammlung von Vogelschwärmen kommt. In den Naturschutzgebieten auf und um Fehmarn können die Vögel rasten, Nahrung aufnehmen und Kraft für den Weiterflug schöpfen. Manche Arten nutzen die idealen Bedingungen, um gleich hier zu brüten.

Vogelfluglinie heißt auch die Europastraße 47, welche die Insel buchstäblich in zwei Hälften teilt. Der Durchgangsverkehr rollt über die spektakuläre Fehmarnsundbrücke im Süden (siehe auch S. 107) und endet im großen Fährhafen Puttgarden, von dem rund um die Uhr die Fähren Richtung Dänemark ablegen.

Aufgrund der außerordentlich fruchtbaren Böden galt Fehmarn früher als die Kornkammer Schleswig-Holsteins. Wenn auch nach wie vor der ertragreiche Boden landwirtschaftlich genutzt wird, so spielt doch heute der Tourismus mit über 300.000 Übernachtungsgästen pro Jahr und zahlreichen Tagesbesuchern die tragende Rolle. Übernachtet wird in erster Linie in den zahlreichen über die ganze Insel verteilten Ferienwohnungen oder auf einem der 17 großen Campingplätze mit insgesamt fast 6000 Stellplätzen.

Das Straßennetz der Insel ist dicht. Die einzelnen Ortschaften sind durch kleine Sträßchen, oft schöne Alleen, miteinander verbunden. Diese sind vielfach nicht auf dem kürzesten Weg durch die Felder gebaut, sondern um sie herum, was seit jeher den Stellenwert der Landwirtschaft verdeutlicht.

Geradezu ideal ist Fehmarn für Fahrradurlauber, denn jeder Punkt der Insel ist problemlos auf dem Drahtesel zu erreichen. Aber Vorsicht, bei starken Westwinden wird die Tour mitunter zur "Tortour".

Fehmarn ist auch ein Eldorado für Windsurfer. Zwölf offizielle Surfbereiche, vom Stehrevier bis zum Brandungssurfstrand, machen die Insel zum deutschen Surfparadies schlechthin. Auch die Anhänger der noch jungen Sportart Kitesurfing haben die Insel als ideales Revier entdeckt. Aufgrund der überdurchschnittlich guten Bedingungen zieht das Sportparadies Fehmarn darüber hinaus viele Segler, Angler, Wracktaucher und auch viele Reiter an.

Geschichte

Dass die Insel schon in der Jungsteinzeit bevölkert war, belegen einige Steingräber. Ansonsten ist über die Frühzeit der Besiedelung wenig bekannt. Das ändert sich erst ab dem Jahr 800 n. Chr., als nicht nur Fehmarn, sondern ganz Ostholstein zur Heimat des slawischen Stammes der Wagrier wurde, die die Insel schlicht *Vermorje* (= "im Meer") nannten. Als historischer Inselname ist auch *Fembre* belegt, wohl die germanische und damit ältere Bezeichnung für Fehmarn (nach dem Volk der Imbren).

Ihre günstige Lage am Fehmarnbelt, der Hauptpassage durch die Ostsee, machte die Insel zwischenzeitlich zu einem wahren Piratennest, denn bei gutem Wetter kommt kein Schiff ungesehen an der Insel vorbei und bei schlechtem Wetter oder bei Nacht ist die Durchfahrt aufgrund von Strömung und Untiefen sehr gefährlich.

Weithin sichtbar: das Kur- und Freizeitzentrum am Burger Südstrand

Kein Wunder also, dass die slawischen Seeräuber in den Gewässern um Fehmarn und auch auf der Insel selbst bis Ende des 12. Jh. für Angst und Schrecken sorgten. Dann wurde es im Rahmen der Christianisierung eng für die Slawen, denn unter Graf Adolf II. begann von Süden her die Kolonisation Wagriens, von Norden her verdrängten Dänen die Slawen. Erste Kirchen entstanden auf der Insel, die von nun an zum Königreich Dänemark gehörte.

Doch in der Folgezeit gab es um Fehmarn ständige Streitereien zwischen den holsteinischen Grafen und den dänischen Königen. Dieser Konflikt erreichte seinen traurigen Höhepunkt im Jahr 1420, als die Soldaten des für seine Erbarmungslosigkeit bekannten dänischen Königs Erich VII. (übrigens der ehemalige Herzog von Pommern) die Insel komplett verwüsteten und unter der Bevölkerung ein unvorstellbares Gemetzel anrichteten. Wenig später, nämlich um 1435, wurde das verarmte Fehmarn an die Stadt Lübeck verpfändet.

Auch der Dreißigjährige Krieg verschonte die Insel nicht: Das von dänischen Soldaten unterstützte fehmarnsche Landaufgebot lieferte sich erbitterte Kämpfe mit schwedischen Truppen. Zwar blieb die Insel dänisch, aber die Kriegswirren (auch die späteren nordischen Kriege) führten zum wirtschaftlichen Niedergang und stürzten die Insulaner in Not und Elend. Erst ab dem späten 18. Jh. kam die Insel durch die aufblühende Landwirtschaft zu mehr Wohlstand.

Fehmarn hatte also eine bewegte Geschichte, aber in all der Zeit waren die Fehmaraner als freie Bauern lediglich dem Landesherrn unterstellt und wurden nicht Leibeigene irgendeines Adelsgeschlechts, wie das in weiten Teilen Ostholsteins der Fall war. Darauf waren die Bauern stolz, und sie sorgten stets dafür, dass dies auch so blieb. Denn hatte der Adel einmal Landbesitz auf der Insel, dann kauften Bauern dem jeweiligen adeligen Herren diese Besitztümer einfach zu einem guten Preis ab. Unterstützt wurden sie dabei durch ihren Landherrn, den Fürstbischof von Eutin, der 1617 dem Adel Landbesitz auf der Insel verbot.

Der außerordentlich fruchtbare Schwarzerde-Humusboden begründete den Ruhm der Insel als Kornkammer Schleswig-Holsteins. Dieser wurde der Insel nach dem Zweiten Weltkrieg allerdings beinahe zum Verhängnis, denn die Sowjetunion wollte Fehmarn ihrer Besatzungszone einverleiben. Nur dem beharrlichen Auftreten des britischen Abgesandten Lord Strong of Stonesfield ist es zu verdanken, dass die Zonengrenze östlich an Fehmarn vorbei gezogen wurde. In Burg setzte man ihm dafür ein Denkmal.

Als 1963 die Fehmarnsundbrücke die Insel mit dem Festland verband, fasste der Tourismus endgültig Fuß und löste die Landwirtschaft als größte Einnahmequelle ab.

Die **Touristeninformation und Zimmervermittlung für die ganze Insel** liegt in der Hauptstadt Burg: Fehmarn Tourismus GmbH, Landkirchener Weg 2, 23769 Burg auf Fehmarn, ✆ 868686, www.fehmarn-info.de, 24-Std.-Zimmerabfrage unter ✆ 04372/19412. Außerdem: Kurbetrieb, Südstrandpromenade 1, ✆ 506320. Eine Kurtaxe von 2,50 € (Nebensaison 1,50 €, Kinder frei) ist auf Fehmarn nur am Südstrand zu zahlen.

Burg

6000 Einwohner

Die Inselhauptstadt hat Flair. Wer dieses erleben will, zumal an einem trüben Tag in der Hochsaison, wird zunächst in einer Blechlawine stecken, die sich langsam Richtung Burg quält. Dort angekommen, lässt sich die malerische Kleinstadt problemlos zu Fuß erkunden. Sie bietet einige kulturelle Höhepunkte und eignet sich hervorragend für einen gemütlichen Einkaufsbummel. In Burgstaaken, dem Hafen, herrscht täglich geschäftig-maritimes Treiben, und in Burgtiefe liegt einer der wenigen Südstrände der Ostsee.

Wie gesagt, wegen des zu bestimmten Zeiten hohen Verkehrsaufkommens besucht man die Stadt besser am frühen Vormittag oder bei schönem Wetter, wenn sich die meisten Touristen am Strand tummeln. Die Hauptstraße zieht sich durch den ganzen Ort und verbreitert sich am Markt, dem schönsten und lebhaftesten Flecken der Stadt. Ungewöhnlich ist, dass die Häuserreihen auf der einen Seite der Hauptstraße auf dem Niveau der Fahrbahn liegen, während auf der anderen Straßenseite die hübschen, mit Restaurants, Boutiquen oder anderen kleinen Geschäften besetzten und eng aneinander stehenden Häuschen so hoch liegen, als ständen sie auf einem Deich. Grobes Kopfsteinpflaster verstärkt die romantische, zum Bummeln einladende Stimmung, ebenso wie die vor den Bürger- und Fachwerkhäusern stehenden Bäume, meist Linden.

Burg wäre ohne seinen südlich in **Burgstaaken** gelegenen Hafen nur halb so attraktiv. Bemerkenswert ist schon die holprige Straße dorthin, der Staakensweg. Er ist auf voller Länge mit Steinen bestückt, die einst mühsam aus dem Meer um Fehmarn "herausgefischt" wurden. Im Hafen selbst herrscht nach wie vor Betriebsamkeit, wenn am späten Nachmittag die Kutter einlaufen und der Fisch fangfrisch verkauft wird. Am Kai sind die Netze zum Trocknen ausgebreitet, dahinter locken Fischimbiss und Fischrestaurant. Fischkutter laden zur Hafenrundfahrt oder auch zur Hochseeangeltour ein, und wer es lieber lautloser mag, kann eine Fahrt mit dem offenen Segelkutter "Onkel Charly" wagen, der mehrmals täglich bei geeignetem Wetter zum Gästesegeln ausläuft.

Meeres-
zentrum
Fehmarn
Gertrudenthaler Str.
Industriestr.
Steinkamp
Klaus-Groth-Str.
Niendorfer Weg
Am
Landkirchener Weg
Mummendorfer Weg
Kirchner
Dokumentation
im Stadtpark
Bürgermeister-
Lafrenz-Straße
Birkenweg
Bahnhofstraße
Niend.
Str.
Osterstr.
Gahlendorfer Weg
Am
Mellenthinpl.
Am Markt
Sport-
platz
Rathaus
Mühlenstraße
Ohrtstr.
Breite Str.
Wiesenweg
St. Nikolai
Badstaven
Sahrensdorfer Str.
Priester-
str.
Süderstr.
Blieschendorfer Weg
Alter Postweg
Mathildenstraße
Kapellenweg
St.-Jürgen-
Kapelle
Jugend-
herberge
Breslauer Straße
Wulfener Weg
Sommerweg
Staakensweg
Klemmweg
Grüner Weg
Syltweg
Königsberger Str.
Strandallee
Lotsenweg
Menzelweg
Burgstaaken
Am Deich
Birkenw.
Bürgemeister Fox - Straße
Neue Tiefe
Am
Binnensee
Fischereihafen
Burger
Binnensee
Yachthafen
Burgtiefe
Vogelschutz-
gebiet
Kohlholinsel
Burgruine
Glambek
Strandallee
Am
Jachthafen
Stranddistelweg
Strandhaferw.
Dünenweg
Südstrandpromenade
Schwimmbad
Südstrand
Burg
Ü Übernachten
1 Wisser's Hotel
6 Hotel-Rest. Burg-Klause
7 Hotel-Rest. Schützenhof
E Essen & Trinken
2 Zur Traube
3 Kartoffelhaus
4 Café Jedermann
5 Landhaus Doppeleiche
8 Zum goldenen Anker
9 Café Kontor
10 Haus am Strand

Zwar ist der Hafen gut mit Parkplätzen ausgestattet, doch wenn einmal im Jahr das berühmte Hafenfest stattfindet, dann ist Burgstaaken "dicht". Wem der Trubel nichts ausmacht, der sollte das Fest und vor allem das Kutterrennen nicht verpassen, bei dem die Fischer mit voller Kraft auf die Pier zurasen und es doch noch irgendwie schaffen, ihre Kutter herumzureißen, um sauber anzulegen.

Hoch überragt wird der Hafen von den Getreidesilos, die mittlerweile ganz den Kletterern gehören. Für 8 € pro Stunde kann sich jeder beim Silo-Climbing versuchen.

Steinfischer

Auf Fehmarn gab es nie einen Steinbruch. Steine wurden aber als Baumaterial dringend gebraucht. Also fischte man mit Flachbooten in Küstennähe die losen Steine auf, die ein Mann gerade an Bord hieven konnte. Bald waren die am leichtesten zu erreichenden Steingründe "abgefischt", und man drang mit besserer Technik auch in tiefere Gewässer vor. Am Hafen wurde die Ladung dann nach Gewicht bezahlt und oft gleich vor Ort von Steinklopfern bearbeitet. Und man brauchte eine Menge Steine, vor allem für den Bau des Burgstaakener Hafens in den Jahren 1868–71. Es ist heute kaum zu glauben, aber noch bis weit ins 20. Jh. hinein gab es diese Art des Broterwerbs auf Fehmarn. Die Steine wurden sogar exportiert, z. B. für den Bau der Hafenmolen von Kiel, Cuxhafen, Rødbyhavn und Kopenhagen sowie zur Errichtung des Marine-Ehrenmals von Laboe.

Burgtiefe ist Fehmarns Hauptstrand, übrigens der einzige auf der Insel, an dem Kurtaxe zu zahlen ist. Aber wo an der Ostsee gibt es sonst schon einen reinen Südstrand, einen feinsandigen noch dazu? Burgtiefe liegt auf einer den Burger Binnensee begrenzenden Halbinsel; im Norden befindet sich der große und moderne Yachthafen, im Süden eben jener mit reichlich Strandkörben belegte Strand, der bei schönem Wetter Badefreuden pur bietet. Und auch für die Kinder ist gesorgt, denn im seichten Wasser sind einige Rutschen verteilt, die das Vergnügen deutlich hörbar noch erhöhen. Die obligatorische Promenade sowie moderne Appartementhäuser in Wellenform und vor allem die drei weithin sichtbaren Hochhäuser des Kur- und Ferienzentrums beherrschen die Szenerie dieses modernen Ortsteils, der einen krassen Gegensatz zum Erscheinungsbild des von historischen Bauten dominierten Hauptorts bildet. Die 15-stöckigen Hochhäuser aus dem Jahr 1969 mögen von außen nicht schön anzusehen sein; sie bieten aber immerhin einen phantastischen (Meeres-) Blick. Verbunden werden die Häuser durch eine 3000 m^2 große, gewächshausartige Laden- bzw. Restaurantpassage, in der sich auch ein Spielplatz mit Minigolfanlage befindet. Bei Sonnenschein wird es unter dem Glasdach allerdings ganz schön heiß.

Geschichte: Schon zur Slawenzeit im 11. Jh. stand hier eine Burg, die namensgebend für die spätere Siedlung war. Im Gegensatz zum übrigen mit Fehmaraner Landrecht ausgestatteten Inselgebiet galt im Hauptort schon im 14. Jh. das lübische Stadtrecht. Als der Ort im 15. Jh. auch noch an die Hansestadt Lübeck verpfändet wurde, erlebte Burg einen gewaltigen Aufschwung als Handelsplatz. Zentral für den Handel war natürlich der Hafen, der damals noch von einer Befestigung am heutigen Südstrand (Burgruine Glambek) geschützt wurde. Als der Hafen zunehmend verlandete, musste er an eine andere Stelle, an die "Neue Tiefe", verlegt werden (der gleichnamige Ort zeugt heute noch davon). Nicht nur die Hafenversandung, auch

Burgstaaken: Kutterfahrt vom Hafen

Fehmarn
Karte Seite 110/111

zahlreiche Kriegswirren sorgten dafür, dass die Stadt Burg langsam verarmte. Erst als in den 1860er Jahren auch Fehmarn an Preußen fiel, begann der langsame Wiederaufstieg, der eng mit dem Bau der neuen Hafenanlage in Burgstaaken verknüpft war.

Information/Adressen

- *Vorwahl* 04371
- *Information/Zimmervermittlung* Siehe S. 114.
- *Fahrradvorloih* **Conny's Zweiradladen,** Breite Straße 40, ✆ 1303, **Fahrradscheune Beneken,** Osterstraße 49, ✆ 3696; **Werner Marquart,** Süderstraße 24, ✆ 3326.
- *Kerzenziehen* Jeden Nachmittag Kerzen selber ziehen in der Kerzenwerkstatt, Osterstraße 49 (gegenüber dem großen Parkplatz), ✆ 87766. Tägl. 10–18 Uhr geöffnet.
- *Parken* Mit drei beschilderten, kostenfreien Großparkplätzen (Parkplatz Nord, Ost und West) im Innenstadtbereich versucht man, der Autoflut etwas Herr zu werden. Daneben gibt es noch eine Reihe von gebührenpflichtigen Plätzen für 1 €/Std. (Parkschein-Automat).
- *Sauna* Im **Kurmittelhaus,** Südstrand, mit schönem großen Ruheraum, ✆ 5005-33; **Sportpark,** Südstrand, ✆ 86000; **Bärbels Schwitzkasten,** Mathildenstraße 29, Burg, ✆ 1861 (besser vorher anrufen).
- *Schwimmbad* **Meerwasser-Wellen-Hallenbad,** einfaches, wegen der Glasfassade sehr helles Bad aus den 1970er Jahren (Becken 15 mal 38 m), 28 °C Wassertemperatur, relativ kleine Rutsche. In der Regel von 8 bis 19 Uhr geöffnet, Erwachsene 5 €, Kinder 2,50 € für 90 Minuten. Südstrandpromenade 1, ✆ 5005-40.
- *Segeln* Die in den 1960er Jahren zum Erliegen gekommene Tradition des **Gästesegelns** lebt mit dem Traditionssegler "Onkel Charly" in Burgstaaken wieder auf; täglich werden je nach Wetterlage um 9.30, 11.30, 14 und 16 Uhr zwei Stunden dauernde Segeltörns (bis 20 Personen) angeboten. Infos unter ✆ 4993 oder ✆ 0171/5424182.
  Herkömmliche Segelkurse bei: **Segelschule Dübe,** Am Yachthafen 7, ✆ 6426 und 86700, www.yachtschule-duebe.de.
- *Tauchen* **Tauchschule Fehmarn,** Charlotte-Niese-Str. 7, ✆ 6234.
- *Windsurfen* **Windsurfing-Schule M. Charchulla,** Südstrand (Burgtiefe), Burger Binnensee, ✆ 3400.

Übernachten/Essen und Trinken (siehe Karte Seite 115)

• *Übernachten* **Hotel-Restaurant Burg-Klause (6),** von außen ein nüchterner Zweckbau, aber von innen gemütlich und sauber, reichlich Komfort auf dem Zimmer, Sauna, DZ 98 €. Recht gute Küche, daher auch als *Restaurant* eine Alternative (reichliche Auswahl). Mit schöner Kastendecke und groben Holztischen hat das Restaurant ein fast alpenländisches Interieur. Blieschendorfer Weg 1–5, ✆ 6782 und 50020.

Wisser's Hotel (1), Burgs 180 Jahre altes Traditionshaus bietet einfache, aber meist große Zimmer, DZ 85 €. Angeschlossen ist ein *Restaurant-Café* mit guter Küche. Schöner historischer Festsaal im hinteren Gebäudeteil (jeden Samstag "Romantik-Disco"). Am Markt 21, ✆ 3111, www.wissers-hotel.de.

Schützenhof (7), das in Burgstaaken gelegene Hotel ist mit seinen 28 Zimmern das wohl größte der Insel. Es liegt ruhig in einem Wäldchen vor dem Hafen und verfügt über mit dem üblichen Komfort ausgestattete Zimmer, DZ 82 € (reichhaltiges Frühstücksbuffet). Im gutbürgerlichen *Restaurant* werden vor allem fangfrischer Fisch und andere regionale Gerichte serviert (9–12 €). Menzelweg 2, ✆ 50080, www.hotel-schuetzenhof.org.

• *Essen und Trinken* **Zur Traube (2),** das alte, efeubewachsene Inselhaus ist Restaurant und Weinwirtschaft in einem und liegt etwas versteckt hinter dem Rathaus. Geschmacklich (und preislich) eine der ersten Adressen der Insel, innen sehr gepflegt, gemütlich verwinkelt und in sommerlichen Pastellfarben gehalten, serviert wird vor allem frischer Fisch (Dorschfilet in Mandelbutter zu 16 €, Seeteufel mit frischen Pfifferlingen zu 22 €). 17.30–22 Uhr, So auch 11.30–14 Uhr, Mi Ruhetag, besser reservieren. Orthstraße 11, ✆ 1811.

Landhaus Doppeleiche (5), die Küche des mitten in Burg gelegenen, im Jugendstil-Ambiente eingerichteten Restaurants bietet für jeden Geschmack etwas: vom vegetarischen Gericht (9 €) bis zum Rumpsteak (16 €), Mittagstisch mit Gerichten unter 10 €. Täglich durchgehend zwischen 11.30 und 22.30 geöffnet. Breite Straße 32, ✆ 9920.

Zum goldenen Anker (8), traditionelle und gute Fischgaststätte direkt am Hafensilo von Burgstaaken. Typisch maritimes Ambiente mit Netzen und Rettungsringen in den alten, hohen Speiseräumen, in denen es z. B. gutes hausgemachtes Labskaus (7,80 €) oder ein gebratenes Steinbeißerfilet mit Ofenkartoffel (13 €) gibt. 11.30–14 Uhr und ab 17.30 Uhr geöffnet, Mo Ruhetag (außer in der Hochsaison). Burgstaaken 63, ✆ 3163.

Kartoffelhaus (3), unter dem Motto "Es muss nicht immer Kaviar sein" werden in der Burger Innenstadt alle Variationen von Kartoffelgerichten serviert, und das im klassisch-gemütlichen Ambiente mit Standuhr und alten Tischen. Kartoffelaufläufe 8,50 €, Kartoffelpizza 7,20 €. Tägl. 12–14 u. 17–21.30 Uhr. Orthstraße 23, ✆ 863839.

Haus am Strand (10), am Südstrand von Burgtiefe, wo ansonsten Hochhäuser dominieren, liegt dieses reetgedeckte frühere Lotsenknechthaus, in dem heute eine gutbürgerliche Gastwirtschaft mit Café untergebracht ist. Innen ist es gemütlich eng, draußen gibt's eine große, windgeschützte Terrasse direkt an der Promenade. Spezialität ist eine deftige Fischpfanne für 16 €. Südstrandpromenade, ✆ 9625.

Café Jedermann (4), den Stichweg am Kino hinunter gelangt man von der Breiten Straße direkt in das gemütliche kleine Café mit seinem großen Biergarten. Am Publikum ist zu erkennen, dass das freundliche Interieur mit viel hellem Holz tatsächlich etwas für jedermann ist. Serviert werden guter Kuchen und viele Teespezialitäten. Tägl. 11–20 Uhr geöffnet (in der Saison auch länger). Orthstr. 25, ✆ 1411.

Café Kontor (9), einfaches Café mit selbst gebackenen Kuchen im alten Hafenkontor von Burgstaaken, Tische im Garten mit Blick auf den rückwärtig gelegenen Hafen. 13–18 Uhr geöffnet, ✆ 6456.

Sehenswertes

Meereszentrum Fehmarn: Weit über die Grenzen der Insel hinaus wird kräftig für dieses größte Hai-Aquarium Deutschlands geworben. Das führt dazu, dass sich besonders an Regentagen vor der am Ortseingang von Burg gelegenen Attraktion lange Warteschlangen bilden. Gewaltige Besuchermassen quälen sich dann durch den Rundgang des kommerziell ausgerichteten privaten Meereszentrums. Zu sehen

Markttag in Burg

Fehmarn
Karte Seite 110/111

gibt es in über 40 Aquarien Meerestiere aus allen tropischen Regionen der Welt. Höhepunkt ist sicherlich der gläserne Tunnel, der mitten durch ein mit etwa 20 Haien bestücktes Riesenaquarium (10 mal 17 m) führt. Café und Souvenirshop dürfen natürlich nicht fehlen.

Adresse/Öffnungszeiten Gertrudenthaler Straße 12 (im Gewerbegebiet vor Burg), ✆ 4416, www.meereszentrum-fehmarn.de. Täglich 10–18 Uhr, im Sommer bis 19 Uhr. Erwachsene 7 €, Kinder 4 €, Senioren/Jugendliche (bis 16 J.) 6 €.

Modelleisenbahn: Deutschlands größte Modelleisenbahn steht in einer neu gebauten einfachen Halle direkt gegenüber dem Meereszentrum. Die Großspurbahn ist nur etwas für wirkliche Liebhaber, der Anblick nicht unbedingt den Eintrittspreis wert. Für den funkgesteuerten Fahrtenregler auf einer zweiten Modelleisenbahnanlage werden zusätzliche Gebühren fällig.

Adresse/Öffnungszeiten Gertrudenthaler Str. 4, ✆ 869924. Täglich 10–18 Uhr. Erwachsene 4,50 €, Kinder 3 €.

St.-Nikolai-Kirche: Von innen ist die Kirche ganz anders, als es von außen den Anschein hat. Denn die Gewölbe sind viel niedriger, als dieses das hoch aufragende Spitzdach erwarten lässt, sie wirken fast ein wenig gedrungen und verbreiten eine ganz besondere Atmosphäre. Obwohl in der Gotik entstanden, sind Decken und Wände im romanischen Stil bemalt.

Der sehenswerte gotische Schnitzaltar aus der zweiten Hälfte des 14. Jh. zeigt Szenen aus der Passions- und Ostergeschichte. Hinter der Kanzel von 1667 steht der sog. "Armenblock", eine mit Eisenbeschlägen gesicherte Opfertruhe, in der früher jeden Sonntag der Klingelbeutel entleert wurde, um den Erlös dann einmal im Jahr unter den Armen zu verteilen. Eine weitere Besonderheit ist das in die Ostwand links neben dem Chor eingelassene Ausgussbecken, *Piscin* genannt. Hier wurde vor der Reformation das nicht mehr benötigte Weih- und Taufwasser ausgeschüttet.

Burgs Flaniermeile: Breite Straße mit dem Rathaus

St. Nikolai verfügt über zwei Taufbecken: Ein pokalförmiges, aus gotländischem Stein (19. Jh.) gefertigtes steht in der Nähe des Piscin, darüber hängt ein Votivschiff. Das zweite findet man im gegenüberliegenden Seitenschiffjoch. Es handelt sich um ein ursprünglich aus Schweden stammendes gotisches Bronzetaufbecken (von 1391) in Kelchform, unter dessen Sockel drei Bronzelöwen liegen. Wie es hierher kam, ist nicht ganz klar. Wahrscheinlich ist es eine Seeräuberbeute, vielleicht aber auch Strandgut. Der wuchtige, quadratische Glockenturm der um 1230 entstandenen und später mehrfach erweiterten Kirche wurde 1513 angebaut. Mit einer Höhe von 48 m übertrumpft er jeden Leuchtturm der Insel (auch mit seiner Stabilität, denn seine Mauern sind 2 m dick).

An der Außenwand des Kirchenanbaus (ehemaliges Leichenhaus, heute Andachtsraum) sieht man eine graue Sandsteintafel, die in etwas verwitterter gotischer Schrift an die blutige Zerstörung der Insel im Jahr 1420 erinnert. Sie wird "Fehmarnsches Memorial" genannt.

Adresse/Öffnungszeiten Breite Straße 47. April–Oktober werktags 9–17 Uhr.

Peter-Wiepert-Heimatmuseum: Direkt neben der Kirche liegt das Heimatmuseum Fehmarns. Benannt nach dem unermüdlichen Heimatforscher Peter Wiepert (1890–1980), bietet das in 22 kleinen Räumen dreier Fachwerkhäuser untergebrachte Museum ein buntes Sammelsurium von Exponaten, das von Steinzeitfunden bis zur bäuerlichen Wohnungseinrichtung reicht. Hinzu kommen einige Schiffsmodelle, unter anderem auch das des untergegangenen Segelschulschiffs "Niobe".

Adresse/Öffnungszeiten Breite Straße 49–51. Juni–Oktober Di–So 11–16 Uhr. Erwachsene 2 €, Jugendliche 1,50 €. Führungen sind nur nach telefonischer Vereinbarung möglich, ✆ 9627 oder 6257.

Rathaus: Das im Jahr 1900 errichtete Gebäude steht unübersehbar in der Ortsmitte am Markt. Ein paar Stufen führen hinauf zur neuen Eingangstüre, die man ruhig

einmal öffnen sollte, schließlich ist es ein öffentliches Gebäude. Innen gelangt man in eine hohe und mit mächtigen Balken versehene Wartehalle mit den originalen hölzernen Wandbänken, die als Filmkulisse für eine Amtsstube aus der Zeit der vorletzten Jahrhundertwende dienen könnte. Sehenswert ist auch der historische Sitzungssaal.
Adresse/Öffnungszeiten Am Markt 1. Besichtigung Mo–Fr 8–12 Uhr, Anmeldung Zimmer 14.

Ernst-Ludwig-Kirchner-Dokumentation: Der Maler Ernst Ludwig Kirchner (1880–1938), Mitglied der Künstlervereinigung "Die Brücke", verbrachte vor dem Ersten Weltkrieg einige Sommerurlaube auf Fehmarn und ließ sich von den besonderen Lichtverhältnissen der Insel inspirieren. In den Sommern 1912–1914 wohnte er im Haus des Leuchtturmwärters von Staberhuk. Hier an der rauen Küste entstanden viele seiner Werke im Stil des aufkommenden Expressionismus. Die im ersten Stock der Stadtbücherei untergebrachte Dokumentation informiert über Kirchners Fehmarnaufenthalte und zeigt auch einige seiner Bilder.
Adresse/Öffnungszeiten Bahnhofstraße 47, ✆ 50644 u. 3175. Mo–Fr 9.30–12 u. 14.30–18 Uhr, Mittwochnachmittag geschlossen. Eintritt frei.

St.-Jürgen-Kapelle: An der nach Neue Tiefe führenden Straße liegt (neben der Jugendherberge) diese kleine mittelalterliche Kapelle, in der noch fast vollständig die schönen Wandmalereien aus dem 15. Jh. erhalten sind. Geöffnet ist sie nur zu den Gottesdienstzeiten.

Gemeinde Bannesdorf

2000 Einwohner

Von Staberhuk an der Südostspitze bis zum Fährbahnhof Puttgarden bildet die Landgemeinde Bannesdorf den östlichen Teil der Insel. Hier dominiert die Steilküste, an welcher auch noch einige wenige Reste des Waldes erhalten sind, der früher ganz Fehmarn bedeckte.

Die ruhigen Dörfer und Sehenswürdigkeiten der Gemeinde Bannesdorf liegen weit verteilt und haben alle ihren eigenen Charakter. Und wenn es überhaupt noch urwüchsige und unberührte Küstenabschnitte auf Fehmarn gibt, dann hier. Der Strand, falls vorhanden, ist allerdings mit großen Steinen durchsetzt, hat aber – durch die herbe Ausstrahlung im Schatten einer nicht allzu hohen Steilküste – seinen besonderen Reiz.

- *Vorwahl* 04371
- *Information/Zimmervermittlung* Siehe S. 114.
- *Hochseilgarten* Seit dem Jahr 2002 werden in Meeschendorf halbtägige Kletterveranstaltungen im Hochseilgarten angeboten (ab 14 Jahren). Ab 13 Uhr geöffnet, 3–4 Std. inkl. Material 45 €, ✆ 2189 (Voranmeldung). Am Ortseingang rechts ab Richtung Camping Südstrand.
- *Sauna* **Camping Südstrand,** Meeschendorf, ✆ 2189; **Insel-Camp,** Meeschendorf, ✆ 50300.
- *Campingplatz* für Wohnmobile in Puttgarden, ✆ 4070.

Leuchtturm Staberhuk

6 km Fußweg sind es von Burgtiefe am Strand entlang bis nach Staberhuk. Alternativ empfiehlt sich die Straße über das landeinwärts gelegene Staberdorf. Von dort führt der idyllische Weg weiter, zieht sich an Gut Staberhof vorbei und geht dann rechts ab zum Leuchtturm; hier sind Autos tabu. Der 23 m hohe Turm von 1903 ist also, wie so vieles auf Fehmarn, am besten mit dem Fahrrad zu erreichen. Er ist nicht zu besichtigen und tut noch heute seinen Dienst, weil die Gewässer um Staberhuk wegen dicht unter der Wasseroberfläche liegender Felsbrocken für die Schifffahrt sehr tückisch sind.

Fehmarn
Karte Seite 110/111

Fährt man an Gut Staberdorf vorbei bis zum Ende des Weges, so kommt man an die bewachte Marineortungsstelle, deren gewaltiger Antennenturm weithin sichtbar ist. Nebenan befindet sich auf der steilen Küste ein kleiner Parkplatz (mit WC), vor dem sich eine sehr schöne, sandige (wenn auch von großen Steinen durchsetzte) Bucht öffnet, die auch bei Anglern sehr beliebt ist. Wer mit dem Fahrrad unterwegs ist, kann als eine Art Geheimtipp den etwas versteckt von Staberdorf ca. 1,5 km fast schnurgerade zum Wasser führenden Fahrweg benutzen (Am Hinrichsbarg). Am schmalen Naturstrand hat man auf der sonst vollen Insel garantiert seine Ruhe. Es gibt sie also doch noch, die unberührte Bucht auf Fehmarn.

• *Übernachten* Am zum kleinen Ort Meeschendorf gehörenden Südstrand finden sich gleich drei Campingplätze:

Insel-Camp Fehmarn, erst 2001 eröffnet und damit der neueste aller 17 Campingplätze der Insel. Wellnessbereich mit verschiedenen Saunen, kostenlose Warmduschen, Mietwohnwagen. ✆ 50300, www.inselcamp.de.

Camping-Südstrand, mit 450 Stellplätzen der größte an diesem Teil der Küste. Kinderanimation, Abenteuer-Spielplatz mit Indianerdorf, ✆ 2189 oder 9507 (Winter), www.camping-suedstrand.de.

Europa-Camping, kleines Areal mit 130 vergleichsweise preisgünstigen Plätzen, 200 m bis zum Naturstrand, Hundehalter sind willkommen. ✆ 2419.

Katharinenhof

Der bekannteste, vielleicht auch schönste Fleck der Ostküste ist die Gegend um Katharinenhof. Eine alte Lindenallee führt von Vitzdorf zu dem Ort, der 1920 durch die Aufteilung des ehemals gleichnamigen Gutshofs in mehrere kleine Ansiedlungen entstand. Die Straße endet an einem Campingplatz. Kurz davor liegt rechts ein kleiner Parkplatz am Waldrand. Nur hier und am nahen Staberhuk befindet sich im sonst baumarmen Fehmarn das, was man ein Wäldchen nennen kann. Die im Schnitt 5 m hohe Steilküste dahinter wird durch starken Regen oder Sturm ständig ein wenig mehr abgetragen. Auch Bäume rutschen mitunter ab, die dann zusammen mit zahlreichen großen Findlingen am Strand liegen. Der ansonsten weitgehend aus Kies bestehende Strand hat seinen besonderen Reiz, vor allem am Nachmittag, wenn die Bäume angenehmen Schatten spenden.

Bevor man zum Strand gelangt, kommt man am privaten **Museum Katharinenhof** vorbei. In der kleinen, hofartigen Anlage befindet sich ein Gartencafé, in dem es hausgemachten Kuchen gibt. Von hier hat man schon einen guten Überblick über die Sehenswürdigkeiten, vor allem auf die hier wiederaufgebaute, fast 500 Jahre alte Räucherkate (die einst in der Gegend von Hamburg stand), das Backhaus und die historische Schmiede. Landwirtschaftliche Geräte und alte Werkzeuge prägen das Gesamtbild. Wer mehr sehen will, muss den stattlichen Eintritt bezahlen und sich ein wenig Zeit nehmen. Geboten wird eine bunte Mischung verschiedener Sammlungen, beispielsweise mechanisches Spielzeug, Tabakdosen, Bügeleisen, Kleinkunst, aber auch Kutschen. Auf dem Gelände befindet sich auch ein wiederaufgebautes Hünengrab aus der Jungsteinzeit.

• *Museumsöffnungszeiten* Täglich 11–17 Uhr, Café im Museumshof täglich ab 14 Uhr. Erwachsene 5 €, Kinder 2,50 €, Di u. Do ist Backtag. Im Haupthaus sind **Zimmer** (auch für eine Nacht) zu bekommen. DZ inkl. Frühstück 60 €, ✆ 1230.

• *Übernachten* **Campingplatz Ostsee,** nur wenige Meter von einem kleinen Naturstrand entfernt gelegener Platz mit 360 großzügig angelegten Stellplätzen (ca. 100 m² groß), SB-Markt und Restaurant. Zwei Spielplätze und in der Saison zusätzliches

Das besondere Licht auf der Insel: Leuchtturm Staberhuk

Naturstrand vor Katharinenhof

Animationsprogramm für Kinder (Ponyreiten, Camping-Ralley usw.), beheizte Sanitäranlagen. Familie Kühl, ✆ 9032.

• *Essen und Trinken* **Waldpavillon,** kaum ein Restaurant auf Fehmarn bietet einen so traumhaften Blick. Das erst im Jahr 2001 gebaute Haus mit seinem Interieur aus gediegenem Holz und vor allem mit großer Seeterrasse ist fast direkt auf die Steilküste gebaut und von Bäumen umgeben. Zur Kaffeezeit gibt's besonders große Stücke Kuchen. Die Speisekarte ist reichhaltig, vor allem Fischgerichte mit frischen Zutaten sind im Angebot (z. B. Seelachsfilet für 8 € oder Scampipfanne für 14 €). Der Campingplatz (s. o.) liegt in unmittelbarer Nähe, ist aber durch die gesonderte Zufahrt vom Haus aus nicht zu sehen. Parkplätze vorhanden. Tägl. ab 12 Uhr geöffnet, ✆ 879913.

Klausdorf

Der schöne kleine Ort ist Durchgangsstation für zwei Zufahrtswege zum Strand. Der südlichere Weg zieht sich an den Windkraftanlagen vorbei zu einer niedrigen Steilküste, die mit großen Felsbrocken gegen ein weiteres Abbrechen gesichert ist. Davor befinden sich ein kleiner, wiederum durch Buhnen gesicherter Strand und ein großer Campingplatz.

Nördlich von Klausdorf führt ohne besonderen Hinweis eine kleine Straße ebenfalls zum Strand. Ab hier ist die Küste durch einen Deich geschützt, vor dem ein Fahrradweg Richtung Marienleuchte führt. Ein kleiner Parkplatz ist vorhanden, der sich als Ausgangspunkt für eine Strandwanderung eignet. Eine Naturstrand-Alternative bietet sich 2 km südlich ab Gahlendorf. Dort nämlich führt eine schmale, gewundene Straße zur Küste (kleiner Parkplatz und Dixi-Klo). Auch hier bietet sich das gewohnte Bild der Ostküste: ein schmaler, steiniger, aber netter Strand.

• *Übernachten* **Camping Klausdorfer Strand,** der Campingplatz mit seinen 380 Stellplätzen liegt etwas erhöht auf der Steilküste, nur wenige Büsche schützen vor dem Wind. Erfreulicherweise ist auf diesem Platz das Warmduschen kostenlos. ✆ 2549, www.camping-klausdorferstrand.de.

Bannesdorf Ort

Der Hauptort der Landgemeinde Bannesdorf liegt etwas abseits der nach Puttgarden führenden Straße. Hier geht es außerordentlich ruhig zu, und man erahnt kaum, dass Bannesdorf, wie alte Funde belegen, schon auf eine lange Siedlungsgeschichte zurückblicken kann. Bedeutung kommt Bannesdorf vor allem deshalb zu, weil es sich um eines von nur drei Kirchdörfern der Insel handelt. Die **St.-Johannis-Kirche** wurde Mitte des 14. Jh. errichtet und ist im Grundriss dem Ratzeburger Dom nachempfunden. Wie so oft in Ostholstein wurde der vierkantige Turm erst viel später angebaut, nämlich 1701. Er ist recht schlicht gehalten und erstaunlicherweise nicht aus Stein, sondern aus Holz gebaut. Wer innehält, wird ein Geräusch vernehmen: das gleichmäßige Pendeln der Turmuhr. Im Inneren der schlichten Kirche besticht vor allem der mit einem Backsteinboden ausgelegte quadratische Chor, in dem noch Reste spätgotischer Wandmalerei erhalten geblieben sind. Auffallend sind auch der uralte gotländische Taufstein (um 1240) und die drei reich verzierten und untereinander durch Gänge verbundenen Logen (um 1730). Bei genauem Hinschauen erkennt man, dass in der mittleren Loge eine schmale Goldledertapete angebracht ist.

• *Essen/Übernachtung* **Hotel-Gasthof Bannesdorf (Hotel Meetz),** dass der Chef Jäger ist, lässt die Inneneinrichtung des geräumigen Gasthofs unschwer erkennen. Es gibt aber nicht nur Wild der Saison, sondern ein breites Angebot an frischen Speisen, vor allem Fischgerichte (9–14 €). Der direkt an der Kirche gelegene Gasthof hat auch einfache ruhige Zimmer (mit Bad) im Angebot. DZ 60 €. Kirchenstieg 12, ✆ 3848.

Fehmarn
Karte Seite 110/111

Marienleuchte

Als Warnzeichen vor dem nahen Puttgarden-Riff wurde – noch unter dänischer Herrschaft – bereits 1832 auf dem Dach eines hohen Gebäudes eine Öllaterne aufgestellt. Zu Ehren der dänischen Königin Maria Sophia Friederike nannte man sie Marienleuchte. Heute steht hier ein 33 m hoher Leuchtturm, der 1967 in Dienst gestellt wurde und nicht zugänglich ist. Man kann aber auch vom Strand aus einen schönen Blick in die Ferne bis nach Lolland genießen.

Marienleuchte ist heute weitgehend eine Ferienbungalowsiedlung. Die PKW-Zufahrt ist nur über Puttgarden möglich; mit dem Fahrrad ist der Ort auch von Süden über den Parkplatz des sehr sauberen Naturstrandes von Presen zugänglich.

Puttgarden

Auf dem schnellen Weg nach Norden endet die Europastraße 47, die die Insel wie ein Band zerschneidet, in Puttgarden. Dann geht es nur noch vom Fährbahnhof aus weiter, der den Namen des kleinen und sehr ruhigen Dorfes europaweit bekannt gemacht hat. Puttgarden klingt nach Reise, nach Weite, nach Meer. Der Fährbetrieb mit den beeindruckenden großen Pötten ist sehr gut von der den Hafen begrenzenden Mole aus zu beobachten, die etwa 800 m weit ins Meer ragt. Bei starkem Wind und Seegang brechen die Wellen schon mal über die Kaimauer und duschen mit ihrer Gischt so manchen Urlauber. Mittlerweile hat sich der Hafen auf die vielen Besucher eingestellt. Von einer Stegbrücke aus kann man beobachten, wie die PKW, Lastwagen und Züge direkt in den riesigen Schiffsbauch der modernen Doppelendfähren rollen, die alle 30 Minuten zwischen Puttgarden und dem dänischen Rødbyhavn hin und her pendeln. WC, Imbissbude und sogar ein Kindertrampolin sind ebenso vorhanden wie ein sehr großer Parkplatz (Parkgebühr 1 €).

Puttgarden: die Fähren der Vogelfluglinie

Dazwischen liegt ein riesiger schwimmender Supermarkt, in dem vor allem Dänen und Schweden Alkohol und Zigaretten in extremen Mengen kaufen und anschließend ihre Autos mit dem kostbaren Gut beladen.

Der Ort Puttgarden selbst liegt etwas abseits des Hafens, ist beschaulich und eher unauffällig. Eine kleine Straße führt zum Strand, wo man einen kostenlosen Parkplatz und einen einfachen Campingplatz findet. Allerdings ist für die Ansammlung grober Steine "Strand" wohl eher zu viel gesagt, aber immerhin kann man recht schön auf der Deichwiese liegen und den nahen Fährbetrieb beobachten.

• *Schiffsausflug nach Dänemark* 45 Minuten dauert die Fahrt über den 18 km breiten Fehmarnbelt, Zeit genug, um frische Seeluft zu schnuppern (oder im Bordshop einzukaufen). Das Tagesticket für ein Auto (bis 9 Personen) kostet 46 € (gilt ab 11.15 Uhr bis Mitternacht). Die kleine Seereise für Ostseeurlauber ohne Auto ist viel günstiger: Erwachsene 3 €, Kinder 2 €.

• *Übernachten* **Campingplatz Puttgarden,** hinter dem Deich gelegen. Einfacher, kleiner Platz mit 140 Stellplätzen auf ebenem Grasgelände. Geöffnet vom 1.4. bis 15.10, ✆ 3492.

Wohnmobilplatz Johannisberg, Fehmarns einziger reiner Wohnmobilplatz hat 80 Plätze und liegt 2,5 km hinter Puttgarden im Weiler Johannisberg und damit nicht ganz an der Küste (der Strand ist knapp 2 km entfernt). Eine Windkraftanlage befindet sich in unmittelbarer Nähe. Sanitärgebäude und Entsorgungsmöglichkeiten sind vorhanden. Ganzjährig geöffnet, ✆ 4070 und 9131.

Naturschutzgebiet Grüner Brink

Das westlich von Puttgarden liegende Naturschutzgebiet verdankt seine Entstehung dem in den 1870er Jahren begonnenen Deichbau an der Nordküste der Insel. Die dadurch leicht veränderte Küstenlinie bewirkte, dass sich aufgrund der vom Westen kommenden starken Strömung im Bereich des Grünen Brink allmählich Sand- und Geröllmassen ablagerten. Ähnlich wie in Heiligenhafen entstanden und entstehen nach wie vor Nehrungshaken, die hier sogar abgeschlossene Strandseen bilden. Tausende von Zugvögeln haben die moorig-schilfige Brackwasserlandschaft als Brut- und Rastplatz entdeckt. Das Begehen des Naturschutzgebietes ist auf den um die Seen herumführenden Wegen erlaubt.

Der Untergang des Segelschulschiffs "Niobe"

1922 wurde auf der Kieler Germania-Werft ein ursprünglich 1913 gebauter Segelfrachter zum schmucken Schulschiff der Marine umgerüstet. Drei deutlich erhöhte Masten mit enormer Segelfläche bekam das stolze Schiff, das nach der griechischen Göttin Niobe benannt wurde.

Am Mittag des 26. Juli 1932 segelte die "Niobe" etwas nördlich der Küste durch den Fehmarnbelt, als eine Gewitterfront aufzog. Der Kapitän ließ daraufhin lediglich die Obersegel einholen, um ohne Verzögerung das Tagesziel Warnemünde zu erreichen. Doch um 14.15 Uhr passierte das Unfassbare: Eine gewaltige Gewitterböe erfasste das Schiff und drückte es so wuchtig zur Seite, dass Segel und sogar Masten ins Wasser tauchten. Durch die geöffneten Bullaugen und Niedergänge drang blitzschnell Wasser ein und ließ den Matrosen unter Deck kaum eine Überlebenschance. Obwohl sich ein Frachter in unmittelbarer Nähe befand und mit seinen Rettungsbooten sofort zur Hilfe eilte, erlitten 69 Menschen "den Tod für das Vaterland". Lediglich 40 Besatzungsmitglieder konnten gerettet werden.

Fehmarn
Karte Seite 110/111

Vom Parkplatz des Naturschutzgebietes führt ein gepflasterter Fahrweg zum 800 m entfernt liegenden und für die Nordseite der Insel vergleichsweise feinsandigen Badestrand, an dem es einen Parkplatz, eine Imbissbude und sogar eine kleine Strandkorbvermietung sowie einen Spielplatz gibt. Die vorgelagerte große und sehr flache Sandbank macht gerade auch für Familien mit Kindern diesen (allerdings windigen) Flecken zu einem schönen Stranderlebnis.

Niobe-Denkmal: An der Westseite des Naturschutzgebietes wird der Besucher zunächst von einem Campingplatz mit dem Restaurant Niobe und einem großen, aber oft vollen Parkplatz empfangen. Das schlichte Denkmal, nach dem sich die Gaststätte benannt hat, liegt ein paar hundert Meter entfernt am schönen, aber recht steinigen Strand (streng genommen gehört das Denkmal schon zu Gammendorf und damit zur Gemeinde Landkirchen). Es besteht lediglich aus einem Stück Mast und einem schlichten Stein. Der Stein als Sinnbild passt, wurde doch in der griechischen Mythologie die vom Schmerz überwältigte Göttin Niobe in einen Stein verwandelt, der von ihren Tränen für immer nass war. Die Aufschrift darauf konnte aber wohl nur in der Zeit des beginnenden Nationalsozialismus entstehen: "Es ist nicht nötig, dass ich lebe, wohl aber, dass ich meine Pflicht tue."

Niobe-Denkmal

• *Übernachten* **Camping am Niobe,** nur eine kleine Fichtenschonung und der Deich trennen den schön gelegenen und sehr sauberen Familienplatz mit 300 Stellplätzen vom Meer. ✆ 3286 oder 2932 (Winter).

• *Essen und Trinken* **Café "Zum Backhus",** etwas versteckt mitten in Gammendorf liegt das Bauernhofcafé mit Bierstube, das mit seinen breiten, rustikalen Tischen auf dem Hof zur Rast einlädt. Im Café, das sich im Landhausstil auf zwei Ebenen erstreckt, wird täglich hausgemachter Kuchen serviert. Mo Ruhetag, ✆ 6746.

Gemeinde Westfehmarn

1800 Einwohner

Die kleine und weit zersiedelte Landgemeinde nimmt den oft beschaulichen, aber windigen Westteil der Insel ein. Sandstrände sind hier Mangelware. Schmale, steinige, aber bei Surfern und Anglern gleichermaßen beliebte Küstenstreifen herrschen vor. Im Süden der Landgemeinde liegen im Schutz der Orther Reede die sehenswerten und einstmals bedeutenden Hafenorte Lemkenhafen und Orth.

In der Gemeinde ist noch viel von der einst für die gesamte Insel so typischen Siedlungsstruktur erhalten geblieben: durch Alleen verbundene Dörfer mit großen, repräsentativen Höfen, die um den Dorfteich oder die Gemeindewiese (Anger) gruppiert sind. Im Zentrum der Landgemeinde liegt der Haupt- und Kirchort Petersdorf. Im Westen befindet sich das weithin bekannte Vogelschutzgebiet Wallnau, in dem naturnah und eindrucksvoll die Vogelwelt zu bestaunen ist. Das im Süden gelegene Naturschutzgebiet Krummsteert ist dagegen nicht zugänglich.

• *Vorwahl* 04372

• *Information/Zimmervermittlung* Siehe S. 114.

• *Fahrradverleih* **Wilhelm Becker,** Dänschendorf, Middeldoor 1, ✆ 331; **Gertrud Machmüller,** Petersdorf, Mittelgasse 1, ✆ 04371/266; **Hans-Jacob Marquardt,** Wenkendorf, Haus Nr. 11; **Vera Rahlf,** Westermakelsdorf, ✆ 381; **Liane Widder,** Kopendorf, Am Dorfteich 22.

• *Hochseeangeln* Täglich um 7.30 Uhr ab Hafen Orth auf der MS "Antares", Anmeldung unter ✆ 04367/8257.

• *FKK-Strand* Südlich des Campingplatzes Wallnau.

• *Sauna* **Strandsauna Wallnau,** Campingplatz Wallnau, ✆ 1303; **Hotel Landhaus Kastania,** Petersdorf, Schlagsdorfer Str. 10, ✆ 99299; **Tennis-Center-Fehmarn,** Westermakelsdorf, Haus Nr. 2, ✆ 381.

• *Segeln/Katamaran-Verleih* **Windsurfing-Fehmarn,** Am Hafen, Orth, ✆ 1052.

• *Surfen und Kitesurfen* **Kitesurfing Fehmarn,** Am Hafen 1, Orth, ✆ 1806, www.windgeister.de.

Dänschendorf/Schlagsdorf/Altenteil

Der kleine Ort Dänschendorf, dessen Name an die dänische Vergangenheit der Insel erinnert, ist nicht spektakulär, aber auf jeden Fall typisch für die Insel. Hier sind noch einige wenige große Bauernhöfe aus dem 18. Jh. erhalten geblieben, ebenso wie im einen Kilometer westlich liegenden Schlagsdorf. Auch der nördlich von Dänschendorf gelegene, weit zersiedelte Ort Altenteil bietet außer seinem interessanten Namen keine besonderen Höhepunkte. Noch einen Kilometer weiter nördlich erstreckt sich ein dünenbewehrter, relativ steiniger und von Campingplätzen gesäumter Naturstrand (mit FKK-Badestrand). Wer hier parken möchte, wird übrigens ganz ordentlich zur Kasse gebeten (Person plus PKW 5 €, jede weitere Person 3 €, Kind 1 €); bei unberechtigtem Parken wird auf Schildern recht forsch mit Abschleppen gedroht.

Am nordwestlich von Wenkendorf gelegenen Strandabschnitt Teichhof sieht es ähnlich aus: ein von Dünen gesäumter, ziemlich steiniger und unbewachter Natur-

Rau und windig: die Westküste Fehmarns

Fehmarn
Karte Seite 110/111

strand, davor ein Campingplatz, eine Gaststätte und wenig Parkmöglichkeiten. Fazit: Auch diesen Teil der Insel erkundet man besser mit dem Fahrrad.

• *Übernachten* **Dänschendorfer Hof,** auch der Kurzurlauber hat hier eine Chance, in einem der fünf einfachen Gästezimmer unterzukommen (DZ 48 €). In der dazugehörigen mit reichlich Nippes an den Wänden und vor allem mit Modellschiffen geschmückten *Gastwirtschaft* werden vergleichsweise preiswerte Tagesgerichte serviert (0–7 €). Es gibt natürlich deftige fehmarnsche Hausmannskost. Schulstraße 5, ✆ 393.

Camping Fehmarnbelt, die 400 engen und nicht durch Büsche oder Bäume voneinander getrennten Stellplätze sind fast direkt an der nordwestlichen Spitze Fehmarns gelegen, zweifellos an einer schönen, aber windigen Ecke der Insel. Könner unter den Surfern schätzen hier das Brandungsrevier. Übliche Ausstattung, Zufahrt über den Ort Altenteil, ✆ 445, www.fehmarnbelt.de.

• *Essen und Trinken* **Hein und Bea's Scheune,** ursprünglich ein Café, hat sich die große, alte Backsteinscheune an der Hauptstraße schnell zum Restaurant mit großem Saal gemausert. Große Holztische laden auf dem kiesbedeckten Hof zur Rast ein, innen ist ebenfalls reichlich Platz. Die Einrichtung ist vergleichsweise einfach. Neben Fisch- und Fleischgerichten sind auch vegetarische und Vollkornspeisen erhältlich (Mi ab 18 Uhr Holsteiner Buffet zu 11,50 €). Beliebt ist der hausgemachte Kuchen. Di–So ab 11 Uhr, Mo Ruhetag. Dorfstr. 14, ✆ 397.

Knoblauchrestaurant Jeannys Seepferdchen, südlich vom Ort Altenteil gibt's eine sehr deftige Küche mit viel Knoblauch, beispielsweise Knusperfisch (8 €) oder einen spanischen Bauernschmaus (6 €). Man isst in einer kleinen, wahrhaft kitschigen Gaststube oder in verwinkelten, aber ebenso überladen eingerichteten Gartenlauben. ✆ 202.

Westermarkelsdorf

Die ganz im windigen Nordwesten der Insel gelegene Ansiedlung mit Dorfanger ist von Dutzenden Windkrafträdern umgeben. Etwas nördlich steht ein backsteinerner Leuchtturm aus dem Jahr 1881. Der 18 m hohe Turm mit seiner roten Haube sichert noch heute die westliche Zufahrt zum Fehmarnbelt. Er bildet einen schönen

Westernmakelsdorf: Salzensee

Kontrast zum daneben liegenden beige bemalten Leuchtturmwärterhäuschen. Ein kleiner Parkplatz ist ein idealer Ausgangspunkt für eine Wanderung zum nördlichen Binnensee mit seinen Salzwiesen.

Westlich des Dorfes führt ein kurviges Sträßchen über den Deich zum Strand, der schön, aber steinig ist. Seinen Wagen kann man auf einem kleinen kostenfreien Parkplatz abstellen (nur 1,80 m Durchfahrtshöhe). Beliebt ist der Strandabschnitt vor allem bei Surfern.

• *Essen und Trinken* **Altes Zollhaus,** sozusagen am letzten Zipfel der Insel hinter dem Dorfteich gelegen. Einfaches, aber ordentliches Restaurant mit windgeschützter Terrasse (Kuchentheke). Man isst das täglich wechselnde Tagesgericht (8 €) oder z. B. einfach Matjes (9 €). ✆ 1771.

Petersdorf

Der Hauptort der Landgemeinde Westfehmarn wird von der weithin sichtbaren **St.-Johannis-Kirche** beherrscht. Die stattliche Backsteinhallenkirche, die täglich von 8 bis 18 Uhr geöffnet ist, stammt ursprünglich aus dem 13. Jh., wurde danach aber mehrmals umgebaut. Ihr 64 m hoher Turm mit seiner gewaltigen achtseitigen Spitze ist etwa 20 Seemeilen weit zu sehen und diente der Schifffahrt früher als Tageslandmarke. Im Kircheninneren besticht vor allem der bedeutende vergoldete Schnitzaltar mit Figuren Marias und der zwölf Apostel sowie Heiligenbüsten (1390). Darüber hinaus befindet sich im Altarraum ein im 15. Jh. erbautes hölzernes Sakramentshaus. Es ist einem gotischen Turm nachempfunden und beherbergt die Figur eines segnenden Bischofs. Ebenfalls sehenswert ist die am Eingang zum Chor hängende hölzerne Kreuzigungsgruppe aus dem 15. Jh.

Um die Kirche herum liegt der Friedhof, der wiederum fast kreisrund von mächtigen alten Linden umgeben ist. Die kopfsteingepflasterten Sträßchen, alte Backsteinhäuser und der etwas östlich gelegene Dorfteich vervollständigen die Idylle. Alljährlich im Mai wird dieses Ensemble Mittelpunkt des Rapsblütenfestes, das Tausende Besucher nach Petersdorf lockt. Große Teile der Insel erblühen um diese Zeit in kräftigem Gelb, und überall liegt der typische Blütenduft in der Luft. Den Höhepunkt des Festes bildet die Wahl der Rapskönigin. Der gekürten einheimischen Schönheit wird dann die Ehre zuteil, ein Jahr lang auf Tourismusmessen oder bei anderen Gelegenheiten als Repräsentantin der Insel aufzutreten.

An der kleinen Straße Richtung Dänschendorf befindet sich rechter Hand, von Bäumen umsäumt, der künstlich aufgeschüttete **Galgenberg,** ein von zwei Steinreihen umgebener Hügel. Für Jahrhunderte war er die öffentliche Kult-, aber auch die Hinrichtungsstätte der Insel. Allerdings endeten die Verurteilten hier nicht am Galgen, sondern wurden geköpft. Teilweise war es sogar Sitte, den abgeschlagenen Kopf auf einen Pfahl zu stecken, mit dem Gesicht in Richtung des Ortes des begangenen Verbrechens. Der letzte Kopf rollte hier noch im Jahre 1854. Vor der Stätte befindet sich ein als Kerneisloch entstandener und in alter Zeit kostbarer Süßwassertümpel, um den herum Spuren früher Besiedelung gefunden wurden.

Petersdorf: Kirchturmuhr

Nur einen knappen Kilometer westlich von Petersdorf liegt der Ort **Kopendorf.** Hier gibt es keine herausragenden Sehenswürdigkeiten, aber das Gesamtbild des Ortes rund um den für Fehmarn so typischen Dorfteich und Dorfplatz ist besonders harmonisch. Gleiches gilt für **Sulsdorf,** das mit Kopendorf durch eine Allee verbunden ist.

• *Übernachten* **Landhaus Kastania,** Hotel garni mit sehr geschmackvoll eingerichteten Zimmern am Therapiezentrum Petersdorf (am Ortsrand), daher umfangreiches Wellnessangebot mit Sauna, Massagen usw. DZ 94 €. Schlagsdorfer Str. 10, ✆ 99299, www.hotel-kastania.de.

• *Essen und Trinken* **Südermühle,** in einer ehemaligen Windmühle (1893) am südl. Ortsrand wird eine gehobene Küche, vor allem frischer Fisch (11–18 €), aber auch z. B. Lammrücken (15 €), serviert. Ein wunderschönes Ambiente bietet auch die bewachsene Terrasse mit Blick auf die weiten Felder Fehmarns. Küche 12–22 Uhr, ✆ 636.

Kartoffelscheune, rustikale Holztische, Balkendecke und immer gut besucht. In dem in der Nähe der Kirche gelegenen Restaurant gibt's nicht nur Kartoffelgerichte (Ofenkartoffel mit Krabben zu 5,50 €), sondern auch Fisch- und Fleischgerichte aller Art. 12–14.30 u. 17–21.30 Uhr geöffnet. Kämmerer Weg 3 a, ✆ 991919.

Wasservogelreservat Wallnau

Die Anfahrt in das fast 300 ha große Naturschutzgebiet erfolgt über den idyllischen Ort **Bojendorf** mit seinen teils reetgedeckten Höfen. Für einen Besuch im Wasservogelreservat sollte man Zeit mitbringen, um an den vom Naturschutzbund angebotenen Führungen teilnehmen zu können. Dann bekommt man auf einem Naturlehrpfad einen umfassenden Eindruck von der Tier- und Pflanzenwelt Wallnaus. Allein 80 Brutvogelarten ziehen hier ihre Jungen auf. Zahlreiche Zugvogelarten benutzen Wallnau überdies als willkommenen Rastplatz. Um möglichst viel sehen zu

Fehmarn Karte Seite 110/111

Schwarz gefiederter Mitfahrer ...

können, wird man bei den Führungen selbstverständlich mit Ferngläsern ausgestattet (Leihgebühr 50 Cent). Gegründet wurde das Naturschutzgebiet im Jahr 1975 auf dem Gelände eines ehemaligen Teichguts. Durch Sturmfluten wurde das ohnehin wasserreiche Gebiet immer wieder überspült und ist damit – zum Segen für die Vögel – für eine intensive landwirtschaftliche Nutzung unbrauchbar.

Der **Badestrand Wallnau** ist von Bojendorf aus durch einen nördlich des Campingplatzes gelegenen Stichweg zu erreichen (kostenfreier Parkplatz und Strandimbiss). Für die Westküste Fehmarns hat dieser 40 m breite Strandabschnitt neben den obligatorischen Steinen einen relativ hohen Sandanteil, weshalb es hier sogar einige Strandkörbe gibt. Der Südteil des Strandes ist FKK-Gebiet.

• *Adresse/Öffnungszeiten* **Wasservogelreservat Wallnau,** 23769 Westfehmarn, ✆ 04372/1002. Juni–August tägl. 9–18, Sept.–Mai tägl. 10–17 Uhr. Eintritt (inkl. Führung) Erwachsene 6 €, Kinder 3 €, Kinder unter 6 J. frei.

• *Übernachten* **Strand-Camping Wallnau,** sehr großer Platz der gehobenen Kategorie mit weit über 800 Plätzen und mit umfangreichem Animationsprogramm (Ponyreiten, Disko etc.). Mietwohnwagen vorhanden, keine Aufnahme von Motorradfahrern, Surfrevier. ✆ 991616, www.strandcamping.de.

Flügger Strand

Südlich des Wasservogelreservats schließt sich der von einem Campingplatz gesäumte Flügger Strand an. Er ist flach abfallend und schön sandig, im Wasser allerdings zunächst mit Steinen durchsetzt, dann wieder sandig.

Ganz im Süden führt der Weg zum rot-weiß bemalten **Flügger Leuchtturm,** der die Südwestspitze der Insel und damit die Einfahrt zum Fehmarnsund markiert. 1916 gebaut, ist er mit 40 m der höchste Leuchtturm der Insel. Auch dieser Turm ist nicht zu besichtigen.

Wer einen ganz ruhigen Platz zum Baden sucht, der sollte gar nicht bis zum Flügger Strand fahren, sondern 2 km vorher in Püttsee Richtung Küste abbiegen, um so direkt zum an der Südgrenze des Naturschutzgebietes Wallnau liegenden **Püttsee-Strand** zu gelangen. Die abseits von Ortschaften gelegenen Strände Fehmarns gehören meist den Campern, dieser hier nicht. Hier gibt's nur einen (allerdings gebührenpflichtigen) Parkplatz, eine Toilette und eben den von Steinen durchsetzten Strand.

• *Übernachten* **Camping Flügger Strand,** lang gezogener Campingplatz mit 400 Plätzen am ebenso langen Strand, was die Wege vom Wohnwagen zum Meer erheblich verkürzt. Nur wenige Bäume und Büsche schützen vor dem Wind. Auch einige Mietwohnwagen sind vorhanden, ✆ 714.

Camping Flüggerteich, wer es etwas ruhiger mag, kann hier übernachten. Zum Strand sind es allerdings gut 300 m, und auch sonst ist der Platz am Teich weniger komfortabel, dafür aber günstiger. ✆ 349.

Wo Jimi Hendrix sein letztes Konzert gab

Von der Organisation her ging dieses Konzert als riesiger Flop in die Annalen der Musikgeschichte ein. Ein Jahr nach Woodstock wollte man mit dem *Love & Peace Festival* auf Fehmarn ein ähnlich legendäres Konzert in Europa auf die Beine stellen. Auf der Wiese am Flügger Strand spielten vom 4. bis 6. September 1970 unter anderem *Frumpy, Ginger Baker, The Faces* (mit *Rod Stewart* und *Ronnie Wood*) und eben *Jimi Hendrix*. Doch der Dauerregen überforderte die Veranstalter, und der scharfe Ostseewind zerfetzte die Musik. Trotzdem war das Chaos im strömenden Regen ohne genügend Toiletten und Zeltplätze für die 25.000 angereisten Hippies ein unvergessliches Erlebnis. Denn hier trat Jimi Hendrix ein letztes Mal öffentlich auf, einige Tage bevor er in London an einer Alkohol- und Tablettenvergiftung starb.

Jimi-Hendrix-Gedenkstein

Ein Jimi-Hendrix-Gedenkstein steht heute am Flügger Strand. Auf dem 2,5 m hohen und 6,5 t schweren Findling ist im Maßstab 1:1 eine E-Gitarre eingemeißelt. Ansonsten gibt's hier wenig zu sehen. Doch seit 1995 besinnt man sich wieder auf die Konzerttradition. Seitdem wird jedes Jahr Anfang September am Flügger Strand ein Jimi-Hendrix-Revival-Festival durchgeführt, und zwar "umsonst und draußen", wie es im offiziellen Titel der Veranstaltung heißt.

Wer nicht mit dem Fahrrad unterwegs ist, muss bis zum Gedenkstein von Püttsee-Strand aus knapp einen Kilometer den Deich entlang nach Süden oder vom Flügger Strand 600 m nach Norden laufen.

Fehmarn
Karte Seite 110/111

Am idyllischen Hafen von Orth

Orth

Orth ist ohne Zweifel einer der schönsten Flecken auf der Insel. Die kleine Ansiedlung wird vom lang gestreckten Hafen dominiert, der für die wenigen Häuser eigentlich überdimensioniert ist, aber gerade dadurch das besondere maritime Ambiente unterstreicht. Erst 1881 wurde der Hafen angelegt, vor allem, um von hier aus Getreide zu exportieren. Ein großer Speicher zeugt heute noch davon. Vor dem Zweiten Weltkrieg war Orth (der Name bedeutet auf Slawisch so viel wie "Halbinsel") zeitweise sogar ein kleines Seebad. Auch ein Badependelverkehr zum gegenüberliegenden **Krummsteert**, einem teilweise nur wenige Meter breiten Nehrungshaken am Südwestzipfel der Insel, wurde damals eingerichtet. Heute bildet der einstige Badeplatz gemeinsam mit dem benachbarten **Sulsdorfer Wiek** ein Naturschutzgebiet, in dem die Vögel ungestört brüten können. In diese Gegend führt ein kleiner Wanderweg (etwa 3 km), der bis zum Flügger Leuchtturm reicht, auf dem gerade in den Stunden der untergehenden Sonne eine ganz besondere Atmosphäre herrscht.

In Orth selbst liegt hinter der Außenmole ein schmales Rasenstück, von dem aus gesurft, aber auch gebadet werden kann. Mangels Strand führen Holztreppen ins flache Wasser. Hier steht auch das weiß bemalte Denkmal, das am 9. November 1881 im Rahmen der Hafeneröffnung "zum Andenken an die ruhmreiche Regierung seiner Majestät des Kaisers und Königs Wilhelm I." aufgestellt wurde.

• *Übernachten* **Ostseeblick,** die kleine, einfache Pension (nur 3 DZ) liegt etwas versteckt am südlichen Ortsende. Das DZ kostet 48 €. Der junge Wirt hat ein Faible für die Geschichte Orths, weshalb die *Gaststätte* alte Fotos des Dorfes zieren. Es gibt deftige Fisch- und Fleischgerichte, auch typisch Holsteinisches wie Labskaus. Poststraße 10, 23769 Orth, ✆ 200.

• *Essen und Trinken* **Piratennest,** eine urige Kneipe in einem nach einem Brand wiederaufgebauten ehemaligen Speicher. Die Terrasse ist direkt ins Hafenbecken gebaut (draußen Selbstbedienung), sogar über einen eigenen Anlieger verfügt das Piratennest. Das Essen ist einfach und schmackhaft (Räucherfisch zu 11 €, Bauernsalat zu 7,80 €), und abends, wenn sich die Freizeitsegler ihre Storys erzählen, gibt's hier in gemütlicher Atmosphäre ein gutes Bier. Am Hafen 1, ✆ 422.

Café Sorgenfrei, man stelle ganz einfach ein paar Tische unter alte Nussbäume einer etwas in die Jahre gekommenen Villa am Hafen und male den kleinen Gastraum in warmen, hellen Farben an – und schon ist ein einfaches, gemütliches Café entstanden (Selbstbedienung), von dem man den Sonnenuntergang mit Blick auf das Hafengeschehen genießen kann. In der Saison täglich von 12 bis etwa 20 Uhr (bei Bedarf auch länger) geöffnet. Am Hafen 4, ✆ 1258.

Lemkenhafen

Im Zentrum der großen südwestlichen Bucht der Insel – Orther Reede genannt – liegt Lemkenhafen. Doch der Hafen selbst kann, anders als in Orth, kaum betreten werden. Nur wenig im kleinen Ferienort erinnert heute noch daran, dass Lemkenhafen einst – wenn auch nur für kurze Zeit – Stadtrechte besaß. Im 15. Jh. wurde dieser Flecken von der Hanse vom fehmarnschen Landrecht ausgenommen und zur Stadt mit lübischem Recht erklärt, und zwar mit allem, was dazugehört: Rat, Bürgermeister und Stadtwappen. Letzteres zeigt ein Lamm auf dem holsteinischen Nesselblatt. Das ist keineswegs abwegig, denn das *Lemken* im Ortsnamen ist nichts weiter als die niederdeutsche Form von *Lämmchen*.

Die Zufahrt zum Hafen ist heute relativ flach. Auch in früheren Zeiten mussten etwas größere Schiffe auf Reede liegen, was dennoch bis in das 19. Jh. hinein einen schwunghaften Handel mit Skandinavien erlaubte. Von den einst 18 Speichern am Hafen ist allerdings keiner mehr übrig geblieben.

Die eigentliche Sehenswürdigkeit Lemkenhafens ist heute das **Mühlen- und Landwirtschaftsmuseum.** Die das Dorf überragende, weit über 200 Jahre alte Mühle ist die einzige heute noch funktionstüchtige Segelwindmühle Deutschlands (siehe Bild S. 28). Je nach Windstärke wurden die nur aus einem Holzgitter bestehenden Mühlenflügel ganz oder teilweise mit Segeltuch bespannt, um Gerste oder Weizen zu Grütze und Graupen zu verarbeiten. Gemahlen wurde fast ohne Unterbrechung bei Tag und bei Nacht, im Sommer und im Winter, noch bis 1954! Dann hätte das große Mühlensterben beinahe auch dem *Jachen Flünk* (= eilender Flügel), wie die Mühle genannt wird, den Garaus gemacht. Doch der Heimatforscher Peter Wiepert bewahrte sie vor dem Abriss und richtete hier schon 1961 das erste Mühlen- und Landwirtschaftsmuseum Deutschlands ein, in dem seitdem unter anderem landwirtschaftliche Geräte und natürlich die Mühlentechnik präsentiert werden. Der "Eilende Flügel" ist die letzte vollständig erhaltene Mühle von einstmals 17 auf der Insel.

• *Museumsöffnungszeiten* Täglich außer Mi 10–17 Uhr, Erwachsene 2 €, Kinder 1 €. Träger der Mühle ist der Museumsverein Fehmarn, der auch das Peter-Wiepert-Museum in Burg betreut. ✆ 1818.

• *Essen und Trinken* **Aalkate,** hier gibt's absolut frisch geräucherten Aal, und zwar den wohl besten auf der ganzen Insel. Selbst eine weitere Anreise lohnt sich zu der an der Durchgangsstraße einige Schritte vom Hafen entfernt gelegenen urigen Gaststätte. Gegessen wird drinnen oder draußen an Holztischen und -bänken, ohne Teller, nur auf Papier. Dazu trinkt man Bier aus der Flasche und zur Verdauung einen kräftigen Klaren. Natürlich sind auch Butterfisch, Makrele oder Lachs im Angebot. Täglich 9–21 Uhr geöffnet. Königstraße 22, ✆ 532.

Fehmarn
Karte Seite 110/111

Fahrradtour: Landkirchen – Orther Reede – Petersdorf und zurück

Länge 23 km, ca. 2 Stunden. Die schöne Tour bietet Landschaft satt, Kultur pur, die schönsten fehmarnschen Dörfer und viele Einkehrmöglichkeiten (siehe Karte Seite 110/111).

Ausgangspunkt der Rundtour ist das zentral gelegene **Landkirchen** mit der sehenswerten St.-Petri-Kirche. Am südlichen Ortsrand geht's rechts auf einer gewundenen Straße ins knapp 2 km entfernte **Teschendorf**. Weiter führt die kleine Straße etwa noch mal so lange bis **Westerbergen** und von dort aus gut 1 km am Wasser entlang bis **Lemkenhafen** mit seinem Mühlenmuseum. Am Ortsende stören die Autos gar nicht mehr, denn ab hier führt der Radweg über die unbefestigte Deichkrone direkt an der Orther Reede entlang bis ins knapp 3 km entfernte malerische **Orth**, das sich mit seinem alten Hafen geradezu für eine Rast anbietet.

Vorbei an der Kneipe Piratennest geht's weiter auf dem Deich entlang bis zum **Flügger Leuchtturm**. (Bei feuchtem Wetter ist der schmale Weg allerdings eher schlecht, dann empfiehlt sich eine Routenänderung die Straße entlang bis Sulsdorf und weiter nach Püttsee.) Vom weithin sichtbaren Leuchtturm führt ein geteerter Weg bis **Püttsee**. Im Dorf folgt man ganz kurz der zum Strand führenden Straße und fährt dann nördlich des Ortes halbrechts 1 km über den Deich (grünes Gatter) und dann rechts (wieder ein Gatter) einen geteerten Weg ins typisch fehmarnsche **Kopendorf** (zwischendurch überquert man einmal die Hauptstraße). Von hier aus ist es nur noch ein kurzes Stück bis ins sehenswerte **Petersdorf**.

Von dort fährt man auf dem einige Meter neben der Hauptstraße verlaufenden Fahrradweg bis nach **Lemkendorf**, einem schönen Ort, dessen Straße sich im Ortskern zu einem rechteckigen Platz mit Dorfanger weitet. Kurz vor dem Dorfteich geht's links ab (Straße "Am Soll") durch den Ort und geradeaus weiter den kleinen geteerten Weg 3 km bis nach **Bisdorf**. Er führt an der **Kopendorfer Au** vorbei, dem größten Fließgewässer der Insel, das aber nichts weiter als ein kleiner Bach ist. Auch Bisdorf ist ein ausgesprochen schöner Ort. Von hier aus kann man direkt südlich die Straße (ohne Fahrradweg) nach Landkirchen zurückfahren oder. Alternative (mit Fahrradweg): 300 m zurück und vor Bisdorf in ein schönes kleines Sträßchen Richtung Süden einbiegen, nach etwa 1 km links ab auf den Fahrradweg neben der Straße Petersdorf–Landkirchen und den letzten Kilometer zurück bis zum Ausgangspunkt.

Gemeinde Landkirchen

1700 Einwohner

Das Gemeindegebiet von Landkirchen umfasst den Mittelteil der Insel und reicht vom Niobe-Denkmal am Fehmarnbelt bis hin zur Fehmarnsundbrücke im Süden.

Die kleinen Strände im Süden der Insel haben wegen der alles überstrahlenden Sundbrücke ihren besonderen Reiz. Das am Burger Binnensee angrenzende Camper- und Surferparadies Wulfener Hals ist auch überregional bekannt. Mittelpunkt der Landgemeinde ist aber seit jeher Landkirchen selbst, das mit der St.-Petri-Kirche eine wirklich bedeutende Sehenswürdigkeit besitzt. Der schmale nördliche Küstenstreifen wird weitgehend vom Naturschutzgebiet Grüner Brink ausgefüllt (siehe S. 126).

- *Vorwahl* 04371
- *Information/Zimmervermittlung* Siehe S. 114.
- *FKK-Strand* Auf dem Wulfener Hals und am Campingplatz Miramar/Fehmarnsund.

Eine historische Besonderheit: der Landesblock von Landkirchen

Fehmarn
Karte Seite 110/111

- *Flugplatz* In Neujellingsdorf, Inselrundflüge 15–18 Uhr, bei Besetzung der Maschine mit 3 Personen 18 € pro Person, ✆ 9100 oder 0171/9910931.
- *Sauna* Auf den Campingplätzen Wulfener Hals, ✆ 86280, und Miramar/Fehmarnsund ✆ 3220.
- *Segelboot/Surfboardverleih* **Surf- und Segelzentrum Albertsdorf/Gold,** Katamaran- und Jollenverleih, ✆ 6959; **Segelschule Gold,** ✆ 4149; **Windsurfing Wulfen,** Camping Wulfener Hals, ✆ 5988.
- *Tauchen* **Tauchbasis Calypso,** Camping Wulfener Hals, ✆ 6314.

Landkirchen Ort

Fast genau im Zentrum der Insel gelegen, ist Landkirchen für Fehmarn schon ein recht großer Ort mit einigen wenigen alten Giebelhäusern und ein paar Geschäften und Restaurants. Ansonsten geht es hier eher beschaulich zu, denn das nahe Burg ist einfach zu übermächtig.

Das war nicht immer so. Im Jahre 1320 hatte der dänische König Christoph II. für die ganze Insel mit Ausnahme der mit lübischem Recht versehenen Stadt Burg das fehmarnsche Landrecht eingeführt. Das zentral gelegene Landkirchen war daraufhin für einige Jahrhunderte Verwaltungsmittelpunkt und Versammlungsort der Insel. Noch heute zeugt der sog. *Landesblock* von der einstigen politischen Bedeutung des Ortes. In dieser mächtigen, bereits im 13. Jh. aus dem Stamm einer Eiche gefertigten Truhe wurden noch bis zur Ablösung des fehmarnschen Landrechts durch die preußische Gesetzgebung im Jahr 1867 die wichtigsten Urkunden und Siegel verwahrt. Der Landesblock wurde von drei großen Schlössern gesichert, deren Schlüssel sich im Besitz dreier Vertrauensleute aus den unterschiedlichen Bezirken der Insel befanden. Auf diese Weise konnte die Truhe nur von diesen drei Amtmännern gemeinsam geöffnet werden. Die Dokumente befinden sich nun im Kieler Staatsarchiv, aber der Landesblock selbst steht auch heute noch an seinem ursprünglichen Platz in der St.-Petri-Kirche, die damit auch eine durchaus weltliche Bedeutung hatte.

Die dreischiffige **St.-Petri-Kirche** ist ein kleiner frühgotischer Backsteinbau aus dem 13. Jh., der unübersehbar im Ortsmittelpunkt steht. Als Besonderheit sticht sofort der hölzerne Glockenturm von 1638 ins Auge, der nicht wie üblich direkt an die Kirche gebaut wurde, sondern einige Meter entfernt frei steht. Die prächtige Inneneinrichtung stammt weitgehend aus dem Spätbarock.

In den Seitenschiffen hängen zwei Votivschiffe, zum einen der Dreimaster "Einigkeit" von 1841 und zum anderen ein Lübecker Dreimast-Kriegsschiff aus dem Jahr 1617, das älteste deutsche Modellschiff überhaupt. Bemerkenswert ist auch der im Seitenschiff hängende gotische Marienleuchter von 1390. Er zeigt inmitten eines Strahlenkranzes eine doppelseitige Madonna mit dem Jesuskind. Sechs farbenprächtige Logen einflussreicher Bauern erinnern daran, dass auf Fehmarn der Adel keine Chance hatte, ebenso wie die auf einem Gerüst am Eingang hängenden 60 Betschemel, die mit den Hausmarken ihrer Eigentümer, also einheimischer Familien, beschnitzt sind.

Ungewöhnlich für eine Kirche ist auch die sich rechts neben dem Altar befindende uralte Bibliothek von 1660, die seit jeher durch dicke Schrankgitter gesichert wird.

• *Essen und Trinken* **Dat ole Aalhus,** mitten im Ort in einer alten Fachwerkkate gelegen, bietet das Restaurant seit Jahren neben Fleischgerichten auch frischen Aal und andere Fischgerichte an (für 10–15 €). Biergarten hinter dem Haus, geöffnet ab 17 Uhr, So auch 10–14 Uhr, Mo Ruhetag. Hauptstraße 39 a, ✆ 9199.

Bisdorf

Das nur 1,5 km nördlich von Landkirchen gelegene Dorf besitzt wie so viele andere Ortschaften der Insel noch einen Dorfteich und einen Dorfanger. Hier steht auch der ehemalige Hof des Heimatforschers Peter Wiepert (siehe S. 120), davor eine große Bannesche. In alten Zeiten war es Brauch, im Frühjahr einen Eschenbaum vor sein Anwesen zu pflanzen, um Feuer, Unglück und Seuchen fernzuhalten.

• *Essen und Trinken* **Landgraf,** das Spezialitätenrestaurant mit Wintergarten und schöner Gartenterrasse ist eine der besseren Adressen auf der Insel. In einfach-rustikalem Ambiente (mit mächtigem Kachelofen) kann man aus einer umfangreichen Karte auswählen, beispielsweise zarte Kaninchenkeule oder Entenbrust (je 17 €). Mo–Fr 10–14 und 17–22 Uhr, Sa/So 11–22 Uhr. Tischreservierung empfiehlt sich. Haus Nr. 4, ✆ 3842.

Hofcafé Bisdorf, selbst gebackener Kuchen auf der gekiesten Café-Terrasse, Streicheltiere für Kinder. 14–18 Uhr geöffnet, Mo Ruhetag. Bisdorf 15, ✆ 1403.

Albertsdorf

Südwestlich von Landkirchen liegt der kleine Ort Albertsdorf, der bis 1872 durch einen kleinen Kanal mit dem Meer verbunden war. An der Hauptstraße am südlichen Ortsrand findet sich noch eine heute seltene, aber in früheren Zeiten übliche Fehmaraner Besonderheit: ein alter *Dodelstein*. Dies war ein Grenzstein, den man mit den Hausmarken des Besitzers versehen an die Hof- und Feldgrenzen setzte. *Hausmarken* wiederum waren aus wenigen Strichen stilisierte Erkennungszeichen der freien Bauern, gewissermaßen ein Gegenstück zu den Wappen der Adeligen. Sie waren bis ins 17. Jh. gebräuchlich.

Eine weitere steinerne Eigentümlichkeit kann entdecken, wer der Straße Richtung Gold folgt, kurz davor aber links in einen schmalen asphaltierten Weg einbiegt.

Wo Uferschwalben nisten: Steilküste vor Wulfen

Dieser endet für Autofahrer an einer Schranke (davor ein kleiner Parkplatz). 500 m weiter – fast schon am Wasser – liegt ein von Buschwerk umgebenes altes (längst ausgeraubtes) Hünengrab, der sog. *Alwerstein*. Die Küste ist an dieser Stelle sehr flach, weshalb die kleine Erhebung des Grabes aus der Jungsteinzeit vor Errichtung des Leuchtturms Strukkamphuk (siehe S. 140) den Fischern als Ansteuerungspunkt für die Einfahrt in den Fehmarnsund diente. Deshalb durfte das Megalithgrab auch nicht entfernt werden. Der Deckstein war früher zur besseren Sichtbarkeit mit einem großen weißen Kreuz bemalt.

• *Essen und Trinken* **Ulli's Sonnenterrasse,** dieses gemütliche Bauernhofcafé in Albertsdorf mit seinen Tischen auf dem Hof lädt zum Verweilen ein. Hier kann man selbst gebackenen Kuchen genießen oder in dem in einer alten backsteinernen Scheune eingerichteten Hofladen allerlei landwirtschaftliche Produkte (auch Brot) einkaufen. ✆ 04371/2286.

Gold

Man sagt, dass Gold seinen ungewöhnlichen Namen bekam, weil sich hier die untergehende Sonne so schön golden im Meer spiegelt. Aber auch tagsüber ist der Blick auf die gegenüberliegenden Dörfer Lemkenhafen und Orth malerisch. Einst lagen vor Gold die Schiffe auf Reede und wurden von kleinen Booten gelöscht, meist in Richtung Lemkenhafen. In Gold selbst gab es eine kleine Seegrasfabrik, in der das Gras getrocknet wurde, welches beispielsweise für die Herstellung von Matratzen Verwendung fand. Heute sind Fabrik und Lastschiffe längst verschwunden, Seegras aber gibt es immer noch und dazu einen kleinen, unbewachten Naturstrand, der besonders bei Surfern (auch Anfängern) beliebt ist, da dieser Teil der Küste ein Stehrevier ist (maximal 1,5 m Wassertiefe). Ansonsten gibt es hier nur noch drei bis vier Häuser, eine Kneipe, einen Surfshop und natürlich zu wenig Parkraum.

Strukkamphuk

Die südliche Ecke Fehmarns war und ist bei den Schiffern berühmt wegen seines Leuchtturms. Dieser ist zwar nur sehr niedrig – eher ein Türmchen –, aber die Höhe reicht aus, um den Schiffen die östliche Einfahrt in den Fehmarnsund anzuzeigen. Heute wird die Szenerie vor allem von einem riesigen Campingplatz beherrscht.

• *Übernachten* **Camping Strukkamphuk,** das sehr große Areal mit seinen 600 Plätzen und allem Campingkomfort wird je zur Hälfte von Dauercampern und Urlaubern belegt. Zum kleinen Strand sind es über den Deich hinweg allerdings ein paar Meter. Auch Wohnmobilplätze und Mietwohnwagen, ganzjährig geöffnet. ✆ 2194 und 869301, www.strukkamphuk.de.

Fehmarnsund

Der Ort Fehmarnsund unmittelbar an der gleichnamigen Brücke ist ein ruhiges und schönes Fleckchen Insel mit einem schmalen, aber netten, fast steinfreien Strand. Die mächtige und zugleich elegante Sundbrücke drückt der Gegend ihren Stempel auf. Sie ist für Fußgänger und Radfahrer zugänglich, ihr Besuch ist ein Erlebnis. Bevor die Brücke 1963 eröffnet wurde, war der Ort die Verbindung zum Festland, denn hier legten fast pausenlos die Fähren an, die Autos und Züge auf die Insel und wieder zurückbrachten. Heute befindet sich auf dem Gebiet des ehemaligen Fährhafens die Beelitz-Werft (siehe Bild S. 109).

• *Camping* **Camping Miramar,** ruhig gelegener Platz mit allem Komfort am fast steinfreien Südstrand der Insel, der über den Deich zu erreichen ist. 550 Stellplätze, Tennisplätze, Surfareal, Mietwohnwagen, Sauna, FKK-Bereich usw. Ganzjährig geöffnet. ✆ 3220, www.camping-miramar.de.

Wulfener Hals

Der Wulfener Hals ist eine schmale Land- oder besser Sandzunge, die zusammen mit der gegenüberliegenden Burgtiefe den Burger Binnensee begrenzt. Um den "Hals" herum befindet sich eine Flachwasserzone, weshalb sich dieses Gebiet zum Baden, aber vor allem auch zum Surfen eignet. Gerade der Burger Binnensee gilt als Eldorado für gefahrloses Surfen. Alles hier ist auf Camper und Surfer eingerichtet, sodass sich dieser Strandabschnitt für reine Badetouristen nicht eignet.

Südlich der Ortschaft **Wulfen** führt ein Weg hinauf an die Steilküste (Richtung Grillplatz, Parkplatz vorhanden). Dem Besucher bietet sich hier nicht nur eine herrliche Aussicht auf das gegenüberliegende Festland – beobachten lassen sich auch die vielen Uferschwalben, die hier ihre Brutröhren in die steile Wand graben.

• *Übernachten* **Camping Wulfener Hals,** mehrfach ausgezeichneter, ganzjährig geöffneter Top-Platz mit 720 Stellplätzen, der fast den gesamten Wulfener Hals beansprucht. Hier hat sich Deutschlands größtes Surfzentrum etabliert. Auch Mietwohnwagen vorhanden, besonders umfangreiches Freizeitangebot. ✆ 8628, www.wulfenerhals.de.

Oldenburg: Wall-Museum

Hohwachter Bucht

Lange Zeit galten die Ortschaften der Hohwachter Bucht als Geheimtipp. Mittlerweile hat aber auch hier der Tourismus Einzug gehalten, allerdings dominiert er noch nicht alles. Noch immer finden sich einsame Strände und nette kleine Ortschaften, und drei Naturschutzgebiete sorgen dafür, dass man hier ganz entspannt wandern und Rad fahren kann.

Geographisch gesehen reicht die geschwungene Bucht von Heiligenhafen bis Hohwacht. Der Tourismus hat diese Grenze etwas weiter nach Westen verschoben, denn die *Hohwachter Bucht Touristik GmbH* bezieht auch das Gebiet bis Hohenfelde und das reizvolle Hinterland unter diesem Namen mit ein. Dieses Hinterland beherbergt eine Vielzahl schönster Herrenhäuser, deshalb wird es auch *Grafenwinkel* genannt. Es ist ein landschaftlich besonders schöner Abschnitt Ostholsteins mit Alleen, Knicks, geschwungenen Feldern und den sehenswerten Kleinstädten Oldenburg und Lütjenburg.

Heiligenhafen

9300 Einwohner

Das Ostseeheilbad lebt von seinen Gegensätzen: hier die historische Altstadt und dort der moderne Ostsee-Ferienpark; hier das traditionelle Treiben am Fischereihafen und dort der Anblick Hunderter Yachten der Feizeitsegler; hier der das Ortsbild prägende Binnensee und dort der am Steinwarder liegende feinsandige Ostseestrand.

Wer nach Heiligenhafen fährt, gelangt fast zwangsläufig zum Hafen und den angrenzenden großen Parkplatzen am Binnensee. Täglich lässt sich beobachten, wie die Fischer ihre Kutter entladen, und wer früh auf den Beinen ist, kann gleich an Ort und Stelle fangfrischen Fisch (Dorsch, Butt oder Scholle) einkaufen. Zu entdecken gibt es hier immer etwas, nicht nur in der lebendigen Hafenpassage mit den kleinen Geschäften, sondern auch direkt am Hafenbecken – immerhin beherbergt Heiligenhafen Deutschlands größte Hochseeangelflotte.

In Hafennähe steht das älteste Haus Heiligenhafens, der Salzspeicher aus dem Jahre 1587, heute ein Restaurant. Gleich dahinter erhebt sich der Kirchberg mit der ortsbildprägenden Stadtkirche und dem angrenzenden Heimatmuseum. Wenige Meter entfernt liegt der schon in der Mitte des 13. Jh. angelegte rechteckige Marktplatz mit dem markanten Rathaus. Um den Marktplatz herum gruppieren sich einige aus der Blütezeit des Seehandels stammende Adels- und Bürgerhäuser; weitere finden sich in den hinunter zum See führenden kleinen Straßen.

Heiligenhafen ist ein schönes Anschauungsbeispiel für die gewaltigen Kräfte der Natur, denn dem Ort vorgelagert ist ein Nehrungshaken, das heißt im Grunde genommen sind es zwei Nehrungen, Steinwarder und Graswarder genannt. Mit ihrem kilometerlangen Sandstrand haben sie sich durch die natürlichen Kräfte der küstenparallelen Strömung über Jahrhunderte immer mehr nach Osten verschoben. Das Kliff im Westen der Stadt wurde abgetragen und das Material im Osten angelagert. 1954 wuchsen beide Warder durch eine Sturmflut zusammen, und die Heiligenhafener Fischer wurden so ihrer bequemen Hafenzufahrt beraubt. Jetzt müssen sie einen Bogen um den Graswarder fahren, der ein kleines, aber sehr bedeutendes Vogelschutzgebiet ist (siehe S. 147). Wie auf einer Perlenkette aufgereiht stehen dort in exponierter Lage ein paar reetgedeckte und sehr begehrte Ferienhäuser – ein besonders malerischer Winkel der Küste (siehe Bild S. 8).

Nehrungshaken

Typisch für die Ostseeküste sind sog. Nehrungs- oder Strandhaken. Meeresströmungen verfrachten besonders bei den Herbst- und Winterstürmen das von den Brandungswellen abgetragene Sand- und Geröllmaterial und lassen so diese Landzungen entstehen. Das "Wachstum" der Nehrungen ist unterschiedlich, kann aber an einigen Stellen bis zu 10 m im Jahr betragen. Oft gehen vom eigentlichen Nehrungshaken in Strömungsrichtung kleinere Nehrungen ab und bilden so eine Vielzahl kleinster Buchten. Diese schließen sich im Laufe der Zeit und bilden kleine Strandseen. In früheren Zeiten hat man diese Seen oft eingedeicht, künstlich trockengelegt und landwirtschaftlich genutzt. Heute hingegen bleiben die Nehrungshaken weitgehend von technischen Befestigungen verschont. Man schätzt sie als Brutreviere für bedrohte Vogelarten und hat sie daher im Regelfall unter Naturschutz gestellt. Neben dem bekannten Naturschutzgebiet Graswarder in Heiligenhafen findet man ähnliche Nehrungshaken auch an der Nord- und Westküste Fehmarns (z. B. Krummsteert, Grüner Brink) und an der Kieler Außenförde bei Wentdorf.

Auf dem daneben liegenden Steinwarder spielt sich das vielfältige Strandleben des Ostseeheilbads ab. Die Zufahrt erfolgt über einen Damm, der den damit geschaffenen Binnensee abschließt und gleichzeitig den Zugang zum großen Yachthafen mit mehr als 800 Liegeplätzen bildet. Heiligenhafen ist zentraler Ausgangspunkt für Törns in die Dänische Südsee, beherbergt es doch die größte Chartersegelflotte an der Ost-

Schiffsmodell in der Stadtkirche von Heiligenhafen

see. Etwas außerhalb der Ortsmitte (am Ostrand von Steinwarder und Binnensee) liegt in Strandnähe der im Bettenburgenstil der 1970er Jahre gebaute *Ferienpark Heiligenhafen* mit seinen zahlreichen Ferienwohnungen sowie Kur- und Freizeiteinrichtungen. Immerhin waren die Stadtverordneten seinerzeit so klug, die Zweckbauten des sich rasant entwickelnden Tourismus abseits der Altstadt zu platzieren.

Geschichte: *Hilligenhaven* wurde Mitte des 13. Jh. gegründet und bekam rasch das lübische Stadtrecht verliehen. Verbunden waren damit auch besondere Handelsprivilegien, ab 1325 beispielsweise das Recht auf die zollfreie Ausfuhr von Waren. Ganz wichtig war, dass die Heiligenhafener von nun an als freie Bürger galten. Sie konnten sich auch in der Folgezeit immer gegen die in weiten Teilen Ostholsteins herrschenden Großgrundbesitzer behaupten.

Die günstige Lage des Hafens in einer Bucht des schützenden Binnensees war die Grundlage für die schnelle Entwicklung der Stadt. Heiligenhafen wurde Hauptausfuhrhafen des Oldenburger Landes. Der Hafen wurde aber nicht nur für Getreidehandel und Fischerei genutzt, sondern aufgrund eben dieser strategisch günstigen Lage auch für Kriegszwecke, was Überfälle feindlicher Heere mit Plünderungen und Brandschatzungen nach sich zog, insbesondere im Dreißigjährigen Krieg.

Im Zweiten Weltkrieg wurde Heiligenhafen, seit 1938 Garnisonsstadt, noch einmal in Kriegswirren verwickelt. Nach dem Krieg erklärten die Engländer die ganze wagrische Halbinsel dann zum Gefangenengebiet. Um die Flucht der in Kasernen und Scheunen internierten deutschen Soldaten zu verhindern, wurden kurzerhand die Boote der Heiligenhafener Fischer auf Reede gefahren und dort versenkt.

Schon durch den Bau der Eisenbahn (1898) verlor der Hafen seine ursprüngliche Bedeutung, gleichzeitig setzte aber ein zunehmender Tourismus ein. Das Strandleben konzentrierte sich damals auch auf das heutige Vogelreservat Graswarder, auf dessen Ostspitze sogar eine Wandelhalle stand. Zur Belebung des Tourismus wurde 1895 die *Deutsche Badegesellschaft Heiligenhafen* gegründet, die von der Stadt den gesamten Küstenstreifen von Stein- und Graswarder für 100 Jahre pachtete. Die Gesellschaft hörte jedoch zu Beginn des Ersten Weltkriegs praktisch auf zu existieren, und erst nach 1945 erfolgte ein weiterer, diesmal rasanter Aufschwung zum Seebad. Seit 1974 ist Heiligenhafen als Ostseeheilbad anerkannt.

Ebenso wie andere Küstenorte kann sich Heiligenhafen mit berühmten Namen schmücken, allen voran mit Theodor Storm, dessen Tochter Lisbeth hier wohnte. In ihrem Haus schrieb er 1881 die Novelle "Hans und Heinz Kirch".

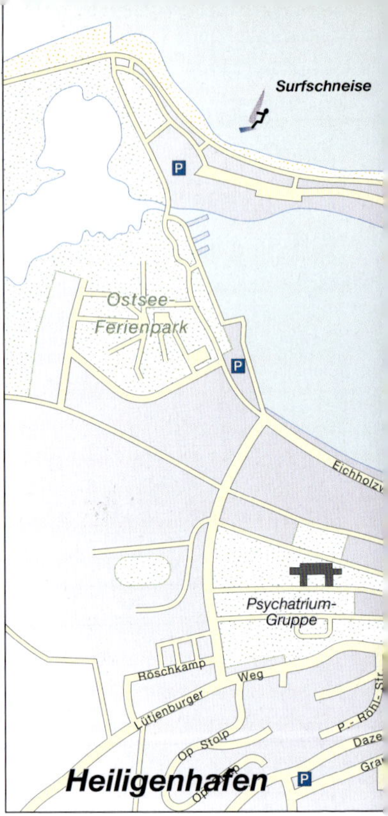

Information/Adressen/Veranstaltungen

- *Vorwahl* 04362
- *Information/Zimmervermittlung* **Heiligenhafen Touristik GmbH,** Bergstraße 43, 23774 Heiligenhafen, ✆ 90720, www.heiligenhafen.de, automatischer Zimmernachweis unter ✆ 19412. Kurabgabe pro Tag 2 €, in der Nebensaison 1 €, Kinder frei.

  Im Ort gibt es viele Appartementvermittler, und zwar: Reisebüro Albrecht, ✆ 7388; Urlaubs-Service Borsum, ✆ 2623 u. 2243; Vermietungsbüro Bünning, ✆ 90240; H.A.K. Feriendienst, ✆ 7211 u. 7212; Ostsee-Urlaubsdienst, ✆ 2761; Vermietung Dieter Strackbein, ✆ 1680; Michael Schwartz Reisen, ✆ 9190; Wiesemüller & Diethmaier, ✆ 3801, 3803 u. 7271.
- *Fahrradverleih* **Heidlas,** Ferienpark; **Bennewitz,** Markt 12, ✆ 6050; **Busch,** Am Sackenkamp 63, ✆ 6848.
- *Hundestrand* Auf dem Steinwarder in Höhe der Lesehalle.
- *Parken* Viele große, allerdings gebührenpflichtige Parkplätze rund um den Damm.
- *Sauna* Saunalandschaft beim Schwimmbad im Ferienpark, ✆ 1291.
- *Schwimmbad* Hallen-Meerwasser-Brandungsbad im Ferienzentrum, ✆ 1291.
- *Segel- und Surfschulen* **Segelschule R. Bennewitz,** vom Kindersegeln bis zum Hochseetörn wird hier alles angeboten. Kapitän-Nissen-Str. 3, ✆ 2244, www.bennewitz.de.

  Segel- und Surfschule am Binnensee, Axel Malicke bietet Segeln von 7–70 auf Optis, Katamaranen und Zweimannjollen an, darüber hinaus Jollen- und Katamaranverleih, Surfen für Anfänger und Fortgeschrittene (die Schule besitzt vor allem fürs Surfen und Katamaransegeln eine Außenstelle am Strand auf dem Steinwarder). Eichholzweg, ✆ 1441, www.malicke.de.
- *Tauchen* **Tauchshop Calypso,** Bootsausfahrten, Wrackfahrten und Tauchfahrten. Am Hafen, ✆ 7577.
- *Veranstaltungen* Höhepunkt im Reigen der jährlich wiederkehrenden Feste sind die Mitte Juli stattfindenden **Heiligenhafener Hafenfesttage.** Freie Zimmer werden in dieser Zeit knapp. 10 Tage lang lockt ein attraktives Programm mit Märkten, Ausstellungen und vielen Musikveranstaltungen und natürlich ein richtiger Festumzug Tausende von Besuchern in den Ort.

Beliebt sind auch das im April stattfindende **Drachenspektakel**, das Anfang Juni gefeierte **Gildefest** und das **Dorschfestival** Mitte September.

• *Wohnmobilparkplatz* Am Großparkplatz Gill-Hus beim Yachthafen, mit Ver- und Entsorgungsstation, 7,50 € pro Nacht inkl. Kurabgabe.

Übernachten/Essen und Trinken

• *Übernachten* **Hotel Stadt Hamburg (2),** direkt in Hafennähe (allerdings an der Hauptstraße) gelegenes historisches Haus. Die Zimmer sind hell und gemütlich eingerichtet, DZ 80–100 €. Das stilvoll eingerichtete *Restaurant Camerini* bietet italienische Gaumenfreuden, auch vegetarische Gerichte gehören zum Speiseplan. Hafenstraße 17, ✆ 90270, www.hotelstadthamburg-oh.de.

Pension Margit Winarski (6), große Privatzimmer mit Frühstück in einem unscheinbaren Neubaugebiet am südlichen Ortsrand. Auch für Hochseeangler, Segler und Fahrradtouristen und auch für nur eine Nacht. Die nette Wirtin ist immer für einen kleinen Schnack zu haben. DZ 45 €. Wilhelm-Hardt-Str. 3, ✆ 7247.

Campingplatz Blank-Eck, der Platz liegt gut 6 km westlich in einer hügeligen Landschaft (direkt an der Grenze zum Truppenübungsplatz Putlos). 280 Dauercamper und 70 Stellplätze für wechselnde Gäste, durch reichlich Grün geschützt. Davor breitet sich ein schöner sandiger Naturstrand aus, ab der Wasserlinie müssen Badende aber mit Steinen rechnen. (Die Parkmöglichkeiten sind für Tagesbesucher beschränkt, gegen Gebühr kann man sein Auto aber auch auf dem Campingplatz abstellen.) ✆ 04361/80562, www.campingblank-eck.de.

• *Essen und Trinken* **Restaurant Weberhaus (5),** die erste Adresse in Heiligenhafen, sowohl vom Interieur in gediegenem grauem Fachwerk-Ambiente als auch von seinen hervorragenden Spezialitäten her, allerdings etwas gehobenere Preisklasse (10–20 €). Das historische Restaurant liegt am Rundbogen zum Kirchhof und ist rundum zum Wohlfühlen. Di–Fr ab 18 Uhr geöffnet, Mo Ruhetag. Kirchenstraße 4, ✆ 2840.

Zum alten Salzspeicher (3), im ältesten Gebäude der Stadt (von 1587) werden frische Fisch- und Fleischgerichte in rustikalem Ambiente serviert (je nach Jahreszeit sind zusätzliche Spezialitäten im Angebot). Kein Hauptgericht unter 10 €. Außer im Juli/August Di Ruhetag. Hafenstraße 2, ✆ 2828, www.restaurantsalzspeicher.de.

Anno 1800 (1), Inhaber Joachim Stolpe führt die am Binnensee gelegene urige Kneipe seit 1986. Gute und deftige Küche, gebratener Fisch, eine große Auswahl an guten Steaks, aber auch knackige Salate. Jeden ersten Dienstag im Monat großes Bratkartoffel-Buffet. Montags gibt's Oldie-Livemusik, ab und zu auch mal Jazz. Täglich ab 17 Uhr geöffnet. Lauritz-Maßmann-Str. 30, ✆ 7913.

Altdeutsche Bierstube (4), ein zünftiges Bier in echter Wirtshausatmosphäre gibt's mitten auf dem Marktplatz. Bei gutem Wetter lassen sich die Getränke oder kleinen Speisen auch unter freiem Himmel an den Tischen vor dem giebelgeschwungenen Backsteingebäude genießen. ✆ 6411.

Fisch-Hütte Haasch (7), ein verglaster Verkaufsraum und eine nette Außenanlage auf einem kopfsteingepflasterten Hof bieten Platz zum Verzehr der leckeren Fischspezialitäten. Räucherfisch und Aal werden auch zum Verkauf angeboten, die Produkte stammen aus eigener Fischräucherei. Etwas außerhalb Richtung Fehmarn im Gewerbegebiet (!) gelegen. Industriestr. 13, ✆ 2232.

Sehenswertes

Stadtkirche zu Heiligenhafen: Der trutzige Kirchturm mit seinem Treppengiebel thront weithin sichtbar als Wahrzeichen über der Stadt. Er wurde 1637 an Stelle eines kleineren Vorgängerturmes gebaut. Die Kirche selber ist zwar schon viel älter, nämlich aus dem 13. Jh., doch nur der Chor stammt noch aus dieser Zeit.
Durch eine mit alten Grabsteinen gepflasterte Gedenkhalle betritt man den Kirchenraum, der vergleichsweise hell ausgeleuchtet ist. Im Seitenschiff befindet sich eine Empore, deren vorderer Teil seit alters her "Schifferstuhl" heißt, weil nur "Stohlbröders" (Schiffer, Kapitäne, Steuerleute) dort sitzen durften, nach Zahlung eines "Stuhlgeldes", versteht sich. Bemerkenswert ist auch das mit schönen Schnitzereien versehene, 500 Jahre alte Chorgestühl. Bedeutend sind die ebenso alten und ebenfalls im Chor platzierten Figuren von Adam und Eva, die von einem unbekannten Künstler stammen. Die Besonderheit ist, dass der Kopf der Schlange bis hin zur Stirnlocke dem der Eva gleicht.

Überlebensgroß wacht der Hl. Christopherus am Übergang vom Altarraum zum Hauptschiff. Weitere Glanzstücke der Inneneinrichtung sind drei Schiffsmodelle, die vom hohen Gewölbe in den Kirchenraum hinabhängen, allen voran die Fregatte "Samson", die als eines der ältesten Votivschiffe Deutschlands 1636 von einem Heiligenhafener Bürger gestiftet wurde. Die beiden anderen Schiffsmodelle in der Raummitte sind dagegen fast neu, nämlich aus dem Jahre 1989.

Adresse/Öffnungszeiten Kirchenstraße. Täglich 10–12 Uhr und 14–16 Uhr. Di, Do, und Sa um 11 Uhr Führung.

Heimatmuseum: In einem restaurierten Jugendstilgebäude hinter der Kirche informiert seit 1992 das Heimatmuseum Heiligenhafen über Seefahrt und Fischerei sowie Vor-, Früh und Stadtgeschichte. Bemerkenswert sind einige Schiffsmodelle, Navigationsinstrumente und ein Porträt des Dichters Theodor Storm (1817–1888), an dessen Beziehungen zu Heiligenhafen einige Fotos und Dokumente erinnern.

Adresse/Öffnungszeiten Thulboden 11 a, ✆ 3876. Nur April–Oktober Di–Fr und an Sonn- und Feiertagen 15–17 Uhr. Eintritt 1,50 €, Familien (2 Erwachsene u. Kinder) 2,50 €.

Naturschutzgebiet Graswarder: Der Spaziergang zu diesem bizarr geformten und von Lagunen durchzogenen Paradies für Tiere und Pflanzen lohnt sich. Unter fachkundiger Führung der Naturschutzwarte sind auf den grasbedeckten Geröllflächen und langsam verlandenden salzhaltigen Moorböden mehr als 40 Brutvogelarten zu beobachten. Im Mai und Juni ist das Vogelparadies erfüllt von jagenden Seeschwalben, trippelnden Sandregenpfeifern, balzenden Sturmmöwen und farbenprächtigen Brandgänsen. Bis in den August hinein brüten hier die verschiedenartigsten Seevögel. Von August bis Oktober wird der Graswarder dann zur Zwischenstation für Tausende von Zugvögeln.

• *Führungen* Vom **Informationszentrum Graswarder,** dem Blockhaus des Deutschen Bundes für Vogelschutz, werden von April bis Oktober täglich um 10.30 Uhr und 15 Uhr 1- bis 2-stündige Führungen angeboten (ohne Gebühr, es werden aber Spenden erbeten). PKW auf dem letzten Parkplatz am Yachthafen stehen lassen, von dort zu Fuß 10 Minuten den Graswarderweg bis zum Blockhaus gehen.

Aus gestampftem Lehm erbaut: Rundscheune in Bollbrügge

Umgebung von Heiligenhafen

Rundscheune in Bollbrügge: Etwa auf halber Strecke zwischen Heiligenhafen und Oldenburg lohnt sich bei Gremersdorf links ab ein Abstecher ins kleine Bollbrügge. Dort findet man abseits der touristischen Pfade auf Hof Bollbrügge ein Kulturdenkmal der seltenen Art: eine urtümliche Rundscheune aus dem Jahre 1831 mit einer mächtigen Außenmauer aus gestampftem Lehm und einem hohen, kegelförmigen Reetdach. Es ist schon fast verwunderlich, dass dieser seltene Bau nicht schon längst in einem Freilichtmuseum steht.

Gut Seegalendorf: Das Gut mit seinem alten Torhaus aus dem Jahre 1730, der großen, reetgedeckten Fachwerkscheune aus dem 17. Jh. und dem spätklassizistischen

Herrenhaus von 1839 liegt keine 2 km südlich von Hof Bollbrügge. Hühner und Enten laufen hier noch frei herum und lassen zusammen mit der von uralten Bäumen und einem Teich gesäumten kopfsteingepflasterten und im Laufe der Jahre schon recht ausgefahrenen Zufahrt so etwas wie ländliche Idylle aufkommen.
Südlich führt eine kleine, teilweise nicht geteerte Straße über Kremsdorf nach Göhl, auf der man an der zum Gut gehörenden alten Windmühle (heute Privatwohnung) vorbeikommt. Sie bietet einen seltsamen Kontrast zu dem sich anschließenden riesigen Windpark mit seinen vielen großen Windkrafträdern.

Oldenburg in Holstein

10.300 Einwohner

Die Stadt blickt auf eine tausendjährige Geschichte zurück und beherbergt mit dem Wallmuseum eines der bedeutendsten archäologischen Bodendenkmale der Region. Wegen der verkehrsgünstigen Lage hat Oldenburg ein großes Einzugsgebiet. Viele kommen hierher, um auf der schönen Fußgängerzone mit den gut sortierten Geschäften zu bummeln oder einzukaufen.

An Oldenburg kommt man kaum vorbei. Die Autobahn endet und die Vogelfluglinie nach Norden beginnt hier. Weil die Bundeswehr mit ihrem Truppenübungsplatz Putlos den Küstensteifen nordwestlich von Oldenburg blockiert, führt sogar der Ostseeküsten-Radweg mitten durch die ein wenig im Inland liegende Stadt.

Kopfsteinpflaster gehört ebenso zum Erscheinungsbild von Oldenburg wie historische Gebäude, alte Gassen oder Plätze. Zentrum der Altstadt ist der schon im 12. Jh. angelegte Marktplatz, übrigens der drittgrößte Schleswig-Holsteins. Beherrscht wird er vom 1884 erbauten Rathaus, von dem nach zwei Seiten die Fußgängerzone abzweigt. Nur wenige Schritte vom Marktplatz entfernt liegt am Rande des Stadtparks und des Oldenburger Walls die St.-Johannis-Kirche.

Besenmacher vor dem Rathaus

Geschichte: Nicht einmal Lübeck kann auf eine längere Geschichte zurückblicken als Oldenburg, das jahrhundertelang Zentrum der in Ostholstein lebenden Wagrier war. Schon um das Jahr 700 ist hier eine Slawenburg nachweisbar, die bald zur großen Wehranlage ausgebaut wurde. Damals hieß der Ort noch slawisch *Starigrad,* was "alte Burg" bedeutet, daher der heutige Name Oldenburg. Das einstige Starigrad war sogar mit den damaligen flachgehenden Schiffen zu erreichen und lag strategisch günstig an einem schmalen Übergang des damals noch Wasser führenden Oldenburger Grabens, der die wagrische Halbinsel durchschneidet.

Die Ansiedlung wurde bald zu einer der bedeutendsten Handels- und Seestädte im Ostseeraum. Bis zu 18 m hohe Erdwälle, heute *Oldenburger Wall* genannt, schützten die große Slawenburg und machten den Hauptsitz der slawischen Fürsten Wagriens zur schier uneinnehmbaren Festung, die erst nach der vollständigen christlichen Eroberung der Region fiel. 1149 konnte Bischof Vicelin schließlich das Bistum neu gründen, nachdem bereits 968 Kaiser Otto I. Oldenburg zum Bischofssitz bestimmt hatte, die angestrebte Christianisierung aber erfolglos geblieben war.

Schon 1163 wurde der Bischofssitz dann aber ins aufstrebende Lübeck verlegt. Immerhin bekam Oldenburg 1235 von Graf Adolf IV. das lübische Stadtrecht verliehen. Dennoch verliefen die folgenden Jahrzehnte für die Stadt alles andere als glücklich: Verheerende Kriege, Brandkatastrophen, Pockenepidemien und der Schwarze Tod, welcher der Stadt zwölf grausige Besuche abstattete, warfen Oldenburg immer wieder weit in seiner Entwicklung zurück. Doch stets bauten die überlebenden Bürger ihre Stadt wieder auf.

Buddelschiffbauer auf dem Stadtfest von Oldenburg

Der große Sohn Oldenburgs heißt Johann Liss. Seine Eltern waren als Wappenmaler in Diensten des Gottorfer Hofes, wo der um 1597 geborene Sohn das Malerhandwerk erlernte. Dann zog er in die Niederlande und später nach Venedig, wo er unter dem Namen *Jan Lys* Karriere machte. Seine wenigen Werke hängen heute in vielen berühmten Museen Europas. Dass es nicht mehr Gemälde wurden, lag an der Pest, die Jan Lys schon 1620 dahinraffte.

- *Vorwahl* 04361
- *Information/Zimmervermittlung* **Tourist-Büro Oldenburg i.H.,** Markt 1, ✆ 498-0, www.old.de. Nach Geschäftsschluss des Tourist-Büros findet der späte Urlauber oder Radwanderer Prospekte mit Unterkunftsadressen schräg gegenüber in der Kneipe "Fiete und Johanna"
- *Schwimmbad/Sauna* Einfache Schwimmhalle mit 25-Meter-Schwimmbecken und 3-Meter-Sprungturm, Sauna. Schauenburger Platz 8, ✆ 4565.
- *Veranstaltungen* Jedes Jahr um Johanni (24. Juni) findet das **Vogelschießen** beim **Gildefest der St. Johannis Toten- und Schützengilde von 1192** statt. Ein munterer Festumzug durch die flaggengeschmückte Stadt und viel Musik und Tanz beleben drei Tage lang die ganze Stadt. Das Donnern der alten Büchsen beim Schießen auf den "Sächsischen Vogel" muss man einmal miterlebt haben. Gäste sind herzlich willkommen.

  Im September wird auf dem Gelände des Museumshofs das **Wall-Fest** mit zahlreichen historischen Darbietungen veranstaltet.
- *Übernachten* **Hotel "Zur Eule" (1),** erstes Hotel am Platz (nahe dem Markt), 300-jährige Tradition, rustikal-gemütlich, bevorzugt übernachtet hier das nicht mehr ganz so junge Publikum. Zimmer mit dem üblichen Komfort. DZ 70 €. Hopfenmarkt 1, ✆ 4997-0.

  Hotel Hoheluft (2), relativ kleine Zimmer zu vergleichsweise mäßigen Preisen, DZ 54 €. Das saubere Hotel hat auch ein kleines *Restaurant* (Mo Ruhetag). Nicht ganz im Zentrum (Nähe Friedhof) gelegen, aber durch eine neue Ausfahrt der A 1 (Oldenburg Mitte) schnell erreichbar. Hoheluftstraße 32, ✆ 2639, www.hotel-hoheluft.de.

Jugendherberge (5), der Flachbau von 1978 ist nicht schön, aber zweckmäßig. Die Herberge liegt zentral in der Stadt und verfügt über 17 Zimmer mit insgesamt 84 Betten. Göhler Straße 58 a, ✆ 7670.

• *Essen und Trinken* **Zur Treppe (3),** rustikal-einfaches Restaurant in der Fußgängerzone, spezialisiert auf Fischgerichte aus der Pfanne und aus dem Sudtopf (13 €). Steaks (11 €) sind aber auch zu haben, ebenso einfache Salate. Mi Ruhetag. Kuhtorstr. 3, ✆ 2398.

Kartoffelhaus (4), wie der Name schon sagt, gibt's Kartoffeln in allen Variationen, aber auch Steaks, Fischgerichte oder ein großes Salatbuffet. Nettes, einfaches Ambiente, natürlich in kartoffelgelb gehalten. Zentral in der Nähe des Marktplatzes gelegen, Johannisstraße 1, ✆ 519161.

Sehenswertes

Wall-Museum: Man wähnt sich zuerst in einem Freilichtmuseum, denn die Ausstellung ist in historischen Gebäuden untergebracht, die zusammen eine zwischen Wiesen und Seen gelegene holsteinische Hofanlage bilden. Drei alte reetgedeckte Fachwerkscheunen aus der Umgebung Oldenburgs und ein Backhaus wurden hier wiederaufgebaut. Wer zu Fuß von der Kirche aus zum Museum geht, hat die Geschichte schon "mit Füßen getreten", denn der Weg führt durch das neben Haithabu archäologisch bedeutendste Denkmal Schleswig-Holsteins: die mächtige Ringwallanlage. Um wirklich zu verstehen, was man hier sieht, sollte man allerdings erst das Museum und dann die Wallanlage besichtigen.

Dieses Museum ist ein Leckerbissen für archäologisch interessierte Besucher. Präsentiert werden neben den Fundstücken zahlreicher Ausgrabungen unter anderem die Rekonstruktion einer Wohn- und Arbeitsstätte sowie ein Diorama, das veranschaulicht, wie die Wehranlage um das Jahr 800 ausgesehen haben könnte. Größte Attraktion ist aber sicherlich der weltweit einzige Nachbau eines slawischen Handelsschiffs, der "Starigrad". Sie liegt am Steg der slawischen Hafenanlage. Kein Stück Eisen wurde bei diesem Schiff verarbeitet, über 3200 handgeschnitzte Holzdübel verbinden Planken und Spanten (siehe Bild S. 141).

In jüngster Zeit wurde neben dem Haupthaus ein Rosengarten mit über 50 verschiedenen historischen Rosenarten angelegt, der in der Blütezeit von Anfang Juni bis Ende Juli einen betörenden Duft verbreitet.

Adresse/Öffnungszeiten Museumshof, Prof.-Struve-Weg 1, ✆ 2674 oder 4980. April–Oktober Di–So 10–17 Uhr. Erwachsene 3,50 €, Kinder 1,50 €, Familien 8 €.

Gilde-Museum: Die im Haupthaus des Wall-Museums untergebrachte Ausstellung widmet sich der Geschichte der ältesten Gilde Deutschlands, der *St. Johannis Toten- und Schützengilde von 1192 e.V.,* die einst aus der Bruderschaft *Sankt Catharina* hervorgegangen ist. Präsentiert werden unter anderem Gildefahnen, Königskette, der goldene Apfel, der silberne Vogel, die Vorderlader mit Schießleiter und – als Kernstück der Sammlung – der Gildeschatz.

Adresse/Öffnungszeiten Siehe Wall-Museum.

Johanniskirche: Sie war der erste große Ziegelbau Norddeutschlands und wurde 1156 ursprünglich als Bischofskirche erbaut. Ihr äußeres Erscheinungsbild wurde allerdings bedingt durch den Stadtbrand von 1773 entscheidend verändert, lediglich das aufwendige Westportal stammt noch aus den ersten Jahren des 13. Jh. Im Innern zeigt sich noch etwas von der schlichten Schönheit der Baukunst aus den frühen Jahren der Christianisierung Wagriens. Die hölzerne Inneneinrichtung stammt im Wesentlichen aus der zweiten Hälfte des 18. Jh., so der prunkvolle Altaraufbau, die Kanzel und auch die kleine Gutsloge.

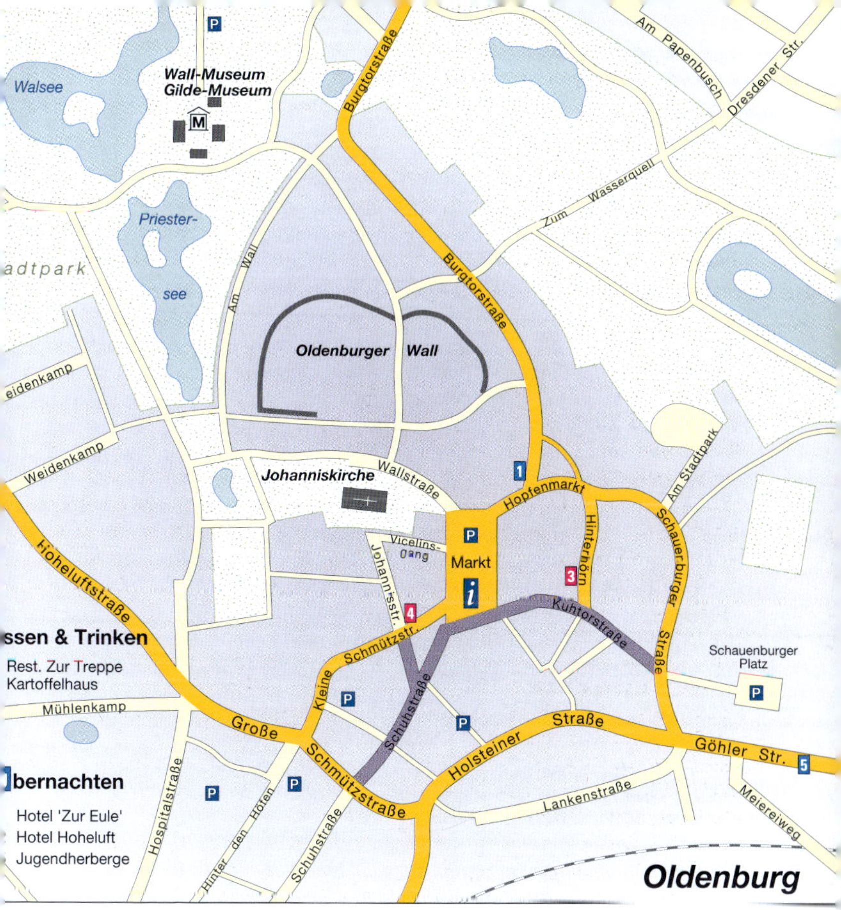

Umgebung von Oldenburg

Gut Gaarz: Die Straße von Oldenburg in Richtung Grube führt kurz hinter Quals an Gut Gaarz vorbei, dessen Name (slawisch *gaard* = Burg) möglicherweise auf eine alte Burganlage hindeutet. Am Rande des Oldenburger Grabens lag das Gut ursprünglich auf einer Landzunge des einstigen Gruber Sees. Das heutige Herrenhaus wurde weitgehend im Jahre 1745 aus Backsteinen errichtet, es steht aber auf mittelalterlichen Fundamenten. Was man von der Hofseite nicht gleich erkennt. Das Haus ist mit 38 m zwar sehr lang, aber nur 10 m breit. Im Gebäude sind noch mit kostbarem Stuck verzierte, mit Holz vertäfelte oder mit Fresken bemalte Räumlichkeiten erhalten geblieben. Ganz besonders wird das Erscheinungsbild von dem auf der rechten Seite der Hofanlage stehenden Speichergebäude geprägt, das noch vor 1600 erbaut wurde und alle Umgestaltungsarbeiten der Jahrhunderte erstaunlich gut überdauert hat. Aus dickem beschnitztem Eichenholz errichtet, sind die Gefache mit großen Ziegeln ausgemauert.

Übernachten Auf dem Gut werden zahlreiche schöne Ferienwohnungen vermietet, vor allem interessant für Reiterfreunde mit Kindern. ✆ 04365/7244, www.gaarz.de.

Lensahn

5200 Einwohner

In der zentral gelegenen Gemeinde ist von touristischem Trubel nur wenig zu spüren. Den gibt es allenfalls auf dem sehr bemerkenswerten Museumshof, der zusammen mit der 750 Jahre alten St.-Katharinen-Kirche die Hauptsehenswürdigkeit des Ortes bildet. Ansonsten liegt die Stärke von Lensahn eher in seiner reizvollen Umgebung mit ihren zahlreichen Herrenhäusern.

Obwohl im Herzen der wagrischen Halbinsel liegend, ist Lensahn nur etwa 10 km von der Hohwachter und der Lübecker Bucht entfernt. Dennoch bildet der Ort schon so etwas wie das östliche Tor zur Holsteinischen Schweiz. Nur die Durchgangsstraßen sorgen für etwas Betrieb. Auf dem natursteingepflasterten Kirchplatz ist jeden Freitagvormittag Wochenmarkt, große Supermärkte finden sich am Ortsrand Richtung Autobahn.

Einmal im Jahr – Ende Juli – wird Lensahn zum internationalen Treffpunkt von Extremsportlern. Dann steht der *Triple-Ultra-Triathlon* auf dem Programm und damit 11,4 km Schwimmen, 540 km Radfahren und 126,6 km Laufen – ein Kraftakt, für den die besten Athleten sagenhafte 39 Stunden brauchen.

Geschichte: Der Ortsname ist slawischen Ursprungs und bedeutet etwa "Leute aus der Niederung". Slawen siedelten hier vom 8. bis 12. Jh. Danach war der Ort in wechselndem Besitz deutscher Adeliger und gehörte ab 1650 mit dem jetzigen Gut Lensahner Hof zum Privatbesitz des Adelshauses Holstein-Gottorf, dem späteren großherzoglichen Haus Oldenburg. Man kann es kaum glauben, aber die Hoheitsgewalt übte der Grundherr noch bis weit ins 20. Jh. hinein aus, und zwar bis 1928. Dann erst wurde Lensahn freie Gemeinde mit Recht auf Selbstverwaltung.

• *Vorwahl* 04363

• *Information/Zimmervermittlung* **Verkehrsverein Lensahn und Umgebung e.V.,** Bäderstraße 11, 23738 Lensahn, ✆ 901749, www.lensahn.com; **Gemeindeverwaltung Lensahn,** Rathaus Eutiner Str. 2, ✆ 508-0.

• *Fahrradverleih* **Drahtesel,** Friedrich-August-Str. 14, ✆ 1342.

• *Schwimmbad* Schönes, auf 23 °C beheiztes Waldschwimmbad mit 5 m hohem Sprungturm im Westen Lensahns, idyllisch am Mühlenteich gelegen, geöffnet 10–20 Uhr. Dr.-Julius-Stinde-Straße, ✆ 851.

• *Veranstaltungen* Zahlreiche Feste finden das Jahr über auf dem Museumshof statt, so beispielsweise das **Traktoren-Oldtimertreffen** Anfang Juli, das **Ernte- und Kartoffelfest** Anfang September oder das **Traditionelle Erntedankfest** mit einem Umzug geschmückter Erntewagen zum Museumshof Ende September.

• *Essen und Trinken* **Venezia,** eine der ganz wenigen Speiselokale im Ort. Thomas Kahl bietet in seinem einfachen Restaurant gutbürgerliche deutsche und italienische Küche. Lübecker Straße 28, ✆ 1250.

Altes Doktorhaus, Antik-Café für den gehobenen Geschmack, von außen eher unscheinbar, von innen in edlem Landhausstil. Das Haus hat Tradition, denn immerhin war es das erste Ärztehaus in Ostholstein (1792). Täglich außer Mo ab 14 Uhr geöffnet. Eutiner Straße 25, ✆ 901109.

Sehenswertes

Museumshof Lensahn: Freunde alter Traktoren kommen hier auf ihre Kosten. Aber nicht nur Landmaschinen sind in dem seit 1996 existierenden Museum zu sehen. Über 4000 historische Exponate aus Landwirtschaft, Handwerk und Haushalt aus der Zeit von 1850 bis 1960 werden ausgestellt, dürfen angefasst und teilweise auch ausprobiert werden.

Der Museumshof Lensahn ist ein gemeinnütziger Verein mit gut 500 Mitgliedern. Mit viel Liebe werden auf dem 7 ha großen Gelände auch ein Kräutergarten und die

Ein Muss für Freunde alter Landmaschinen: Museumshof Lensahn

Museumsfelder bewirtschaftet, auf denen mit Hilfe der historischen Gerätschaften alte Getreidesorten angepflanzt werden, aber auch Flachs, Hanf, Gelbsenf, Sonnenblumen und sogar Tabak. Im Jahr 2001 wurde darüber hinaus ein 2,4 km langer Naturlehrpfad angelegt, der einmalig in seiner Art ist: Nahezu alle Wald- und Obstbaumarten Nordeuropas wurden angepflanzt (227 Arten Waldbäume und -büsche, 185 Obstbaumsorten).

Adresse/Öffnungszeiten Museumshof Lensahn in Ostholstein, Prienfeldhof (Ortsausgang Richtung Grömitz), ✆ 91122, www.museumshof-lensahn.de. 15.3–15.11. täglich außer Mo 10–18 Uhr. Eintritt Erwachsene 3 €, Kinder 1,50 €.

St.-Katharinen-Kirche: Die schöne, lang gestreckte, wohl schon um das Jahr 1300 entstandene Backsteinkirche beherrscht das Ortsbild. Wie so oft bei holsteinischen Kirchen wurde der Turm erst später, nämlich 1464, angefügt. Der Schnitzaltar im Innern der Kirche stammt aus dem Jahr 1420, wurde aber 1907 neu gefasst. Die bauchige Holzkanzel wurde um 1730 geschaffen, das lebensgroße Kruzifix um 1500. Beachtenswert ist auch die pokalförmige gotländische Kalksteintaufe, die um das Jahr 1240 entstanden ist.

Umgebung von Lensahn

Gut Güldenstein: Das Gut ist für die Öffentlichkeit unzugänglicher Privatbesitz, der Herzog von Oldenburg wohnt hier. Vor dem Anwesen steht das einst prächtige Torhaus von 1743, das leider einsturzgefährdet verfällt, aber den Blick auf die von einem ovalen Wassergraben umgebene Hofanlage freigibt. Das schlossartige, in den Jahren 1726–28 erbaute Herrenhaus ist wahrhaft repräsentativ. Es gilt als das architektonische Hauptwerk des Spätbarock in Ostholstein. Auf der Südseite wurde der Graben zu einem kleinen See erweitert, sodass sich das Gebäude an drei Seiten unmittelbar aus dem Wasserspiegel erhebt. Die Außenfassade ist in den Jahren 2001 und 2002 renoviert worden.

• *Anfahrt* Uralte Bäume, meist Eichen, säumen den Weg. Besonders malerisch ist die Zufahrt aus Richtung Wahrendorf. Der Weg geht nur schwer erkennbar von der Landstraße Lensahn–Schönwalde etwa 500 m vor Wahrendorf scharf rechts ab (Straßenschild "Güldensteiner Straße", Bushaltestelle) und führt dann 3 km zum Gutsbesitz (die letzten 500 m ungeteert). Bequemer, aber weniger schön ist die Anfahrt über Harmsdorf: kurz vor dem Ort links ab, Ortsschild Güldenstein.

Braasch's Schinkenräucherei Harmsdorf: Kaum eine Einrichtung in Ostholstein macht so viel Werbung wie diese Schinkenräucherei. Tatsächlich ist die 3 km hinter Lensahn (Richtung Hansühn) an der Hauptstraße liegende, 340 Jahre alte holsteinische Räucherkate einen Besuch wert, vor allem im Frühjahr. Dann nämlich hängt die rußgeschwärzte Decke der Kate voll mit in Kochsalz gepökelten, knusprig braunen Katenschinken, die den intensiven Duft von geräuchertem Schweinefleisch verbreiten. Ein Vierteljahr (im Winter) hängen die Schinken im Buchenholzrauch, der durch das alte Reetdach abzieht. Verkauft werden sie einige Meter weiter in einem separaten Geschäft. Bei dem großen touristischen Andrang muss man sich fast wundern, dass der naturgereifte Schinken nie ausverkauft ist.

Adresse/Öffnungszeiten Hauptstraße 25, 23738 Harmsdorf, ✆ 04363/1643. Mo–Fr 8–18 Uhr, Sa 8–12 Uhr.

Weissenhäuser Strand

Nur 5 km von Oldenburg entfernt liegt das Ostseebad Weissenhäuser Strand, das nichts anderes ist als ein großer Ferienpark mit Sandstrand und einem breiten Angebot an Freizeitaktivitäten. Hier ist das ganze Jahr über Saison, denn die glasüberdachte "Galeria an der Düne" und vor allem das "Subtropische Badeparadies" erlauben wetterunabhängige Urlaubsfreuden. Beachtenswert ist das Hinterland, denn dort liegen einige der schönsten Gutshöfe Ostholsteins.

Wohl fühlen wird sich hier nur, wer sich darüber im Klaren ist, dass es sich um eine künstlich geschaffene Ferienanlage handelt, die überwiegend aus drei- bis vierstöckigen, nüchternen Wohnblöcken besteht. Mit über 1200 Ferienwohnungen und Hotelzimmern handelt es sich sogar um die größte Ferienanlage Deutschlands: 160.000 Gäste jährlich bringen es auf die stolze Zahl von 830.000 Übernachtungen. Die Anlage wurde 1973 erbaut, ist aber keineswegs altersschwach, weil sie gepflegt, ständig modernisiert und erweitert wird, zuletzt im Jahr 2002. Alle Annehmlichkeiten liegen in unmittelbarer Nähe: Schwimmbad, Sauna, Solarium, Tennisplatz, Minigolfanlage, Supermarkt, Restaurants, Geschäfte und vieles mehr. Ein Höhepunkt ist sicher das **Subtropische Badeparadies** mit der 157 m langen Superrutsche. Sehr gelungen ist der an der Zufahrtsstraße gelegene, erst im Jahre 2001 angelegte **Columbus-Park,** ein 120.000 m^2 großer Abenteuerspielplatz, auf dem die Kinder an jeder Ecke etwas Neues entdecken, zum Beispiel eine Hängebrücke über die kleine Seenlandschaft, wo sich Pelikane und heimische Wasservögel tummeln (Eintritt frei).

Der Strand selbst ist nicht ganz so feinsandig wie an der Lübecker Bucht und noch enger mit Strandkörben belegt. Ab und zu wird die Ruhe von den Aktivitäten auf dem direkt benachbarten Truppenübungsplatz Putlos gestört, der den Strand nach Nordosten hin begrenzt. Bevor man den 30–40 m breiten Strand erreicht, müssen die hohen Dünen des schmalen Naturschutzgebietes Weissenhäuser Brök überwunden werden.

Weissenhäuser Strand: Columbus-Park

• *Vorwahl* 04361

• *Information/Zimmervermittlung* **Ferienpark,** 23758 Weissenhäuser Strand, Seestraße 1, ✆ 55-0, Bungalows/Appartements unter ✆ 55-40, Strandhotel unter ✆ 55-2771, www.weissenhaeuserstrand.de. Kurtaxe 2 € (Nebensaison 1 €), Kinder frei.

• *Schwimmbäder* **Subtropisches Badeparadies,** unter dem Motto "Draußen Ostsee – drinnen Südsee" garantieren 31 °C Luft- und 29 °C Wassertemperatur auf 5500 m² ganzjährig Badespaß mit Wassergrotte, Palmengarten und zwei Wasserrutschen, eine 70 m lang, die andere – natürlich die Attraktion – 157 m lang und mit Lichteffekten in der Röhre. Whirlpools und eine Saunalandschaft (1 € Aufschlag) dürfen natürlich nicht fehlen. Täglich 9.30–20.30 Uhr geöffnet. Für 3 Stunden 10 €, Kinder/Jugendliche bis 16 Jahre 6 €, Tageskarte 12,50 €, Kinder/Jugendliche 8,50 €. ✆ 55-2761.

Dünenbad im Kurzentrum, auch eine immerhin 3000 m² große Badelandschaft mit allem Komfort, aber mit mehr Ruhe. Zwei Schwimmbecken, Whirlpools und Saunalandschaft. Täglich 7–21 Uhr geöffnet. 2 Stunden 8,50 €, Tageskarte 11 €. ✆ 55-2759.

Ferienpark-Urlauber erhalten in den Schwimmbädern Ermäßigung.

• *Parken* Parkgebühr auf den (von Oldenburg kommend) links liegenden länglichen Parkplätzen 0,50 €/Std., sonst 1,50 €/Std.

Umgebung von Weissenhäuser Strand

Eitz (Strand): Für Tagesgäste ist der Freizeitpark Weissenhäuser Strand aufgrund der vom Parkplatz aus relativ langen Fußwege nur bedingt geeignet. Das sehen auch die Einheimischen so, die eher den westlichen Strandabschnitt bevorzugen, der Eitz genannt wird. Er ist zwar etwas steinig, vor allem ab der Wasserlinie, aber dennoch hat dieser beliebte Flecken Strand reichlich Flair. Hinter dem Gut Weissenhaus zieht sich ein Wäldchen bis an die Küste. Hier kann (die Straße entlang bis zur Steilküste) in unmittelbarer Strandnähe im Schatten der Bäume kostenlos auf ausgewiesenen Plätzen geparkt werden, ebenso wie auf dem großen Parkplatz direkt an der Steilküste (die einen Spaziergang lohnt). Eine Rettungsstation und ein Kiosk sind ebenfalls vorhanden.

Schloss Weissenhaus: Der Name macht dem Gut alle Ehre, denn das weiß leuchtende, mächtige Herrenhaus bildet einen einnehmenden Kontrast zu der sich Richtung Ostsee ausbreitenden Parkanlage mit mächtigen alten Bäumen. Im Gegensatz zu den meisten Gütern Ostholsteins hat sich Weissenhaus für den Tourismus geöffnet. Nachmittags laden die auf der Rasenfläche stehenden Tische zum Kaffeetrinken ein.

Weissenhaus ist erst um 1600 durch Erbteilung aus dem großen Gut Farve (siehe unten) hervorgegangen. Der derzeitige Bau ist aber bereits das dritte Herrenhaus auf dem Gelände. Errichtet wurde es nach einem Großbrand im Jahre 1895 im neobarocken Stil. Nur der Keller mit seinen alten Tonnengewölben ist von seinem unmittelbaren Vorgängerbau geblieben. Hier ist heute ein Restaurant untergebracht. Gegenüber dem Schloss wurde hinter einer schützenden Mauer der alte Rosengarten wieder hergerichtet. Neben einem verfallenen Gewächshaus versprühen unzählige Rosenarten zur Blütezeit im Juni/Juli ihren Duft und leuchten in allen Farben.

• *Essen und Trinken* **Restaurant Schlosskeller,** eine gute Küche und ein burgähnliches Ambiente warten auf den Gast. Für 12–20 € lässt es sich unter Tonnengewölben gut speisen. Im Angebot sind in erster Linie feine regionale Gerichte, stolz ist man auch auf den gut sortierten Weinkeller. Erst ab 18 Uhr geöffnet, an Sonn- und Feiertagen auch von 12 bis 14 Uhr, Mo Ruhetag, ✆ 04382/350.

Im Sommer ist täglich von 14 bis 18 Uhr das **Schloss-Café** im Park geöffnet. Uralte Bäume spenden Schatten, während selbst gebackener Kuchen serviert wird.

Wieder hergerichtet: der Rosengarten von Schloss Weissenhaus

Gut Farve: Schon von weitem grüßt die 5 km hinter Oldenburg an der B 202 einsam gelegene Windmühle Farve (eine Holländermühle aus dem Jahre 1828), während sich das dazugehörige Hofgut im Tal versteckt. Der Name des sehr bedeutenden, bis in das Mittelalter zurückgehenden Adelssitzes ist slawischen Ursprungs und bedeutet so viel wie "Wiese" oder "Weide". Farve wird immer noch landwirtschaftlich genutzt und ist nicht zu besichtigender Privatbesitz. Der Weg zum Haus führt über eine kopfsteingepflasterte Brücke, der man die jahrhundertelange Benutzung deutlich ansieht. Völlig untypisch für die holsteinische Bauweise ist Farve ein um einen Innenhof gebauter vierflügeliger Prachtbau mit zwei sich diagonal gegenüberstehenden Türmen. Er stammt im Kern schon aus der Zeit um das Jahr 1500, erhielt aber erst 1837 seine vom englischen Burgenstil beeinflusste neugotische Fassade.

Der Silberfund von Farve

In der Gegend um Farve fand man 1847 bei Erdarbeiten dicht unter der Oberfläche zwei Steinsetzungen an einer Stelle, über die seit Jahrhunderten der Pflug gegangen war. Darunter entdeckte man einen Tonkrug, der einen großen Silberschatz enthielt: 17 Halsringe, ein silberner Schlüssel, silberne Bruchstücke der verschiedensten Art und über 4000 Münzen, im Ganzen 7 kg Silber. Die jüngste Münze stammt aus dem Jahre 1040 und datiert damit die Zeit, in welcher der Schatz wohl vergraben wurde. Münzen aus allen wichtigen deutschen Münzwerkstätten des 10. und 11. Jh. sind vertreten, aber auch solche aus Böhmen, der Normandie, England, Irland, besonders viele aus Ungarn und einige sogar aus dem nahöstlichen Raum. Die älteste Münze, geprägt im Jahre 898, stammt aus dem heutigen Usbekistan. Wer hier zu welchem Zweck sein eindrucksvolles Vermögen vergraben hat, ist bis heute ungeklärt. Jedenfalls verdeutlicht der Fund die geradezu weltumspannende Weite des Handels im Ostseeraum vor 1000 Jahren.

Kirche Hohenstein: An der B 202 liegt kurz vor Farve der Durchgangsort Hohenstein, der ebenso wie Weißenhaus, Testorf und Hansühn zur Gemeinde Wangels gehört. Ein kurzer Halt lohnt sich aber, denn die hiesige Kirche besticht durch ein freundliches Inneres mit vielen barocken Gestaltungselementen (alle aus den Jahren 1681–1698). Der erst 1840 an der Stelle eines Vorgängerbaus aus dem 13. Jh. errichtete Ziegelneubau ist eine Patronatskirche, wurde also von einem Gutsherrn gestiftet, weshalb noch heute die Rechte und Pflichten des Kirchenpatrons beim jeweiligen Besitzer von Farve liegen.

Holsteinische Gutsarchitektur in Ehlerstorf

Gut Ehlerstorf: Nur 3 km hinter Oldenburg – ebenfalls an der Bundesstraße Richtung Lütjenburg – liegt dieses von reetgedeckten Stallungen umgebene, malerisch anmutende Hofgut, eines der schönsten Beispiele der regionalen Gutsarchitektur. Das Anwesen wird nach wie vor landwirtschaftlich genutzt und ist daher nicht zu besichtigen. Von außen ist ein Gebäudeensemble zu erkennen, aus dem das äußerst stattliche reetgedeckte Kuhhaus hervorragt (frühes 19. Jh.). Das Torhaus mit seinem hohen reetgedeckten Walmdach (ebenfalls im frühen 19. Jh. erbaut) wurde wegen der Verlegung der Straße aber niemals als solches genutzt. Eine Allee führt zum Herrenhaus, das im Kern aus dem 16. Jh. stammt, aber im 18. Jh. umgebaut wurde und im Vergleich zu anderen Herrenhäusern eher schlicht wirkt.

Gut Testorf: An der Straße von Lensahn nach Lütjenburg liegt kurz vor Hansühn wieder ein bedeutender privater Gutshof. Das Herrenhaus aus dem Jahre 1774 ist ein zweigeschossiger, mit Efeu bewachsener Backsteinbreitbau mit einem gewaltigen Mansarddach, der 1902 erheblich verändert und um einen eckigen Turm erweitert wurde. Das links gelegene Kavaliershaus und der rechts gelegene Kutschpferdstall stammen ebenfalls aus den 1770er Jahren. Zu beiden Seiten erheben sich mächtige landwirtschaftliche Nutzbauten. Zum einen die reetgedeckte Scheune, im

Kern ein Fachwerkbau aus der Zeit um 1600, und gegenüber das 1888 erneuerte, ebenfalls reetgedeckte Kuhhaus. Sehr eindrucksvoll ist auch das an einem kleinen See gelegene Torhaus (von 1769) mit doppeltem Walmdach, Giebeldreieck und Uhr, zu dem ein baufälliger Damm führt.
Woran heute nichts erinnert: Testorf kann als eigentlicher Geburtsort des Schleswig-Holstein Musik-Festivals gelten, denn auf dem Gut wuchs als Flüchtlingskind Justus Frantz, der Begründer des Festivals, auf. Hier kam ihm die Idee, klassische Musik in den Herrenhäusern und Scheunen der Region erklingen zu lassen. 1985 wurde das Projekt in die Tat umgesetzt.

Kirche Hansühn: Auf dem Weg von Lensahn nach Lütjenburg kommt man zwangsläufig durch den mit 100 m über NN für holsteinische Verhältnisse schon sehr hoch gelegenen Ort Hansühn. Auf dem höchsten Punkt stand schon im 13. Jh. eine mit der Zeit baufällig gewordene Kirche, an deren Stelle 1896 ein neugotischer Bau errichtet wurde. Die barocke Einrichtung hat man aber aus der alten Kirche aus- und in die neue eingebaut, beispielsweise die prächtige emporenartige Gutsloge der Herrschaft von Testorf und Weissenhaus. Leider ist die Kirche nicht immer geöffnet. Stolz ist man hier darauf, dass die Kirchturmspitze mit 145 m über NN die höchste von Schleswig-Holstein ist.

Sehlendorfer Strand/Blekendorf

1850 Einwohner

Sehlendorfer Strand gehört zu den acht Dörfern der Gemeinde Blekendorf und liegt ein wenig im touristischen Schatten von Hohwacht. Auf dem Gemeindegebiet Blekendorfs befindet sich neben einer sehenswerten Steinzeit-Grabanlage – ein echter archäologischer Leckerbissen – auch der bekannte Nessendorfer Eselpark, der Ziel vieler Familien mit Kindern ist.

Der feinsandige Sehlendorfer Strand erstreckt sich vom Eitz (Weissenhäuser Strand) bis nach Hohwacht. Der eigentliche Badestrand, in dessen Nähe auch einige große Campingplätze liegen, ist vom Ort Sehlendorf aus beschildert und gut zugänglich. Hier befinden sich neben einem Parkplatz einige kleine Pavillons mit Korbvermietung, Strandbasar, Bäckerei und Restaurant. Schön ist ein Spaziergang vom Badestrand aus nach Osten. Bis zu 4 km am Wasser entlang läuft man über einen breiten weißen Strand, vorbei an einem unberührten Teil Steilküste. Herrlich ist auch der Weg direkt auf der Steilküste hoch über der weiten blauen Ostsee.

Vor dem Badestrand liegt der einzige See Schleswig-Holsteins, der noch eine offene Verbindung zur Ostsee hat. Er bildet das weitgehend unberührte kleine **Naturschutzgebiet Sehlendorfer Binnensee.** Hier haben seltene und scheue Vögel wie der Seeadler oder der Singschwan ihr Revier. Ein Wanderweg führt durch das Naturschutzgebiet nach Hohwacht. Kurz vor dem Campingplatz Tivoli zweigt an einer kleinen Holzbrücke ein Weg zu einer Aussichtsplattform direkt am See ab, von der aus das Treiben der Vögel gut zu beobachten ist.

- *Vorwahl* 04382
- *Information* **Kurverwaltung Sehlendorfer Strand,** Gemeinde Blekendorf, 24327 Sehlendorf, ✆ 92234, www.sehlendorfer-strand.de. Strandkarte (inkl. Parkplatzgebühr) 2,50 €.
- *Segel- und Surfschule* **Stefan Sachau,** Sehlendorfer Strand, ✆ 0177/1106396.
- *Übernachten* **Campingplatz Schoening,** 280 großzügig angelegte Plätze in Hanglage mit Blick auf die Ostsee, davon aber nur 40 für Touristen. Gepflegte Sanitäranlagen, Kiosk, Strandnähe, Hunde erlaubt. Wewerin 1, ✆ 1522 u. 847, www.ostseecamping-schoening.de

Hohwachter Bucht

Ruhig und beschaulich: Sehlendorfer Strand

• *Essen und Trinken* **Zum alten Packhaus,** kurz vor Sehlendorfer Strand gelegen, innen rustikal gehalten, mit schattiger Terrasse unter uralten Linden. Hier hat man einen schönen Blick quer über den Sehlendorfer Binnensee auf Hohwacht. Auf der umfangreichen Karte mit herzhaften Gerichten gibt's auch Holsteiner Spezialitäten, gut und deftig ist das "Sehlendorfer Allerlei" (Sauerfleisch, Bratheringe, Matjesfilets mit Schmandsoße und Bratkartoffeln für 10 €). Strandstraße 20, ✆ 345.

Sehenswertes

Eselpark Nessendorf: Nessendorf liegt etwas versteckt im Hinterland. Doch es gibt kaum ein anderes Ausflugsziel, für das in den Ostseebädern mehr geworben wird. Die massenhafte Reklame schraubt die Erwartungen hoch, ebenso wie die überdimensionierte Hofeinfahrt. Doch Nessendorf ist ein Beleg dafür, dass das, was groß angekündigt wird, nicht unbedingt sonderlich sensationell sein muss. Denn tatsächlich erwartet die meist mit Kindern anreisenden Familien weniger ein Park als ein Bauernhof, in dem die meisten der über 100 Esel in zwei größeren Scheunen gehalten werden. Darüber hinaus gibt es jede Menge Möglichkeiten, neben dem Eintritt noch weiteres Geld loszuwerden, z. B. in der SB-Gaststätte oder beim obligatorischen Ausführen der meist störrischen Esel mit angehängter Kutsche auf einem vorher genau fixierten Kurs.

Anfahrt/Öffnungszeiten Wer von Oldenburg oder Lütjenburg über die B 202 kommt, muss bei Kaköhl abbiegen. Wer aber auf der Landstraße von Lensahn nach Lütjenburg fährt, kommt unweigerlich durch Nesseldorf hindurch. 15.3–31.10. täglich 10–18 Uhr. Erwachsene 3 €, Kinder 2 €. Infos unter 01802/214646, www.eselpark.de.

Steinzeit-Grabanlage Ruserberg: Diese sehenswerte Langbetten-Grabanlage wurde um 2600 v. Chr. erbaut. Sie liegt in einsamer Landschaft 3 km vor Lütjenburg beim Ort Futterkamp (nördlich der B 202); orientieren kann man sich an den braunen Denkmal-Hinweisschildern. Drei "Riesenbetten" mit Ausmaßen von 30–60 m Länge sind hier erhalten geblieben. Das größte war einst von über 100 gewaltigen Findlingen (Dolmen genannt) eingefasst. Die Anlage vermittelt einen Eindruck davon, mit wie viel Aufwand und Ehrfurcht die Menschen in der Jungsteinzeit und Bronzezeit ihre Toten bestattet haben. Im kleinsten Langbett liegen zwei Grabkammern frei, deren Decksteine fehlen.

Die ganz in der Nähe liegende mittelalterliche Burganlage **Schlichtenberg** besteht lediglich aus zwei unspektakulären Burghügeln.

Megalithgräber Kaköhl: An der B 202 von Blekendorf nach Oldenburg weist bei Kaköhl-Buschkate ein braunes Schild auf Megalithgräber hin. Ein ausgefahrener Feldweg führt zu den für Laien nur noch als eine Ansammlung von Steinen wahrnehmbaren Gräbern aus der jüngeren Steinzeit (um 2500 v. Chr.). Sie liegen umzäunt inmitten einer Weide und sind nur etwas für Liebhaber.

Feldsteinkirche Blekendorf: Die 800 Jahre alte Kirche St. Claren mit ihrem weithin sichtbaren Turm ist ein imposantes Gebäude und beeindruckt durch ihre ordentlich aufgeschichteten, fast quadratischen Feldsteine. Gestiftet wurde sie von Graf Adolf IV. nach der siegreichen Schlacht von Bornhöved gegen die Dänen (1227). Der 55 m hohe, wuchtige Kirchturm wurde erst 200 Jahre später gebaut. Er ist zwar etwas überdimensioniert, gilt aber als einer der schönsten Ostholsteins. Die bei den späteren Umbauten verwendeten Backsteine prägen die Turmansicht. Im Inneren fällt der Blick zunächst auf den bis unter die Decke reichenden hölzernen Barockaltar (um 1690) und die noch ältere Kanzel (um 1600).

Steinzeit-Grabanlage Ruserberg

Hohwacht

900 Einwohner

Das ehemalige Fischerdorf, das der ganzen Bucht den Namen gab, liegt inmitten urwüchsiger Natur zwischen einem grünen Band dichter Waldbäume und der blauen Ostsee. Ruhe und Beschaulichkeit sind hier Trumpf.

Schon die Anfahrt ist ein Erlebnis. Von der Bundesstraße zweigt bei Lütjenburg eine großartige Allee mit uralten Bäumen nach Hohwacht ab. Direkt an der Straße liegt unübersehbar ein 9 m hoher, ungeöffneter Grabhügel aus der Bronzezeit. Fast 6 km geht es durch schönste geschwungene holsteinische Landschaft (vorbei am

Der Strand von Alt-Hohwacht

Gut Neudorf) bis hin zur Küste. Auch im Ort selbst dominiert die Farbe Grün. Der Wald ragt bis an Hohwacht heran, ja in den Ort hinein, und kein Gebäude lugt über die Baumwipfel hervor. Es erweist sich heute als ein Segen, dass die Gemeindeväter und -mütter sich rechtzeitig darauf besonnen haben, trotz des boomenden Tourismus keine Bettenburgen zuzulassen. Naturschutzgebiete rings um den Ort am Großen Binnensee und am Sehlendorfer See sorgen dafür, das Hohwacht das grüne Bad der Ostseeküste bleibt.

Aber auch in Hohwacht ließ sich das Rad der Geschichte nicht zurückdrehen. Von der Idylle eines Fischerdorfs und den einstigen reetgedeckten Fischerhütten ist kaum etwas übrig geblieben. Immerhin gibt es noch ein paar Freizeitfischer, die wie in alten Zeiten ihren Fang direkt am Strand räuchern und ihn gelegentlich in ihren grünen Holzhütten am Badestrand zum Kauf anbieten.

Am Ende der nach Alt-Hohwacht hinabführenden Straße (Am Buchholz) liegt ein großer, gebührenpflichtiger Parkplatz. Von hier aus sind es noch etwa 300 m zu einem feinsandigen Strand; der Weg wird von einigen netten kleinen Hotels und Ferienwohnungen gesäumt. Dies ist die vielleicht schönste Ecke des Ortes. Der kleine Badesteg am Fischereiliegeplatz unterscheidet sich noch sehr von den repräsentativen Seebrücken der großen Badeorte, und auch die Zahl der Strandkörbe ist an dem schmalen, buchtähnlichen Strand noch überschaubar.

Im Norden erhebt sich die zu Spaziergängen einladende hohe Steilküste mit Ferienwohnungen im Stil der 1970er Jahre; westlich davon schließt sich der größere, von Heckenrosen geschützte Strandabschnitt Hohwachts an. Neben einem Parkplatz gibt's die üblichen Angebote wie Imbiss, Minigolf, ein Kurmittelzentrum und natürlich mit dem Dünenweg so etwas wie eine kleine Promenade für den abendlichen Spaziergang. Der Strand wird durch Holzbuhnen gesichert und ist etwas mit Steinen durchsetzt, verspricht aber noch echte Badefreuden.

Geschichte: Jahrhundertelang blieb der Ort ein kleines, unbedeutendes Fischerdorf mit weniger als zehn Häuschen. Doch schon seit dem 17. Jh. gab es Pläne, eben jene Ansiedlung zu einem größeren Hafenort auszubauen. Die Ergebnisse waren allerdings bescheiden, denn es kam lediglich dazu, dass gelegentlich ein paar Frachtschiffe für das nahe Lütjenburg vor Hohwacht auf Reede lagen und einige kleine Speicher deren Güter aufnahmen oder das Korn lagerten, das von hier aus verschifft wurde. Als dann 1871 nicht einmal der geplante Gleisanschluss zustande kam, war das zunächst ein weiterer Rückschlag für den Ort. Doch alles hat bekanntlich zwei Seiten: Im Gegensatz zu den aufstrebenden Ostseebädern blieb Hohwacht beschaulich, und genau diese Ruhe war es, die um 1900 die ersten Badegäste anlockte. Die besondere, herbe Stimmung mit ihren herrlichen Farben begeisterte bald nicht nur Sommerfrischler, sondern zog auch Maler wie den Expressionisten Karl Schmidt-Rottluff (in den Jahren 1914 und 1918) in den Ort. Heute ist Hohwacht eines der bekanntesten Seebäder der Ostsee und dennoch angenehm ruhig geblieben.

Information/Adressen

- *Vorwahl* 04381
- *Information/Zimmervermittlung* **Tourist-Service Hohwacht**, Berliner Platz 1, 24321 Ostsee-Heilbad Hohwacht, ✆ 9055-0, www.hohwacht.de. Kurtaxe 2,50 €, Kinder frei.
- *Fahrradverleih* **E. Kloth,** Strandesberg 1, ✆ 5214, auch Tretmobile und Bollerwagen.
- *Sauna* **Strandhotel,** Strandstr. 10, ✆ 6091 oder 6092.
- *Hundestrand* Hohwacht hat ein Herz für Hundeliebhaber: Gleich drei Hundestrandabschnitte stehen zur Verfügung.
- *Segel- und Surfschule* **Ostwind-Segelsport,** Am Brackstock (auch Bootsverleih und Wasserski), ✆ 9051-0.
- *Tennis* Am Kurpark, Anmeldung im Hotel Hohe Wacht, ✆ 90080.

Übernachten/Essen und Trinken

- *Übernachten* Das Angebot an teuren Hotels ist groß, einen Campingplatz gibt es dagegen nicht.

Hohe Wacht, Vier-Sterne-Haus in ruhiger Lage, gut 100 m vom Strand entfernt. Große Fenster in dem vergleichsweise neuen Hotel sorgen für helle Zimmer, eine große Appartementanlage gehört zum Haus, ebenso ein Schwimmbad, eine Sauna und ein gehobenes, großräumiges und gediegenes *Restaurant* mit Wintergarten und ausgezeichneter Küche. Hier gibt es auch Spezialitäten wie französische Barbarieentenbrust oder Filetmedaillon vom Holsteiner Ochsen. 23 Zimmer, DZ 130–200 €. Am Kurpark, ✆ 90080, www.hohe-wacht.de.

Hotel Seeschlösschen, wie der Name schon sagt, schlossähnlicher, moderner Bau in toller Lage direkt am Strand, schöner Panorama-Frühstücksraum (reichhaltiges Frühstücksbuffet), die meisten der 30 Zimmer sind sehr groß. Nobler Freizeit- und Wellnessbereich mit Schwimmbad, Sauna, Dampfbad etc. Zum Haus gehört ein trotz Marmorfußboden einfach, aber behaglich eingerichtetes *Restaurant* mit schmackhafter Küche. DZ ab 120 €. Dünenweg 4, ✆ 4076-0, www.seeschloesschen-hohwacht.de.

Haus am Meer, das 23-Zimmer-Haus ist nur durch Promenade und Heckenrosen vom Strand getrennt. Schwimmbad mit Gegenstromanlage, Sauna und weitere Annehmlichkeiten haben natürlich ihren Preis: DZ 85–150 €. Im *Restaurant "De Schwatte Gret"* wird in gediegenem Ambiente vor allem täglich frisch angelieferter Fisch serviert, z. B. ein Seezungenfilet für 15,50 €. Dünenweg 1, ✆ 4047-0, www.ostseekueste.de/hausammeer.

Hotel Genueser Schiff, ganz einsam westlich vom Hauptort zwischen Strand und Salzwiesen gelegen, schon vor 50 Jahren in einer reetgedeckten Hofanlage mit 17 Zimmern eingerichtet und nach einer Textzeile in Nietzsches Gedicht "Nach neuen Meeren" benannt. Der Strand ist hier nur noch ein schmales steiniges Band, weshalb man aus der Not eine Tugend gemacht und direkt auf der zum Strand übergehenden Wiese vor dem Haus ein *Strandkorbcafé* eröffnet hat. Da der Promenadenweg hier fast endet, ist das Café allerdings tagsüber

Hohwachter Bucht

stark von Spaziergängern frequentiert. Auch ein kleines, urgemütliches *Bistro* (leckere Krabbensuppe) und ein anspruchsvolles, aber beengtes *Restaurant* sind vorhanden (Menü 35–57 €). DZ ab 100 €. Seestraße 18, ✆ 7533, www.genueser-schiff.de.

Strandhotel Hohwacht, das kleine Hotel mit hauseigener Sauna in Alt-Hohwacht liegt fast direkt am Strand (schon in der autofreien Zone). 25 nicht ganz so große, aber nette Zimmer. Unter den angeflanschten Arkaden vorm Haus stehen die Tische des zum Hotel gehörenden *Café-Restaurants Fischerstube*, in dem es auch eine große Spielecke für Kinder gibt. Die Küche ist ordentlich, z. B. Dorschfilet für 12,50 €. DZ 80–90 €. Strandstraße 10, ✆ 6091 u. 6092, www. strandhotel-hohwacht.de.

Hotel Seelust, direkt neben dem Strandhotel, aber in etwas familiärerer Atmosphäre. Liebevoll angerichtetes Frühstücksbuffet, und zur Kaffeezeit gibt's auch schon mal hausgemachten Kuchen. 14 Zimmer, DZ 50–75 €. Strandstraße 8, ✆ 40790, www.hotelseelust.de.

• *Essen und Trinken* Die meisten Hotels von Hohwacht verfügen auch über ein Restaurant. Bescheidener und dennoch gut isst man bei:

Haus Störtebeker, unscheinbar liegt die sehr einfache Gaststätte mit kleiner Terrasse nicht weit entfernt vom Parkplatz am Weststrand. Innen wird's mitunter eng, denn es stehen lediglich drei Tische zur Verfügung, an denen der Wirt gutbürgerliche Küche serviert, z. B. Seezunge für 13,50 €. Seestraße 12, ✆ 1805.

Café-Restaurant Central, mitten im Ort liegt diese in gemütlichem, mit in Blautönen abgesetztem Holzmobiliar eingerichtete Gaststätte, die auch junges Publikum anlockt. Das Central ist immer gut besucht, das Rumpsteak ist für 9,90 € zu haben, die schöne, große Terrasse entschädigt für die weniger spektakuläre Lage am Berliner Platz. ✆ 7965.

Sehenswertes

Gut Neudorf: Das auf einem Hügel unmittelbar am Ufer der Kossau liegende Herrenhaus wurde 1703 gebaut, aber seine heutige äußere Gestalt als spätklassizistischer Dreiflügelbau stammt von einem späteren Umbau aus dem Jahr 1856. Die mit sandfarbenen Steinen gestaltete Fassade inmitten der landwirtschaftlich genutzten Hofanlage erinnert ein wenig an ein mediterranes Landhaus und wirkt ganz und gar nicht schlossähnlich wie so manch anderes Gut in Holstein. Die Zufahrt zum Haus führt nicht, wie sonst üblich, über den Hof, sondern durch eine lange, prächtige Eichenallee um die Hofgebäude herum. Die Lage des Gutes war mit Bedacht gewählt, hatte man von hier aus doch einen prächtigen Fernblick über das einst bis zum Anwesen heranreichende Binnengewässer bis hinüber zur Ostsee.

Wanderung/Fahrradtour: Rund um den Großen Binnensee

Länge 13 km, zu Fuß gut 4 Stunden, auch als Fahrradtour geeignet (der Weg ist aber teilweise uneben).

Von Hohwacht geht's zunächst 2–3 km die Küste entlang bis zum kleinen **Hafen Lippe**. Wahlweise kann man am Strand entlanggehen oder den Weg auf dem Deich nehmen. Auf jeden Fall hat man die Ostsee immer vor Augen und meist eine steife Brise im Gesicht. Am **Gasthaus Klabautermann** in Lippe (einzige Möglichkeit zur Einkehr auf der Tour) immer geradeaus den kleinen Weg zwischen zwei Reetdachkaten hindurch, dann am Gitter vorbei bis zu einem kleinen, schönen Badestrand. Hier nicht den Strandweg nach Behrensdorf nehmen, sondern geradeaus *unterhalb* des Deiches weitergehen. Nach etwa 2,5 km führt links ein Spurbahnweg 500 m zur Straße, auf die man nach rechts einbiegt. Etwa 1 km weiter zweigt man nach links **Richtung Lütjenburg** ab (Fahrradfahrer nehmen besser gleich von Lippe aus die Straße bis zu dieser Kreuzung). Die Landschaft am nördlichen Binnensee ist bretteben, aber durch den schönen Blick auf den See mit seiner

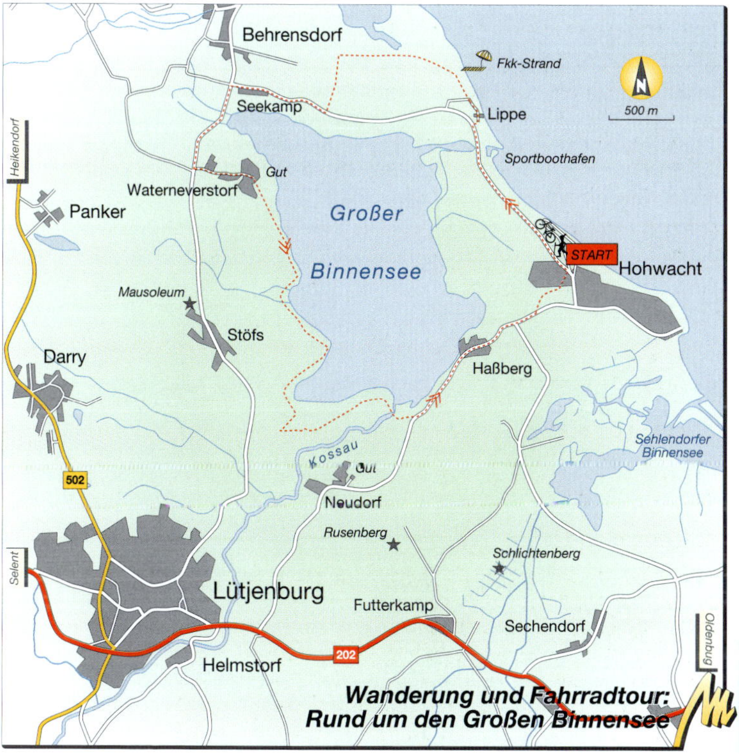

reichhaltigen Vogelwelt keineswegs langweilig. Das Schilf an den Ufern wird noch für den Reetdachbau geerntet.

Etwa 1 km nach der Abzweigung führt links eine von alten Bäumen flankierte Straße hinunter zum sehenswerten **Gut Waterneverstorf**. Von hier aus geht's weiter geradeaus durch die beeindruckende Allee Richtung See. Der Weg ist anfangs noch sehr breit, wird bei den Feldern (links am See entlang) aber etwas schmaler und bei schlechtem Wetter sehr matschig. Nach etwa 3 km kommt man zu einer Kreuzung (rechts ist eine Schranke). Zwei Wege führen hier hinauf in den Wald. Man nimmt besser den Weg geradeaus, der sich dann in einem Linksbogen nach oben zieht (immer auf diesem Weg bleiben bis über den Hügel hinweg). Am Ende dieses Weges folgt man dem kleinen Abzweig rechts hinab nach **Haßberg**. (Geradeaus führt der Weg auf das steile Seeufer zu, das heute Seeadlerschutzgebiet ist; der Sage nach lag hier einmal ein Schlupfwinkel von Klaus Störtebeker.) Der nur 500 m lange Weg hinab zur Straße wird immer enger und ist teilweise dicht mit Brennnesseln bewuchert. Wenn der Weg bald über eine kleine Brücke führt, dann ist man richtig. Kurz darauf folgt Haßberg, von wo man direkt weiter nach Hohwacht gelangt. Etwa 300 m vor dem Ortsschild führt links an einer Eiche ein schattiger Weg durch den dichten Wald hinunter zurück zum Strand.

Lütjenburg

5700 Einwohner

Die idyllische Kleinstadt im Rücken der Hohwachter Bucht besitzt eines der schönsten Stadtbilder Ostholsteins. Alle Wege, meist mit Kopfstein gepflastert, führen zum im Zentrum liegenden Marktplatz mit seinen guten Einkaufsmöglichkeiten in den historischen Bürgerhäusern. Die Umgebung der Stadt glänzt mit einigen der bedeutendsten Gutsanlagen des Landes in perfekter holsteinisch-hügeliger Landschaft.

Fast alles im Luftkurort Lütjenburg wird dominiert vom Rot der Backsteine – sogar die Gehwege und Straßen sind teilweise damit bedeckt. Die Stadt ist beliebt für einen Einkaufsbummel, ist sie doch Mittelpunkt der Region und verfügt deswegen über das entsprechende Angebot. Dennoch herrscht hier die sprichwörtliche Ruhe einer holsteinischen Kleinstadt.

Als Ausgangspunkt für einen Besuch bietet sich der Marktplatz an, auf dem bzw. in dessen Nähe man auch gut parken kann. Eine Rarität ist zweifellos das Ensemble von vier Bürgerhäusern, welches die Ostseite des Marktplatzes bildet (hinter der Bushaltestelle). Die vier historischen Backsteinbauten stammen aus vier Jahrhunderten (Markt 1 von 1680, Markt 2 von 1820, Markt 3 von 1900 und Markt 4 von 1780). Auf der gegenüberliegenden Seite fällt sofort das 1576 erbaute Färberhaus ins Auge. An dem zweigeschossigen Fachwerk-Giebelhaus mit den Backsteinfüllungen beeindrucken die reichen Verzierungen. Das Haus bietet den richtigen Rahmen für festliche Anlässe und dient heute als Standesamt. Vom davor stehenden Bürgerbrunnen schaut *Hein Lüth* dem lebhaften Treiben auf dem Marktplatz zu und hebt bedeutungsvoll seine Glocke (Hein Lüth war der Polizei- und Schuldiener, vor allem aber Stadtausrufer).

Färberhaus mit dem Bürgerbrunnen

Ein Stückchen weiter am Ende der Markttwiete kommt man zum Rathaus. Der eingeschossige Backsteinbau mit Mansarddach wurde 1790 erbaut. Wer mag, kann einen Blick durch die rundbogige Rokokotür werfen und wird im Foyer Ausstellungsstücke der *Lütjenburger Schützen- und Totengilde von 1719* finden. Natürlich wird die Gildetradition auch in Lütjenburg gepflegt, jeden Dienstag nach Pfingsten ist Bürgervogelschießen.

Wenn man vor dem Rathaus rechts abbiegt und ein kurzes Stück weiter links die Straße hinaufgeht, kommt man schon an der nächsten Ecke zu einem weiteren sehenswerten Gebäude, dem Bäckerhaus von 1790. Dort geht es links herum auf der Oberstraße zurück zum Markt. Wer noch Puste hat, kann die Teichtorstraße (links) hinauf zum Bismarckturm gehen, um einen schönen Blick auf die Stadt zu genießen (der Turm ist auch gut mit dem Auto erreichbar).

Geschichte: Steinzeitgräber und alte Burganlagen zeugen davon, dass die Landschaft um Lütjenburg schon früh besiedelt war. 1156 ließ Graf Adolf II. im Zusammenwirken mit Bischof Gerold im Zuge der Kolonisation Wagriens in *Lutilinburg* (= "kleine Burg") eine ebenso kleine Kirche bauen. Um diese herum entstand der Ort, der 1275 Stadt mit lübischem Recht wurde. Der lebhafte Handel, vor allem mit dem mächtigen Lübeck, währte jedoch nur kurz. Mitte des 14. Jh. machte die Pest dem geschäftigen Treiben in Lütjenburg ein Ende, die wenigen überlebenden Kaufleute kehrten der Stadt den Rücken. Lütjenburg geriet immer mehr ins Abseits, was vor allem auch daran lag, dass um die Stadt herum einige mächtige adelige Güter entstanden. Diese vermarkteten ihre Produkte, vor allem Getreide, direkt an große Kornhändler und brauchten die Lütjenburger Kaufleute dafür nicht. Es kam im 15. Jh. sogar so weit, dass die ganze Stadt in Konkurs ging und an die Ritter Rantzau vom Gut Neuhaus (am Selenter See) verpfändet wurde; die Bürger wurden damit untertänig gemacht, sie verloren also auch noch ihre Freiheit. Diese Verpfändung machte der dänische König Christian IV. zwar 1642 wieder rückgängig, aber das kleine Städtchen blieb, was es war, nämlich hauptsächlich ein Handwerkerort für die umliegenden Güter. Durch die im wahrsten Sinne des Wortes "fleißigen Handwerker", für die Lütjenburg bekannt wurde, konnte sich in der Folgezeit langsam wieder ein bescheidener Wohlstand entwickeln.

Jahrhundertelang war Lütjenburg auch die Stadt des Korns. Doch die letzte von einstmals elf Brennereinen hat die Produktion des traditionsreichen *Lütjenburger Korns* im Jahr 2002 aufgegeben.

- *Vorwahl* 04381
- *Information/Zimmervermittlung* **Tourist-Information,** Markt 4, 24321 Lütjenburg, ✆ 419941 u. 19433, www.stadt-luetjenburg.de.
- *Fahrradverleih* **Kessal,** Wehdenstr. 4, ✆ 4954; **Zweiradhaus Scheibel,** Auf dem Hasenkrug 2 a, ✆ 4690.
- *Sauna* **Hotel Ostseeblick,** Am Bismarckturm, ✆ 6688; **R. Stegelmann,** Markttwiete 2, ✆ 8419; **Kendzerski** (Fitnesscenter), Mühlenstr. 14 a, ✆ 6249; **Iden,** Mühlenstr. 2, ✆ 7541.
- *Wohnmobil-Entsorgungsstation* Am Klärwerk im Niedermühlenweg.
- *Übernachten/Essen* **Hotel Ostseeblick,** das erste Haus am Platz ist in Ortsrandlage um den historischen Bismarckturm gebaut, aber in einer eher sachlichen Architektur gehalten. Recht große Zimmer (30 m²), alle mit Balkon. DZ 80–92 €. 11 m langes Hallenbad, Sauna und sogar eine Kegelbahn. Das *Restaurant* ist nicht nur bei Hotelgästen beliebt und bietet frisch zubereitete, schmackhafte Speisen, z. B. den hauseigenen Bismarckteller für 9 €. Geöffnet ab 11 Uhr, kein Ruhetag. Am Bismarckturm 3, ✆ 6688, www.ostseekueste.de/ostseeblick

Hotel Lüttje Burg, direkt am Markt in einem mit drei neueren Giebeln versehenen Backsteinhaus gelegen. Die Zimmer des 70-Betten-Hauses sind freundlich eingerichtet. Im *Restaurant* gibt's gutbürgerliche Küche (Putenbrust für 10 €). Auch Fahrradtouristen finden hier schon mal ein Zimmer. Sauna ist vorhanden. DZ 57–67 €. Markt 20, ✆ 4050.

Sehenswertes

St.-Michaelis-Kirche: Ein wenig unterhalb des Marktes liegt die überwiegend im 13. Jh. erbaute und nach dem Erzengel Michael benannte Kirche, die als eine der besterhaltenen des Landes gilt und das älteste Bauwerk der Stadt ist.

Durch den Seiteneingang gelangt man ins Kircheninnere. Der Blick fällt zunächst auf den kostbaren Flügelaltar von 1467. Das Mittelbild des hölzernen Altars zeigt mit ausdrucksvollen Figuren die Kreuzigung Christi. Das Kirchenschiff wird beherrscht von einem mächtigen spätgotischen Triumphkreuz, das von den Figuren

Hohwachter Bucht

Blick vom Bismarckturm über die Stadt Lütjenburg

der Gottesmutter Maria und des Jüngers Johannes flankiert wird. Der schlichte Granittaufstein stammt noch aus der romanischen Gründungszeit der Kirche. Er war lange Zeit ausgelagert, denn das Taufen durch vollständiges Untertauchen kam schon im 16. Jh. langsam aus der Mode. So wurde der Taufstein – um mehr Platz für Begräbnisse zu haben – im Jahre 1745 durch einen schwebenden Taufengel ersetzt. Dieser konnte mit einem Seilzug bewegt werden und trug gewissermaßen aus geöffnetem Himmel das Taufwasser in einer kleinen Schüssel herbei.

Als Kunstwerk von besonderem Wert gilt das Renaissance-Grabmal der Reventlows. Es wurde neben der Kanzel (von 1608) als kleine Kapelle an die Nordseite der Kirche angebaut. Graf Otto von Reventlow, , der um Lütjenburg fünf große Güter besaß, ließ dieses wohl bedeutendste Steingrabmal Ostholsteins noch zu seinen Lebzeiten ebenfalls im Jahr 1608 von dem belgischen Bildhauer Robert Coppens in einer Lübecker Werkstatt anfertigen. Vor einem Sandsteinrelief des Jüngsten Gerichts und dem gekreuzigten Christus knien Otto von Reventlow und seine Gemahlin sowie ihre vier Kinder – alle Figuren sind aus kostbarem Alabaster. Von der adeligen Herrschaft zeugen auch die nur von außen zugänglichen drei Gutslogen aus dem 17. und 18. Jh., die heute noch im Besitz der Familien der umliegenden Güter sind.

Öffnungszeiten Di–Sa von 9 bis 12 Uhr, oft auch bis 16 Uhr. Vom 15.6 bis 15.9 ist samstags um 11 Uhr Kirchenführung.

Bismarckturm: Der 18,5 m hohe Aussichtsturm auf dem Vogelberg wurde 1898 gebaut und ist das Wahrzeichen der Stadt Lütjenburg. Er bietet einen schönen Blick über die Stadt und ihr hügeliges Umland bis hin über den Großen Binnensee zur Hohwachter Bucht (der Blick vom nahe gelegenen Hessenstein ist aber noch etwas eindrucksvoller, siehe S. 175). Wer den Turm besichtigen will, muss in das Hotel

Ostseeblick hineingehen, am Tresen bezahlen und kann von dort den Turm erklimmen. Vor dem Hotel/Turm steht eine Friedenseiche von 1871.

Öffnungszeiten Täglich außer sonntagnachmittags. Erwachsene 1 €, Kinder 0,50 €.

Umgebung von Lütjenburg

Das Gebiet um Lütjenburg umfasst 14 nach wie vor selbständige Gemeinden mit zahlreichen Dörfern, die 1968 verwaltungstechnisch zum Amt Lütjenburg-Land zusammengefasst wurden. Nicht an die Ostsee grenzen die Gemeinden Helmstorf, Högsdorf, Kletkamp, Kirchnüchel, Dannau, Klamp, Giekau und Tröndel, die fast alle in den 1920er Jahren aus den entsprechenden Gutsbezirken gebildet wurden und deren zentrale Sehenswürdigkeit in der Regel eben jenes Hofgut ist.

Gut Helmstorf: Das stattliche Anwesen liegt jenseits der B 202 am südlichen Ortsrand von Lütjenburg und versteckt sich etwas hinter einem reichen Baumbewuchs. Das schlossähnliche, von der Familie von Buchwaldt genutzte Herrenhaus liegt an einem Hang, sodass der gewaltige Ostflügel drei Stockwerke hat, die übrigen Seiten jedoch nur über zwei Geschosse verfügen. Der Bau geht auf das Jahr 1725 zurück. Es folgten große Um- und Erweiterungsbaumaßnahmen, die letzte 1912. Wirtschaftsgebäude umsäumen den Hofplatz. Das älteste ist die Scheune am Südrand, sie wurde um das Jahr 1630 errichtet. Am Nordrand breiten sich zahlreiche Fischteiche aus, hier – im tiefen Tal der Kossau – bekommt man leckere Forellen aus eigener Zucht. Und natürlich beschäftigt man sich auf dem Gut, ganz standesgemäß, sehr erfolgreich mit Pferdesport und Pferdezucht.

Forellenzucht Reese (hier gibt's nicht nur Forellen), geöffnet Mo–Fr 8–17 Uhr, Sa 8–10 Uhr, So 10–12 Uhr, ✆ 404532, www.reese-fischzucht.de.

Gut Kletkamp: Etwa auf halber Strecke zwischen Schönwalde und Lütjenburg und abseits aller größeren Straßen liegt in herrlichster holsteinischer Landschaft Gut Kletkamp. Eine prächtige Kastanienallee führt zum Anwesen, an dem der Besucher durch ein großes, reich ornamentiertes Backsteintorhaus (von 1773) mit Dachtürmchen begrüßt wird. Die weitläufige, 1838 in großem Umfang umgebaute Hofanlage (u. a. wurden zwei große Fachwerkscheunen abgetragen) wird beherrscht vom bis auf die Rückseite weiß verputzten und ursprünglich als Wasserschloss erbauten Herrenhaus mit seinem steilen Walmdach. Im Kern ist es ein Fachwerkbau aus dem späten 16. Jh., wovon heute aber nichts mehr zu erkennen ist. Die Fassade wird überragt von einem eindrucksvollen Vorbau von 1676. Im Rahmen einer großen Renovierung im Jahr 2002 ziert die Stirnseite auch wieder jener kleine Turm, der 1952 einem Brand zum Opfer fiel.

Gut Kletkamp wurde in den über 600 Jahren seines Bestehens nie an ein anderes Adelsgeschlecht verkauft und befindet sich im Besitz der Grafen von Brockdorff. Man lebt von der Land- und Forstwirtschaft und hat außerdem große Fischteiche für die Karpfenzucht angelegt.

Zu Sylvester werden die Kletkamper Teiche abgelassen, dann werden die **dicken Karpfen** direkt angeboten. **Angeln** (nicht nur auf Karpfen) ist ganzjährig auf dem südlicheren der beiden großen Seen gestattet. Einfach die Angel ins Wasser hängen und warten, bis jemand kommt, der die Gebühr von 5 € kassiert (was allerdings nicht immer der Fall ist).

Langbett von Flehm: Kurz hinter dem Abzweig Kletkamp geht rechts (Schild) eine kleine Straße ab, die an einem Grabhügel aus der Jungsteinzeit vorbeiführt. Die Grabanlage ist in ihrer ursprünglichen Findlingsanordnung noch vergleichsweise

Hohwachter Bucht

gut erhalten (siehe Bild S. 25). Funde von Keramik, Schmuck und Pfeilspitzen deuten darauf hin, dass das Langbett etwa um 3000 v. Chr. errichtet und wahrscheinlich bis zur Bronzezeit benutzt wurde.

Gut Neuhaus: Das 6 km westlich von Lütjenburg in der Gemarkung Giekau gelegene Gut war einst ein Superlativ. Unvorstellbare 5335 ha gehörten bis 1923 zum Gutsbesitz, der heute immer noch 1335 ha Land und 450 ha Wasserfläche des Selenter Sees umfasst (dieser Teil des Sees ist heute weitgehend Naturschutzgebiet). Neuhaus war eher eine Herrschaft als ein herkömmlicher Gutshof; im 16. Jh. war sogar die Stadt Lütjenburg an Neuhaus verpfändet. Die gewaltige Größe führte auch zu beeindruckenden Bauten: Fast ein Dutzend riesige reetgedeckte Scheunen und Ställe standen ursprünglich vor dem Herrenhaus.

Am 10. Februar 1943 kam es hier zur Katastrophe. Eine damals 17-jährige Hausgehilfin wurde zur Brandstifterin und legte in den Abendstunden auf der Tenne des großen Kuhstalls Feuer. Da wegen der Verdunkelungsvorschriften des Krieges auch die Fenster der Ställe lichtsicher abgeschirmt waren, wurde das Feuer erst bemerkt, als es schon zu spät war. Nicht nur die über 100 Kühe im Stall verbrannten, durch den starken Wind griff das Feuer auch auf die umliegenden reetgedeckten Scheunen und Ställe über. Sieben mächtige Hofgebäude wurden durch die Flammen zerstört. Das heute immer noch stark landwirtschaftlich geprägte Gut hat dadurch einiges von seiner ursprünglichen Schönheit eingebüßt.

Das dreiflügelige Herrenhaus wurde im 16. Jh. in wunderschöner Lage am Seeufer errichtet. Es wird von einem imposanten Turm flankiert, der noch von einem Vorgängerbau stammt (um 1500). Seine äußere Form bekam es nach Umbauten um 1740. In den gut 500 Jahren seines Bestehens wurde Neuhaus nie verkauft und ist nach wie vor ein nur aus der Ferne zu besichtigender Privatbesitz.

2 km südlich des Guts liegt direkt an der B 202 in Seekrug an der gleichnamigen Bucht des Selenter Sees) eine nette Badestelle. Bei sommerlichen Temperaturen ist sie nicht nur für die Einheimischen ein beliebtes Ausflugsziel.

Seekrug, die reetgedeckte Fischkate an der B 202 ist weithin bekannt. Man kann hier an den Holztischen nicht nur leckeren Fisch essen (z. B. Zanderfilet für 12,50 €), sondern auch frischen Fisch kaufen. 11.30–21 Uhr, Mo Ruhetag, ✆ 04381/4908.

St.-Johannes-Kirche in Giekau: Von Innen ist der Bau viel schöner, prächtiger und vor allem älter, als dies von außen den Anschein hat, denn der 1812 erbaute Turm nimmt viel von der ursprünglichen Wirkung. Wer das um 1240 erbaute Gotteshaus betritt, ist deswegen geradezu überrascht vom harmonischen Innenraum mit den schräg gestellten Kirchenbänken und den gekalkten Feldsteinwänden. Sehr bemerkenswert ist der gotische Schnitzaltar (um 1500), der mit über 70 farbigen Einzelfiguren (!) im Mittelschrein die Passionsgeschichte darstellt. Die Kirche ist tagsüber im Regelfall geöffnet.

Gut Rantzau: Etwa 7 km südwestlich von Lütjenburg liegt direkt an der B 430 der schon zum Kreis Plön gehörende Herrensitz mit dem bekannten Namen des ehemals bedeutendsten Adelsgeschlechtes der Region. Schon 1226 wird der Stammsitz derer von Rantzau erwähnt. Heute präsentiert sich das häufig umgebaute Herrenhaus als großer, aber eher nüchterner Bau mit einer 1906 gebauten klassizistischen Fassade. Der etwas zurückversetzte, mit einem Turm gekrönte Eingang wird von zwei mächtigen Wohnflügeln flankiert. Nennenswerte Nebengebäude sind keine mehr vorhanden. Unübersehbar wird um das Gut herum heute Landwirtschaft und Pferdezucht betrieben.

Der kleine Hafen von Lippe

Behrensdorf

560 Einwohner

Die kleine Gemeinde mit ihren fünf Ortsteilen liegt etwas versteckt nördlich von Lütjenburg, eingebettet in ein ursprüngliches und besonders schönes Stück ostholsteinischer Landschaft. Sie hat mit dem Gut Waterneverstorf, dem Hafen Lippe und dem Leuchtturm Neuland drei interessante Ausflugsziele zu bieten.

Wer auf Strandpromenade und nette Restaurants verzichten kann, wird sich hier wohl fühlen. Die großen Touristenströme ziehen an Behrensdorf vorbei, das begrenzt und umgeben wird von der Ostsee sowie dem Großen und Kleinen Binnensee. Bis in die 1950er Jahre war Behrensdorf eine reine Bauerngemeinde, nur langsam bewirkte der Fremdenverkehr einen Strukturwandel. Auch wenn nach wie vor die Beschaulichkeit vorherrscht, gibt es auf dem Gemeindegebiet heute immerhin über 600 Gästebetten und drei Campingplätze mit insgesamt 840 Stellplätzen.

Der weiträumige, kurtaxenfreie Strand in Leuchtturmnähe ist etwas steinig. Steinmolen teilen hier das Wasser und schaffen so kleine Badebuchten. Um den nur durch einen Wall von der Ostsee getrennten Kleinen Binnensee liegt ein Naturschutzgebiet, in dessen Salzwiesen seltene Vogelarten brüten. Der Strand davor ist FKK-Bereich.

Wer von Hohwacht aus die kleine Küstenstraße entlangfährt, kommt zuerst nach **Lippe,** das wegen seines kleinen Yachthafens vor allem den Seglern ein Begriff ist. Das wunderschöne, nur aus dem Hafen und einigen reetgedeckten Katen sowie einem Campingplatz bestehende Örtchen liegt direkt am Zugang zum fischreichen Großen Binnensee, der sich bis fast nach Lütjenburg erstreckt. An der Westseite des Hafens (direkt neben dem Restaurant Klabautermann) erstreckt sich ein kleiner, unbewachter Badestrand mit ebenso kleinem Parkplatz. Der schöne Naturstrand zieht sich noch ein ganzes Stück die Küste entlang und wird im westlichen Teil zum FKK-Bereich.

Eine landschaftlich besonders reizvolle Gegend ist auch die Umgebung von **Stöfs,** das etwas erhöht liegt und herrliche Ausblicke über die knickbegrenzten Felder und den Binnensee bis hin zur Ostsee erlaubt. Nimmt man die übliche Route über Lütjenburg nach Behrensdorf, so kommt man hier zwangsläufig vorbei.

- *Vorwahl* 04381
- *Information* **Gemeinde Behrensdorf,** ✆ 4986. Keine Kurtaxe.
- *Fahrradverleih* **Charly's Fahrradverleih,** Hasensteg 1, ✆ 9772; **E. Prahl,** Neuland 3 (Campingplatz), ✆ 7928.
- *FKK-Strand* Zwischen dem Kleinen Binnensee und Lippe (mit WC).
- *Übernachten* **Camping Waldesruh,** modern ausgestatteter und immer gut besuchter Campingpark mit 330 Plätzen in der Nähe des Leuchtturms. Rustikal eingerichtetes *Restaurant* (Mo Ruhetag) und ein kleiner Laden auf dem Gelände. ✆ 8555, www.camp-waldesruh.de.

Campingplatz Lippe, schöner, ruhiger Platz direkt hinterm Deich des idyllischen Hafens von Lippe. Kein Anmeldehäuschen, der Campingwart (✆ 0174/4962497) kommt 4-mal am Tag vorbei. Auch Tagescamping möglich. Vom 1.4. bis 15.10 geöffnet. ✆ 4071-10.

- *Essen und Trinken* **Klabautermann,** das Gasthaus hat einen tollen Platz am Hafen von Lippe. Holzbänke und Tische vor der kleinen, reetgedeckten Kate stehen auf einer Wiese fast direkt am Strand. Innen geht's im Holzpanelen-Look rustikal zu. Man isst vor allem Deftiges, insbesondere gebratenen Fisch (z. B. Rotbarschfilet für 12,50 €). Täglich 11–21 Uhr, ✆ 8250.

"Hier hielt König Wilhelm"

steht auf einem wenig beachteten, schlichten Gedenkstein an der Straße kurz vor dem Örtchen Stöfs. Der Fahrweg hat Geschichte: Kaiser Wilhelm I. (damals noch König Wilhelm von Preußen) kam hier vorbei, als er wenige Monate nach den Freiheitskämpfen mit Dänemark und der Annektierung des Landes durch Preußen im Jahre 1868 eine Reise durch sein neues Territorium unternahm. Voller Verzückung über die Schönheit der Natur ließ er anhalten und brachte seine Bewunderung zum Ausdruck. An eben jener Stelle wurde zur Erinnerung der Stein mit seiner knappen Inschrift aufgestellt.

Sehenswertes

Leuchtturm Neuland: Mit 40 m Höhe ist er weithin sichtbar, bildet das Wahrzeichen des Feriengebietes und findet sich daher auch im Ortswappen wieder. Der backsteinerne Leuchtturm wurde 1916 gebaut und noch bis 1982 von einem Leuchtturmwärter gewartet. Heute dient er nur noch als Warnzeichen bei den Schießübungen im angrenzenden Bundeswehrstützpunkt Todendorf. In der Nähe des Turms liegen die Campingplätze der Gemeinde, auch der kurtaxenfreie Badestrand ist nur einige Meter entfernt.

Gut Waterneverstorf: Das herrliche Anwesen der Grafen von Waldersee liegt gut erreichbar unterhalb der Straße von Lütjenburg nach Behrensdorf. Es ist parkartig eingebettet zwischen Baumgruppen und dem Großen Binnensee, der früher einmal Waterneverstorfer See hieß, womit schon anklingt, welch große Bedeutung dem Gut einstmals zukam (zur Namensgebung siehe S. 205). Das Herrenhaus steht auf den Fundamenten einer ehemaligen mittelalterlichen Wasserburg aus dem späten 15. Jh., wurde aber zuletzt 1852 stark verändert und zeigt sich heute als prächtiger, weiß getünchter Backsteinbau. In seinem Seitenflügel sind mehrere Ferienwohnungen untergebracht. Die Landwirtschaft spielt auch hier noch eine bedeutende Rolle, was schon daran deutlich wird, dass auf dem Anwesen ein riesiges Getreidesilo

Das prächtige Herrenhaus von Waterneverstorf

steht. Leider sind die historischen Hofgebäude größtenteils verschwunden; sie fielen im Jahre 1965 einem Brand zum Opfer. Um das Gut herum liegen zahlreiche reetgedeckte Katen, einige davon wurden zu Ferienhäusern umgebaut (Informationen unter ✆ 4071-0).

Mausoleum der Familie von Waldersee: Kein Hinweisschild deutet darauf hin, dass sich beim Ort Stöfs das Grabmal des Feldmarschalls von Waldersee befindet. Alfred von Waldersee (1832–1904) wurde im Jahre 1900 auf Betreiben von Kaiser Wilhelm II. zum Generalfeldmarschall und Oberbefehlshaber der vereinigten europäischen und japanischen Truppen bei der Niederwerfung des Boxeraufstandes in China ernannt. Das Grabmal liegt sehr ruhig und verlassen inmitten eines kleinen Privatfriedhofs der Grafen von Waldersee. Von hier aus hat man einen traumhaften Blick über die Gutsherrschaft, den Binnensee bis hin zur Ostsee.

• *Anfahrt* Unmittelbar beim Ortsschild Stöfs (von Behrensdorf kommend) scharf rechts den Pflastersteinweg hochfahren. Nach einigen Metern weitet sich der Weg platzähnlich (gute Parkmöglichkeit), hinter einem neu renovierten Reetdachhaus im Wäldchen rechts liegt der Friedhof.

Panker

1500 Einwohner

Panker lebt von und mit seinem Gut, in dem früher Kaiser und Könige Europas zu Gast waren und das sich heute als eine der schönsten Gutsanlagen der Region präsentiert. Doch nicht nur das leuchtend weiße Schloss Panker, auch der einen phantastischen Rundblick bietende Aussichtturm Hessenstein lohnt den Besuch.

Die Landgemeinde Panker reicht vom an der Ostsee gelegenen Todendorf bis zum Örtchen Darry nahe Lütjenburg. Doch die Hälfte des Gemeindegebiets – fast unvorstellbare 1150 ha – gehört auch heute noch zum Hofgut und wird auch von diesem bewirtschaftet. Badetourismus bleibt der Gemeinde verwehrt, denn Todendorf ist ein Stützpunkt der Bundesmarine. An der Ostsee ist lediglich ein kleines Stück Steilküste am Hubertsberg zugänglich, das sich aber gut für einen Spaziergang eignet.

Der Name Panker ist abgeleitet vom slawischen Wort *pan,* was so viel wie "Herr" bedeutet und darauf hindeutet, dass sich in der geschützten Niederung schon in wagrischer Zeit ein Herrensitz befand, vielleicht der eines Häuptlings.

- *Vorwahl* 04381
- *Information* **Gemeinde Panker,** Hauptstraße 39, 24321 Darry, ✆ 9688.
- *Essen und Trinken* **Ole Liese,** das auf Gut Panker gelegene und wegen seiner Küche weithin bekannte, geschichtsträchtige Restaurant hält, was es verspricht: gediegen-gemütliches Ambiente und bestes Essen. Allerdings sitzt man, vielleicht entgegen der Erwartung, relativ einfach auf Holzbänken und -stühlen, was den Genuss jedoch nicht schmälert. Die Karte wechselt ständig, für eine gratinierte Rotbarbe mit Ziegenkäse muss man mit 22 € rechnen. Besser einen Tisch vorbestellen, ✆ 90690.

Forsthaus Hessenstein, ausgezeichnet und in wunderschöner Lage kann man auch am vor dem Aussichtsturm gelegenen alten Forsthaus speisen. Ein Teil des Hauses ist eher wie eine Bar gestaltet, im anderen Teil isst man gemütlich bei Kerzenschein, z. B. Entenbrust auf Balsamicolinsen für 16 €. Peter Marxen ist bekannt dafür, dass bei ihm stets frische Speisen auf den Tisch kommen. In der Woche ab 18 Uhr geöffnet, Sa ab 14 Uhr, So ab 12 Uhr, sodass es am Wochenende hier auch Kaffee und Kuchen gibt (Juni–Oktober Mo Ruhetag, ansonsten auch Di). Reservierung erbeten, ✆ 9416.

Das Testament des Fürsten

Friedrich Wilhelm von Hessenstein , (gest. 1808), der sogar zum Reichsfürsten ernannt wurde, war ein bemerkenswerter und hochangesehener Mann. Als Alleinerbe von Panker und der ganzen Herrschaft Hessenstein war er weder verheiratet noch hatte er Kinder. Deshalb übertrug er seinen Besitz als unteilbares und unveräußerliches Vermögen der Hauptlinie der Landgrafen von Hessen-Cassel.

Seinem Rechtsnachfolger legte er im Testament die Verpflichtung auf, dass "alle Leibeigenen freigemacht werden müssen", eine Forderung, die für die damalige Zeit geradezu revolutionär war. In einem Nachtrag zum Testament verfügte er darüber hinaus, dass die Versorgung seiner Hunde, Katzen und Reitpferde – vor allem die seiner alten Stute Liese – sicherzustellen sei.
Dieser testamentarische Zusatz führte letztlich zur Gründung eines der berühmtesten Restaurants der Küste, dem Gourmet-Tipp "Ole Liese". Unter der Voraussetzung, sich der Pflege Lises anzunehmen, bekam ein verdienter Reitknecht des Fürsten die Schankwirtschaft mit Konzession und nannte sie demzufolge "Ole Liese". Die Balken über der Eingangstür des stolzen Backsteinbaus bekamen die einladende Inschrift: *"In de ole Liese, hier geit dat na de ole Wiese, De Wirt de süpt dat Beste, seggt: Prost mine lewen Gäste!"*

Sehenswertes

Gut Panker: Einige uralte Eichen säumen die Zufahrtsstraße dieser außergewöhnlichen Anlage. Der Gutshof ist schon fast ein kleiner Ort mit einem Gemeindehaus, einer separat gelegenen Kapelle (von 1890), dem bekannten Restaurant "Ole Liese" und natürlich den Stallungen, einem Torhaus und dem weißen Herrenhaus, das nicht umsonst Schloss genannt wird.

Gut Panker ist Eigentum der *Kurhessischen Hausstiftung* und Wohnsitz des Prinzen von Hessen, daher kann man es auch nicht besichtigen. Im 17. Jh. wurde es errichtet, und im 18. Jh. erhielt es seine heutige äußere Gestalt. Nach dem Zweiten Weltkrieg musste es schließlich innen noch einmal komplett erneuert werden, weil es zwischenzeitlich als Flüchtlingslager gedient hatte, wobei die gesamte Einrichtung einschließlich der Wandvertäfelungen und des Parketts als Brennmaterial benutzt oder anderweitig zerstört worden war. Die Gutsresidenz ist von einem französischen Garten umgeben, der jedoch (wie auch der Schlosspark mit See) ebenfalls nur von außen zu betrachten ist. Im Torhaus aus dem späten 18. Jh., einem weißen Putzbau mit 17 Achsen und einem Mansardwalmdach, ist eine Kunstgalerie untergebracht. Bis 1957 standen zwischen Schloss und Torhaus zwei riesige reetgedeckte Gebäude (Kuhhaus und Scheune), die beide durch Brandstiftung vernichtet wurden. Heute befinden sich hier die Weiden für die berühmte Trakehnerzucht.

Panker: Blick vom Hessenstein

Hessenstein: Die 2 km westlich von Panker gelegene Erhebung ist mit 128 m Höhe für holsteinische Verhältnisse schon ein richtig hoher Berg, weshalb die Aussicht um so schöner und der 17 m hohe Turm ein lohnenswertes Ausflugsziel ist. Bei gutem Wetter hat man einen tollen Blick bis Kiel, über die Ostsee bis Fehmarn und hinüber zum Bungsberg. Allerdings müssen zuvor 111 Stufen bezwungen werden, und zwar auf einer urigen, etwas in die Jahre gekommenen gusseisernen Wendeltreppe. Auf halber Höhe befindet sich ein Drehkreuz, bei dem man 50 Cent einwerfen muss. Wer kein Kleingeld dabeihat, hat die vielen Stufen vergebens erklommen. Der Backsteinturm mit Zinnenkranz und acht filigran endenden Stützpfeilern wurde um 1840 im Stile der Neugotik als Aussichtsturm erbaut. Zwei einander gegenüberliegende Portalanbauten bilden so etwas wie eine kleine Eingangshalle.

Hohenfelde

950 Einwohner

Der beschauliche Ort liegt 2 km von der Ostsee entfernt und ist umgeben von Feldern, Wiesen und Wäldern. Zum Gemeindegebiet gehört ein 4 km langer Naturstrand, der von einigen Campingplätzen umsäumt wird.

Der im Tal der Mühlenau gelegene Ort mit den alten Bauernhäusern und den großen Gärten verfügt zumindest teilweise noch über das, was man ländliche Idylle

Einsames Boot am Naturstrand von Hohenfelde

nennt. An dem von einer bizarren, aber niedrigen Steilküste gesäumten Naturstrand verzichtet man auf eine Kurtaxe; allerdings ist der Strand auch zum Teil sehr steinig. Die Gemeinde bietet eben unverfälschte Natur rundherum. Noch immer hat die Landwirtschaft einen hohen Stellenwert, doch nimmt der Tourismus stetig an Bedeutung zu. Für die notwendige Infrastruktur sorgen sechs gut ausgestattete Campingplätze und mehrere Wochenend- und Ferienhausareale in Strandnähe. Der Strand selbst ist über Stichwege zu erreichen, an denen aber meist nur wenig Parkfläche zur Verfügung steht, weshalb man hier lieber gleich das Fahrrad benutzen sollte. Am Ufer hört man gelegentlich das Dröhnen der Granaten vom nahe gelegenen Truppenübungsplatz Todendorf.

• *Vorwahl* 04385

• *Information/Zimmervermittlung* **Fremdenverkehrsverein Gemeinde Hohenfelde,** Kapellenstraße 29, 24257 Hohenfelde, ✆ 1540, www.hohenfelde-ostsee.de. **Zimmervermittlung bei Eleonore Reimers,** Schausterstraat 14, ✆ 1412. Keine Kurtaxe.

• *Übernachten* **Zur Kupferklause,** am kleinen ländlichen Hotel mit 5 Zimmern (DZ 55 €) wurde immer wieder angebaut. Es erhielt dadurch sein rustikales, fast überladen wirkendes Ambiente. Am Weg Richtung Küstenabschnitt Hubertsberg gelegen, beherbergt es ein ebenso rustikales *Restaurant* (Mo Ruhetag), in dem es neben den üblichen Speisen vor allem Wildspezialitäten gibt. Wo das Wild herkommt, ist nicht schwer zu erraten, denn um das Haus herum stößt man auf ein Wildgehege und Volieren, die vor allem den Kindern gefallen. Ostseering 2, ✆ 289, www.zur-kupferklause.de.

Camping Ostseestrand, schön gelegen unter ein paar Bäumen und ganz in der Nähe des Hohenfelder Naturstrandes. Die übliche Infrastruktur wie Gaststätte, Laden und gepflegte Sanitäranlagen ist vorhanden, die warmen Duschen sind kostenlos. ✆ 620 (im Sommer).

• *Essen und Trinken* **Café & Galerie im Kunststall**, einfaches, kleines, aber nettes Stallcafé mit selbst gebackenem Kuchen und wechselnden Kunstausstellungen. Täglich ab 14 Uhr (in der Nebensaison nur Sa/So) geöffnet. Hohenfelde, Strandstraße 4 a, ✆ 778.

Probstei

Die Probstei umfasst genau genommen nur die zwanzig Dörfer im Küstensteifen zwischen Stakendorf und Laboe, die seit 1226 zum Besitz des Klosters Preetz gehörten. Wir zählen auch den sich nach Süden über den Selenter See bis zum Klostersitz hin erstreckenden, sanft hügeligen Landstrich hinzu.

Die geschwungene, fruchtbare Landschaft zieht sich bis weit in die Kieler Förde hinein. Die Salzwiesen am Meer wurden erst nach der großen Sturmflut von 1872 durch die heute so charakteristischen Deiche eingedämmt. Dahinter liegen feinsandige Strände mit so klangvollen Namen wie *Brasilien* und *Kalifornien*.

Laboe: Blick über die Förde

Frauen führten hier 600 Jahre lang das Regiment, und sie führten es gut. Es waren die Benediktinerinnen vom Kloster Preetz, die allerdings ihrerseits wieder unter der Verwaltung eines Propstes standen – daher auch der Name des Gebietes. Ganz ohne Aristokratie kam man also auch hier nicht aus, denn Klosterpropst war immer ein angesehener Adeliger eines der umliegenden prächtigen Güter.

Unter der Führung der Kirche ließ es sich in der Probstei recht gut leben, denn anders als in den umliegenden Güterdistrikten galt in der Probstei das Erbpachtrecht, bei dem übrigens der jüngste und nicht der älteste Sohn Haupterbe des Hofes war. Leibeigenschaft gab es in der Probstei demnach nicht. Die Bewohner des Gebietes waren nur zu moderaten Abgaben an die Klosterfrauen verpflichtet, aber persönlich absolut frei, weshalb sie es im Laufe der Zeit auch zu beachtlichem Wohlstand brachten. Nach und nach entwickelten sich eigene Bauerndynastien, die selbstverständlich (fast) nur untereinander heirateten und so ihren Wohlstand mehrten. Stattliche Bauernhäuser, eigene Trachten und sogar eine eigene plattdeutsche Dialektvariante sind heute noch Merkmale dieser Eigenständigkeit. Und nach wie vor ist die Probstei Bauernland, wenngleich sich auch hier der Tourismus zum bedeutendsten Wirtschaftsfaktor entwickelt hat.

Schönberg

6300 Einwohner

Ein schönes Fleckchen Küste: das seit jeher den Mittelpunkt der Probstei bildende, etwas landeinwärts liegende Schönberg, davor der kilometerlange, durch einen Deich gesicherte feinsandige Schönberger Strand und die zwei Strandabschnitte mit den wohlklingenden Namen Brasilien und Kalifornien. Zum Gemeindegebiet gehört auch noch das etwas zurückversetzt liegende Holm. Es war einst als Mineralheilbad anerkannt, fristet aber ein Schattendasein, da die ehemals bekannte Ostseeklinik im weithin sichtbaren Hochhaus aufgelöst wurde.

Die Küste bietet auf etwa 12 km ein einheitliches Bild: ein mächtiger Deich, der eben zum Strand hin abfällt, dahinter der nur 10–12 m breite und von den Molen in Badebuchten geteilte weiße Badestrand. Dieser ist meist mit Strandkörben belegt und geht – für Kinder ideal – sehr flach ins Wasser über. Auf der Deichkrone verläuft ein Weg, der gewissermaßen die längste Strandpromenade an der Küste ist. Alles wirkt sehr beschaulich und gepflegt. Begleitet wird der Deich von einem verkehrsberuhigten schmalen Fahrweg, an dem einige Geschäfte, Pensionen und vor allem Ferienwohnungen liegen. Dieser östliche Strandabschnitt bildet den Ortsteil Schönberger Strand. Ihn ziert seit dem Jahr 2001 eine aus Lärche gezimmerte Seebrücke, an der ein Ausflugsdampfer Richtung Kiel ablegt.

Weiter westlich liegen *Brasilien* und *Kalifornien.* Die Erklärung für die ungewöhnlichen Namen ist recht einfach: Als im Jahr 1735 in einem heftigen Sturm vor der Küste die Segelbark "California" strandete, baute sich ein Fischer aus den angeschwemmten Wrackteilen eine Hütte. Zu guter Letzt nagelte er daran die Planke mit der Aufschrift "California", und als mit der Zeit weitere Fischerhütten hinzukamen, war der Ort Kalifornien geboren. Ganz in der Nähe entstand bald ein weiterer Ort, dessen Erbauer einfach auch einen nach Ferne und Wärme klingenden Namen wählten: Brasilien. Von der alten Fischerortromantik ist allerdings nichts mehr übrig geblieben. Neuzeitliche Ferienwohnungen und Pensionen und natürlich der alles bestimmende Deich prägen das Bild.

Vom Schönberger Strand bis in den eigentlichen Ort Schönberg führt eine weithin bekannte Museumseisenbahn. Nur wenig ist hier vom alten Dorf übrig geblieben. Lediglich einige alte Bauernhäuser und natürlich die zentral gelegene Kirche, vor der sich ein mit Pflasterklinker neu gestalteter Kirchenvorplatz ausbreitet. Eine kleine, ruhige Fußgängerzone lädt zum Bummeln ein.

Geschichte: Wie die umliegenden Ortschaften wurde das Gebiet von Schönberg vom damaligen Landesherren Graf Adolf IV. 1226 dem Kloster Preetz geschenkt. Das Dorf selbst wurde um 1250 gegründet. Sein Name, ursprünglich mittelniederdeutsch *Sconeberch* (aus *scone* = schön und *berch* = Berg), erklärt sich daraus, dass der Ort auf so ziemlich dem einzigen Hügel in der Gegend liegt und man im flachen Holstein schon kleine Erhebungen gerne überschwänglich als Berg bezeichnet. Nach der Loslösung Schleswig-Holsteins von Dänemark 1864 wurde Schönberg Amtsgerichtsbezirk und ist bis heute Amtssitz der Region. Genau wie in anderen Orten der Region richtete die große Sturmflut von 1872 auch in Schönberg erhebliche Schäden an. Der große Deich schützt seit dieser Zeit Dörfer und Salzwiesen, die teilweise unter dem Meeresspiegel liegen und nur deshalb als Weideland nutzbar sind, weil sie nach wie vor durch drei große Schöpfwerke entwässert werden.

Schönberger Strand: weicher, weißer Sand

Information/Adressen

- *Vorwahl* 04344
- *Information/Zimmervermittlung* **Tourismusverband Probstei e.V.,** Knüll 4, 24215 Schönberg/Ostsee, ✆ 3060, www.probstei.de, www.schönberg.de.

Tourist-Service und Zimmervermittlung Schönberg, Käptn's Gang 1, 24217 Schönberger Strand, ✆ 41410 und 414121.

Tourist-Info Wisch/Heidkate, Dorfstr. 23, 24217 Wisch, ✆ 5001.

Kurtaxe 1,60 € pro Tag (nur für Erwachsene).

- *Fahrradverleih* **Zweirad-Haus Probstei,** Georg-Thorn-Str. 4, Schönberg, ✆ 418484.
- *Hundestrand* Östlich von Buhne 26 und östlich von Buhne 41.
- *Kerzenscheune* Im 2 km südöstlich Schönbergs gelegenen Krummbek, Parkstraße/Meiereiweg, ✆ 414748. Täglich 10–18 Uhr.
- *Parken* Der Parkraum in Strandnähe ist sehr knapp und gebührenpflichtig (2 €/Tag).

Probstei

Übernachten/Essen und Trinken

- *Übernachten* **Stadt Kiel,** das gediegene kleine Hotel, das auch schon mal von Radfahrern für nur eine Nacht genutzt wird, bietet DZ für 72–102 €. Im hauseigenen *Restaurant* kann man recht gut essen (z. B. Gänsekeule süßsauer für 14,80 €), entweder in der Gaststube oder auf der schönen, breiten Terrasse, die sich zum Kirchenvorplatz hin öffnet. Das Haus verfügt auch über einen wunderschönen historischen Festsaal (bis 280 Personen). Am Markt 8, ✆ 30510, www.hotel-stadt-kiel.de.

Naturfreundehaus Kalifornien, schon seit den 1930er Jahren existiert das 50 m vom Ostseestrand entfernte Haus im guten Jugendherbergsstil. Es bietet preiswerte familienfreundliche Unterkünfte mit Vollpension. Die Hälfte der DZ zu 66 € (Kinderermäßigung) hat Dusche/WC, bei den übrigen Zimmern muss man auf Etagenduschen zurückgreifen. Deichweg 1, Kalifornien, ✆ 04344/1342, www.naturfreundehaus-kalifornien.de.

Pension Heckmann, saubere, ruhige Zimmer unterschiedlicher Größe in der spitzdachigen Pension direkt am Deichweg. Da der Chef gerne und gut kocht, ist Halbpension möglich. DZ 44–60 €. Deichweg 23, Kalifornien, ✆ 04344/1021, www.pension-heckmann.de.

Barsbeker Heuhotel mit Bauernhof-Café, es gibt frischen und vor allem leckeren hausgemachten Kuchen, man liegt in Heu und Stroh (eigener Schlafsack) und zahlt pro Nacht inkl. Frühstück 13 € (Kinder 10 €), Auch Zimmervermietung. Familie Frahm (am Ortsausgang Richtung Kiel), ✆ 9844.

Camping Heidkoppel, der von einem Waldstück geschützte Platz liegt direkt hinterm Deich in Heidkate. Dahinter befindet sich der durch Buhnen gesicherte feinsandige Strand. Aller Campingkomfort ist auf dem 700 Stellplätze großen Gelände vorhanden. Mittelweg, ✆ 9098, www.heidkoppel.de.

• *Essen und Trinken* **Oma's Kaffeestuuv,** in einer kleinen Fachwerkkate betriebenes gemütliches Café am Schönberger Strand direkt hinterm Deich. Hausgemachter Kuchen, Waffeln und Pfannkuchen, aber auch andere kleine Speisen sind im Angebot. Schöne Gartenterrasse hinterm Haus. Täglich 11–18 Uhr. Promenade 15, ✆ 415102.

Eine Rarität: Museumsbahn in Schönberg

Sehenswertes

Museumsbahnhof und Museumseisenbahn: Wirklich etwas ganz Besonderes: Vom Bahnhof Schönberger Strand kann man eine Reise durch die Zeit antreten, denn hier sind etwa 50 historische Schienenfahrzeuge versammelt, die vom *Verein Verkehrsamateure und Museumsbahn* gepflegt und betriebsfähig gehalten werden. Man nimmt Platz auf roten Plüschsesseln im Luxuswagen eines alten dampfbetriebenen Zuges oder auf einfachen Holzlattenbänken – je nachdem, welcher Zug gerade für die 4 km lange Strecke von Schönberger Strand nach Schönberg vorgesehen ist und in welcher Klasse man fährt. Als zusätzliches Schmankerl verkehrt vor dem Bahnhof eine Straßenbahn von anno dazumal. Gelegentlich fahren sogar wieder Dampfzüge von und nach Kiel, sofern auf der maroden Strecke nicht gerade Reparaturarbeiten anstehen.

Adresse/Öffnungszeiten Am Schierbek 1, Schönberger Strand, ✆ 040/7892116. Leider verkehrt die Bahn nur an den Hauptsaison-Wochenenden zwischen 8 und 18 Uhr sowie zu unregelmäßigen Sonderterminen. Rückfahrkarte nach Schönberg für Erwachsene in der 3. Klasse 3,40 €, Zuschlag 1./2. Klasse 0,70 €, Familienkarte für die 3. Klasse 8,50 €.

Probsteier Heimatmuseum: Das Museum wurde Ende der 1980er Jahre auf dem Gelände eines ehemaligen reetgedeckten Bauernhofs eingerichtet. Für das Haupthaus, Durchfahrtsscheune und den Bohlenspeicher mit Backhaus war dies Rettung in letzter Minute, sollte doch ursprünglich alles dem Abrissbagger zum Opfer fallen. Zu sehen gibt es u. a. eine Ausstellung zu den bäuerlichen Wohn- und Lebensverhältnissen des 19. Jh. sowie eine Dokumentation über den besonderen Status der Probstei als einstigen Klosterverwaltungsbezirk. Wer wissen möchte, was beispielsweise ein *Möschenpott* oder ein *Emer* ist, sollte dem Museum einen Besuch abstatten.

Adresse/Öffnungszeiten Ostseestraße 8, ✆ 3174. Vom 15.5. bis 30.9. täglich 15–18 Uhr, Do auch 10–12 Uhr, Mo Ruhetag. Eintritt 2 €, Kinder 1 €.

Die Saalkirche in Schönberg

Kindheitsmuseum: Ein Schild mit Kreisel und Schaukelpferd kündigt es an, das ungewöhnliche kleine Museum im alten Amtsgericht in der heutigen Fußgängerzone. Man darf allerdings kein Spielzeugmuseum erwarten, obwohl natürlich jede Menge altes Spielzeug zu sehen ist, weil dies ja zu jeder Kindheit gehört. Thema ist vielmehr die Kindheit in verschiedenen Regionen und sozialen Schichten von ca. 1890 bis heute. Das ehrenamtlich betriebene Museum ist kindgerecht aufgebaut; die Kinder dürfen in den Ausstellungsräumen oder gleich vor der Tür auch alte Spiele wie Seilspringen oder Kreisel ausprobieren.

Adresse/Öffnungszeiten Knüllgasse 18, ✆ 6865. Mitte Juni bis September Di–So 14–18 Uhr, Do auch 10–12 Uhr. Eintritt 2 €, Kinder bis 14 Jahre 1 €.

Evangelische Kirche: Nachdem der mittelalterliche Vorgängerbau 1779 abgebrannt war, wurde das Gotteshaus als spätbarocke Saalkirche wiederaufgebaut. Gut 1000 Personen finden in dem hellen und hohen Innenraum mit seiner hufeisenförmigen Empore Platz. Die Inneneinrichtung ist schlicht und einheitlich in Grau-Weiß gehalten. Auf einer kleinen Tafel am Altaraufsatz sieht man die Kopie des berühmten "Abendmahls" von Leonardo da Vinci. Ungewöhnlich, aber erklärlich ist der Umstand, dass die Wetterfahne auf dem Kirchturm die Figur eines Barsches hat, denn drei Barsche sind die Wappentiere der Herren von Barsbek aus dem gleichnamigen Nachbarort, die den Bau der Kirche vermutlich finanziell unterstützt haben.

Öffnungszeiten Di–Fr 9–17 Uhr.

Umgebung von Schönberg

Zwar werben die umliegenden Ortschaften gemeinsam mit Schönberg und Laboe unter dem Markenzeichen "Probstei", sie sind aber meist verwaltungstechnisch selbständig.

Fischerboote am Stakendorfer Strand

Stakendorf: Der Badespaß am 12 km langen Küstenstreifen, dessen touristischen Mittelpunkt der Schöneberger Strand bildet, beginnt schon am Stakendorfer Strand, wo ganz romantisch noch ein paar kleine Fischerboote liegen. Dieser Strandabschnitt gehört – wie der Name andeutet – zur nur 2 km landeinwärts gelegenen Gemeinde Stakendorf, die sich als beschaulicher kleiner Ort mit liebevoll restaurierten Häusern und reichem Baumbestand präsentiert. Ein Gedenkstein mitten im Dorf erinnert an den Dorfschullehrer Peter Platt, der hier von 1801 bis 1823 lebte und bereits 1791 und damit fünf Jahre vor dem englischen Arzt Edward Jenner ein Verfahren zur Pockenschutzimpfung entwickelt hatte. Es beruhte auf der Beobachtung, dass Menschen, die sich beim Melken mit Kuhpocken infiziert hatten (was lediglich vergleichsweise harmlose gesundheitliche Irritationen auslöste), gegen Menschenpocken immun waren. Um diesen Effekt künstlich hervorzurufen, nahm er infizierten Kühen befallenes Gewebematerial ab, ritzte zwischen Daumen und Zeigefinger seiner Patienten eine kleine Wunde ein und bestrich sie mit dem infektiösen Material. In seiner Stakendorfer Zeit führte er dann zusammen mit seinem Vorgesetzten entsprechende Impfungen an der Dorfbevölkerung durch.

Wisch/Heidkate: Von Kalifornien weiter Richtung Osten gelangt man – zunächst an großen Campingplätzen vorbei – zum Strand von Heidkate, das zum nahen Dorf Wisch gehört. Der gut 3 km lange Naturstrand ist schon dünenbewehrt, doch auch hier schützt der 4,5 m hohe Ostseedeich die tief liegenden Häuser und Äcker. In Wisch gibt es übrigens noch ein bewohntes Storchennest (an der Dorfstraße Richtung Heidkate auf dem Dach eines Bauernhofs).

Krokauer Windmühle: 2 km westlich von Schönberg steht unübersehbar ein restaurierter Erdholländer aus dem Jahr 1872. Ein Mühlenverein bemüht sich um seine Erhaltung und betreibt hier ein technisches Museum, das man im Rahmen unregelmäßiger Führungen erkunden kann (vor allem sonntags von 13 bis 17 Uhr, ✆ 1470).

Barsbek: Der wiederum nur 1 km hinter Krokau an der B 502 gelegene Ort ist am schönsten um seinen mit Bäumen begrenzten Dorfanger (Richtung Probsteierhagen). Der Ortsname enthält die niederdeutsche Variante des Wortes "Barsch", ein Fisch, der in den Gewässern um Barsbek, insbesondere im gleichnamigen See, häufig anzutreffen war und ist. Der kleine, westlich von Wendtorf gelegene Barsbeker See ist heute Naturschutzgebiet, um das herum sich ein Wander- und Fahrradweg zieht (ca. 6 km, gekennzeichnet mit einem Hasen-Piktogramm). Versteckt am See brütet seit 2002 wieder erfolgreich ein Seeadlerpaar. Dieses ist streng geschützt, schließlich ist der Seeadler ja das Wappentier der Bundesrepublik Deutschland.

• *Essen und Trinken* **Lutterbeker,** die im gleichnamigen Ort (3 km westlich von Barsbeck) gelegene Kneipe ist eine Institution in der Gegend. Mal in dunklem Holz, mal in hellem Wintergartenambiente gehalten, ist sie Restaurant, Galerie, Kino, Kulturtreff, Veranstaltungslokal, Theater, Kabarett, Appartementvermietung und Laden in einem. Im Restaurant gibt es für jedes Portemonnaie und jeden Hunger etwas: Suppen, Salate, Fladen, Pizza oder Fleisch- und Fischgerichte. Di–Sa 17–1 Uhr, So 11–1 Uhr, Mo Ruhetag (nicht im Juli und August), ✆ 04343/9442, www.lutterbeker.de.

Buurs's Kaffeestuuv, das Bauernhof-Café im 3 km südlich von Barsbek gelegenen Prasdorf gefällt durch seine gemütliche Holzeinrichtung ebenso wie durch seine nette Terrasse. Natürlich gibt's hier selbst gebackenen Kuchen. 15–18 Uhr geöffnet, So ab 14 Uhr. Kirchenweg 1, Prasdorf, ✆ 414532.

Wendtorf und Stein

2000 Einwohner

Die beiden ganz nah beieinander liegenden selbständigen Orte an der Küste könnten unterschiedlicher kaum sein. Wendtorf wird dominiert vom alles überragenden modernen Yachthafen, während sich Stein als ein kleiner, idyllischer und kinderfreundlicher Badeort mit sehr flachem Wasser um einen Badesteg herum präsentiert.

Wendtorfs Küstenabschnitt ist geprägt vom Naturschutzgebiet Bottsand, das dem Ort und Hafen wie ein schützender Nehrungshaken vorgelagert ist. Dort befindet sich ein ruhig gelegener Strand, der zum Teil FKK-Bereich ist (Parken am Campingplatz Bonanza, 2 €). Auf der anderen Seite des Naturschutzgebietes hat sich der große Yachthafen mit 850 Liegeplätzen und seinem weithin sichtbaren Hochhaus-Ferienzentrum (von 1972) breit gemacht. Das historische Wendtorf befindet sich etwa einen Kilometer weiter im Hinterland und verfügt mit dem **Kinderabenteuerland** über einen Spielplatz der Extraklasse.

Das fernab von allem Verkehrslärm liegende ehemalige Bauern- und Fischerdorf Stein ist vor allem für Familien mit Kindern ein kleines Paradies. Um eine begehbare Bademole herum erstreckt sich ein weitläufiger Flachwasserbereich mit Sandbänken, der Strand ist feinsandig und nur mit verhältnismäßig wenigen Strandkörben belegt. Die hinter dem Strand liegende Deichwiese weicht nach Westen hin einem Stück natürlicher Steilküste, auf der die obligatorischen Campingplätze ihre Gäste begrüßen. Beiden Orten gemeinsam ist der Blick auf die Außenförde und deren regen Schiffsverkehr.

• *Vorwahl* 04343

• *Information/Zimmervermittlung* **Fremdenverkehrsverein Wendtorf e.V.,** Achtern Diek 24, 24235 Wendtorf, ✆ 9697; **Fremdenverkehrsverein Stein,** Dorfring 20 a, 24235 Stein, ✆ 9299; **private Zimmervermittlung Stein,** ✆ 9024.

• *Übernachten* **Bruhn's Deichhotel,** von innen viel behaglicher, als es die backsteinerne, mit türkisen Fenstern abgesetzte Fassade erwarten lässt. Zimmer mit allem Komfort und zum Teil schöner Aussicht, DZ 100–115 €. Das in zarten Gelbtönen gehaltene hauseigene *Restaurant* gilt als Fischspezialist,

Probstei

Badeparadies für Kinder: Stein

bietet aber auch klassische Gerichte der Probstei an (z. B. Steiner Butt für 15 € oder ein gehobenes Drei- bzw. Viergängemenü für 31 bzw. 39 €). Terrasse mit Teakholz-Mobiliar. Ostseebad Stein, Dorfring 36, ✆ 4950, www.bruhns-deichhotel.de.

Ostsee-Camp Kliff, zwischen Stein und Laboe liegt dieses 300 Stellplätze große Areal oberhalb der Steilküste. Man genießt einen schönen Blick auf die Kieler Bucht und hat gute Bademöglichkeiten unten am kleinen Strand. Geöffnet von April bis September, ✆ 6222 oder 8122, www.ostsee-camp.de.

Laboe

5200 Einwohner

Schon von weitem grüßt das beeindruckende Marine-Ehrenmal als Wahrzeichen der Stadt. Beim Näherkommen eröffnet sich dann der Blick auf die Förde und den feinsandigen Badestrand. Der Fischerei- und Yachthafen vervollständigt das Bild eines malerischen Ostseebades.

Wer sich von Norden her dem wohl bekanntesten Badeort der Förde nähert, kommt direkt (bei Neustein) an einem kleinen, aber schönen Naturstrand vorbei, eingerahmt von einem Café und einem Restaurant. Der Blick auf die Seeleuchtfeuer und die vielen Schiffe macht deutlich, dass sich Laboe an ganz exponierter Lage am Übergang der schmalen Förde zur offenen See befindet. Am Scheitelpunkt zwischen Förde und See steht seit etwa 75 Jahren das Marine-Ehrenmal mit seiner Aussichtsplattform in atemberaubender Höhe. Auf dem Strand davor liegt das U-Boot 995 aus dem Zweiten Weltkrieg, das als Mahnmal und technisches Museum fungiert. Eine von Bäumen gesäumte Promenade führt von hier aus am Strand entlang zum Meerwasser-Hallenbad. Der Strand selbst wird zum Hallenbad hin immer breiter und ist mit reichlich Strandkörben belegt. Das flache Wasser und die dem Strand vorgelagerten Sandbänke sorgen für ein vergleichsweise ungefährliches Badevergnügen auch für Kinder.

Zentrale Anlaufstelle im Ort ist und bleibt jedoch der Hafen, heute noch offizieller Hafen der Probstei (siehe Bild S. 15). Hier legen die Fördedampfer aus Kiel an, und hier kann man gelegentlich auch noch fangfrischen Fisch vom Kutter kaufen oder einfach nur von der Terrasse einer der Bratfischkneipen dem regen Treiben zusehen. Ein schöner Anblick sind auch die im Hafenbecken vertäuten ehemaligen Arbeitssegler des Museumshafenvereins Probstei. Erhöht hinter dem Hafen liegt die Windmühle von Laboe, bis zur Errichtung des Marine-Ehrenmals das Wahrzeichen des Ortes. Sie stammt aus dem Jahr 1923, die Vorgängerbauten brannten mehrmals ab.

Der Fördewanderweg

Von Laboe aus (bzw. über die Steilküste eigentlich schon von Stein aus) zieht sich das ganze Ufer, also etwa 20 km, der Fördewanderweg entlang. Er ist promenadenartig gut ausgebaut und verbindet die Landeshauptstadt Kiel mit den Ostufergemeinden der Förde. Für eine Wanderung oder Fahrradtour an der abwechslungsreichen Küste eignet sich der Weg bestens. Der Rückweg kann auch mit dem regelmäßig verkehrenden Fördedampfer angetreten werden.

Geschichte: 1240 wurde Laboe als deutsches Dorf gegründet, allerdings vermutlich auf dem Boden eines vorher slawischen Fischerdorfs namens *Lubodne*. Übersetzt bedeutet das "Schwanenort", was auch erklärt, warum der Schwan noch heute das Ortswappen ziert. Da in den damals noch dichten Wäldern um Laboe viele Wölfe heimisch waren, wurde hinter den Höfen des als Rundangerdorf angelegten Ortes ein befestigter Erdwall errichtet, der das Vieh vor Angriffen schützen sollte.
Der Wald, die Viehhaltung und der fruchtbare Ackerboden bildeten lange Zeit die wirtschaftliche Existenzgrundlage der Ortsbewohner, vom Fischfang lebten dagegen zunächst nur wenige. Erst zu Beginn des 19. Jh. errichtete man eine Landungsbrücke, die von der inzwischen wachsenden Zahl der Fischer intensiv genutzt wurde. Mit der Unterstützung des Klosters Preetz konnte 1854 schließlich ein Hafen gebaut werden, über den schon bald fast der gesamte Güterverkehr der Probstei abgewickelt wurde.

Nach dem Ersten Weltkrieg und mit dem Anschluss der Probstei an das Schienennetz kam der Warenhandel allerdings fast vollständig zum Erliegen. Die Schiffer suchten nach anderen Einkunftsmöglichkeiten und mähten Seegras, um es getrocknet als Matratzenfüllung nach Hamburg zu verkaufen. Gleichzeitig verzeichnete der Fremdenverkehr einen Aufschwung, vor allem für die Kieler Bürger wurde Laboe zum bevorzugten Badeort. Zu den olympischen Segelwettbewerben 1936 und 1972 wurde – wie zuletzt auch in den 1990er Jahren – der Yachthafen weiter ausgebaut.

Probstei

- *Vorwahl* 04343
- *Information/Zimmervermittlung* **Touristinformation Laboe,** Strandstr. 25, 24235 Laboe, ✆ 427553 oder 19433, Ferienwohnungsvermittlung ✆ 1663, www.laboe.de; **Appartementvermittlung Petersen,** Probsteier Platz 1, ✆ 6090; **Appartement-Service-Laboe,** Wiesenweg 4, ✆ 7002. Kurtaxe 1,60 €/Tag (nur für Erwachsene).
- *Fördedampfer* Mehrmals täglich verkehren die Personenfähren nach Kiel und zurück, ✆ 0431/594-1263.

Übrigens: In Laboe gibt's einen **Nichtraucherstrand,** und zwar im Bereich um das Meerwasser-Hallenschwimmbad (im Umkreis von 150 m).

- *Parken* Ein großer gebührenpflichtiger Parkplatz für den Nordstrand befindet sich am Ehrenmal.

• *Schwimmbad* Meerwasserschwimmhalle mit 28 °C Wassertemperatur, Wasserrutsche, Planschbecken. Strandstr. 25, ✆ 1249.

• *Windsurfen* **Windsurfing Laboe,** täglich ab 10 Uhr beim U-Boot, ✆ 8284.

• *Wochenmarkt* Immer donnerstags 8–13 Uhr vor dem Rathaus.

• *Übernachten* **Hotel Seeterrassen,** das nunmehr einzige Hotel am Ort liegt selbstverständlich direkt am Strand. Hier residiert vorwiegend ein nicht mehr ganz so junges Publikum. DZ 66–72 €. Das Haus verfügt auch über ein *Restaurant* mit gutbürgerlicher Küche (z. B. Rotbarschfilet zu 12,40 €). Strandstraße 84, ✆ 6070, www.seeterrassen-laboe.de.

• *Essen und Trinken* **Landhaus Laboe,** ein paar Meter abseits vom Trubel gibt's im Oberdorf mehr als nur deftiges Touristenessen. Das im Appartementhaus Fördeblick untergebrachte Restaurant ist gemütlich eingerichtet und verfügt auch über eine begrünte Terrasse. Nicht preiswert, aber das Preis-Leistungs-Verhältnis stimmt hier noch am ehesten (z. B. Duett vom Wildlachs und Zanderfilet zu 15 €). Tägl. 12–14 und 17.30–23 Uhr. Im Oberdorf 7, ✆ 60884.

Sehenswertes

Marine-Ehrenmal: Das Ehrenmal wurde zwischen 1927 und 1936 ursprünglich zum Gedenken an die Gefallenen der Kaiserlichen Marine im Ersten Weltkrieg gebaut. Inzwischen ist der weithin sichtbare, in Form eines Schiffsstevens gestaltete, 85 m aufragende Turm eine weltweit anerkannte Gedenkstätte für die auf See Gebliebenen aller Nationen. Zwei Fahrstühle (oder 341 Treppenstufen) führen hinauf zu einer Aussichtsplattform, von der man bei gutem Wetter eine grandiose Aussicht genießt (siehe Bild S. 177).

Innen ist das Ehrenmal in verschiedene Hallen unterteilt. In der Eingangshalle wird daran erinnert, dass die Gedenkstätte auch Mahnmal für eine friedliche Seefahrt auf allen Meeren sein will. In der Ehrenhalle erblickt man die Schattenrisse aller in beiden Weltkriegen gesunkenen Schiffe der deutschen Marine. In der kreisrunden Gedenkhalle im Zentrum unter dem Ehrenhof finden noch heute immer wieder Kranzniederlegungen in- und ausländischer Delegationen statt. Auf der anderen Seite des Ehrenhofes liegt die Historische Halle, in der die Geschichte der Seeschifffahrt und der Seekriege anhand vieler originalgetreuer Schiffsmodelle dargestellt wird. Hinzu kommen u. a. noch ein Gedenkraum an die Skagerrakschlacht und ein Flaggenraum. Auch die Außenanlage ist gigantisch: Sie umfasst 5,7 ha und ist damit annähernd acht Fußballfelder groß.

Adresse/Öffnungszeiten Strandstraße 92, ✆ 42700. Täglich 9.30–18 Uhr, im Winterhalbjahr nur bis 16 Uhr. Erwachsene 2,80 €, Kinder 1,80 €, Familienkarte 8,40 €.

U 995: Das auf dem Strand gegenüber dem Marine-Ehrenmal liegende U-Boot wurde 1943 gebaut und mit einer Besatzung von etwa 50 Mann in Norwegen stationiert. Nach Kriegsende verrichtete es als Kriegsbeute bei der norwegischen Marine noch bis 1962 seinen Dienst. Dann wurde es an Deutschland zurückgegeben, allerdings mit der Auflage, es zu Dokumentationszwecken zu verwenden. Seit 1972 ist das Boot in Laboe aufgestellt und kann auch von innen besichtigt werden. Es dient einerseits als eine Art technisches Museum, das Aufschluss über das Innenleben eines U-Bootes gibt, anderseits aber auch als Mahnmal, das eindrucksvoll demonstriert, welchen immensen physischen und vor allem psychischen Belastungen die Besatzung in der beklemmenden Enge ausgesetzt war.

Öffnungszeiten Täglich 9.30–18 Uhr, im Winterhalbjahr nur bis 16 Uhr. Erwachsene 2,10 €, Kinder 1,50 €.

Meeresbiologische Station: Fast unscheinbar liegt die private Station in einem barackenähnlichen Flachbau ganz am nördlichen Strand von Laboe. Sie bietet mit ih-

U-Boot am Strand von Laboe

ren kleinen Aquarien einen hautnahen Einblick in die Unterwasserwelt der Ostsee. Gerade für Kinder werden interessante Führungen angeboten. Krebse können in die Hand genommen und Hummer gefüttert werden. Man erfährt, was ein Seestern frisst und warum die Scholle beide Augen auf einer Körperseite trägt.

Adresse/Öffnungszeiten Strand 1, ✆ 429321. April–Oktober 11–18 Uhr, Mo geschlossen; November bis März nur Do–So 11–18 Uhr. Erwachsene 5,40 €, Kinder 3 €.

Heikendorf

8000 Einwohner

Probstei

Das touristische Zentrum der Gemeinde Heikendorf ist der an der engsten Stelle der Förde gelegene Ortsteil Möltenort mit seinem U-Boot-Ehrenmal, seinem Hafen und vor allem seinem schönen kleinen Strand. "Sehleute" haben hier gewissermaßen einen Logenplatz zur Beobachtung der vielen vorüberziehenden kleinen und großen Schiffe.

Genauer gesagt sind es drei kleine Strände, die Heikendorf bekannt gemacht haben. Der Kurstrand nördlich des Ehrenmals bildet eine kleine feinsandige Bucht. Von den Strandkörben aus kann man fast hautnah die großen Pötte sehen, die gegenüber aus dem Nord-Ostsee-Kanal kommen, der ja immerhin die meistbefahrene künstliche Wasserstraße der Welt ist. Immer im Blick hat man auch den gegenüberliegenden Friedrichsorter Leuchtturm, der die an dieser Stelle schmale Förde bewacht. Weiter südwärts bis zum Hafen liegt der schmale Freistrand; wie der Name schon sagt, kostenlos und ohne Strandkörbe. Noch eine Bucht weiter findet sich der Badestrand Altheikendorf. Er wird mehr von Einheimischen besucht, die direkt am Heikendorfer Dampferanleger die Gelegenheit zum Baden nutzen. Wer keinen Sand an den Füßen oder der Badehose mag, kann auch direkt nebenan die alte Seebadeanstalt nutzen. Diese besteht im Wesentlichen aus einem U-förmigen Badesteg und Umkleidekabinen, die von einem Verein vor dem Abriss gerettet wurden.

Ansonsten besticht an dem traditionsreichen, schönen und übrigens kurtaxenfreien Urlaubsort an der Förde vor allem der große Hafen. Auch hier wird fangfrischer Fisch noch immer direkt vom Kutter verkauft, auch hier legt regelmäßig der Fördedampfer an, und auch hier herrscht im Yachthafen mit seinen zahllosen Segel- und Motorschiffen immer reges Treiben. Heikendorf hat alles in allem eine maritim-freundliche und familiäre Atmosphäre; der Ehrgeiz, ein mondänes Seebad sein zu wollen, fehlt hier völlig.

Wer sich noch weiter am Ostufer der Förde entlang Richtung Kiel bewegt, kommt zunächst am erhöht liegenden, waldbestandenen Villengebiet Kitzeberg vorbei. Für wohlhabende Kieler gilt dieser Ortsteil Heikendorfs seit jeher als begehrte Wohnlage. Dahinter folgt die kleine Gemeinde **Mönkeberg** mit ihrem engen Zugang zur Förde: Dampferanleger, Yachthafen, chinesisches Restaurant und ein sehr schmaler, unbewachter Badestrand – das war's hier schon.

Geschichte: 1233 wurde die Ansiedlung erstmals urkundlich erwähnt, ab dem 16. Jh. unterstand sie dem Adelsgut Schrevenborn. Heikendorf gehörte damit nicht zu den dem Kloster Preetz unterstellten freien Dörfern der Probstei. Ab 1870 entdecken die Kieler, begünstigt durch die gute Verkehrsanbindung mit den Fördedampfern, Altheikendorf und Möltenort als Sommerfrische. Die Nähe zu Kiel brachte jedoch auch Unheil, denn im Zweiten Weltkrieg wurde Heikendorf durch Luftangriffe fast vollständig zerstört. In der Nachkriegszeit fanden viele heimatvertriebene Fischer hier ein neues Zuhause. Damals lagen über 90 Fischkutter im Möltenorter Hafen.

- *Vorwahl* 0431
- *Information/Zimmervermittlung* **Fremdenverkehrsverein Ostseebad Heikendorf e.V.,** Strandweg 2, 24226 Heikendorf, ✆ 241120. Keine Kurtaxe.
- *Fahrradverleih* **Familie Barg,** Hafenstraße 18, ✆ 241037.
- *Fördedampfer* Mehrmals täglich verkehren die Personenfähren zwischen Kiel und den Fördebädern, ✆ 594-1263.
- *Schwimmen* **Seebadeanstalt an der Förde,** täglich 13–18 Uhr, in den Sommerferien ab 10 Uhr geöffnet. ✆ 243825.
- *Sauna* **Reha-Zentrum,** Teichtor 19, ✆ 24875-0.
- *Essen und Trinken* **Das kleine Strandhaus,** tolle Lage zwischen Kurstrand und Ehrenmal von Möltenort. Sitzen kann man nicht nur im galerieartigen Gastraum, es sind vor allem auch reichlich Sitzplätze draußen vorhanden – mit garantiertem Fördeblick natürlich. In erster Linie als Café zu empfehlen, es gibt aber auch kleine Speisen. Uferweg 1 a, ✆ 24987.

Galerie-Café Roehrskroog, das kleine Café liegt in einer schönen, alten, reetgedeckten und mit Rosen bewachsenen Kate direkt am Möltenorter Yachthafen. Auch im Garten stehen ein paar Tische. Es gibt keine herkömmliche Karte, man bestellt das momentane Angebot einfach am Buffet und bekommt dann leckeren Kaffee und Kuchen geliefert. Die ausgestellten maritimen Bilder können erworben werden. 14–19 Uhr geöffnet, am Wochenende schon ab 12 Uhr. Möltenorter Weg 1, ✆ 241747

Sehenswertes

U-Boot-Ehrenmal: Das 1938 fertig gestellte Wahrzeichen der Gemeinde, ein weithin sichtbarer, auf einem gut 15 m hohen roten Sandsteinpfeiler platzierter, 4,60 m hoher heroischer Bronze-Adler (exakter Neuguss von 2001), befindet sich an der engsten Stelle der Förde. Dahinter liegt ein beeindruckender halbkreisförmiger, in die Erde eingelassener Rundgang, in dem auf 117 Bronzetafeln alle 35.000 Namen der deutschen U-Boot-Gefallenen beider Weltkriege verzeichnet sind.

Öffnungszeiten Täglich 8–17 Uhr, Eintritt frei.

Am Heikendorfer Strand kommen fast hautnah die großen Pötte vorbei

Künstlermuseum: Im Ortszentrum werden in einem von außen kaum als Museum zu identifizierenden historischen Atelierhaus Werke namhafter Maler der Heikendorfer Künstlerkolonie zur Zeit des Expressionismus ausgestellt. Das Museum geht zurück auf den Nachlass des Künstlers Heinrich Blunck (1891–1963).

Adresse/Öffnungszeiten Teichtor 9 (an der Hauptstraße nach Mönkeberg), ✆ 248093. Di–Sa 14–17 Uhr, So 11–17 Uhr. Eintritt 2,50 €, Kinder 1,50 €.

Probsteierhagen/Passader See

1900 Einwohner

Mehr als nur ein Durchgangsort. Einige alte Bauernhäuser gruppieren sich um die auf einen Hügel gebaute Kirche. Auch der nahe gelegene Passader See lohnt einen Abstecher.

Eine vor allem in der Urlaubszeit recht viel befahrene Landstraße durchschneidet den Ort. Die etwas erhöht liegende **St.-Katharinen-Kirche** stammt ursprünglich aus dem 13. Jh., wurde aber mehrmals umgebaut. Der Chorraum der ansonsten ungewöhnlich schlichten Kirche wurde 1717 prächtig stuckiert. In jenem Jahr wurde auf der Nordseite auch die Gruft Otto Graf Blomes angebaut, der in Selent die prächtige Blomenburg errichten ließ (siehe S. 191). Der Schnitzaltar mit dem kunstvollen schmiedeeisernen Altargitter und die stattliche Holzkanzel stammen aus etwa der gleichen Zeit.

Über Jahrhunderte war das Handwerkerdorf Probsteierhagen eng mit dem **Gut Hagen** verbunden und wurde um 1930 mit dem ehemaligen Gutsbezirk zu einer Gemeinde vereint. Das schlossartige, dreiflügelige Herrenhaus aus dem Jahre 1649 gelangte in den Besitz der Gemeinde und wird heute u. a. als Kulturzentrum genutzt.

Ganz idyllisch liegt keine 2 km östlich von Probstereihagen der kleine Ort **Passade** am gleichnamigen See, in dem im Sommer die Läufer des Kieler Wasserskiclubs

Probstei

trainieren. Der See hat eine schöne kleine Badestelle und ist darüber hinaus für sein reiches Fischvorkommen bekannt: Man kann sich entweder bei Fischermeister Schnoor mit frischem Süßwasserfisch eindecken oder – mit einem Erlaubnisschein ausgestattet – vom Mini-Hafen aus mit einem Ruderboot selbst auf Angeltour gehen.

Nur über kleine Sträßchen ist der im Westen des Passader Sees gelegene Ort **Fahren** zu erreichen. Er hat auch nach dem Krieg seine ursprüngliche Größe weitgehend erhalten, und nach wie vor prägen stattliche Höfe mit altem Baumbestand das Ortsbild. In der benachbarten, ebenfalls noch landwirtschaftlich geprägten Gemeinde **Stoltenberg** befindet sich der zweite Badestrand des Sees (an einer Sackgasse namens Broock).

Selent: Blomenburg

- *Vorwahl* 04348
- *Information* **Tourist-Info,** Angelika Hörr, Alte Dorfstr. 43, 24253 Probsteierhagen, ✆ 255.
- *Übernachten* **Zur schönen Aussicht,** wunderschöne Lage im historischen, reetgedeckten Hof direkt am Passader See. Sehr große und gemütlich eingerichtete Zimmer (eher Suiten), das DZ für 76 €, Kinderbett kein Problem. Der freundliche Wirt im *Gasthof* (mit Galerie) des ruhig gelegenen Hauses bietet gute – aber wie in der Probstei üblich – deftige Küche mit regionalen Spezialitäten (z. B. eine große Fischpfanne für 14,50 €). An de Laak 11, ✆ 04344/415952, www.zur-schoenen-aussicht-am-see.de.
- *Essen und Trinken* **Altes Probsteier Café,** gegenüber der Kirche liegt dieses schöne Kaffeehaus aus der Gründerzeit. Im backsteinernen, mit Rosen berankten Haus gibt's auch einen alten Gewölbekeller mit allerlei Hausgemachtem (Marmelade, Essig usw.). Bei schönem Wetter kann man auch auf der Terrasse sitzen und dort die täglich frischen Butterwaffeln mit heißen Kirschen und Vanilleeis oder Kuchen nach alten Probsteier Rezepten genießen. Alte Dorfstr. 50, ✆ 7999.

Selent/Selenter See

1300 Einwohner

Selent mit seiner uralten Kirche und der eigenwilligen Blomenburg bildet den Mittelpunkt der Gemeinden um den gleichnamigen See, den zweitgrößten Schleswig-Holsteins. Seine Ufer sind wildromantisch von Wäldern und Wiesen umgeben, aber auch durch einige Badestellen erschlossen. Bedeutende Gutshöfe liegen in der Nähe des Sees. Unvergleichlich ist das größte Herrenhaus des Landes, Schloss Salzau, das heute als Zentrum des Schleswig-Holstein Musik-Festivals viele Besucher anlockt.

Der Selenter See wurde vor allem durch seinen Fischreichtum bekannt. Er besticht durch sehr sauberes Wasser, da er weitgehend unterirdisch gespeist wird. Selent verfügt über eine größere schöne Badestelle mit Liegewiese, Kiosk und Parkplatz, man folgt einfach der Beschilderung mit der Aufschrift "Strand" (1,5 km von Ortsmitte).

St.-Servatius-Kirche im Selent

Im Ort herrscht rund um die viel befahrene Bundesstraße die Betriebsamkeit eines kleinen Einkaufs- und Verwaltungszentrums. Ruhe hingegen findet man in der sehenswerten **St.-Servatius-Kirche** (im Sommer täglich außer Montag von 7 bis 18 Uhr geöffnet). Sie ist als eines der ältesten Gotteshäuser Holsteins bereits seit 1197 urkundlich erwähnt. Natürlich wurde sie in ihrer Geschichte mehrmals umgebaut, hat aber noch in Teilen eine alte Feldsteinmauerung aufzuweisen. Der gedrungene, wuchtige Turm wurde im 15. Jh. angefügt. Das bildschöne Innere mit seinen rankenbemalten Gewölben betritt man durch einen vertäfelten Eingang, in dem man dem geruhsamen Pendeln der Turmuhr lauschen kann. Vor allem der geschnitzte spätgotische Flügelaltar (um 1470) und das vom holländischen Maler Pieter Aertsen (1566) stammende Gemälde "Anbetung der Hirten" gelten als bedeutende Kunstwerke.

Eigentliche Besonderheit von Selent ist aber die strahlend weiße **Blomenburg,** die in exponierter Lage am südlichen Ortsrand zwischen 1842 und 1855 erbaut wurde. Sie wirkt wie ein Märchenschloss und ist eines der seltsamsten Bauwerke im ganzen Land. Ihre Entstehung verdankt sie einem persönlichen Konkurrenzkampf zwischen ihrem vermögenden Bauherren Otto Graf Blome und seinem Freund, dem Landgrafen Friedrich Wilhelm von Hessen. Dieser nämlich hatte bei Panker den Aussichtsturm Hessenstein errichten lassen (siehe S. 175), den Graf Blome unbedingt übertrumpfen wollte. Das Ergebnis war eine eigenwillige Burg aus kubischen Formen mit runden und polygonalen Türmen, angelehnt an den britischen Tudor-Stil. Alles, was zu einer echten Burg gehört, war damals noch vorhanden: eine Zugbrücke über einem tiefen Graben, Bergfried, Kavaliershaus, Stallungen und Gesindewohnungen. Ein Gebäudeteil wurde dem Zeitgeschmack entsprechend gleich als Ruine erbaut, und natürlich durfte ein gepflegter Park nicht fehlen. Finanznöte zwangen die Erben des Grafen schon in den 1920er Jahren zum Verkauf der Anlage an das Land Schleswig-Holstein. Seit einigen Jahren wird die Burg von einer

Investmentgesellschaft umgebaut (es entstehen Wohnungen und Räumlichkeiten für kulturelle Veranstaltungen).

- *Vorwahl* 04384
- *Information/Zimmervermittlung* **Tourist-Information** (Zweckverband Selenter See), Kieler Straße 18, ✆ 670 oder 597918, www.selentersee.de.
- *Fahrradverleih* **Ulf-Ingo van Bruinehsen,** Lütjenburger Str. 5, Selent, ✆ 1477.
- *Übernachten/Essen* **Kronprinzenhof,** sehr stilvolles, 150 Jahre altes Reetdachhaus mit gepflegter Außenanlage, auch innen in schönstem Landhausambiente, meist als Ferienwohnung vermietet, aber auf Anfrage gerne auch Zimmer mit Frühstück, gelegentlich auch Cafébetrieb. DZ 75 €. Im Dorf 20, Pratjau, ✆ 04303/9284-0 oder 0173/2485501.

Selenter Hof, gegenüber der Kirche an der Hauptstraße gelegen, in Teilen antik, in Teilen modern eingerichtet. Man isst einfach, aber ordentlich (Rumpsteak für 14,50 €, auch Tagesessen für 6,80 €). Einfache Terrasse hinterm Haus. Es werden zudem DZ mit Etagendusche/WC (auch für eine Nacht) für 36 € (ohne Frühstück) vermietet. Kielerstraße 24, ✆ 1800.

Orte und Sehenswertes rund um den Selenter See

Gut Lammershagen: 2 km südlich des Selenter Sees liegt der ehemals bedeutende Gutshof, zu dessen Besitz jahrhundertelang nicht nur Selent, sondern auch einige umliegende Ortschaften und weite Teile des Gewässers gehörten. Das Gut ist nach wie vor in Privatbesitz, ein Blick durchs prächtige Torhaus (von 1743) ist aber gestattet. Das für diese Zeit vergleichsweise bescheidene Herrenhaus wurde im Jahre 1748 errichtet. Fast gleichzeitig entstanden auch die beiden großen reetgedeckten Fachwerk-Hofgebäude sowie Kuhhaus und Scheune. Die hinter dem Anwesen liegenden, zum Teil sehr großen Teiche (Richtung Mucheln) werden für die Fischzucht, besonders die Karpfenzucht, genutzt.

Bellin: Ebenfalls zur kleinen Gemeinde Lammershagen gehört auch dieser keine 3 km westlich von Selent gelegene malerische Fischerort. Leider zieht sich die Bundesstraße durch den Ort, aber dennoch hat sich gerade in Bellin mit seinen vielen fast ausschließlich reetgedeckten Fachwerkkaten in Seenähe die Ursprünglichkeit eines Fischerdorfes noch weitgehend erhalten. Der Ort verfügt außerdem über einen kleinen Strandabschnitt.

Schloss Salzau: In ganz Schleswig-Holstein gibt es wohl kein prächtigeres Herrenhaus, nicht zu Unrecht wird es Schloss genannt. Otto Graf Blome, der vorher schon die Blomenburg hatte errichten lassen (siehe S. 191), entschloss sich 1882 im hohen Alter von 86 Jahren, dieses riesige Gebäude mit seinen über 90 Räumen in Auftrag zu geben (hinzu kommen ein Torhaus, Scheunen und das Kavaliershaus, in dem heute übrigens die Erben der Familie Blome wohnen). Das alte Schloss war im Jahr davor abgebrannt. Der Mittelbau tritt etwas zurück und wird vom überdimensionalen Familienwappen gekrönt, die Seitenflügel werden von zwei identischen Türmen flankiert. Hinter dem Herrenhaus erstreckt sich ein schon im 18. Jh. angelegter englischer Garten mit einem prächtigen Baumbestand und einem künstlichen See, in dem sich die Südfassade spiegelt (siehe Bild S. 23). Ganz im Gegensatz zu den meisten anderen Gutsanlagen ist Salzau für die Öffentlichkeit zugänglich, denn das Gut ist Zentrum des jährlich im Juli und August stattfindenden Schleswig-Holstein Musik-Festivals. Zur Festivalzeit wohnen im Schloss Musikstudenten aus aller Welt, und aus den offenen Fenstern hört man allenthalben übende Nachwuchsmusiker. Die übrige Zeit des Jahres wird das Gebäude als Landeskulturzentrum genutzt.

Konzertkarten Kartenzentrale des Schleswig-Holstein Musik-Festivals, Postfach 3840, 24037 Kiel, ✆ 0431/567080 oder 0800/74632000. Infos unter www.shmf.de. Die Proben sind übrigens öffentlich.

Am Selenter See

Fargau-Pratjau: Die beschaulichen Weiler und Dörfer von Fargau und Pratjau haben sich 1974 zu einer Gemeinde zusammengeschlossen und begrenzen das nordwestliche Ufer des Selenter Sees. Fargau, direkt am See gelegen, verfügt über eine nette kleine Badestelle mit herrlichem Blick über den gesamten See. Auch ein ehemaliges Schulgebäude aus dem 18. Jh. ist heute noch erhalten.

Grabensee: Vom an der Südwestseite des Selenter Sees gelegenen Weiler Grabensee aus hat man einen besonders schönen Blick über das gesamte Gewässer. Hier befindet sich auch ein kleines, kostenfreies Strandbad (gegenüber ist eine Töpferei).

Pülsen: Am Nordufer des Sees liegt der kleine Ort Pülsen (schon zur Gemeinde Köhn gehörend), an dessen wenig frequentierten, sehr seichten Badebucht (mit WC) auch Kinder gefahrlos planschen können. Der übrige Nord- und Westteil des Selenter Sees ist heute nicht zugängliches Naturschutzgebiet.

Dobersdorfer See/Gut Dobersdorf: Nur 4 km westlich des Selenter Sees liegt der herrlich von Wäldern und Wiesen umrahmte Dobersdorfer See. Ein schöner Wander- und Radweg (etwa 10 km) führt um ihn herum. Badestellen in Tökendorf am Nordwestufer und in Schlesen am Ostufer laden an diesem von Touristen nur wenig frequentierten See im Sommer zur Erfrischung ein.
Das private Gut Dobersdorf befindet sich am Westufer des Sees. Eine Kastanienallee, neben der einige Esel grasen, führt zum Gut. Torhaus und einige Nebengebäude sind nicht mehr erhalten. Die große Scheune (1728) besitzt noch ihre schöne Giebelfront, hat jedoch kein Reetdach mehr. Das elfachsige backsteinerne Rokoko-Herrenhaus (1770) ist jedoch in aller Pracht erhalten geblieben.

Gut Wittenberg: Der zur Gemeinde Martensrade gehörende Herrensitz liegt 5 km südwestlich von Selent. Das schon 1299 erwähnte Gut ist im Privatbesitz der Grafen von Reventlow und nicht näher zu besichtigen. Viele der Grafen waren in den

Probstei

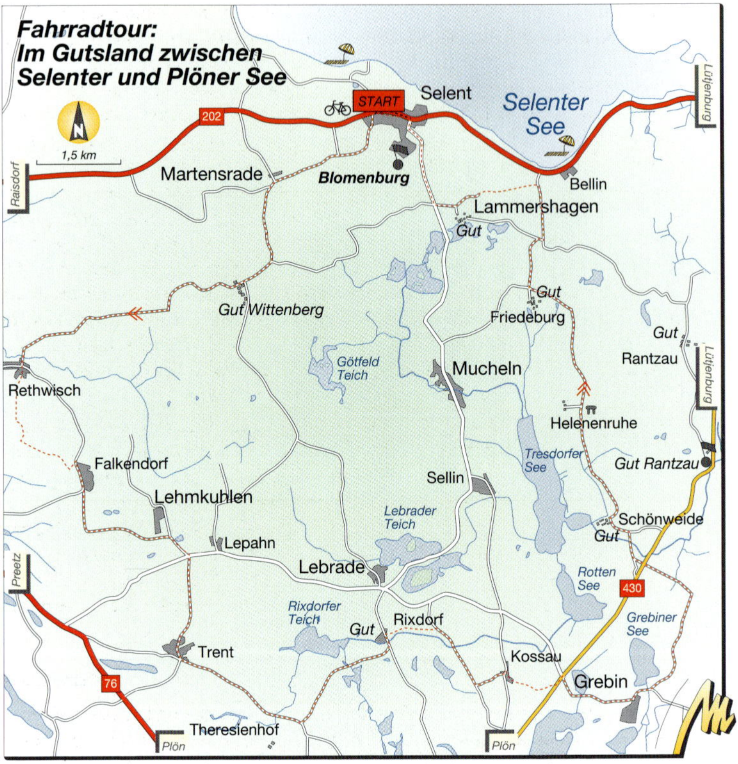

letzten Jahrhunderten bis in die jüngste Vergangenheit hinein Pröpste des Klosters Preetz. Das heutige weiß verputzte Herrenhaus wurde 1868 etwas entfernt von den Wirtschaftsgebäuden auf einem von Wald umgebenen Hügel erbaut und erinnert ein wenig an einen französischen Landsitz.

Fahrradtour: Im Gutsland zwischen Selenter See und Plöner See

Selent – Gut Wittenberg – Gut Rixdorf – Grebin – Gut Lammershagen – Selent. Länge ca. 42 km, Dauer 3,5 Stunden. Eine hügelige Kulturlandschaft mit Schlössern und Herrenhäusern fernab des Tourismus.

Startpunkt ist **Selent** mit seiner sehenswerten, 800 Jahre alten St.-Servatius-Kirche und der Blomenburg, die wie ein Märchenschloss aussieht. Hinter der Kirche halten wir uns links (Kösterberg, dann Wehdenweg) und erreichen nach 2,5 km **Martensrade**. Weiter geht's halblinks und dann beim **Gut Wittenberg** rechts ab über eine gewundene Straße durch die weiten Felder 5,5 km bis **Rethwisch**. Dort geradeaus durchs Torhaus (vorbei an hohen Windkraftanlagen) bis **Falkendorf**.

Weiter auf der Straße am (nicht mehr komplett erhaltenen) Gut Lehmkuhlen vorbei bis zur Landstraße (Richtung Lepahn). Diese überqueren und 2 km weiter bis **Trent**, am Ortsende links ab. Dann knapp 4 km bis kurz vor Theresienhof und hier wieder links auf einen 3 km langen Spurbahnweg (später Feldweg) an kleinen Seen vorbei zum herrlichen **Gut Rixdorf**. Direkt vor der unscheinbaren Hofguteinfahrt geht's rechts einen landschaftlich schönen (zunächst) ungeteerten Weg hinein (kein Hinweisschild), der am Flüsschen Kossau entlang bis zum gleichnamigen Ort führt. Am kleinen Feuerwehrhäuschen von **Kossau** fährt man links in die Jittbuschtwiete, dann rechts in die Straße "Am Broock" und direkt hinter dem Ortsschild links in einen (etwas sandigen) Weg, der in etwa 1,5 km bis zur Bundesstraße führt. Diese überqueren und gleich rechts ab nach **Grebin** mit seiner schönen Windmühle (Möglichkeit zur Einkehr, ebenso wie im Grebiner Krug).

Nun geht's hinunter zur Ortsmitte und links hinein in die kleine Straße "Dorfwiese" (kurz danach heißt sie Saseler Redder). Der unbefestigte Weg wird zum Spurbahnweg und führt nach 2 km wieder links hinunter zur Bundesstraße. Diese wird überquert, um bald danach Gut **Schönweide** zu erreichen (nur das renovierungsbedürftige Torhaus von 1755/1901 steht noch). Eine Allee führt nun weiter nordwärts. Nach 2 km liegen gegenüber der Zufahrt zum landwirtschaftlichen Gut Helenenruhe zwei mit alten Bäumen bewachsene **Hünengräber**. Zunächst immer geradeaus und später halblinks erreicht man nach wiederum 2 km das kleine **Gut Friedeburg**. An der Kreuzung zweigt die Allee nach rechts ab, dann geht es nach 1 km links hinunter zum alten Fischerort **Bellin** (ein kurzer Abstecher zum See lohnt).

Wer's eilig hat, fährt neben der Bundesstraße zurück nach Selent. Schöner ist die am Ortseingang links ab zum **Gut Lammershagen** führende ungeteerte und von alten Bäumen gesäumte Straße. Schon vor dem Gut (das aber einen Abstecher lohnt) geht rechts ebenfalls ein unbefestigter Weg ("Im Dorf") hinab ins 2 km entfernte Selent.

Preetz

15.500 Einwohner

Die inmitten einer Seenlandschaft gelegene alte Schusterstadt versteht sich als Tor zur Holsteinischen Schweiz. Preetz ist heute einerseits eine moderne Einkaufsstadt – immerhin die größte im Kreis Plön – und andererseits eine Kultur- und Klosterstadt mit zum Teil alter Bausubstanz und bemerkenswerter Geschichte. Das hiesige Kloster ist das wohl bedeutendste in Schleswig-Holstein und unbedingt einen Besuch wert.

Rund um den Markt ist noch ein wenig von der alten kleinstädtischen Architektur erhalten geblieben. Hier laden Geschäfte und Cafés zum Einkaufen und Bummeln ein. Eines der schönsten Häuser der Stadt ist ein zweigeschossiges Giebelhaus aus dem 17. Jh. mit Rokoko-Oberlichttür. In diesem sog. Heß'schen Haus in der Langen Brückenstraße 22 (Nähe Markt) befinden sich heute die Preetzer Cafestuben. Südwärts führt die Kirchenstraße mit einigen historischen Gebäuden zur Stadtkirche, nördlich kommt man über die Mühlenstraße zum Klosterbezirk. In der Mühlenstraße liegen auch das weithin bekannte Circus- und das Heimatmuseum.

Auf dem Feldmannsplatz südlich der Stadtkirche erinnert die Bronzestatue "Kleiner Schusterjunge" daran, dass Preetz einmal eine weithin bekannte Schusterstadt war, vor allem Holzschuhe wurden produziert. Um 1850 gab es hier 160 Schuhmachermeister, 360 Gesellen und 160 Lehrlinge. Im Volksmund hieß es damals: "In Preetz, da steit een Kloster, all Nees lang wohnt een Schoster." Heute ist nur noch die kleine Holzschuhmacherei von Lorenz Hamann in der Wakendorfer Straße 17 übrig geblieben (jenseits der Schwentine, sehenswerte Werkstatt im Hinterhof, Verkauf nur

9–13 Uhr, ✆ 81217). Doch auch Hamanns Werkstatt wird wohl in einigen Jahren nur noch im Freilichtmuseum Kiel-Molfsee zu besichtigen sein.

Im Süden der Stadt, am **Lanker See**, befindet sich ein schönes Freibad (mit Kneipe), und am Postsee im Westen der Stadt gehen die Wiesen ebenfalls sanft ins Wasser über; auch gibt es eine kleine Badesstelle.

Geschichte: Der Name Preetz rührt von der Lage am Fluss her (slawisch *po rece*). Hier am historischen Schwentineübergang befand sich seit alters her eine slawische Siedlung, die Handelsplatz für Waren der Sachsen, Holsten und Slawen war. 1211 wurde in Preetz das Benediktinerinnenkloster gegründet, dem bald große Landesteile übereignet wurden. Dies waren der damals *Poretz* genannte Ort selbst und 20 Dörfer an der Küste, die sog. Probstei. Später waren sogar mehr als 40 Dörfer dem Kloster unterstellt und mussten (moderate) Abgaben leisten, teilweise noch bis 1888. Für Jahrhunderte waren damit Priorin, Konvent und der Propst die höchste Verwaltungsinstanz dieses Gebietes; bis 1867 übten sie auch die Rechtspflege aus. Nachdem Schleswig-Holstein preußische Provinz geworden war, wurde die rechtliche Trennung vom Kloster vollzogen. 1870 bekam Preetz endlich auch sein Stadtrecht, also etwa 600 Jahre später als die meisten anderen holsteinischen Städte.

Aufnahme im Kloster fanden die ledigen Töchter des holsteinischen Adels und zunächst auch Lübecker Bürgertöchter. Nach der Reformation wurde das Kloster zwar aufgelöst, es bestand jedoch weiterhin als Damenstift. Die ledig gebliebenen Adelstöchter entflohen aber nach und nach den engen (später weitgehend abgerissenen) Klosterzellen und ließen im ruhigen Klosterhof eine Anzahl von kleinen Wohnhäusern bauen.

Information/Adressen/Veranstaltungen

- *Vorwahl* 04342
- *Information/Zimmervermittlung* **Tourist-Info Preetz,** Garnkorb 2, 24211 Preetz, ✆ 2207. Keine Kurtaxe.
- *Fahrradverleih* **Hannss,** Schellhorner Str. 6, ✆ 81122; **Kaufmann,** Kührener Straße 30, ✆ 889699.
- *Naturschutzgebiet* Am Strandbad Lanker See gibt's eine Infohütte zum Naturschutzgebiet Lanker See/Kührener Teich, ✆ 789453.
- *Parken* Alle Parkplätze in Preetz sind kostenfrei (Parkscheibe).
- *Sauna* **Schwimmhalle Preetz,** Johannes-Gutenberg-Str. 10, ✆ 84659.

Saunabad Preetz, modernes Saunabad mit Innen- und Außenpool. Handwerkerweg 4 (im Gewerbegebiet Wakendorf), ✆ 81060.

- *Schwimmbad* **Schwimmhalle Preetz** (am Postsee), variable Öffnungszeiten, in der Woche aber meist bis 22 Uhr, Sa bis 18.30 Uhr, So bis 17 Uhr. Johannes-Gutenberg-Str. 10, ✆ 84659.

Freibad Lanker See, unbewachtes, aber schön gepflegtes Freibad mit reetgedeckter Schwimmbadkneipe. Castöhlenweg (Nähe Schiller-Gymnasium), ✆ 5755.

- *Veranstaltungen* Am letzten Samstag im Mai findet das traditionelle **Preetzer Schusterfest** statt. Gefeiert wird mit künstlerischen Vorführungen und viel Musik.

Am dritten Samstag im August hat sich seit einigen Jahren der **Kunsthandwerkermarkt** etabliert, bei dem vor allem Hobbykünstler ihre Erzeugnisse präsentieren und verkaufen.

Weitere Besonderheit ist das seit 1988 stattfindende **Papiertheatertreffen** im September, die größte internationale Zusammenkunft von Papiertheaterspielern Europas.

Übernachten/Essen und Trinken

- *Übernachten* **Preetzer Caféstuben (3),** kleines Fachwerkhotel mit täglichem Cafébetrieb im Zentrum der Stadt, die Zimmer sind behaglich und individuell eingerichtet, DZ 70–80 €. Das im wahrsten Sinne des Wortes als Stube eingerichtete Café im Erdgeschoss ist mit zahlreichen alten Musikinstrumenten dekoriert. Lange Brückenstraße 22, ✆ 9821.

Übernachten
1 Hotel Neeth
2 Holsteinisches Haus
3 Hotel Preetzer Caféstuben
Essen & Trinken
4 Schützenhof
300 m
Preetz
Lanker See
Kirchsee
Scharsee
Probstenwerder
Kleiner Werder
Strandbad
Stiftskirche
Klosterhof
Circus- und Heimatmuseum
Stadtkirche
Bismarckplatz
Kührener Bahnhof (stillgelegt)
Kieler Str.
Pohnsdorfer Str.
Klosterstr.
Wakendorfer Str.
Rethwischer Weg
Schellhorner Str.
Plöner Landstraße
Scharstorfer Weg
Kührener Str.
Kührener Straße
Hufenweg
Bahnhofstr.
Kirchenstr.
Am Alten Amtsgericht
An der Mühlenau
Castöhlenweg
Am Wiesengrund
Am Heidberg
Am Ehrenhain
Wehrberg
Stresemannstr.
Schwebstöcken
M.-Schreber-Str.
Holstenweg
Moorweg
Rastorfer Str.
Sudetenstr.
Ostlandstr.
Max-Planck-Str.
Otto-Hahn-Str.
A.-Einstein-Str.
Storm-Str.
Wilhelm-Raabe-Str.
Hinter dem Kirchof
Haselbusch
Löptiner Str.
Lindenstr.
Ragniter Ring
Postfelder Weg
Am Jahnpl.
Birkenweg
Zappenweg
Lohmühlenweg
Waldweg
Am Lanker See
Konkoppel-redder
Dorfstr.

Preetzer Caféstuben

Hotel Neeth (1), 2 km nordöstlich von Preetz im kleinen Dammdorf gelegenes Hotel mit gemütlichen, komfortablen Gästezimmern im rustikalen Landhaus-Ambiente. DZ 70 €. *Restaurant* mit schmackhafter Küche im Haus. Preetzer Straße 1–3, Preetz/Dammdorf, ✆ 82374, www.neeth.de.

Holsteinisches Haus (2), einfaches Hotel garni in Zentrumsnähe, auch Wanderer und Fahrradtouristen bekommen für nur eine Übernachtung in dem direkt an der Hauptstraße gelegenen historischen Haus meist problemlos ein Zimmer. DZ 50 €. Wakendorfer Str. 19, ✆ 81087.

Camp Lanker See, an einer Bucht des Sees sehr schön gelegene, ruhige Anlage mit 300 Plätzen und allem, was dazugehört: SB-Markt, Kinderspielplatz, kleine Gaststätte usw. Geöffnet vom 1.4. bis 31.10. Gläserkoppel (B 76 Richtung Plön, nach 4 km rechts ab), ✆ 81513, www.campingplatz-lanker-see.de.

• *Essen und Trinken* **Schützenhof (4),** am Preetzer Gildeplatz (noch ein ganzes Stück südlich der Stadtkirche) gelegen, erinnert der Gasthof mit fast 200-jähriger Tradition ein wenig an ein Bahnhofsrestaurant. Innen präsentiert es sich als mit Teppichboden ausgelegtes, ruhiges Restaurant, in dem ein schmackhaftes gutbürgerliches Essen serviert wird (z. B. Schweinemedaillon für 12,80 € oder Pfifferlinge mit Kräuterrührei und Bratkartoffeln für 10,20 €). Am Schützenplatz 2, ✆ 2380.

Sehenswertes

Kloster Preetz: In der parkartigen Klosteranlage – wohl der ansehnlichsten im Lande – gruppieren sich die alten Häuser der Stiftsdamen (Konventualinnenhäuser) rund um die hohe Klosterkirche. Das Ensemble strahlt eine andächtige Stille aus. Kloster Preetz ist immer noch ein Damenstift, allerdings nach dem Tod der letzten Stiftsdame vor ein paar Jahren gegenwärtig nicht als solches genutzt und wohl auch mit einer sehr ungewissen Zukunft, weil es an Nachwuchs mangelt. Man muss nämlich der adeligen Ritterschaft angehören, um hier aufgenommen zu werden, und aus diesem Kreis kommen seit Jahren keine Anfragen. Daher sind die wunderschönen Häuser heute an Preetzer Bürger vermietet.

Ganz ruhig wird es, wenn man die zwischen 1325 und 1340 errichtete backsteinerne *Stiftskirche* betritt, auf deren weit heruntergezogenem Dach nur ein zierliches Türmchen thront. Das Innere der spätgotischen Basilika ist im Großen und Ganzen noch original erhalten. Auffallend ist der große Nonnenchor in der Mitte, der mit hohen Backsteinmauern von den übrigen Teilen der Kirche getrennt ist. Er wirkt fast wie eine Kirche in der Kirche. Das darin befindliche geschnitzte und mit 70 Sitzen in Hufeisenform aufgestellte Nonnengestühl ist eine wahre Rarität. Es stammt ursprünglich aus der Zeit um 1335, die bunten Gemälde auf den Rückseiten des Gestühls wurden aber erst im 17. Jh. hinzugefügt, die Logen erst im 18. Jh. Der spätbarocke Altar (1743) mit seinen überlebensgroßen Heiligenfiguren und der Stuhl der Vorsängerinnen (1704) sind ebenfalls hervorragende Schnitzarbeiten.

Eine weitere Besonderheit ist das den Chor abschließende, sehr aufwendig gestaltete Eisengitter mit seinem Mittelportal, das im Jahre 1738 geschmiedet wurde. Auch die *Klosteranlage* selbst, die man durch ein Torhaus (von 1707) betritt, lohnt wegen der vielen backsteinernen Stiftsbauten (meist aus dem 18. und 19. Jh.) unbedingt einen kleinen Spaziergang. An das stattliche ehemalige Pastorat (Haus Nr. 3) schließen sich die einstigen Beamtenhäuser an (Nr. 4–5), kurz darauf folgt das prachtbauartige klassizistische Propstenhaus (Nr. 8), und ebenfalls nur ein kurzes Stück entfernt steht man vor dem verputzten Priorinnenhaus mit seinem stuckverzierten Giebel (Nr. 26). Das Konventhaus (Nr. 19) ist noch Teil des ehemaligen Nordflügels der spätmittelalterlichen Klausurgebäude, wurde aber neugotisch umgestaltet. Von den Häusern der Stiftsdamen ist das Thienenhaus (Nr. 11) das älteste (schön verzierter Fachwerkbau von 1592, Anbau aus dem 18. Jh.). Der ehemalige Wirtschaftshof im Süden der Klosteranlage brannte 1959 komplett ab. Heute steht hier ein Altenheim.

Adresse/Öffnungszeiten Klosterstraße. Die Kirche ist nur im Rahmen von Führungen durchs Kloster zugänglich. In der Saison täglich um 15 Uhr und zusätzlich Di, Mi u. Fr um 11 Uhr. Infos unter ✆ 80968.

Klosterhof und Stiftskirche

Circusmuseum: Die 1974 eröffnete Privatsammlung bezeichnet sich stolz als erstes deutsches Museum seiner Art. In verschiedenen Abteilungen wird auf gut 300 m² mit zahlreichen Fotos, Requisiten und Kostümen die historische Entwicklung und Bedeutung von Zirkusunternehmen und Artistenfamilien dargestellt. Liebhaber der strahlenden Welt der Manege und Varietés erhalten hier einen informativ-unterhaltsamen Überblick.

Adresse/Öffnungszeiten Mühlenstraße 14, ✆ 1869 (Bandinfo), 81114 oder 81438. Nur Sa 15–18 Uhr sowie So 10–12 und 15–18 Uhr. Eintritt 1,50 €, Kinder 1 €.

Heimatmuseum: Preetz war nicht nur Schusterstadt, sondern im 17. und 18. Jh. auch Standort eines florierenden Töpfer- bzw. Gold- und Silberschmiedehandwerks. Diese traditionellen Betätigungsfelder der Stadtbewohner sowie die Geschichte des Klosters bilden die Schwerpunkte der Ausstellung.

Adresse/Öffnungszeiten Mühlenstraße 14, ✆ 1888 (gleicher Eingang wie Circusmuseum). Mi 15–17.30, Sa 15–18, So 10–12 und 15–18 Uhr.

Papiertheater: Alljährlich im September findet in Preetz ein internationales Papiertheatertreffen statt, bei dem es natürlich auch Aufführungen gibt. Wer zu dieser Zeit nicht vor Ort ist, kann sich im Papier(spielzeug)geschäft *Pollidor's Papier Curiosa* umsehen, in dem es Papiertheater aus dem 19. und 20. Jh. zu sehen gibt. Außerdem kann man u. a. seltenes Papierspielzeug (auch Hampelmänner), Masken und Bilderbögen kaufen.

Adresse/Öffnungszeiten Bahnhofstraße 10. Zu den üblichen Geschäftszeiten, d. h. Mo–Fr 9–13 und 14.30–18 Uhr, Sa 8.30–13 Uhr.

Stadtkirche: Erhöht am Ufer des Kirchsees liegt die spätbarocke Saalkirche (um 1729), die noch den alten Feldsteinchor ihres Vorgängerbaus besitzt (um 1200, heute Kapelle). Im Innern der auch vom Kirchengestühl her in zartem Weiß gehaltenen Kirche findet sich eine prächtige barocke Westempore, die, auf Säulen gestützt, fünf Logen und eine Orgel trägt. Weitere Logen aus dem frühen 18. Jh. befinden sich an der Nordwand. Die Messingkronleuchter stammen aus dem 17. Jh., das älteste Ausstattungsstück ist eine schlichte Granittaufe aus dem 13. Jh.

Adresse/Öffnungszeiten Kirchenstraße. Tagsüber geöffnet, Führungen jeden Donnerstag um 17 Uhr (15.6.–15.9).

Wanderung/Fahrradtour: Rund um den Lanker See

Preetz – Gut Wahlstorf und zurück, Länge 16 km, Wanderung 4 Stunden, als Fahrradtour 1,5 Stunden (siehe Karte Seite 197).

Vom Ortszentrum geht's in südlicher Richtung an der Stadtkirche vorbei zum Restaurant Schützenhof. Dort halblinks in die Straße "Ihlsol", dann weiter an der Schule vorbei zum **Strandbad Lanker See**. Nun nach rechts über die Bahnbrücke (Fahrräder über die hohe Treppenbrücke tragen oder gleich am Schützenhof auf der Hauptstraße bis zur Straße namens Waldweg bleiben), dahinter links ab (zunächst Birkenweg, dann "Am Lanker See"). Am Wegende links in die Straße namens Waldweg. Dann immer geradeaus und etwas versteckt vor dem Pirolweg in die Flur hinein (sehr schmaler, hügeliger Weg).

Immer weiter geradeaus diesem Weg folgen (einen Spurbahnweg überqueren, dann am Waldrand vorbei) ins **Waldstück Schweding**. Mitten im Wald an einer Linde erscheint ein erstes Hinweisschild, das nach halblinks die Richtung nach **Wahlstorf** anzeigt. Der Weg – inzwischen viel breiter geworden – führt zum Kührener Bahnhof; dort zweigt nach rechts ein Spurbahnweg weg, von dem bald scharf links die alte (ungeteerte) Straße nach Walstorf führt.

Auf wunderschöner Strecke geht es hier durch die Wiesen und Felder und vorbei an den naturgeschützten **Kührener Teichen** (mit einer schönen Beobachtungshütte). Dann überquert man die Bahnlinie (Schranke öffnet sich nur auf Knopfdruck!) und fährt auf der Straße namens "Filzhut" hinunter zum sehenswerten Gut (Einkehrmöglichkeit in der Wirtschaft "Alte Schule"). Am Hofgut geht's geradeaus den breiten Spurbahnweg entlang. Nachdem der Weg nach etwa 1,5 km eine Kehre hinauf gemacht hat, geht im Wald links ein schmaler (mitunter feuchter) Fußweg durch Wald und Koppeln Richtung Campingplatz und Straße (mit X

Schloss Bredeneek

gekennzeichnet). Fahrradfahrer bleiben unbedingt auf dem Spurbahnweg, der später als Teerstraße links **Richtung Preetz** führt (*nicht* hinunter zum Campingplatz fahren!). Im Ortsteil Schellhorn geht's links in die unscheinbare Straße "Am Wiesengrund" hinein. Bald führt ein schöner (ungeteerter) Weg immer geradeaus zum Kirchsee und an diesem entlang bis fast direkt auf den Marktplatz.

Umgebung von Preetz

Schloss Bredeneek: Das gut 2 km nördlich von Preetz (Richtung Rastorf) gelegene Gebäude ist natürlich kein Schloss im herkömmlichen Sinne, sondern ein besonders pompöses Herrenhaus. Erbauen ließ es 1898–1902 der in den preußischen Adelsstand erhobene Bankier und Großkaufmann Conrad Hinrich von Donner inmitten einer ausgedehnten Parklandschaft (etwas versteckte Zufahrt gegenüber der Mauer). Der prächtige sandfarbene Bau im neoklassischen Stil besteht aus Haupt- und zwei identischen Seitenflügeln. In der Mitte sticht ein klassischer Tempelgiebel mit vier hohen korinthischen Säulen hervor. Die Ausstattung des Gebäudes ist prächtig. Alle Fenster sind mit Mahagoniholz ausgeschlagen, alle Türen aus massivem Teakholz oder Pidgepine. Sämtliche Fußböden, auch im Keller, sind mit Parkett belegt, alle Wirtschaftsräume sind vollständig gekachelt (zum Teil mit Delfter Kacheln).
Nach dem Zweiten Weltkrieg kamen Überlegungen auf, den in die Jahre gekommenen Prachtbau abzureißen. Wegen der Verarbeitung massivster Materialien wäre dies aber unmöglich gewesen: Man hätte alles wegsprengen müssen, also ließ man renovieren. Derzeit wartet Bredeneek (= Breiteneiche) wieder auf bessere Zeiten: Es steht nämlich leer.

Gut Rastorf: Das schöne, nach wie vor landwirtschaftlich genutzte Anwesen liegt nur 2 km nördlich von Bredeneek idyllisch an der Schwentine. Man betritt Gut Rastorf durch ein außergewöhnlich breites Torhaus (fast 130 m). Der Blick fällt zunächst auf das vornehm verputzte Herrenhaus, das im Kern uralt ist, aber 1803 klassizistisch umgebaut wurde. Das Besondere ist aber, dass die übrigen Hofgebäude ein vollkommen harmonisches Ensemble bilden, denn sie sind alle nahezu gleichzeitig um 1725 nach einem Brand neu entstanden. Die Satteldächer von Scheune und Kuhhaus werden durch mächtige backsteinern-ornamentierte Giebel begrenzt. Seit nahezu 600 Jahren ist das Gut im Besitz des alten holsteinischen Rittergeschlechts der Grafen zu Rantzau und als solches Privatbesitz. Ein Blick durchs Torhaus ist aber gestattet.

Gut Wahlstorf: Am Südufer des Lanker Sees liegt abseits des gleichnamigen Dorfes das bereits 1224 erstmals erwähnte Anwesen. Schon die wasserschlossartige Lage auf einer von zwei Armen der Schwentine umschlossenen Insel ist bemerkenswert. Ohne Torhaus führt eine lange Zufahrt zum wuchtig-backsteinernen Herrenhaus. Dabei passiert man vier reetgedeckte Gebäude; vor allem die beiden rechts liegenden großen Scheunen sind interessant. Die erste ist eine der besterhaltenen und ältesten des Landes, sie stammt aus dem Jahr 1584 (Anbau von 1694). Das Herrenhaus selbst, in dem seit Jahrhunderten die Barone von Plesen wohnen, wurde zu großen Teilen schon im 15. Jh. errichtet, nur die beiden Vorbauten links und rechts des Treppenturmes kamen später hinzu (1613 und 1924). Mit seinem Doppelhaus-Charakter (nur von der Seite zu erkennen) ist es trotzdem wohl das einzige noch erhaltene Beispiel dafür, wie im späten Mittelalter die großen Herrenhäuser ausgesehen haben, bevor sie durch stattlichere Bauten ersetzt oder zu diesen umgebaut wurden.

Gut Wahlstorf, eines der ältesten Herrenhäuser des Landes

Kapelle Sophienhof: Direkt an der B 76 (Preetz/ Plön) steht etwas verdeckt von einer uralten Buche die bemerkenswerte Kapelle im byzantinischen Rundbogenstil (von 1873). Der Besitzer des benachbarten Guts Sophienhof ließ die aus sandfarbenen Backsteinen errichtete Kapelle von einem befreundeten Architekten konzipieren, der einige Jahre in Riga zugebracht und sich dort mit der russisch-orthodoxen Sakralbauweise vertraut gemacht hatte.

Blick vom Bungsberg auf die hügelige Moränenlandschaft

Holsteinische Schweiz

Nicht alles, was Schweiz heißt, hat hohe Berge: Der Bungsberg, der gerade einmal 168 m in den Himmel ragt, ist schon der höchste Berg weit und breit. Immerhin gibt's hier in schneereichen Wintern sogar einen kleinen Skilift. Das eigentlich Typische an der Holsteinischen Schweiz ist jedoch die sanfthügelige, waldreiche Landschaft, die von grünen Weiden und Feldern und vor allem von zahlreichen Seen durchzogen ist. Mittendrin liegen beschauliche Städte mit großer Tradition wie Plön oder Eutin.

Man glaubt es kaum: 63 deutsche Landstriche tragen wegen ihrer reizvollen Natur das Attribut "Schweiz". Die Holsteinische Schweiz hat ihren zugkräftigen Namen findigen Gastwirten aus Malente-Gremsmühlen zu verdanken. Der Wirt der Gremsmühle warb in den 1860er Jahren in einer Zeitungsanzeige für seine Herberge mit den Worten: "Gremsmühlen – die Schweiz Holsteins". Und im Jahre 1885 nannte Johannes Janus seine hoch über dem Kellersee gelegene, neu erbaute Nobelherberge "Hotel Holsteinische Schweiz". Es dauerte nicht lange, da wurde werbewirksam zunächst die nahe gelegene Bahnstation und schließlich die ganze Gegend so bezeichnet.

Grob gesagt liegt die Holsteinische Schweiz zwischen Lübeck und Kiel. Genauer betrachtet wird das Gebiet begrenzt von Schönwalde mit dem Bungsberg im Osten, von Lütjenburg und Preetz im Norden, von Ascheberg im Westen und Ahrensbök im Süden. Dies ist auch die Region, die den 1986 gegründeten *Naturpark Holsteinische Schweiz* bildet, in dem auf fast 600 km² in 23 Gemeinden gut 60.000 Menschen leben. Wir beziehen darüber hinaus das westlich und südlich gelegene Gebiet von Wankendorf über Bad Segeberg bis Ahrensbök mit ein, das dem Tourismusverband Holsteinische Schweiz angeschlossen ist.

Wiesen, Wald und Wasser bestimmen die Landschaft. Im Ganzen gibt es hier fast 200 Seen, 70 davon messen über einen Hektar Wasserfläche, der größte ist der Plöner See (über 30 km^2). Mit der traditionellen und beliebten *Fünf-Seen-Fahrt* sind alle großen Seen zwischen Malente und Plön mit dem Ausflugsdampfer zu befahren.

Reizvoll sind auch die zahllosen alleeartigen oder von Knicks begleiteten Nebenstraßen, welche die ganze Holsteinische Schweiz durchziehen. Fahrradfahrer können auf ihnen gefahrlos die ostholsteinische Hügel- und Seenlandschaft in ihren satten Farben entdecken.

Die Weiße Flotte

Nicht wegzudenken aus dem Tourismusgeschäft der Holsteinischen Schweiz sind die zahlreichen weißen Ausflugsschiffe. Einige Reedereien existieren bereits seit über 100 Jahren. Die im Sommer fast stündlich stattfindende **Kellerseefahrt** zwischen Eutin und Malente und auch die **Große Eutiner Seerundfahrt** sind ein Erlebnis. Berühmt ist aber vor allem die **Fünf-Seen-Fahrt** über den Diek-, Langen-, Behler-, Höft- und Edebergsee bis zum Endpunkt Plön-Fegetasche.

Schönwalde am Bungsberg

2550 Einwohner

Keine Frage, man muss ihn gesehen haben, den höchsten Berg Schleswig-Holsteins. Der Blick von der Aussichtsplattform des Fernsehturms ist grandios. Schönwalde präsentiert sich um den Dorfteich mit der historischen Jugendherberge und dem Heimatmuseum von seiner reizvollsten Seite.

Der Name des Ortes sagt eigentlich schon alles: Das ansonsten eher unspektakuläre Dorf liegt herrlich inmitten waldreicher, hügeliger Landschaft. An Schönwalde kommt man kaum vorbei, denn alle etwas größeren Straßen der Umgebung führen hierher.

Fast alle Sehenswürdigkeiten findet man im Dorfzentrum. Nicht nur das Dorfmuseum und die Ruhsalkate (ein ehemaliges Armenhaus von 1830), auch das Organistenhaus (heute Jugendherberge), ein stattlicher, reetgedeckter Fachwerkbau von 1786 steht hier am Dorfteich. In Letzterem war bis 1823 die Schule untergebracht; außerdem lebte hier neben dem Schulleiter auch der Organist, was auch den Namen des Gebäudes erklärt.

Eine wenig bekannte historische Besonderheit ist die Wegegeldhebestelle ganz am Beginn der Eutiner Straße (links hinter dem Lachsbach). Das Backsteinhaus von 1870 (Haus Nr. 16) gilt als eines der ersten dachpappengedeckten Häuser im Lande und wurde errichtet, um für die vom Herzog von Oldenburg neu gebaute Chausseestrecke von Eutin nach Schönwalde Maut zu kassieren. Das Amt des Wegegeldeinnehmers wurde samt Haus verpachtet.

Schön, auch für Radfahrer, ist die von idyllischen Wegen und Straßen durchzogene Landschaft um den Nachbarort **Kasseedorf.** Herrlich ist z. B. die kleine Straße von Kasseedorf Richtung Eutin, die am **Stendorfer See** und dem gleichnamigen Gutshof mit seiner prächtigen, von Feldsteinmauern und alten Bäumen begrenzten Zufahrt vorbeiführt. Zum idyllischen Bild passen auch die von mächtigen Eichen gesäumten Gutskaten an der gewundenen, von Knicks begleiteten Straße, die weiter durchs weitläufige **Sagau** mit seinen schönen, teils reetgedeckten Wohnkaten führt.

Geschichte: Das schon vor über 760 Jahren urkundlich erwähnte Schönwalde gehörte wie das übrige Land um den Bungsberg lange zum Kloster Cismar (siehe

Schleswig-Holsteins höchster Punkt auf dem Bungsberg

Seite 91). Um 1460 wurde das Gebiet durch Landtausch der Mönche einem adeligen Gut (Sierhagen) zugeschlagen. Die neuen Eigentümer errichteten im 4 km nördlich von Schönwalde gelegenen **Mönchneverstorf** einen heute nicht mehr vorhandenen wasserburgartigen Gutshof. 1640 kaufte dann Bischof Hans von Lübeck dieses Gut Mönchneverstorf, zu dem auch die umliegenden Ortschaften gehörten. (Das Gut hieß ursprünglich genau wie ein großer Adelssitz nördlich von Lütjenburg Neverstorf. Zur besseren Unterscheidung bekam es – weil einst zum Kloster Cismar gehörig – den Namen Mönchneverstorf, während sich das andere Gut, durch Ostsee und Großem Binnensee von Wasser eingerahmt, nun Waterneverstorf nannte.) Mönchneverstorf wurde erst 1928 (!) aufgelöst, sodass die Zeitpächter dann auch Eigentümer ihrer Bauernstellen waren. Zusammen mit einigen umliegenden Ansiedlungen bildet der Ort Schönberg seit 1938 die gleichnamige Gemeinde.

- *Vorwahl* 04528
- *Information/Zimmervermittlung* **Fremdenverkehrsverein Schönwalde am Bungsberg** (in der Privatwohnung von Frau Waldow), Am Lachsbach 5, ✆ 364. **Amtsverwaltung Schönwalde am Bungsberg,** Am Ruhsal, ✆ 91740. Keine Kurtaxe.
- *Schwimmen* Kleine Badestellen befinden sich an den jeweiligen Südenden des Stendorfer und des Griebeler Sees, die beide zur Nachbargemeinde Kasseedorf gehören.
- *Übernachten* **Jugendherberge,** schon seit 50 Jahren idyllisch am Dorfteich gelegen in einem 1768 erbauten reetgedeckten Haus. Lediglich 61 Betten in Zwei- und Dreibettzimmern. Am Ruhsal 1, ✆ 206.
- *Essen und Trinken* **Zur Hörn,** kleines, neu, aber schlicht eingerichtetes Café-Restaurant am Dorfteich, vom begrenzten Essensangebot in Schönwalde wohl die erste Wahl. Einfache, aber dennoch recht schmackhafte Küche (z. B. pikante Fischpfanne zu 12 €, aber auch Kaninchenkeule in Aspik zu 8,50 €), kleine Terrasse vorm Haus. Mo Ruhetag, ✆ 911555.

Sehenswertes

Kirche zu Schönwalde: Was man von außen nicht erahnt: Die Feldsteinkirche ist uralt, stammt sie doch aus dem Jahr 1240. Sie hat jedoch im Laufe der Zeit einige Umbauten erfahren, am markantesten war sicherlich die Ersetzung des baufälligen hölzernen Turms durch den backsteinernen Glockenturm im Jahr 1857. Das älteste Inventar der Kirche ist heute die sehr kunstvoll aus Eichenholz geschnitzte Kanzel aus dem Jahr 1647. Auffällig ist ein von der Decke hängender überdimensionaler Taufengel (1759), der eine in einem Lorbeerkranz eingelassene Taufschale in der

Hand hält. Wer um die leider nur unregelmäßig geöffnete Kirche herumgeht, erblickt zwei schön gelegene reetgedeckte Gebäude: die alte Pastoratsscheune und den Gemeindesaal.

Dorfmuseum: Das Museum ist aus einer heimatkundlichen Sammlung des ehemaligen Dorfschulrektors hervorgegangen und auch im nach 1823 neu errichteten Schulgebäude untergebracht. Deshalb gibt es natürlich auch einen Dorfschulraum zu sehen sowie das, was man gemeinhin in einem Heimatmuseum erwartet, nämlich Gerätschaften aus dem dörflichen Leben sowie historische Fotos. Die Exponate aus Haus, Hof, Handwerk, Jagd und Forst stammen mehrheitlich aus dem 19. und 20. Jh.

Adresse/Öffnungszeiten Hörn 2, ✆ 737 u. 388. 15 Mai bis 30. September Di und Fr 16–18 Uhr, im Juli und August auch So 16–18 Uhr. Eintritt 1,50 €, Kinder 1 €.

Bungsberg: Eine ungeteerte Einbahnstraße führt direkt hinauf zum weithin sichtbaren Funkturm. Auf dem Bungsberg gibt's den nördlichsten Skilift des Landes, und darauf sind die Schönberger stolz. Außerdem ist der Bungsberg der höchste Punkt des Landes Schleswig-Holstein; sein Gipfel auf 168 m Höhe wird durch einen großen Stein inmitten einer Wiese markiert, die bei Schnee und Kälte als Ski- und Rodelpiste genutzt wird. Meist währt das Vergnügen allerdings nicht lange, und auch der Lift ist eher ein Seil, an dem man sich einige Meter hochziehen lässt ...
Mit einem Ein-Euro-Stück gelangt man durch ein Drehkreuz auf den Fernmeldeturm. Wer die 217 Stufen geschafft hat, kann von der 42 m hohen Aussichtsplattform ganz Ostholstein überblicken, denn immerhin steht man dann fast 200 m über dem Meeresspiegel. Wenige Meter entfernt steht der alte, von Bäumen umrahmte Elisabethenturm (nicht zu besichtigen). Der Großherzog von Oldenburg ließ ihn 1863 als Aussichtsturm errichten und benannte ihn nach seiner Gemahlin. Allerdings wuchsen die umstehenden Bäume so rasch, dass der Turm schon 1875 auf 22 m aufgestockt werden musste. Hier oben am Südwesthang entspringt übrigens aus mehreren Quellen in den Wiesen und Feldern der größte "Fluss" des Landes, die Schwentine.

Wanderung: Von Schönwalde zum Bungsberg und zurück

Länge 8 km, Dauer 2 Stunden

Von der Dorfmitte geht es zunächst einige Meter die Eutiner Straße (Hauptstraße) hinab über den Lachsbach und dahinter halbrechts in die Bergfelder Straße. Bis zum Bungsberg befindet man sich nun auf einem Teilstück des Europäischen Fernwanderweges (mit weißem X gekennzeichnet). Dieser führt weiter halbrechts dem ungeteerten Fahrweg folgend zunächst an einem wunderschönen Ausguck vorbei. Dann geht es auf ein Feuchtbiotop zu, und schließlich gelangt man nach etwa 1,5 km zur Kreisstraße, die halbrechts in einen Waldweg hinein überquert wird. Nun geht's einen guten Kilometer durch den Wald (im Zweifel links halten), dann wird wiederum eine kleine Straße überquert. Nach nochmals einem knappen Kilometer bergauf einen sehr schönen Pfad am Waldrand entlang ist man am Ziel. Der Fernmeldeturm ist begehbar. Auf dem gleichen Weg geht's zurück.

Kirchnüchel

200 Einwohner

Der knapp 4 km vom Bungsberg entfernte Ort inmitten der schönen holsteinischen Moränenlandschaft besteht aus wenigen Wohnhäusern, einem Gasthaus, dem Pfarrhaus und natürlich der alles beherrschenden Kirche.

Die wurde um 1230 erbaut und ist mit nur 116 m über NN schon das höchstgelegene Gotteshaus Schleswig-Holsteins. Im Mittelalter war sie eine berühmte der Mut-

Das höchstgelegene Gotteshaus Schleswig-Holsteins in Kirchnüchel

tergottes geweihte Wallfahrtskirche. Besondere Bedeutung hatten eine heilkräftige Quelle und die noch heute zu besichtigende, nur 7 cm große Madonnenfigur aus Elfenbein, der ebenfalls Wunderkräfte zugeschrieben wurden (sie ist hinter Panzerglas in den linken Chorpfeiler eingelassen). Noch bis weit nach der Reformation kamen die Wallfahrer in Scharen.

Mit ihren sorgfältig behauenen Feldsteinen wirkt die weiß getünchte Kirche von außen ein wenig trutzig. Beim Eintreten überraschen die modernen Fenster mit ihren kräftigen Farben, die in Anlehnung an den Stil Marc Chagalls 1971 gestaltet wurden. Am Chor ist das durch einen Vorhang abgetrennte barocke Mausoleum der Grafen von Brockdorff (Gut Kletkamp, siehe S. 169) zu betreten, die seit 1635 das Patronatsrecht in Kirchnüchel innehaben. Unwillkürlich steht man vor der offenen Gruft mit den Steinsärgen und blickt auf ein kunstvolles Relief an der altarhaften Rückwand, das den Grafen Cai Lorenz von Brockdorff darstellt. Das Grabmal gilt als eines der bedeutendsten im Lande, passt aber so gar nicht zum Rest der Kirche. Heute werden die Grafen wie auch die Kirchnücheler Bürger auf dem hinter der Kirche gelegenen Friedhof begraben, von dem man einen besonders schönen Blick auf das Bungsberggebiet hat.

Stolz ist man darauf, dass ein so kleiner Ort eine große Persönlichkeit hervorgebracht hat. Als Sohn des Pastors wurde hier 1742 Christian Cay Lorenz Hirschfeld geboren, der als angesehener Professor in Kiel zum Wegbereiter der englischen Garten- und Parkkultur wurde.

Die selbständige Gemeinde Kirchnüchel ragt wie ein Keil in den Naturpark Holsteinische Schweiz, gehört aber verwaltungstechnisch noch zum Amt Lütjenburg-Land. Auch in dieser Gegend gibt es – wie so oft in Ostholstein – wunderschöne Alleen. Eine besonders lange führt vom 2 km westlich liegenden Ort Nüchel in 8 km im großen Bogen bis nach Sieversdorf.

• *Essen und Trinken* **Marienquelle** und **De ole Pannkokenstuuv,** zweigeteiltes Restaurant, in dem sich altes und gemütliches Ambiente mit moderner gutbürgerlicher Küche verbindet. Im gegenüber der Kirche gelegenen Restaurant-Café gibt's heimische Gerichte (z. B. Ochsenroastbeef mit Salat zu 11,50 €), aber auch eine reichhaltige Pfannkuchenauswahl. Schöner Bier- und Kaffeegarten hinterm Haus. Ab 11 Uhr geöffnet, Mo (im Winter auch Di) Ruhetag, ✆ 04528/9777.

Eutin

19.000 Einwohner

Für die Kreisstadt, seit 1993 heilklimatischer Kurort, gibt es nur schmeichelhafte Namen. "Weimar des Nordens" wurde Eutin genannt oder auch "Rosenstadt im Herzen der Holsteinischen Schweiz". Der Vergleich mit Weimar erinnert daran, dass die Stadt wie ihre berühmte thüringische Verwandte einst viele Künstler- und Intellektuelle angezogen hat. Und was es mit dem Attribut "Rosenstadt" auf sich hat, wird sofort deutlich, wenn man sich zu einem Streifzug durch die Eutiner Straßen aufmacht.

Die nämlich werden nach jahrhundertealter Eutiner Tradition von unzähligen Rosenstöcken geschmückt. Vor allem im Frühling und Sommer strahlt die duftende Blumenpracht in kräftigen Farben. Es gibt sogar eine Rose, die den Namen der Stadt trägt, die *Eutin Floribunda.*

Zentrum ist – wie kann es anders sein – der Marktplatz, dessen Häuser eine breite Stilvielfalt aufweisen. Hier steht auch das alte Rathaus (1791), seinerzeit der erste klassizistische Putzbau der Stadt. Mit seinen Geschäften und Cafés präsentiert sich der Marktplatz natürlich autofrei und lädt wie auch die angrenzende Fußgängerzone als Flaniermeile zum Bummeln ein. Besonders bunt und geschäftig geht's hier mittwochs und samstags zu, dann nämlich ist Markttag. Mitten in diesem Trubel auf dem Marktplatz und nicht – wie heute bei vergleichbaren karitativen Einrichtungen üblich – in einsamer Stadtrandlage ließ man 1786 in vollendet schlichter spätbarocker Baukunst das herzogliche Witwenpalais errichten.

Ganz im Stile einer kleinen Residenzstadt liegen in Eutin alle Sehenswürdigkeiten dicht beieinander. Über die Stolbergstraße, mit ihren Fachwerkhäusern und Rosenstöcken wohl die schönste der Stadt, gelangt man zum Schloss, das als Museum zugänglich ist. Dahinter grenzt die Altstadt an den Großen Eutiner See. Die Stadtbucht wird hier von einer Seepromenade umgeben. Ein Spazierweg führt weiter um das Schloss herum am Ufer des Sees entlang zum Schlossgarten, der als eines der bedeutendsten Gartenkunstwerke Schleswig-Holsteins unter Denkmalschutz steht. Eindrucksvoll ist eine 335 m lange, uralte Lindenallee, die in den Schlossgarten führt. Dort befindet sich auch die Freilichtbühne für die 1951 zu Ehren des Komponisten Carl Maria von Weber ins Leben gerufenen Sommerfestspiele mit ihren Opernaufführungen, für die Eutin weit über die Stadtgrenzen hinaus bekannt ist.

Geschichte: Vor rund tausend Jahren herrschte ein slawischer Häuptling auf einer Inselburg am Großen Eutiner See. Im 12. Jh. ließen sich holländische Siedler hier nieder und übernahmen den slawischen Namen der Festung: *Utin.* 1257 verlieh der Bischof von Lübeck dem mittlerweile zum Marktflecken gewachsenen Ort das Stadtrecht und schaffte damit die Voraussetzungen für eine bürgerliche Selbstverwaltung. Noch heute zeigt das Stadtwappen das rosenberankte Bischofskreuz, dessen Enden zu Lilien auslaufen (die Rose stand im Mittelalter für Gerechtigkeit, die Lilie für Reinheit). Schon um 1300 zerstritt sich der Bischof mit dem Rat der

Beeindruckender Vierflügelbau: Schloss Eutin

aufstrebenden Hansestadt Lübeck und musste nach Eutin ins Exil ziehen, wo er sogleich einen ständigen Bischofssitz einrichtete. Die Wasserburg wurde zu seinem Wohnsitz ausgebaut, jedoch gingen die Besitzungen nach der Reformation an die Landesherren über, und die stammten ab 1586 aus dem Hause Holstein-Gottorf. Seit dem Jahre 1607 wurde der (nun evangelische) Bischofsstuhl von Lübeck mit einem nachgeborenen Prinzen aus eben jenem Hause besetzt. Somit war Eutin nun als Residenz der "Fürstbischöfe von Lübeck-Eutin" ein kleines, aber durchaus einflussreiches Fürstbistum.

Vor allem der kunstbegeisterte Bischof Friedrich August, der ab 1773 auch Herzog von Oldenburg wurde, holte viele Kulturschaffende an seinen Hof und begründete damit den Ruf Eutins als "Weimar des Nordens". So wirkte etwa der bekannte Homer-Übersetzer und Dichter Johann-Heinrich Voß (1751–1826) über 20 Jahre in der fürstbischöflichen Residenzstadt als Schulrektor. Auch Johann Heinrich Wilhelm Tischbein (1751–1829) wurde – als Hofmaler und Galeriedirektor – nach Eutin geholt und blieb, anders als Voß, bis zu seinem Tod in der Stadt. Als Goethe-Freund malte Tischbein unter anderem das berühmte Bild "Goethe in der Campagna". Doch Eutins größter Sohn heißt Carl Maria von Weber (1786–1826), dessen Geburtshaus in der Lübecker Straße 48 heute ein Café ist. Mit Stolz wurden die oben erwähnten Sommerfestspiele jahrzehntelang nach ihm benannt, und das, obwohl Weber lediglich die ersten sechs Monate seines Lebens in Eutin verbrachte.

Eutin lockte zu jener Zeit noch zahlreiche andere Persönlichkeiten für kürzere oder längere Aufenthalte in die Stadt (z. B. die Hofbaumeister Dallin und Greggenhofer, aber auch Herder, Klopstock, Wilhelm von Humboldt, Graf Stolberg und andere). Zweimal, mittlerweile als angesehener Komponist, besuchte auch Carl Maria von Weber seine Geburtsstadt und soll von der Schönheit der hiesigen Landschaft begeistert gewesen sein.

Um 1800 wurde die Residenz des Hauses Holstein-Gottorf nach Oldenburg (in Niedersachsen) verlegt. Eutin blieb aber Regierungssitz eines fürstbischöflichen Territoriums, das sich *Fürstentum Lübeck* nannte. Als die Stadt 1866 ans Eisenbahnnetz angeschlossen wurde, setzte ein wirtschaftlicher Aufschwung ein, im Rahmen dessen auch die Einwohnerzahlen stiegen. Noch beträchtlicher fiel das Wachstum nach dem Zweiten Weltkrieg aus, als sich die Stadtbevölkerung durch den Zuzug von Heimatvertriebenen schlagartig verdoppelte.

Information/Adressen

- *Vorwahl* 04521
- *Information/Zimmervermittlung* **Tourist Information,** Haus des Gastes, Bleekergang 6, ✆ 7097-0 u. 709-723, www.eutin-tourismus.de. Stadtführungen, Karten für die Festspiele etc.
- *Fahrrad- und Kanuverleih* **Familie Keusen,** Sielbecker Landstraße 17, Eutin-Fissau, ✆ 4201; Infos auch bei **Kur & Touristik Eutin GmbH,** Bleekergang 6, ✆ 7097-0.
- *Parken* Parkleitsystem zu den meist gebührenpflichtigen Parkplätzen, aber in den Geschäften gibt's einen Teil der Parkgebühr zurück; samstags sind die Innenstadtparkplätze kostenlos.
- *Sauna* Schwimmhalle Eutin, Seepark.
- *Schiffstouren* **Große Eutiner Seenrundfahrt,** täglich von 11 bis 16 Uhr, stündliche Abfahrt an der Stadtbucht, Erwachsene 5 €, Kinder (bis 15 J.) 2,50 €. ✆ 3344. **Kellerseefahrt,** Erwachsene 7 €, Kinder (bis 15 J.) 3,50 €, ✆ 04523/2201.
- *Schwimmen* **Schwimmhalle Eutin,** am Seepark gelegen, großes Schwimmbad, Sprungturm, variable Öffnungszeiten (Do ist Warmbadetag, 0,50 € Zuschlag), ✆ 705-590. Darüber hinaus ist das Baden in den fünf sauberen Eutiner Seen erlaubt.
- *Wohnmobilstellplätze* 10 kostenlose Stellplätze gibt es am innenstadtnahen Parkplatz hinter dem Bahnhof (P6).

*Ü*bernachten/*E*ssen und *T*rinken

• *Übernachten* **EUT-IN Hotel (7),** besteht aus dem *Gästehaus L'Etoile* mit noblen Romantik-Zimmern (DZ 110–115 €) und dem *Gästehaus LE BISTRO* (DZ 65–75 €). Frühstück jeweils 5 € zusätzlich. An einer belebten Ausfallstraße gelegen, Lübecker Landstraße 55, ✆ 702870/76, www.eut-in-hotel.de.

Voss-Haus (3), ehemaliges Wohnhaus von Johann-Heinrich Voß mit 300-jähriger Geschichte, nicht ganz verkehrsarm, aber zentral am Großen Eutiner See gelegen. Man wird in einem saalähnlichen, holzvertäfelten Foyer empfangen. Die 12 Zimmer sind recht geräumig, die Ausstattung ist mondän (Empire-Stil), und es gibt eine Gartenterrasse mit Seeblick. Im hoteleigenen *Restaurant da Vinci* werden vorwiegend Gerichte der gehobenen italienischen Küche (Rigatoni mit Filetspitzen zu 10,80 €), aber auch einfachere Fisch- und Fleischspeisen serviert. Vossplatz 6, ✆ 40160, www. vosshauseutin.de.

Naturpark-Camping Prinzenholz, mit zahlreichen Auszeichnungen bedacht, gilt als einer der besten Campingplätze Europas. Gelegen ist der mit fünf Sternen klassifizierte Platz an der südlichen Einbuchtung des Kellersees in Fissau. 150 terrassenförmige Plätze. Prinzenholzweg 20, ✆ 5281, www.nc-prinzenholz.de.

Jugendherberge (1), 161 Betten (im Winter nur nach Voranmeldung), überwiegend 4-Bett-Zimmer, am Nordende von Eutin auf einer Anhöhe gelegen. Jahnhöhe 6, ✆ 2109.

• *Essen und Trinken* **L'Etoile (8),** das im Burgkellerstil gehaltene Nobelrestaurant von Klaus Heidel gilt als eine der besten kulinarischen Adressen in Norddeutschland: 4- bis 8-Gänge-Menü (pro Gang 10 €) oder à la carte (z. B. Deichlammrücken zu 26 €). Mi–So ab 18 Uhr.

Der gleiche Eingang führt zum **LE BISTRO (8)**, in dem es ebenfalls erstklassige, aber etwas preiswertere Speisen gibt (auch mittags). Lübecker Landstraße 55 (am Ortsausgang gleich neben der Shell-Tankstelle), ✆ 702870/76.

Brauhaus Eutin (4), am Markt gelegen, nicht alt, aber natürlich rustikal eingerichtet, zwei Gärkessel stehen im Gastraum, weshalb man bei der Herstellung des St.-Michaelis-Bräus zusehen kann. Bei schönem Wetter empfehlen sich die Tische auf dem Marktplatz. Die Speisekarte bietet die übliche rustikale, aber ordentliche Küche (gebratenes Zanderfilet zu 12,50 €, Roastbeef zu 11,50 €). Markt 11, ✆ 766777.

Rosenstube (6), in Eutins schönster Straße gelegen, kleiner, netter Gastraum, gutbürgerliche Küche (Rumpsteak zu 12 €, aber auch Mittagstisch), kein Ruhetag. Stolbergstr. 17, ✆ 74282.

Alte Mühle (5), die reetgedeckte, 150 Jahre alte Holländermühle "Moder Grau" thront über der westlichen Altstadt (Bahnhofsnähe, Auffahrt zur Mühle Plöner Str./Ecke Bahnhofstr.). Sie beherbergt heute eine gemütliche Bierkneipe, in der es auch rustikale Speisen gibt (Mühlenpfanne zu 12 €). Ab 18 Uhr geöffnet, warme Küche bis 0.30 Uhr. ✆ 5042.

Fissauer Fährhaus (2), traditionelles, großes Ausflugslokal und Café an der südlichen Kellerseebucht, direkte Seelage mit großer Terrasse, schmackhafte und frische Fischspezialitäten (Rotbarschfilet zu 11,50 €), Di Ruhetag. Fissau, ✆ 2338.

Wanderung: Rund um den Großen Eutiner See

Länge 8 km, Dauer knapp 2 Stunden, auch für Fahrradfahrer geeignet.

Der Große Eutiner See, dessen Ufer nur wenig bebaut ist, wird von einem sehr schönen Wanderweg umgeben. Am Schloss vorbei durch die Lindenallee führt der Weg immer direkt am Wasser entlang bis zur östlichen Ausflugsdampferanlegestelle, die nach knapp der Hälfte des Weges erreicht ist (Einkehrmöglichkeit, kleine Badestelle). Nördlich des Sees geht's weiter 200 m auf dem ungeteerten Fahrweg, dann vor der Schranke links ab. Der Weg verläuft hier vor allem im Wald, lässt aber immer wieder Blicke auf den See zu. Hinter der Minigolfanlage links und dann über eine kleine Brücke und den Seepark geht's zurück nach Eutin.

Sehenswertes

Schloss Eutin: Markant springt der Eingangsturm aus dem Vierflügelbau hervor; durch ihn hindurch betritt man einen trapezförmigen Innenhof. Im Durchgang hängen noch ein paar originale lederne Löscheimer aus dem 18. Jh. Der stattliche, dreigeschossige Backsteinbau ist von einem Wassergraben umgeben und besteht in seiner jetzigen Form etwa seit 200 Jahren. Doch bereits im 12. Jh. stand hier eine Burg, die später als Residenz der Fürstbischöfe und Herzöge immer wieder um- und ausgebaut wurde. Auch in jüngster Zeit wurde das Schloss wieder mit großem Aufwand restauriert und ist im Rahmen einstündiger Führungen zu besichtigen. In dicken Filzpantoffeln wandelt man durch Salons und den Rittersaal und bekommt auch die restaurierte zweigeschossige Schlosskapelle zu sehen. Die Räume im ehemaligen Wohnschloss sind teilweise original mit kostbaren Möbeln, Gemälden und Kunsthandwerk ausgestattet. Eine Besonderheit sind die großen Schiffsmodelle, Geschenke der mit dem Hause Holstein-Gottorf verwandtschaftlich verbundenen russischen Zaren.

Öffnungszeiten März–Oktober 10–16 Uhr, stündlich Führungen. Erwachsene 4 €, Kinder ab 6 Jahren 1,50 € (inkl. Führung), ✆ 70950.

Ostholstein-Museum: Das im Marstall des Schlosses untergebrachte Museum präsentiert als Schwerpunkt eine ständige Ausstellung mit dem Thema "Eutin zur Goethezeit". Diese Epoche um 1800 war fraglos Eutins Blütezeit. Daneben gibt es

Eutins rosenberankte Stolbergstraße

eine breite Palette anderer Ausstellungen zu sehen: Landschaftsmalerei aus dem 17. und 18. Jh., die Geschichte der Eutin-Lübecker Eisenbahn, eine Sammlung zum Thema "Maße und Gewichte" und eine über den historischen Brandschutz (mit originaler Feuerspritze von 1848). Zudem sind Arbeiten der Eutiner Gold- und Silberschmiede, aber auch der Zinngießer und Tischlermeister zu bewundern. Darüber hinaus wird dem Museumsnamen entsprechend die historische Entwicklung des Kreises Ostholstein dargestellt. (Eine Dependance des Museums mit Exponaten zur Geologie, Archäologie und Wohnkultur des Kreises befindet sich in Neustadt/Holstein, siehe S. 80.)

Adresse/Öffnungszeiten Schlossplatz 1, ✆ 70180, www.oh-museum.de. April–September Di–So 10–13 und 14–17 Uhr, Do bis 19 Uhr; Oktober–Januar und März Di–So 15–17 Uhr, Do und So 10–12 u. 15–17 Uhr; Mo Ruhetag, im Februar geschlossen. Erwachsene 1,50 €, Kinder frei.

St.-Michaelis-Kirche: Als Zeichen der Missionierung wurde vor über 750 Jahren die unübersehbar im Zentrum stehende Kirche dem kämpferischen Erzengel Michael geweiht. Der mächtige, die Stadt überragende Turm ist übrigens etwas schief, was man vom Marktplatz aus gut erkennt. Die dreischiffige Basilika präsentiert sich im Inneren mit ihren hellen, kahlen Wänden und dem neuen Kirchengestühl und Altar als vergleichsweise einfach eingerichtetes Gotteshaus, das dennoch einige alte Kunstschätze beherbergt. Am Triumphkreuz etwa trägt Christus in seiner Brust einen Bergkristall, unter dem eine Kreuzpartikel verwahrt wird. Bischof Burkhard brachte sie 1279 von einer Italienreise mit. Sehr kostbar ist der 1322 geschnitzte Marienleuchter, der in der Südkapelle hängt. Ebenfalls sehenswert sind der kunstvolle Bronzetaufkessel aus dem Jahr 1511 und ein 2,20 m hoher, siebenarmiger Bronzeleuchter aus dem Jahr 1444 neben dem Altar, der wohl extra für die Michaeliskirche geschaffen wurde. Sein Fuß steht – als Zeichen der Macht und Stärke – auf drei Löwen.

Öffnungszeiten Mo–Sa 9–17 Uhr.

Wasserturm: Er steht weithin sichtbar auf dem höchsten Punkt der Stadt in der Wilhelmstraße. Nachts ist er hell erleuchtet und auch dann als ein Wahrzeichen der Stadt von weit her zu erkennen. 156 Stufen führt eine Wendeltreppe hinauf. Der 1909 erbaute und 38 m hohe Turm dient heute noch der Wasserversorgung. Oben angelangt, hat man einen lohnenswerten Blick über die Stadt und ihr von Seen durchzogenes, hügeliges Umland.

Öffnungszeiten Mai–September täglich 11–17 Uhr. Eintritt 1 €. Ferngläser können ausgeliehen werden.

Umgebung von Eutin

Ukleisee/Jagdschlösschen: Der Ukleisee nördlich von Eutin ist ein kleines, dunkles, aber auch faszinierendes Gewässer. Ein schöner Wanderweg führt in etwa einer Stunde um den mit dichten Buchenwäldern und hohen Ufern umgebenen See herum. Die einzige Bebauung bilden ein Forsthaus und das ehemalige herzogliche Jagdschlösschen. 1776 ließ es Herzog Friedrich August von seinem Baumeister Georg Greggenhofer errichten. Heute wird es vornehmlich für Konzerte und andere kulturelle Veranstaltungen genutzt. Der Sage nach entstand der See durch ein fürchterliches Unwetter, das der Geist einer von ihrem Liebsten, dem Ritter Albrecht, betrogenen Bauerntochter entfachte.

Öffnungszeiten Mai–September täglich 11–16 Uhr. Anfahrt über Fissau und Sielbeck. Vom Parkplatz (und Waldspielplatz) läuft man ein kurzes Stück hinunter zum Jagdschlösschen. Samstags um 14.30 Uhr finden geführte Rundgänge durch das Schloss und um den See statt.

Die Bräutigamseiche

Ein Erlebnis und damit einen Besuch wert ist die 500 Jahre alte Eiche im Dodauer Forst. Sie ist der einzige Baum Deutschlands mit einer eigenen Postadresse: *Bräutigamseiche, Dodauer Forst, 23701 Eutin.* Tatsächlich kommt bereits seit 1927 fast täglich Post, die der Briefträger als *Postillon d'Amour* in ein auf gut drei Metern Höhe befindliches kleines Astloch steckt, das über eine Leiter erreichbar ist. Darin finden sich Briefe aus aller Welt, die von jedermann geöffnet und natürlich auch beantwortet werden dürfen.

Der Sage nach wurde die nun fünf Meter dicke Eiche von einem keltischen Fürstensohn aus Dankbarkeit gepflanzt, der hier im Forst von Feinden gefesselt, aber von einem Mädchen entdeckt und gerettet worden war. Der Name *Bräutigamseiche* geht auf das Jahr 1891 zurück, als sich die Tochter des Oberförsters mit einem Fabrikantensohn unter dem Baum trauen ließ. Beide hatten ihre Liebesbriefe ein Jahr lang im Astloch der Eiche deponiert. Heute finden sich nicht nur Liebesbriefe darin, oft wollen die Schreiber nur wissen, ob es diesen sagenumwobenen Baum wirklich gibt. Dennoch hat der Baum nachweislich schon einige Ehen zusammengeführt – er wird seinem Namen damit mehr als gerecht.

Anfahrt An der Verbindungsstraße nach Plön etwa 3 km hinter Eutin bei einem Obsthof rechts ab in den Dodauer Forst (kleines Schild mit der Aufschrift "Bräutigamseiche"). Nach einigen Metern kommt rechts ein Parkplatz, halb links im Wald steht die Eiche. (Die schön geschwungene Straße führt übrigens weiter bis fast zum Riesenfindling von Malente.)

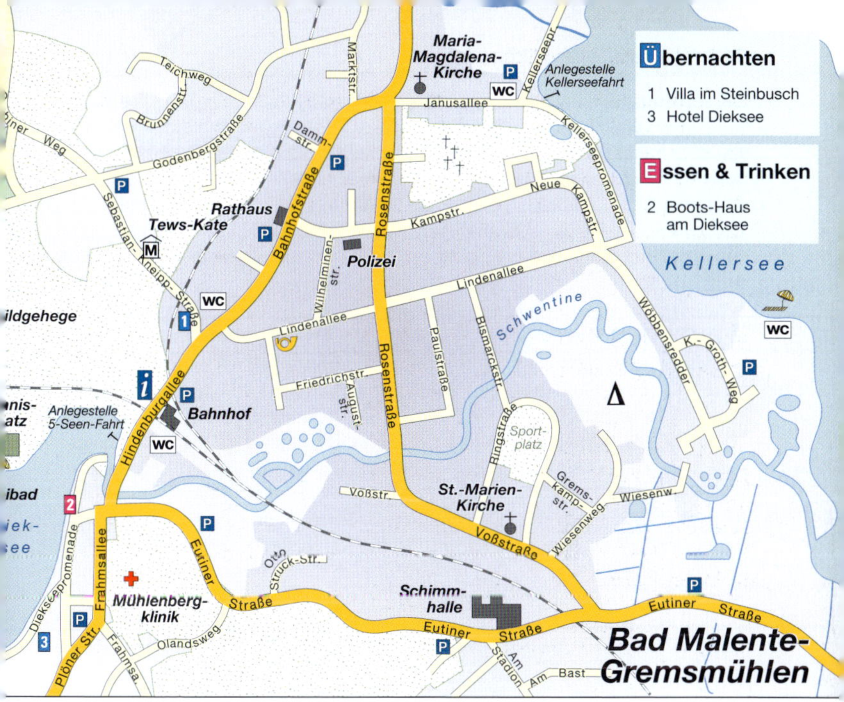

Bad Malente-Gremsmühlen

12.000 Einwohner

Das aus zwei Ortschaften zusammengewachsene Kneipp-Heilbad zwischen Diek- und Kellersee bildet seit jeher das Herz der Holsteinischen Schweiz.

Malente wurde bundesweit bekannt durch die Sportschule, in der sich die Fußball-Nationalmannschaft schon oft vor wichtigen Turnieren vorbereitete. Nun kommen die Profis nicht mehr, es gibt nämlich keinen Golfplatz in unmittelbarer Nähe. So strahlt die Stadt nur wenig jugendlich-sportliche Betriebsamkeit aus, eher die Gediegenheit eines alten, vornehmen Luftkurortes.

Am Kellersee (direkt am Bootsanleger Janusallee) befindet sich eine bekannte Glasbläserei. Den Glasbläsern kann man bei ihrer schweißtreibenden Arbeit zusehen und die zerbrechlichen Kostbarkeiten natürlich an Ort und Stelle erwerben. Nicht weit entfernt steht als Mittelpunkt Malentes die Maria-Magdalena-Kirche. Von dort aus führt die Bahnhofstraße weiter, die sich als der geschäftige Kern Malentes hinunter zum Dieksee zieht und als Hindenburgdamm endet. Hier finden sich die meisten Geschäfte, Boutiquen, Cafés, aber auch Rathaus und Kurverwaltung. Die angrenzende Diekseepromenade ist seit jeher die Flaniermeile der Kurgäste (siehe Bild S. 7); an ihrem Nordende befindet sich die Anlegestelle für die Fünf-Seen-Fahrt. Man schlendert vorbei an der Malenter Seejungfrau (von 2000), die wie ihr "Vorbild" in Kopenhagen von einem Stein aus dem Wasser heraus grüßt.

Ganz in der Nähe liegt an der Schwentine auch der Flecken, an dem alles begann, nämlich die Gremsmühle. Sie war bis vor kurzem noch ein Hotel-Restaurant, führt heute jedoch ein Schattendasein.

Geschichte: Das Kirchdorf Malente ist schon im Mittelalter bezeugt, blieb aber bis ins 19. Jh. hinein ein eher unauffälliger Ort. Der Name ist vermutlich vom Slawenfürsten Malenta abgeleitet und bedeutet so viel wie "Dorf des Kleinen". Gremsmühle wurde ebenso früh, nämlich schon 1280, als bischöflicher Besitz erwähnt. Wie die Ortsbezeichnung nahe legt, stand hier seit alters her eine Wassermühle mit ein paar Höfen, die günstig an der Durchgangsstraße zwischen Diek- und Kellersee lagen. Die Schwentine, die beide Seen verbindet, hieß an dieser Stelle noch im 19. Jh. Gremsau, daher der Name.

Schon um 1800 entwickelte sich die Gremsmühle mit ihrer Schankwirtschaft zum beliebten Ausflugsziel. Mit der Eisenbahn, die 1866 bis nach Eutin gebaut wurde, erfolgte der endgültige Aufschwung zum ersten Ferienort der Holsteinischen Schweiz. Zunächst kamen Tagesausflügler aus Kiel oder Lübeck in die idyllische Landschaft, bald wurde die Gremsmühle zum Hotel ausgebaut. Kurz darauf entstand über dem Kellersee das mondäne Hotel "Holsteinische Schweiz" (heute Landesfinanzschule). Als für Gremsmühlen ein neuer Bahnhaltepunkt gebaut wurde, wollte auch das benachbarte Malente auf dem Stationsschild erscheinen. Kurzerhand nannte man den Bahnhof Malente-Gremsmühlen. Nun war es auch mit der ländlichen Idylle im kleinen Malente vorbei. Denn für die bessere Gesellschaft im fernen Berlin wurde es geradezu zur Mode, in dieser Gegend Urlaub zu machen. Bereits 1925 wurde die Kommune als Kurort anerkannt.

• *Vorwahl* 04523

• *Information/Zimmervermittlung* **Tourismus-Service Malente,** ✆ 98990, www.malente.de; **Buchungszentrale Holsteinische Schweiz,** Bahnhofstraße 4 a, 23714 Malente-Gremsmühlen, ✆ 200100, www.holsteinischeschweiz.de. Gästekarte 1,70 € (im Winter 0,90 €), Kinder frei.

• *Hochseilgarten und Bauernhofcafé* An der Straße nach Grebin gelegen, urige Zufahrt auf gewundener Piste, April–Oktober 14–18 Uhr. Godenbergstr. 10, ✆ 04523/984705.

• *Kanuverleih* **Mietstation Malente,** Godenbergstr. 10, ✆ 7389.

• *Schiffstouren* **Fünf-Seen-Fahrt** oder **Kellerseefahrt,** Erwachsene 7 €, Kinder unter 15 J. 3,50 €, Infos unter ✆ 2201.

• *Übernachten (siehe Karte S. 215)* Wie an einer Perlenschnur liegen an der Diekseepromenade verschiedene Hotels, die fast alle ein nicht mehr ganz so junges Publikum anlocken. Das größte von ihnen ist das traditionelle **Hotel Dieksee (3)** mit komfortablen Zimmern, großem Schwimmbad mit Whirlpool, Sauna und Dampfbad. Reichhaltiges Frühstück und eine ruhige, gediegene Atmosphäre. DZ 97–120 €. *Restaurant* im Haus. Diekseepromenade 13–15, ✆ 9950, www.hoteldieksee.de.

Villa im Steinbusch (1), das kleine Hotel in der alten Jugendstilvilla liegt ganz zentral, aber dennoch ruhig am Wildpark. Die 11 Zimmer sind hell und freundlich, und das nette junge Wirtsehepaar hat auch ein Herz für Fahrradfahrer oder Paddler. Auf Wunsch gibt's auch Abendessen. DZ 32–35 €, ✆ 2637, www.villa-im-steinbusch.de.

• *Essen und Trinken (siehe Karte S. 215)* **Boots-Haus am Dieksee (2),** man sitzt schön auf dem Bootssteg (auch überdacht) oder in rustikalem Ambiente im Bootshaus. Lecker ist das Zanderfilet Dieksee (13,30 €). Diekseepromenade 4, ✆ 3104.

Sehenswertes

Maria-Magdalenen-Kirche: Das ein wenig unscheinbar wirkende frühgotische Gotteshaus wurde ursprünglich (im 13. Jh.) ganz aus Feldsteinen erbaut. Um 1900 wurde der alte Holzturm abgebrochen und durch einen wenig schönen Backsteinturm ersetzt, der den Gesamteindruck stark beeinträchtigt. Innen ist die Kirche konsequent neugotisch und stilvoll mit viel Holz gestaltet. Dazu passt auch die hölzerne Kanzel, die von 1629 stammt. Auffallend sind die langen, schmalen Fenster.

Adresse/Öffnungszeiten Bahnhofstr./Ecke Janusallee. April–Oktober Di u. Do 10–12 Uhr, Sa 17.30–18.30 Uhr.

Zwei Milliarden Jahre alt: Der Riesenfindling bei Malente-Gremsmühlen

Tews-Kate: 1634 gebaut und damit eine der ältesten Räucherkaten des Landes. Ende der 1960er Jahre sollte sie abgerissen werden, wurde dann aber 1969 von Malentes Ortszentrum hierher versetzt und zu einem kleinen Heimatmuseum umgewandelt.
Adresse/Öffnungszeiten Sebastian-Kneipp-Straße (etwa 300 m vom Bahnhof entfernt). In der Saison Di–So 14–17 Uhr. Erwachsene 1 €, Kinder 0,50 €.

Wildgehege: Gegenüber der Tews-Kate führt ein Weg hinauf in den kostenfreien Tierpark. Auf etwa 20 ha sind vor allem die heimischen Waldtiere zu beobachten: Rotwild, Damwild und natürlich Wildschweine.

Hünengrab: Nördlich des Kellersees (auf der rechten Straßenseite kurz vor dem Ortsausgang Malentes) stößt man auf ein schön restauriertes Hünengrab einer Bauernsippe. Das 2000 v. Chr. entstandene Grab aus der Jungsteinzeit wurde 1934 in der Nähe gefunden und an dieser Stelle wiederaufgebaut.

Umgebung von Bad Malente-Gremsmühlen

Riesenfindling: An der Verbindungsstraße nach Plön liegt gut 2 km hinter Gremsmühlen rechts ein Kieswerk und an dessen Eingang ein Steingarten. Dort befinden sich verschiedene Findlinge, darunter der zwei Milliarden Jahre alte Wandhoff-Riesenfindling, der satte 126 Tonnen wiegt. Eiszeitliche Gletscher haben ihn, ursprünglich aus dem heutigen Schweden kommend, gut 600 km bis in die Holsteinische Schweiz getragen.

St.-Johannes-Kirche in Neukirchen: Im 4 km nördlich von Malente liegenden Dorf Neukirchen ragt der markante, 40 m hohe Rundturm der St.-Johannes-Kirche weit empor. Die vermutlich um das Jahr 1160 gebaute und noch fast unverändert gebliebene Feldsteinkirche zählt zu den schönsten und besterhaltenen Gotteshäusern der Region. Mit ihrer Steinfassade ist die Kirche von außen beeindruckender als von innen. In der Turmhalle, die als Kapelle genutzt wird, steht das wohl noch ursprüngliche Granittaufbecken aus dem 12. Jh. Im Kirchenschiff mit seiner hohen Holzbalkendecke haben natürlich (dem jeweiligen Zeitgeschmack entsprechend) Umbauten stattgefunden. Das gotische Triumphkreuz mit dem hageren Corpus stammt aus dem 14. Jh., die Kanzel mit plattdeutscher Inschrift wurde 1626 von zwei Neukirchener Handwerkern geschaffen. An der Südwand wurde Anfang des 16. Jh. eine lebensgroße Heiligenfigur aufgemalt, die – wenn auch schwach – noch zu erkennen ist.

- *Öffnungszeiten der Kirche* Mo–Fr 8–16 Uhr.
- *Übernachten/Essen* **Neukirchener Hof,** Familie Hink bietet in dem einfachen Hotel mit Gaststättenambiente vor allem für Familien mit Kindern eine Attraktion: Jeden Tag ist kostenloses Ponyreiten angesagt. Bis zu 70 Personen können aufgenommen werden, teilweise in Appartements. Die etwa 20 m² großen DZ kosten 55 €, auch Fahrradtouristen sind gerne gesehen. Im *Gasthof* gibt's eine einfache Küche (z. B. Heringstopf für 8,50 €).

Timmdorf: Der kleine Ort liegt etwas versteckt auf einer Halbinsel, eingebettet zwischen Behler See und Dieksee; einige Zufahrtsstraßen sind noch nicht geteert. Am Ufer des Behler See gibt's einen kleinen, auch für Kinder geeigneten Badestrand (Birkenweg, dann rechts die Sandkoppel bis zum Ende durchfahren).

- *Übernachten/Essen* **Landgasthof Kasch,** der reetgedeckte Gasthof verarbeitet nicht nur das Fleisch aus der eigenen Gallowayzucht (z. B. Roulade für 10 €), sondern bietet auch täglich frischen Süßwasserfisch aus den umliegenden Seen an (z. B. gedünstete Edelmaräne für 12 €). Die besonders ruhige Lage, eine riesige Wiese (Kinderspielplatz) und eine Terrasse machen den Hof zu einem beliebten Ausflugsziel für Radwanderer. Auch Zimmer werden angeboten (mit Weichholzmöbeln eingerichtet). DZ 52 €. Dorfstraße 60, Timmdorf, ✆ 3383, www.landgasthof-kasch.de.

Plön

13.400 Einwohner

Die Stadt liegt malerisch inmitten einer Seenlandschaft und verführt geradezu zum Wandern, Radfahren oder zum Wassersport. Über allem thront das weithin sichtbare weiße Schloss, das einst die Königlich-Dänische Sommerresidenz war.

Neben dem imposanten Schloss hoch über dem größten See Schleswig-Holsteins beeindruckt die malerische Altstadt mit ihren zu den Seen führenden engen Gassen, den sog. *Twieten*. Es lohnt sich, durch die Einkaufsmeile und über den Markt, vorbei an historischen Häusern, bis hinauf zum Schlossberg zu schlendern.

Die Fußgängerzone beginnt in der Lübecker Straße, hier befindet sich auch der schmale Durchfluss der Schwentine vom Großen in den Kleinen Plöner See. Die Geschäftsstraße führt weiter über den Markt (Dienstag und Freitag Wochenmarkt) und durch die Lange Straße bis zur kleinen Johanniskirche. Hinauf zum Schloss geht's schon von der Stadtkirche aus, man passiert dabei zunächst das klassizistische Rathaus und den Gänselieselbrunnen. Der Blick vom gepflegten Schlossvorplatz hinaus auf den Großen Plöner See ist besonders schön. Hinter den ehemaligen Nebengebäuden des Schlosses wie dem Marstall und dem Prinzenpalais (wieder den Hügel hinab) breitet sich der von 200 Jahre alten Lindenalleen flankierte Schlossgarten aus, der zu einer weiteren Berühmtheit Plöns führt, der ein Stückchen entfernt liegenden Prinzeninsel.

Doch nicht nur hier bestimmt das Wasser den Lebensrhythmus der fast vollständig von Seen umgebenen Stadt. An den Wochenenden fahren die Einheimischen mit Jolle, Surfbrett und Paddelboot hinaus auf den See, oder sie suchen Abkühlung an einem der kostenlosen Badestrände. Beliebt ist nicht nur die Badestelle auf der

Weithin sichtbar: das weiße Plöner Schloss

Prinzeninsel, sondern auch das Strandbad Fegetasche auf der schmalen Landverbindung zwischen dem Großen Plöner See und dem Behler See. (Nomen est omen: In der nicht umgehbaren Zollstelle Fegetasche wurden den Durchreisenden einst "die Taschen leergefegt".)

Geschichte: Auf der heute *Olsborg* genannten kleinen Insel im nördlichen Plöner See lag seit alters her die slawische Holzburg *Plune*. Als die Schauenburger Grafen die Landesherrschaft übernahmen, wurde am Seeufer eine Siedlung angelegt, die ab 1173 nicht mehr von der Inselbefestigung, sondern von einer auf der Anhöhe gelegenen Burg geschützt wurde. Es entwickelte sich ein Marktflecken, der schon 1236 lübisches Stadtrecht erhielt. Doch erst im 17. Jh. kam die große Zeit des kleinen Plön. Es wurde Residenzstadt des Hauses Schleswig-Holstein-Sonderburg-Plön und damit zum Zentrum eines neuen Zwergstaates. Ein prunkvolles Schloss und zahlreiche andere Bauten wurden errichtet. Der weltgewandte Herzog Hans Adolf (1671–1704) erweiterte die Stadt im Jahre 1685 um eine Vorstadt und nahm dort verfolgte Calvinisten auf, wohl auch um neue Steuerzahler für den in Finanznöten steckenden kleinen Staat zu finden. Doch schon 1761 starb die Linie mangels männlicher Erben aus, und die kleine Residenz fiel an das dänische Königshaus zurück. Mit dem Bau der Eisenbahn im Jahr 1866 war auch Plön endgültig mit der großen weiten Welt verbunden.

Information/Adressen

- *Vorwahl* 04522
- *Information/Zimmervermittlung* **Tourist-Info-Plön** (Schwentinehaus), Am Lübschen Tor 1, 24306 Plön, ✆ 5095-0, www.ploen.de, www.touristinfo-ploen.de.
- *Fahrradverleih* **Linde,** Brückenstraße 22, ✆ 4379; **Räderwerk,** Rodomstorstr. 12, ✆ 508670; **Schmidt,** Koppelsberg, Hinterste Wache 4, ✆ 2891; **Wittich,** Lange Straße 39, ✆ 2748.
- *Schiffsrundfahrten* **Plöner Motorschifffahrt,** Fegetasche, ✆ 6766, Seerundfahrt für

Erwachsene 7,50 € (Familien 17 €), Bosau u. zurück 6 €.

• *Schwimmen* **Städtische Schwimmhalle** (mit Mineralwasser), Ölmühlenallee, ✆ 8565.

Badestellen im Stadtgebiet: Großer Plöner See (Strandbad Fegetasche und Badestelle Prinzeninsel), Kleiner Plöner See (Preetzer Landstraße), Trammer See (Am Schiffsthal, hinter der Schule), Schöhsee (Steinbergweg).

• *Segeln* **Wassersportzentrum Segelschule Plön,** großes Angebot (auch Kanus), Ascheberger Str. 70, ✆ 4111.

• *Wohnmobile* Sanitärstation auf dem Parkplatz Ascheberger Chaussee, 20 kostenfreie Plätze.

Übernachten/Essen und Trinken

• *Übernachten* **Altes Zollhaus Fegetasche (4),** zwar an der belebten Straße gelegen, in den zweckmäßig, aber unspektakulär eingerichteten Zimmern ist es dennoch ruhig. DZ 79–89 €. Großes und gutes *Restaurant* mit schöner Terrasse zum See (Schweinemedaillon zu 14,50 €). Fegetasche 1, ✆ 9051, www.fegetasche-ploen.de.

Landhaus Hohe Buchen (1), erst im Jahr 2001 hat dieses Hotel garni eröffnet, im italienischen Landhausstil eingerichtet, ca. 1 km vom Zentrum entfernt (Nähe Schöhsee). Lesezimmer mit Kachelofen. DZ ab 70 €. Lütjenburger Str. 34, ✆ 789410.

Hotel Touristic (2), schönes Backsteinhaus mit Garten an der Straße Richtung Fegetasche (10 Min. Fußweg zur Innenstadt). Der Wirt hat ein Herz für Krims und Krams, das überall platziert ist. DZ 68–82 €, auch warme Küche (Schweinebraten zu 9,50 €). August-Thienemanstr. 1, ✆ 8132, www.hotel-touristic.de.

Hotel-Pension altes Fährhaus (3), einfache Zimmer im historischen Backsteinhaus, zentral direkt am Bootshafen gelegen mit schönem Blick auf den See. DZ 64–75 €. Im *Restaurant* regionaltypische und junge deutsche Küche. Eutiner Straße 4, ✆ 7679-0, www.altes-faehrhaus.de.

• *Essen und Trinken* **Restaurant Schwimmhalle (7),** im Souterrain der Jugendstilschwimmhalle für die Hohenzollernprinzen (1906) gelegen, davor eine Kaffeeterrasse, stilvolles Ambiente. Musikinstrumente an der Wand unterstreichen, dass hier regelmäßig Musikabende stattfinden. Wechselnde Karte je nach Saison (z. B. Lachsroulade zu 13,50 €), hervorragende Suppen, nicht preiswert, doch hier stimmt das Preis-Leistungs-Verhältnis noch, weil die schmackhaften Speisen stets frisch zubereitet werden (weshalb man sich Zeit nehmen muss). Mo–Sa ab 17 Uhr, So ab 12 Uhr, Di Ruhetag. Schlossgebiet, ✆ 593640.

Eisenpfanne (5), in dem immer gut besuchten Lokal inmitten der Fußgängerzone sitzt man in rustikalen Tischnischen. Deftig, aber schmackhaft ist das Essen (z. B. gebratenes Seezungenfilet zu 12 € oder Backkartoffeln mit Hähnchenbruststreifen zu 7,60 €, aber auch Pizza aus dem Holzbackofen). 12–22.30 Uhr geöffnet, kein Ruhetag. Lange Straße 47, ✆ 2290.

Seepavillon (6), Restaurant und Café in traumhafter Lage unterhalb der Altstadt – man sitzt fast im See. Kleine Terrasse, einfache gutbürgerliche Küche (Scholle zu 10 €). Strandweg 1, 2203.

Niedersächsisches Bauernhaus (8), berühmtes reetgedecktes Ausflugslokal mit Pavillon, Gartenterrasse und Kinderspielplatz am Ende der Prinzeninsel. Man zieht hier Gänse auf und bringt sie dann (z. B. als Braten im Winter für 15 €) unter die Leute; im Sommer mittags und abends warme Küche, vorwiegend aber Cafépublikum, eigener Bootsanleger. Mo Ruhetag. ✆ 3670, www.prinzeninsel.de.

Sehenswertes

Schloss: Das einzige auf einem Berg liegende Schloss Schleswig-Holsteins thront als Wahrzeichen Plöns erhaben über Stadt und See. Mitten im Dreißigjährigen Krieg (1638) ließ es Herzog Joachim Ernst auf Wunsch seiner wohlhabenden, aus dem Hause Gottorf stammenden Frau Dorothea Augusta an Stelle eines viel kleineren Vorgängerbaus errichten. Was folgte, war eine äußerst wechselvolle Geschichte: Als das kleine Plön 1761 an das dänische Königshaus fiel, wurde das Schloss zum Wohnsitz des Plöner Statthalters degradiert. Aber aufgrund seiner schönen Lage erklärte es der dänische König Christian VIII. 1840 zu seiner Sommerresidenz und

verpasste dem Bau nach dänischer Sitte seinen weißen, weithin leuchtenden Anstrich. Mit dem Sieg Preußens über Dänemark im Jahre 1867 wurde das Schloss alsbald preußische Kadettenanstalt, in der auch alle sechs Söhne Kaiser Wilhelms II. ausgebildet wurden. Schon im zarten Alter von 10 Jahren mussten Wilhelms Söhne hier einrücken (sie wohnten aber im benachbarten Prinzenpalais). Seitdem blieb das Schloss den Pädagogen und ihren Schutzbefohlenen verbunden, die prachtvolle Ausstattung im Inneren verschwand, nur hier und dort sind noch Rokokostuckarbeiten erhalten. Nach einem Zwischenspiel als nationalsozialistische

Sinnlichkeit auf dem Schlossvorplatz

Erziehungsanstalt wurde das Gebäude schließlich staatliches Internat. Aber Internate kommen aus der Mode, und Bildung ist teuer, erst recht, wenn noch ein Schloss zu unterhalten ist. Deshalb verkaufte das Land im Jahr 2001 Plöns Wahrzeichen an den Brillenfabrikanten Fielmann, der es nach umfangreichen Renovierungsarbeiten seit 2003 auch für die Optikerausbildung nutzt.

Hinter dem Schloss liegen die großen, um 1746 erbauten Nebengebäude wie der Marstall, das Uhrenhaus (siehe unten "Naturparkhaus") und das Prinzenpalais. Um 1900 kamen dann eine Kommandeursvilla, das Inspektorenhaus und eine lichtdurchflutete Jugendstil-Schwimmhalle hinzu. Letztere war vor allem für den kaiserlichen Nachwuchs von großem praktischem Nutzen, denn sie ermöglichte es, Körper und Geist auch im Winter durch ein erfrischendes Bad in Schwung zu halten. Heute finden hier Kunstveranstaltungen statt.

Naturparkhaus: In der ehemaligen Reithalle des Plöner Schlosses, dem sog. Uhrenhaus, befindet sich die Naturerlebnisausstellung des Naturparks Holsteinische Schweiz. Vor allem mit Kindern lohnt sich der eintrittsfreie Besuch, weil alles angefasst und ausprobiert werden darf. Ein "sprechender Stein", ein Seeadlerflugsimulator, Planktontiere "ganz groß" und vieles mehr machen die Natur zum Erlebnis.

Adresse/Öffnungszeiten Naturpark Holsteinische Schweiz e.V., Schlossgebiet 9. Di–So 10–17 Uhr. Eintritt frei.

Prinzeninsel: Nur 4 m trennen die den Fußgängern und Radfahrern vorbehaltene, sehr schmale, aber fast 2 km lange Insel vom "Festland", von dem natürlich eine Brücke hinüberführt (Autofahrer parken am besten am Ortsausgang Richtung Ascheberg, direkt hinter dem Bahnübergang links). Wald mit Naturlehrpfaden ziert den Weg bis zum reetgedeckten *Niedersächsischen Bauernhaus* von 1693, heute eine gemütliche Ausflugsgaststätte (Kinderspielplatz). Benannt ist die Insel nach den Söhnen Kaiser Wilhelms II., die hier nach preußischer Sitte auch eine solide landwirtschaftliche Ausbildung erhielten. Mit Landwirtschaft beschäftigt man sich im Bauernhaus auch heute noch, genauer gesagt mit der Gänsehaltung. Diese werden hier in Mengen gezüchtet, um dann – im Herbst bzw. Winter – im Ausflugslokal auf dem Teller zu landen (siehe "Essen und Trinken", S. 220). Am südwestlichen Ufer liegt auch eine beliebte und sehr schöne Badestelle.

Museum des Kreises Plön: Das am Ende der Fußgängerzone gelegene Museum widmet sich u. a. der Vor- und Frühgeschichte, präsentiert frühneuzeitliche Bodenfunde und stellt darüber hinaus schöne Glas- und Porzellansammlungen aus. Auch große Teile der Plöner Hofapotheke von 1840 sind zu bewundern, schließlich war die Apotheke lange Zeit in diesem Gebäude untergebracht. Bemerkenswert ist auch eine vor 7000 Jahren durch Menschenhand (mit Hilfe von Brandlöchern) gefällte Eiche, die in einem Moorloch die Zeit überdauert hat.

Adresse/Öffnungszeiten Johannisstraße 1, ✆ 744391. 15.5.–30.9. Di–So 10–12 und 14–17 Uhr; 1.10.–14.5. Di–Sa 14–17 Uhr. Erwachsene 1,50 €, Kinder 1 €.

Stadtkirche St. Nikolai: Die zentral am Markt gelegene Kirche wirkt hell und freundlich, was wohl auch von den weißen Kirchenbänken herrührt, die in den Seitenschiffen tribünenartig erhöht angeordnet sind. Auch die Runddecke, 1985 mit dezenten Farben mit kleinen Drei- und Vierecken bemalt, und die pastellfarbenen schlichten Fenster tragen zur Atmosphäre bei. Nur im Chor werden die Fenster etwas bunter. Die Kirche wurde unter Herzog Hans Adolf um 1690 errichtet, später durch einem Brand zerstört und 1866 auf altem Grundriss im ursprünglichen Stil wiederaufgebaut.

Johanniskirche: Die kleine Fachwerkkirche am Ende der Fußgängerzone ist leider nur selten geöffnet, aber vor allem für Taufen und Hochzeiten sehr beliebt. Herzog Hans Adolf ließ sie 1685 vor allem für die neu angesiedelten Calvinisten in der Vorstadt erbauen. Zwei Besonderheiten hat das Kirchlein aufzuweisen: Erstens hat die Turmuhr nur einen Stundenzeiger, und zweitens verweist eine Grabplatte an der Außenwand auf einen berühmten Plöner, den "Schwarzen Mann".

Der "Schwarze Mann"

Herzog Hans Adolf war Soldat mit Leib und Seele und kämpfte auf vielen Kriegsschauplätzen Europas als verwegener Reiterführer. Gleiches galt für seinen Nachbarn, Graf Bertram von Rantzau aus Ascheberg, der von seinen Feldzügen einen Afrikaner als Feldtrompeter mit nach Hause brachte. Dieser trat bald als Hof- und Feldtrompeter in die Dienste Herzog Hans Adolfs und wurde später auf den für einen Schwarzafrikaner höchst ungewöhnlichen Namen Christian Gottlieb getauft. Es wird berichtet, dass der "Mohr von Plön" höchst angesehen war. Einer der Gründe war, dass er angeblich den Sohn des Bürgermeisters vor dem Ertrinken gerettet haben soll, als dieser im Eis des Sees einbrach. Später heiratete er die Tochter des Bürgermeisters, ein weiteres Indiz für seine tadellose Reputation.

Ein Jahr nach der Eheschließung starb der Mohr, die Ehe blieb kinderlos. Der Fürst ließ ihm 1690 einen großen Grabstein setzen, der noch heute an der Ostwand der Johanniskirche steht und mit der folgenden Inschrift mahnt: "Bedenk das End, der du dies liest, weil du gleich ihm auch sterblich bist."

Parnaß-Aussichtsturm: 1888 beschloss der örtliche Verschönerungsverein, auf dem Berg im Norden der Stadt einen Aussichtsturm zu bauen. Die Plattform der offenen Stahlkonstruktion befindet sich 85 m über NN, was an dieser Stelle 20 m über dem Erdboden entspricht. Natürlich lässt sich von hier oben die von Seen umgebene Stadt gut überblicken. Die südliche Außenwand des Sockelgebäudes wurde als Gedenkstätte für die Gefallenen der Kriege des 19. Jh. gestaltet. "Up ewig ungedeelt (ungeteilt)" hieß es 1848–51, und "Das ganze Deutschland soll es sein" war die Parole 1870/71, für die auch Soldaten aus dem Kreis Plön ihr Leben ließen.

Öffnungszeiten/Anfahrt Im Sommer täglich von 9 bis 20 Uhr. Eintritt frei. Auf der B 76 bis zur Kreuzung Rodomstorstraße, dort hinauf zum Parnaß (Tempo 30-Zone), Parkplatz neben dem Seniorenwohnheim am Turm.

Idyllisch gelegen: die Mühle von Grebin

Umgebung von Plön

Grebin: Der zersiedelte, ruhige Ort im Nordosten Plöns liegt in wunderschöner hügeliger Seenlandschaft und ist beliebt als Altersruhesitz. Auffallend ist die weithin sichtbare Windmühle "Wagria", ein reetgedeckter, achtkantiger Erdholländer von 1870. Der Mahlbetrieb wurde schon im Ersten Weltkrieg eingestellt. Heute ist hier eine Töpferei untergebracht (im Sommer außer dienstags 12–18 Uhr geöffnet).

• *Essen und Trinken* **Mühlen-Café-Restaurant,** man sitzt nett im nicht mehr ganz taufrischen, aber gemütlichen Gastraum oder auf der Gartenterrasse an der Mühle. Täglich gibt's einen leckeren hausgemachten Kuchen (2,30 €), aber auch kleine Gerichte. 12–18.30 Uhr, Di Ruhetag, ✆ 04383/233.

Gut Rixdorf: Das Gut der Grafen von Westphalen liegt 5 km nördlich von Plön (bei Lebrade) und ist von einer Mauer und Hofgebäuden umgeben, aber auch von außen gut zu erkennen. Mit 4600 ha Landfläche war es ursprünglich eines der größten Güter Holsteins, doch auch die heutigen Ausmaße (1500 ha) sind noch beachtlich. Die Reetdächer dyer ab 1730 erbauten backsteinernen Wirtschaftsgebäude machen den besonderen Charme der Anlage aus. Der ganze Gutshof ist über die Jahrhunderte nahezu original erhalten geblieben, nur das Herrenhaus ist neueren Datums. Die private Zufahrt befindet sich in einem 99 m langen Hofgebäude an der Landstraße, das gleichzeitig als Torhaus dient.

Fahrradtour: Rund um den Plöner See

Länge 35 km, Dauer gut 2,5 Stunden (siehe Karte Seite 227)

Los geht's am Bahnhofsvorplatz in **Plön**: zunächst den Fahrradweg in Richtung Eutin (Bahnunterführung), dann bald rechts ab (Rosenstraße) an den Seevillen vorbei und durch den Wald am See bis **Fegetasche** (den Strandweg Richtung Freibad). Am Schiffsanleger links zur Hauptstraße (Fahrradweg) und an der Kaserne vorbei (etwa 1 km), dahinter rechts ab bis zum Altenpflegeheim Ruhleben (Missionsweg). Am Altenpflegeheim geht's dann links durch den Wald und an der nächsten Weggabelung nach rechts **Richtung Bosau** (um das Gut Ruhleben herum). Nun folgt ein landschaftlich besonders schönes Stück durch Felder und Koppeln auf dem schmalen Landstreifen zwischen dem Großen Plöner See und dem Vierersee. Am Südende des Vierersees biegt man rechts ab über den Unteren Rundweg nach Bosau. Man fährt durch den Ort (Abstecher zur Kirche) und dann rechts ab (Stadtbeker Straße) über eine 5 km lange kleine Straße, die zunächst parallel zum See nach **Bredenbek** führt. Dort geht's am "Dörpskroog" die Straße rechts ab und nach gut 1 km noch einmal rechts (kleines Hinweisschild) einen ungeteerten Weg bis zum 2 km entfernten **Gut Nehmten**.

Am Gestüt vorbei führt ein Sträßlein weiter bis **Godau**. Dort an der Linde geht's links die schöne, aber hügelige Straße 4 km ins Zentrum von **Dersau** (alternativ kann ab der Linde auch der Feldweg nach Sepel gefahren werden, kleiner Umweg). 500 m hinter dem Campingplatz in Dersau fährt man rechts ab (Seebrook), bald geht's autofrei durch den Wald bis **Gut Ascheberg**. Nun führt der Weg links auf die B 430. Auf dem Fahrradweg direkt neben der belebten Bundesstraße geht es durch Ascheberg weiter bis kurz vor Plön (gut 6 km). An der dritten Bahnschranke erscheint rechts ein brauner Wegweiser mit der Aufschrift "Niedersächsischen Bauernhaus – Prinzeninsel", dem man folgt. Den letzten Teil der Tour geht's diesen schönen Weg (links Richtung Zentrum) am Ufer des Sees entlang zurück zum Bahnhof.

Bosau

800 Einwohner

Schon wegen der alten Vicelinkirche ist das am südöstlichen Ufer des Großen Plöner Sees gelegene Bosau beliebter Ausflugsort per Schiff, Fahrrad oder Auto. Die landschaftlich besonders schöne Lage und die Ruhe laden zu Radtouren und Wanderungen ein.

Die Geschichte der einst slawischen Siedlung *Bozowe* ist eng mit der **St.-Petri-Kirche** verbunden. Die weiß getünchte Feldsteinkirche grüßt von einer Landzunge am See und ist fast kreisrund von Bäumen umgeben. Im Kern ist diese Basilika die älteste Kirche Ostholsteins (1152); gebaut wurde sie unter dem Slawenmissionar Bischof Vicelin. Zwar hat die Kirche im Laufe der Zeit viele Umbauten erfahren (quadratischer Turm von 1664), doch durch den Mörtel und Verputz mit Segeberger Gips erstrahlte sie schon immer in einem marmornen Weiß.

Der Blick im Inneren fällt zunächst auf das große und sehr ausdrucksstarke Triumphkreuz (um 1470): Aus dem Haupt des Gekreuzigten wachsen drei Lilien als Zeichen für seine Reinheit und Unschuld, und als Symbole des neuen Lebens sprießen grüne Blätter aus den Balken des Todeskreuzes. Zudem wird Christus umschwebt von vier Engeln, die sein Blut mit Kelchen auffangen. Die vier Enden des Kreuzes tragen die Sinnbilder der vier Evangelisten. Der Chor mit seinem erst im 19. Jh. eingebauten Gewölbe wird durch moderne Fenster in ein unnatürliches Gelb gehüllt. Der gotische Flügelaltar darin gilt als einer der ältesten und bedeutendsten Altäre im Lande; er wurde um 1350 aus Eichenholz geschnitzt. Das uralte Granittaufbecken in Kelchform stammt vielleicht schon aus der Zeit vor dem Kirchenbau. Die Kanzel wurde 1636 gefertigt. Auffallend ist auch die Empore an der Nordwand (um 1656), die mit 20 volkstümlich bemalten Bildern aus dem Leben und Sterben Jesu geschmückt ist. 1952 wurden im unteren Chor Reste einer Rankenmalerei freigelegt, die ebenso wie ein allerdings nicht mehr vollständig erhaltenes Bild an der Wand die Zeit überdauert haben.

Zur gleichen Zeit wie Vicelin und dessen Nachfolger Gerold lebte in der Stadt Helmold von Bosau (1120–1177), der hier seine bedeutende "Slawenchronik" niederschrieb. Ein Großteil dessen, was über die Kolonisationskämpfe mit den Slawen bekannt ist, weiß man aus diesem Buch.

Vor der Kirche liegt das reetgedeckte und von einem schönen Garten umgebene Pastorat. Gleich gegenüber (am Hof Brooks) steht als Naturdenkmal eine 500–800 Jahre alte kaukasische Sommerlinde mit knöcherigem Stamm.
Südlich der Kirche geht es zunächst hinunter zur heute für Kunstausstellungen genutzten *Dunkerschen Kate* und weiter zum breiten Badestrand, vor dem sich ein Campingplatz ausbreitet. Nördlich der Halbinsel, auf der die Kirche steht, befinden sich der Bootsanleger des beschaulichen Ortes, einige Hotels und Restaurants sowie ein etwa halbstündiger Naturlehrpfad über die Landzunge *Kleines Warder*.

• *Vorwahl* 04527

• *Information/Zimmervermittlung* **Kurverwaltung,** Bischof-Vicelin-Damm 11, 23715 Bosau, ✆ 97044, www.luftkurort-bosau.de. Kurabgabe täglich 1 € (nur im Sommerhalbjahr und nur für Erwachsene).

• *Fahrradverleih* **BP-Tankstelle Gustav Harm,** Achter de Mur, ✆ 97007.

• *Parken* Kostenfrei am Haus des Gastes und unter Schatten spendenden Bäumen am Badestrand.

• *Windsurfen* Am Badestrand erlaubt.

• *Übernachten/Essen* **Haus Schwanensee/Café Lohse,** es ist alles in einem: Hotel garni, Café, Ferienwohnung und Bäckerei. Das Hotel wurde eher zweckmäßig als schön immer mal wieder aus- und umgebaut. Hinter dem Haus befindet sich ein großer Spielplatz, drinnen eine Kinderspielecke. DZ 56–72 €. Im *Café* gibt es eine leckere Buchweizentorte mit Eierlikör. Plöner Str. 15–19, ✆ 99700, www.schwanensee.com.

Landhaus Fasanenhof, nettes, gediegenes, sauberes Ambiente im getünchten Gründerzeit-Backsteinhaus, ordentliche Küche (z. B. Zanderfilet für 13,50 €). Das Haus ist gleichzeitig eine Pension mit 4 gemütlichen Zimmern. DZ 56 €. Achter de Mur 18, ✆ 456.

Camping "Am Badestrand", kleiner, schöner und sehr einfacher Platz. Wie der Name schon sagt, direkt am Badestrand von Bosau gelegen. Strandweg, ✆ 9484.

Campingpark Augstfelde, hier gibt's allen erdenklichen Komfort: 1 km eigenes Seeufer mit Sandstrand, überaus vielfältige Sportmöglichkeiten mit Fahrradverleih, Golfplatz in unmittelbarer Nähe. 300 Dauercamper und 200 Touristenplätze, Gästebetreuung, großzügige Sanitäranlagen, sogar eine Hundedusche ist vorhanden. 24306 Augstfelde, ✆ 8128, www.augstfelde.de.

Wanderung/Fahrradtour: Rund um den Vierersee

Länge 13 km, Dauer 3,5 Stunden, auch als kleine und ruhige Fahrradtour für Naturliebhaber geeignet (Dauer gut eine Stunde).

Vom Ausgangspunkt Bosau führt die Route am nördlichen Ortsende hinaus. Nach weniger als einem Kilometer kreuzt der Weg die Straße und führt geradeaus (Sandweg) in Richtung Plön-Ruhleben. Wiederum nach knapp einem Kilometer geht's in einer Senke scharf links auf den See zu. Es folgt ein sehr schöner Wegabschnitt durch die Wiesen und über den schmalen Landstreifen zwischen Vierer- und Plöner See, der auch einmal einen Blick quer übers Wasser zum Plöner Schloss freigibt. Nach etwa 3 km kommt eine Weggabelung, an der es rechts ab geht. Die Route führt Richtung Augstfelde 2,5 km durch den Wald bis zur Teerstraße (immer auf dem Hauptweg bleiben). Parallel zur Straße Plön–Bosau führt der Fahrradweg über Augstfelde (Campingplatz) bis Gut Waldshagen (heute Golfplatz). Im Weiler Waldshagen geht's scharf rechts den ungeteerten Weg 2,5 km zurück nach Bosau.

Dersau

900 Einwohner

Der kleine Luftkurort im Westen des Großen Plöner Sees liegt abseits vom Massentourismus. Nicht nur das gepflegte Strandbad, vor allem die hügelig-waldreiche Umgebung im Südwesten des Großen Sees bis hinüber zum Gut Nehmten und zum Stocksee sind für Naturliebhaber eine Augenweide.

Viel los ist nicht in Dersau, das aber ist die Stärke des Ortes. Um den Dorfplatz mit einem kleinen Lindenkranz gruppieren sich alle wesentlichen Einrichtungen. Hier

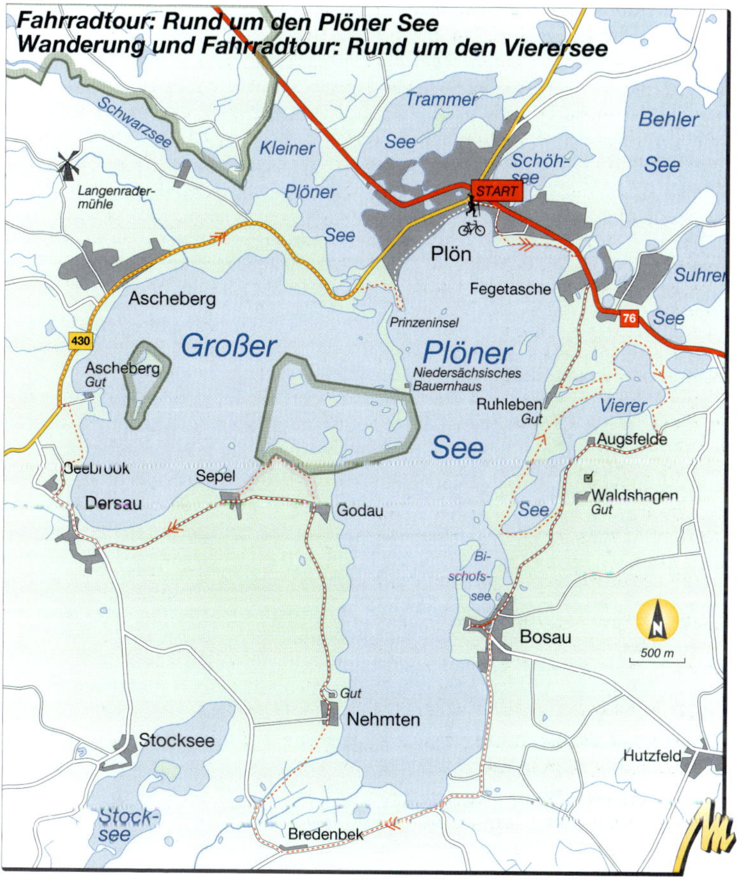

liegen Gasthäuser, der Fremdenverkehrsverein und das kleine, urige **Naturhistorische Museum.** Es befindet sich in der Scheune eines reetgedeckten Backsteinhauses von 1864 und zeigt alles, was die Sammelleidenschaft seines Besitzers im Laufe der Jahre zusammengeführt hat: vor allem viele präparierte heimische Tiere, aber auch archäologische Funde, Bienenkörbe und dies und das (das kleine Privatmuseum ist nur Samstag/Sonntag von 10 bis 18 Uhr geöffnet; Redderberg 4, ✆ 1834). Vom Dorfplatz aus geht es auch hinab zum See mit kleinem Segelhafen und Freibad.

Das 5 km entfernte und schon im 13. Jh. beurkundete **Gut Nehmten** ist heute vor allem durch sein Gestüt weithin bekannt. Schon der Weg über eine großartige Allee und die Fachwerkkaten im kleinen Weiler **Sande** (am Stocksee) künden von einer bedeutenden Gutsanlage in schönster Umgebung. Das prächtige, weiße, um 1820 erbaute Herrenhaus ist eher ein klassizistisches Schloss, vor dem zur Linken und zur Rechten durch zwei alte Lindenreihen abgeschirmte, große Scheunen mit Reetdach stehen. Eine Besichtigung ist nicht möglich, aber vom Brunnen auf dem Gestüt lässt sich die ganze Anlage überblicken.

- *Vorwahl* 04526
- *Information* **Fremdenverkehrsverein Dersau e.V.**, Dorfstraße 67, 24236 Dersau, ✆ 680 und 670, www.dersau.de.
- *Fahrradverleih* **Familie Ortlieb,** Redderberg 6, ✆ 8836; **Hotel "Zur Mühle am See",** Dorfstr. 47, ✆ 3050.
- *Schwimmen* Badestrand mit Liegewiese direkt im Ort.
- *Übernachten/Essen* **Appel's Gasthof Seeblick,** sehr große, durch Schiebewände unterteilte und mit Teppichboden ausgelegte Gasträume, freundliche Bedienung und jeden Tag ein Hausteller (7 €), das *Restaurant* bietet zudem eine überaus reiche Auswahl an weiteren Gerichten (auch vegetarisch). Großer Kaffeegarten mit reichlich Kuchenauswahl. Hier wohnen vorwiegend nicht ganz so junge Hausgäste für 61,50 € im sauberen DZ. Dorfstraße 65, ✆ 3003-0, www.appel-hotel-seeblick.de.

Ascheberg

2500 Einwohner

Mit einem netten Badestrand, einer Anlegestelle und einem kleinen Segelhafen liegt Ascheberg am Nordwestufer des Großen Plöner Sees. Die Gemeinde lebt von der Nähe zu Plön, aber zumindest eine historische Besonderheit kann der Ort ganz für sich alleine verbuchen: Nirgendwo sonst in Norddeutschland wurde die Leibeigenschaft früher aufgehoben (1739).

Auf den ersten Blick ist Ascheberg so etwas wie ein Durchgangsort, da Bundesstraße und Bahn den Ort vom See etwas abtrennen. Das touristische Leben spielt sich in erster Linie am schönen Badestrand mit seiner Liegewiese und auf dem Campingplatz ab. Das südlich des Ortes auf einer Landzunge gelegene **Gut Ascheberg** mit seinen großen alten Scheunen, eine davon reetgedeckt (1726), wird immer noch landwirtschaftlich genutzt. Dahinter führt eine Lindenallee zum Herrenhaus, das – anders als die meisten anderen der Gegend – für einen Besuch zugänglich ist. Denn das mit beigefarbenen Backsteinen und weiß abgesetzten Fenstern und Friesen im Jahr 1870 errichtete Gebäude ist heute eine christliche Jugendfreizeitstätte. Allerdings fehlt der andernorts übliche Prunk hier ein wenig.

2 km nördlich von Ascheberg liegt als schönes Ausflugsziel die **Windmühle von Langenrade.** Sie trägt den Namen "Sventana", wurde 1860 erbaut und ist noch voll funktionsfähig. Hier wird wieder regelmäßig gemahlen und das Mehl verkauft (geöffnet vom 1.6. bis zum 15.9 jeweils Freitag, Samstag und Montag zwischen 12 und 18 Uhr, Eintritt inklusive Führung 2,50 €, ✆ 1873).

Geschichte: Der Ortsname leitet sich vom niederdeutschen *Askeberghe* (Eschenberg) her. Ein Adelssitz gleichnamiger holsteinischer Ritter wurde bereits 1190 erwähnt. Im 15. Jh. kam Ascheberg in Besitz derer von Rantzau. 1739 hob Graf Hans von Rantzau als erster Feudalherr Norddeutschlands die Leibeigenschaft auf (es gibt allerdings Berichte über einen Freibrief des Christoph Rantzau auf Gut Schmoel/Hohenfelde von 1688). Allerdings verfolgte er damit wohl auch wirtschaftliche Interessen, denn er wollte durch die Parzellierung seines gesamten Hoflandes in selbständige Bauernstellen (in Erbpacht) auch die Erträge des Gutes steigern.

- *Vorwahl* 04526
- *Information/Zimmervermittlung* **Tourist Information – Fremdenverkehrsverein Ascheberg,** Langenrade 18, 24326 Ascheberg/H., ✆ 380200, www.tourist-info-ascheberg.de.
- *Segeln* Ascheberger Seglergemeinschaft, Infos unter ✆ 3077-0.
- *Übernachten/Essen* **Camping Musbergwiese,** direkt am Badestrand von Ascheberg gelegener, sehr gepflegter Platz mit 170 Stellplätzen und allem Komfort. Die Betreiberfamilie führt auch das gleich daneben am Wasser und Fähranleger gelegene reetgedeckte *Restaurant "Am See"*. ✆ 445 oder 8678.

Wankendorfer Seengebiet

8900 Einwohner

Sechs Ortschaften inmitten einer Seenlandschaft am Rande der Holsteinischen Schweiz haben sich touristisch zusammenschlossen: Stolpe, Wankendorf, Ruhwinkel, Bornhöved, Schmalensee und Belau.

Stolpe: Das nördlichste der genannten Dörfer liegt direkt am gleichnamigen See und verfügt über eine ruhige, kleine Badestelle. Durch die räumliche Nähe zu Kiel hat es heute eher den Charakter einer typischen Wohngemeinde. Bis zum Jahr 2003 befand sich in Stolpe das private *Schleswig-Holsteinische Eiszeitmuseum* mit einem komplett erhaltenen, 3 m hohen Mammutskelett. Das Museum befindet sich heute im 15 km westlich gelegenen Bordesholm (Kieler Str. 26, ✆ 04322/8884991, www.eiszeitmuseum.de).

Wankendorf: Der Zentralort des kleinen Feriengebietes entwickelte sich wie so viele Dörfer der Gegend in den letzten Jahren von einem Handwerker- und Bauerndorf zur ländlichen Wohngemeinde. Mit einer entwickelten touristischen Infrastruktur oder besonderen Sehenswürdigkeiten kann der Ort, der 1316 erstmals urkundlich erwähnt wurde, nicht aufwarten. Immerhin gibt es aber eine kleine Badestelle am Schierensee.

Ruhwinkel: Der ehemals zu zwei Gutsbezirken gehörende Ort ist noch etwas stärker landwirtschaftlich geprägt als Wankendorf. Im Ortsteil Schönböken führt eine naturgeschützte, prachtvolle Allee mit 246 Linden zu einem backsteinernen Torhaus (1936). Das sich dahinter verbergende Herrenhaus im neugotischen Stil ist Zentrum der meditativen *Zen-Vereinigung-Deutschland e. V.*

Bornhöved: Der Ortsname wird seit alters her als "Quellenhaupt" gedeutet, da die hügelige Moränenlandschaft ringsherum die Wasserscheide zwischen Nord- und Ostsee bildet und einige Quellen hier entspringen. Bornhöved wurde aber vor allem durch gleich drei hier ausgefochtene Schlachten bekannt: 789 schlugen bei Bornhöved die mit den Slawen verbündeten Franken die nordelbischen Sachsen. Im Jahr 1227 kam es hier wieder zum erbitterten Kampf und zu einer ganz wichtigen Entscheidung, als Graf Adolf IV. mit seinen Verbündeten den Dänenkönig Waldemar II. niederrang. Damit wurde Holstein (vorübergehend) von der Dänenherrschaft befreit. 1813 schließlich schlugen hier schwedische Truppen die auf napoleonischer Seite kämpfenden Dänen.

Die kleine, weiß verputzte romanische Feldsteinkirche wurde bereits 1149 errichtet und von Bischof Vicelin geweiht. Hier ist noch einiges von der ursprünglichen Bauweise der alten holsteinischen Kirchen erhalten geblieben. Vor allem an der Nordwand kann man die Spuren der ehemals kleinen Rundbogenfenster und die dick in Mörtel gelegten groben Steine erkennen. Der neuromanische Backsteinturm wurde erst 1866 angebaut. Innen ist die nur unregelmäßig geöffnete Kirche schlicht gehalten, sieht man einmal von der Rokoko-Kanzel von 1770 ab.

4 km weiter südlich liegt der *Erlebniswald Trappenkamp*, mit 500 ha eines der größten Wildfreigehege in Europa. Geboten werden u. a. eine Waldausstellung, in der verschiedene Biotope nachgestellt sind, mehrere Lehrpfade, ein Schmetterlingsgarten, ein Waldladen, in dem es auch Holzspielzeug zu kaufen gibt, eine Holzspielhalle, ein riesiger Abenteuerspielplatz sowie mehre Grillplätze (Zufahrt über die B 404).

Öffnungszeiten Ganzjährig geöffnet, Eintritt nur am Wochenende: 2,50 €, Kinder 2 €, Familienkarte 6,50 € (die Waldausstellung im Pavillon ist am Wochenende im Preis inbegriffen, kostet aber unter der Woche 2 € Eintritt). ✆ 04328/170480, www.erlebniswald-trappenkamp.de.

Schmalensee: Aufgrund seiner herrlichen Lage am gleichnamigen sauberen See mit schönen Badestellen hat sich die Ansiedlung zu einem anerkannten Fremdenverkehrsort gemausert.

Belau: Der Ortsname kommt aus dem Slawischen und bedeutet so viel wie "weiß glänzend". Entstanden ist der Ort aus dem ehemaligen Gutsbezirk Perdoel, der sich zwischen dem Stolper See, dem Schierensee und dem Belauer See erstreckt. Vom schon im 13. Jh. erwähnten Adelssitz Gut Perdoel brannte das einstmals berühmte Herrenhaus um 1900 ab, sodass heute nur noch das Torhaus aus dem 18. Jh. und eine alte Scheune erhalten geblieben sind. Ganz in der Nähe befindet sich eine sehenswerte Eichenallee, die als Naturdenkmal gilt und zum nördlich gelegenen Gut Depenau mit seinem 1586 erbauten Torhaus führt (Vorsicht: Straßenschäden).

- *Vorwahl* 04326
- *Information/Zimmervermittlung* **Fremdenverkehrsverein Wankendorfer Seengebiet e.V.**, Kirchtor, 24601 Wankendorf, ✆ 2233 oder 2343, www.wsg.de/fremdenverkehr.
- *Fahrradverleih* **J. Mühlenberg,** Dorfstraße 10, Schmalensee, ✆ 04323/6396.
- *Essen/Übernachten* **Perdoeler Mühle,** idyllisch gelegener, reetgedeckter Landgasthof mit Terrasse im Bauerngarten, gutbürgerliche Küche (Scholle zu 13,50 €) und Kuchen aus eigener Herstellung. Vor der Mühle liegt ein kleiner, gemütlicher **Campingplatz** am See. Mo Ruhetag (im Winter auch Di), 04326/1067 oder 1246.

Schlossgaststätte, direkt über dem Belauer See gelegenes, weißes, schlossähnliches Gebäude mit Sonnenterrasse, von dem ein Weg hinab zur kleinen Badeterrasse führt. Manches erinnert (positiv) an die 1960er Jahre. Betrieb nur im Sommer, einfache Küche (Rahmgeschnetzeltes zu 8,50 €), auch Zimmer (DZ 51 €). Dorfstr. 36, Belau, ✆ 04323/6456.

Bad Segeberg

15.000 Einwohner

Geprägt wird die Stadt durch den 91 m hohen Kalkberg, der einen herrlichen Rundblick über die historische Altstadt und das sehenswerte Umland erlaubt und zudem die Kulisse für die berühmten Karl-May-Spiele bildet.

Die Kreisstadt gehört streng genommen nicht mehr zur Holsteinischen Schweiz, wirbt aber in einem gemeinsamen Tourismusverbund mit diesem Namen. Eine Fußgängerzone rund um den Markt lädt zum Bummeln ein. Ganz in der Nähe steht die sehenswerte Marienkirche. Das 300 m weiter östlich gelegene neue Rathaus im klassizistischen Stil stammt von 1826. Hier heiratete Theodor Storm 1846 die Tochter des hiesigen Bürgermeisters. Nebenan befindet sich das Heimatmuseum, von dem aus sich in einer sanften Kurve die Lübecker Straße mit ihren zumeist eingeschossigen Giebelhäusern um den Kalkberg zieht.

Auf dem einst 110 m hohen Kalkberg wurde 1134 die Siegeburg errichtet, daher der Name Segeberg. Die Burg wurde gegen Ende des Dreißigjährigen Krieges von den Schweden zerstört und nie wieder aufgebaut. Wegen des tollen Rundblicks (auf die Freilichtbühne und die Stadt) ist ein Spaziergang auf den Berg lohnenswert (fünf Minuten vom Festspielplatz aus). Eigentlich müsste der Berg nicht Kalk-, sondern Gipsberg heißen, denn er besteht größtenteils aus Anhydrit, das sich beim Kontakt mit Wasser in Gips verwandelt, der hier fast 1000 Jahre (bis 1931) abgebaut wurde und als *Segeberger Kalk* vor allem in Hamburg Verwendung fand. Für den Transport wurden die Bauern der Umgebung 325 Jahre lang (bis 1790) zwangsverpflichtet.
Nach der Entdeckung einer 28-prozentigen Solequelle im Kalkberg wurde dem schon seit 1244 mit Stadtrechten ausgestatteten Ort 1924 das Prädikat "Bad" verliehen.

Immer ein Erlebnis: Karl-May-Spiele in Bad Segeberg

- *Vorwahl* 04551
- *Information/Zimmervermittlung* **Tourist- und Kur-Information**, Oldesloer Str. 20, 23795 Bad Segeberg, ✆ 9649-0, www.badsegeberg.de. Keine Kurtaxe.
- *Kanuverleih* **Kanu Corner,** Asternweg 5, ✆ 967996.
- *Schwimmen* **Städtisches Hallenbad,** Theodor-Storm-Str. 12, ✆ 968909; **Strandbad Großer Segeberger See** (Nähe Jugendherberge), Juni–August, ✆ 1001; **Strandbad Ihlsee,** Juni–August, ✆ 82336.
- *Übernachten/Essen* **Central Gasthof,** eines der wenigen Häuser am Platz, hier gibt es auch einen passablen Mittagstisch. Draußen stehen die Tische auf der Fußgängerzone, drinnen ist es rustikal-dunkel. Wenig spektakuläre Zimmer mit allem Komfort, DZ 50–65 €. Kirchstraße 32, ✆ 95700.

Café Amitié, am Marktplatz gelegenes, freundlich-helles Bistro, in dem auch ein einfacher Mittagstisch (4–5 €) serviert wird. Spezialisiert hat man sich aber auf Kaffees mit insgesamt 31 verschiedenen Zubereitungsarten. Tägl. 9.30–18 Uhr. Am Markt 1, ✆ 968267.

Sehenswertes

Karl-May-Spiele: Seit über 50 Jahren finden im Juli und August auf der großen Freilichtbühne am Kalkberg die Karl-May-Spiele statt, die bis heute von etwa sieben Millionen Menschen besucht worden sind. Man spürt den Hauch des Wilden Westens, wenn Cowboys und Indianer durch die Zuschauerreihen galoppieren und sich die Guten mit den Bösen actionreiche Gefechte liefern. Das 12.000 Plätze fassende Freilichttheater ist umrahmt vom *Indian Village,* einer Wildweststadt mit Blockhausern, einer Goldwaschanlage und Tipis sowie dem *Nebraska-Haus,* das eine (eher für Erwachsene interessante) Indianistik-Ausstellung beherbergt sowie Bilder und Werke von jungen Künstlern aus dem Staat Nebraska zeigt.

Öffnungszeiten Indian Village: zur Spielzeit täglich 10–18 Uhr, Kinder 2,50 €, Erwachsene 3,50 €. Eintritt für die Vorstellung (Do–Sa 15 u. 20 Uhr, So 15 Uhr): Kinder 8–16 €, Erwachsene 11–22 €. Auskunft und Kartenbestellung unter ✆ 0180/5952111. Infos im Internet unter www.karl-may-spiele.de.

Streithähne vor dem Amtsgericht in Bad Segeberg (Nähe Festspielplatz)

Kalkberghöhlen: Unter dem Kalkberg entstand durch natürliche Auswaschungen ein einzigartiges Höhlensystem, das spielende Kinder erst 1913 entdeckten. Über 15.000 Fledermäuse verschiedener Arten kommen jedes Jahr hierher und machen die Höhlen vor allem im Winterhalbjahr zum größten natürlichen Fledermausquartier Mitteleuropas. In den Höhlen lebt zudem der etwa 0,5 cm große *Segeberger Höhlenkäfer* (Choleva holsatica), den es sonst nirgendwo auf der Welt gibt (!) und der sich von toten Fledermäusen und von Fledermauskot ernährt. Im Höhlenwärterhaus kann man sich zudem eine Ausstellung über das Leben der Fledermäuse in den Kalkberghöhlen anschauen.

Adresse/Öffnungszeiten Karl-May-Platz, ✆ 968100. Juni–August 10–18 Uhr, in der Nebensaison nur bis 16 Uhr, von Oktober bis März aufgrund des Fledermausschutzes ganz geschlossen. Zugang durch die bizarre Höhlenlandschaft nur mit Führung, die 35 Minuten dauert. Erwachsene 3 €, Kinder 2 €.

Marienkirche: Außen im neuromanischen Stil umgestaltet, konnte innen viel vom Originalzustand bewahrt werden. So gilt das Gotteshaus als eines der bedeutendsten romanischen Bauwerke Norddeutschlands und als erste Kirche überhaupt, in der das Gewölbe mit Backsteinen errichtet wurde. Die Erkenntnisse, die bei diesem frühen Kirchenbau gewonnen wurden, verbreiteten sich im gesamten Ostseeraum.

Im Inneren lohnt nicht nur der schöne, mit Gold überzogene Schnitzaltar (um 1515) einen Blick, auch die mitten im Kreuzgewölbe stehende Bronzetaufe (von 1447), die unter dem spätgotischen Kruzifix (um 1500) ihren Platz gefunden hat, ist bemerkenswert.

Öffnungszeiten Tägl. 9–16 Uhr.

Alt-Segeberger Bürgerhaus – Heimatmuseum: Im ältesten Haus der Stadt, einem Fachwerkgiebelhaus von 1560/1606, ist schon 1964 ein Heimatmuseum eröffnet worden, das im Wesentlichen aus historisch eingerichteten Räumlichkeiten besteht: Stube, Küche und Stall. In der Diele hängt ein mächtiges Hirschgeweih.

Adresse/Öffnungszeiten Lübecker Straße 15, ✆ 964204. April–Oktober Di–Fr 10–17 Uhr, Sa/So 14.30–17 Uhr. Erwachsene 1 €, Kinder 0,50 €.

Kunsthalle Otto Flath: Sie zeigt die Werkstatt und die Arbeiten des Holzbildhauers, der über 50 Jahre (bis 1987) in Bad Segeberg gelebt und gearbeitet hat. Die angrenzende Villa Flath präsentiert wechselnde Kunstausstellungen.

Adresse/Öffnungszeiten Bismarckallee 5 (hinter dem Kurpark), ✆ 879900 oder 995749. Di–So 14–18 Uhr. Erwachsene 1,50 €, Kinder 1 €.

Umgebung von Bad Segeberg

Rund um den 8 km nordöstlich von Bad Segeberg gelegenen **Wardersee** liegen außer der alten Kirche zu Warder der ehemals bedeutende Gutshof Wensin und das idyllische Pronsdorf.

Kirche zu Warder: Im Laufe der Geschichte stark veränderte, wuchtige Kirche, die in ihren Ursprüngen auf die Zeit um 1200 zurückgeht. Der aus Feldsteinen gebaute Rundturm wurde im 19. Jh. mit Backsteinen viereckig ummantelt. Im vergleichsweise schlichten Inneren besticht der schöne Altarschrein mit einer Kreuzigungsgruppe (15. Jh.). Die Kirche ist tagsüber meistens geöffnet.

Gut Wensin: Das spätmittelalterlich aussehende, am Wasser gelegene Herrenhaus wurde nach alter Bauweise aus zwei traufenseitig aneinander gefügten Backsteinhäusern 1642 errichtet. Als repräsentativer Eingang dieses zweigeteilten Hauses mit Doppeldach und Treppengiebel wurde im 18. Jh. ein sandsteinernes Rokokoportal eingefügt. Vor dem Gutshof steht ein schöner backsteinerner Getreidespeicher von 1902.

Pronstorf: Der aus dem Gutshof hervorgegangene, weitläufige und sehenswerte Ort am Südende des Wardersees besteht einheitlich aus schönen Backsteinhäusern des 19. Jh., die früher alle als Funktionsgebäude oder Arbeiterhäuschen zu dem im 13. Jh. gegründeten Gut gehörten. Das repräsentative Herrenhaus wurde 1728 errichtet und gilt wegen seiner Proportionen und der Mischung der verwendeten Materialien (Ziegel und Sandstein) als besonders gelungen. Nach wie vor wird das Anwesen der Grafen zu Rantzau landwirtschaftlich genutzt. Das Herrenhaus ist aber ebenso wie das Torhaus und die anderen bis ins 20. Jh. hinein umgebauten Hofgebäude von außen gut einsehbar.
Auf einer Anhöhe steht eine Feldsteinkirche mit mächtigem Rundturm von fast 10 m Durchmesser. Sie wurde 1198 erstmals urkundlich erwähnt und in dieser Zeit aus unbehauenen Feldsteinen erbaut. Der Turm wurde später teilweise backsteinern ausgebessert und mit Eisenankern versehen. Im 14. Jh. erfolgte eine Chorerweiterung im gotischen Stil. Innen fallen besonders die mit 28 biblischen Szenen derb bemalte Balkendecke sowie die spätbarocke Chorausstattung mit Kanzel und schwebendem Taufengel auf. Die Kirche ist im Regelfall tagsüber geöffnet.

• *Übernachten/Essen* **Strengliner Mühle,** in Strenglin (3 km nördlich von Pronsdorf) liegt das traditionelle Hotel-Restaurant mit hellem und freundlichem Ambiente. Die Zimmer sind komfortabel eingerichtet, ein Schwimmbad und ein 250 m² großer Wellnessbereich mit Sauna sind vorhanden. DZ 76–104 €. Im *Wintergarten-Restaurant* werden schmackhafte Holsteiner Spezialitäten und andere frische Fisch- und Fleischgerichte serviert (z. B. Forelle Müllerin für 13,60 €). Außerdem gibt's ein gutes Frühstücksbuffet. Mühlenstraße 2, Strenglin, ✆ 04556/997099, www.strenglinermuehle.de.

Gut Seedorf: Von allen Seiten führen lange Alleen zum 18 km nordöstlich von Bad Segeberg gelegenen Gut, besonders schön vom nordwestlich gelegenen Hornsdorf aus. Sie enden vor dem stattlichsten aller erhaltenen holsteinischen Torhäuser (von 1583), das bis 2002 komplett renoviert wurde. Früher befanden sich in den unteren Räumen Gefängniszellen und Folterkammern. Heute ist das Torhaus im Besitz der Gemeinde und beherbergt ein kleines Heimatmuseum. Bis ins 18. Jh. war das Gut eine wehrhafte Anlage, umgeben von hohen Wällen und einem Wassergraben mit Zugbrücke. Heute ist Seedorf keine geschlossene Gutsanlage mehr, eine kleine

Straße führt ums Torhaus herum mitten über den ehemaligen Gutshof, dessen Gebäude unterschiedliche Eigentümer haben. Das Herrenhaus stammt von 1696/1750, wurde aber im Jahr 1820 klassizistisch umgebaut (innen ist es nach wie vor kunstvoll stuckiert).

Öffnungszeiten Heimatmuseum Nach vorheriger Anmeldung in der Turmschänke, ✆ 04555/478.

Berlin: Ganz in der Nähe von Seedorf gelegen, pflegt das Dorf seine Namensgleichheit mit der Bundeshauptstadt durch Straßennamen ("Unter den Linden", "Potsdamer Platz", "Kurfürstendamm" ...) und berlintypische Straßenschilder. 2 km südwestlich von Berlin liegt eher unscheinbar das ebenfalls zur Gemeinde Travenhorst gehörende Gut Kamp. Hier ist Pferdeland, denn hier wurde durch das unermüdliche Engagement der Familie Jürgen Isenberg das *Schleswiger Kaltblutpferd* vor dem Aussterben bewahrt. Diese schwergewichtigen Kaltblutpferde – im Volksmund auch "Brauereigäule" genannt – werden heute wieder als Rückepferde in der alternativen Forstwirtschaft geschätzt.

Ahrensbök

4000 Einwohner

Das Gebiet um Ahrensbök bildet den wenig beachteten und damit touristisch kaum erschlossenen Süden der Holsteinischen Schweiz. In der Nähe entspringt die Trave, und auf vielen verschlungenen Wegen gibt's Landschaft pur. Ahrensbök selber ist ein eher unspektakulärer kleinstädtischer Durchgangs- und Einkaufsort.

Das war nicht immer so. Im späten Mittelalter war Ahrensbök aufgrund eines wundertätigen Marienbildes ein berühmter Wallfahrtsort. Einem Pilger, so die Legende, erschien auf dem Weg von Lübeck nach Plön im Wipfel einer riesigen Buche die heilige Jungfrau Maria. In dieser Buche wiederum befand sich ein Adlernest, was Aufschluss über die Entstehung des Ortsnamens gibt. Zunächst entstand hier eine kleine Kapelle, später ein Kloster.

Die **Marienkirche** erinnert noch heute an die Wallfahrtsvergangenheit. Die auch von innen backsteinerne Kirche mit ihrem neugotischen Holzgestühl ist leider nur zu Gottesdienstzeiten geöffnet. Durch die rückwärtigen Fenster lässt sich der Kirchenraum aber recht gut überblicken. Der rechteckige Westturm wurde 1760 angebaut. Auf dem Kirchhof finden sich zwei spätklassizistische Grüfte (um 1855).

Eine Tour über die kleinen Straßen durch die hügelige Landschaft rund um das große Gemeindegebiet von Ahrensbök mit seinen 19 Dörfern ist lohnenswert, beispielsweise ins 5 km nordöstlich gelegenen **Gießelrade.** Hier entspringt die Travequelle, eine Boje vor einer unscheinbaren Grünanlage erinnert daran. Gießelrade liegt nur 10 km Luftlinie von der Ostsee entfernt, aber die Trave macht hier einen weiten Bogen und erreicht erst nach 124 Kilometern in Travemünde das Meer. Wenn man sich am Travequellenparkplatz herumdreht, entdeckt man den Schornstein der ehemaligen Meierei, der heute einem Storchenpaar als Nest dient.

- *Vorwahl* 04525
- *Information* **Gaststätte Groot,** Lübecker Straße 75, 23623 Ahrensbök, ✆ 1747 (auch Zimmernachweis); Infos erhält man auch im **Joka-Reisebüro,** Plöner Str. 1, ✆ 666.
- *Fahrradverleih* **Ihr Fahrradprofi,** Plöner Str. 41, ✆ 4730.

Mitten in der Stadt: Deutschlands größter Passagierhafen

Kiel

240.000 Einwohner

In Kiel liegt das Fernweh vor Anker, Mammutfähren beherrschen das Stadtbild. Die Förde drückt einer Landeshauptstadt ihren Stempel auf, die aber nicht nur durch die Schifffahrt geprägt ist, sondern darüber hinaus erstklassige Museen und beste Einkaufsmöglichkeiten bietet.

Dass Kiel einmal eine malerische Hafenstadt war, kann man heute nur noch erahnen. Die Bomben des Zweiten Weltkriegs machten der Idylle ein Ende. Die wenigen historischen Sehenswürdigkeiten und das kulturelle Zentrum der Stadt liegen in der Nähe der alles überragenden Nikolaikirche am *Alten Markt,* der allerdings nach seiner umfangreichen Neugestaltung in den 1970er Jahren ein moderner Platz geworden ist. Durch Glaspavillons mit heruntergezogenen Kupferdächern, in denen kleine Läden und Cafés untergebracht sind, hat er an Breite verloren; die Platzmitte ist abgesenkt und über Treppen und Rampen zugänglich. Nur die angrenzende Dänische Straße kann noch mit einigen historischen Häusern aufwarten. Am Ende dieser Straße (gegenüber dem Schloss) grüßt die *Kilia,* die bronzene Stadtgöttin mit Lorbeerkranz und Ruder als Symbol kluger Staatsführung.

Keine 100 m hinter dem Alten Markt in nordwestlicher Richtung liegen etwas versteckt an der Falckstraße die wenigen Reste des ebenfalls dem Krieg zum Opfer gefallenen ehemaligen Franziskanerklosters (mit dem Grabstein Graf Adolfs IV., des Begründers der Stadt, gest. 1261). Heute steht an dieser Stelle – im Turm der ehemaligen Klosterkirche – eine Seltenheit, nämlich eines der größten Musikinstrumente der Welt: ein 1999 von den Bürgern der Stadt gespendetes Glockenspiel, auch *Carillon* genannt. Täglich um kurz nach 12, 15 und 18 Uhr ertönen hier die 45 Glocken.

Kiel
Karte Seite 238/239

Matrosen gehören seit jeher zum Kieler Stadtbild

Vom Markt aus lohnt sich ein Spaziergang in nordöstlicher Richtung bis zur *Kiellinie*, wie die sehenswerte Uferpromenade hinter dem Ostseekai heißt. Man kommt vorbei an den Museumsschiffen und dem als modernen Zweckbau neu errichteten Schloss. In der Nachbarschaft befinden sich das Aquarium mit dem Seehundbecken, die Kunsthalle mit der Antikensammlung, das Zoologische Museum und die Medizin- und Pharmaziehistorische Sammlung, die alle einen Besuch wert sind.

Wer auf Shoppingtour ist, sollte vom Alten Markt aus in entgegengesetzter Richtung durch die Einkaufsmeile (Holstenstraße) schlendern. Die Holstenstraße, Deutschlands erste Fußgängerzone (von 1953), mündet per Rolltreppe in den *Sophienhof*, eine beeindruckend große Ladenpassage. An die Fußgängerzone grenzt nach Westen hin der von Wasserspielen gekrönte Europaplatz mit Kiels berühmter Ostseehalle, die aus einer ehemaligen Flugzeughalle entstanden ist. Bekannt ist die Halle durch die dort stattfindenden Musik- und Sportveranstaltungen.

Ganz in der Nähe liegen die *Oper* und das mächtige *Rathaus*, beides Jugendstilbacksteingebäude, die nach den Kriegszerstörungen wiederaufgebaut wurden. Der frei stehende, 106 m hohe Uhrenturm, der den repräsentativen Rathausplatz beherrscht, erinnert ein wenig an den Kampanile der Markuskirche von Venedig. Von oben hat man einen sensationellen Blick über die ganze Stadt bis weit hinaus auf die Ostsee (leider ist die Aussichtsplattform des Turmes voraussichtlich bis 2004 gesperrt).

In Kiel gehören auch die großen *Ostseefähren*, die täglich nach Skandinavien auslaufen, fest zum Stadtbild. Mitten in der Landeshauptstadt befindet sich Deutschlands größter Passagierhafen. Schweden- und Norwegenkai liegen einander gegenüber im innersten Stück der Förde, das "Hörn" genannt wird. Über die Hörn gelangt man als Fußgänger vom Bahnhofsvorplatz aus auf einer gut 100 m langen *Dreifeld-Klappbrücke*, deren Mechanismus in Aktion ein wirklich faszinierender Anblick ist. Zwischen Schwedenkai und Schifffahrtsmuseum breitet sich das für eine Hafenstadt obligatorische Rotlichtviertel aus, und im Hintergrund ragen die mächtigen Krananlagen der HDW-Werft in den Himmel. Die Werft ist nach wie vor Kiels größter Arbeitgeber.

Überall spürt man den Duft des nahen Meeres. Tatsächlich ist Kiels eigentliche Perle die gut 16 km lange *Förde* mit ihrem grünen, leicht hügeligen Ufer. Im Norden weitet sie sich und gibt im Sommer den Blick auf die so zahlreichen Freizeitsegler frei. Anlässlich der Kieler Woche (siehe Seite 251) scheinen sich sämtliche Segelboote der Ostseeküste in der Förde zu tummeln. Aber auch wenn man nicht zu den stolzen Segelbootbesitzern gehört, steht einem Fördeausflug nichts entgegen. Ständig fahren die Fördedampfer bis nach Falckenstein und Laboe. Dann kommt man kurz vor den Holtenauer Schleusen auch am Tirpitzhafen vorbei, dem Stützpunkt der Bundesmarine. Hier liegen nicht nur die mit grauem Tarnanstrich versehenen Kriegsschiffe, sondern auch das Segelschulschiff "Gorch Fock", wenn es nicht gerade auf großer Fahrt ist.

Geschichte

Der mittelalterliche Name *tom kyle* beschreibt die Lage Kiels an der Förde, die sich wie ein Keil in das Land schneidet und für die Errichtung eines sturmsicheren Hafens geradezu prädestiniert war. Der heutige Innenstadtsee, *Kleiner Kiel* genannt, der sich halbkreisförmig vom Rathausplatz bis zum Schlossplatz zieht, hatte ursprünglich einen Zugang zur Förde und begrenzte mit dieser eine natürliche Halbinsel, auf der ab 1233 die Stadt erbaut wurde.

Stadtgründer war wie bei vielen anderen Orten an der Küste auch der Schauenburger Graf Adolf IV. Im Alter beschloss er, sein Leben als Mönch zu beschließen und trat in das von ihm erbaute Kieler Franziskanerkloster ein.

Schon 1242 erhielt der Ort Stadtrechte. Von 1284 bis 1518 war Kiel Mitglied der Hanse, konnte jedoch im Wettbewerb mit Lübeck und Hamburg nicht mithalten und verarmte mit der Zeit, sodass es 1469 sogar an Lübeck verpfändet wurde. Der langsame Aufschwung begann, als Herzog Christian Albrecht 1665 in Kiel (und nicht etwa in Lübeck) in den Räumen des ehemaligen Franziskanerklosters die erste Universität im Norden gründete und hier das geistige Zentrum des Landes entstand. Höfische Pracht kam jedoch erst in die Stadt, als Herzog Friedrich von Holstein-Gottorf Kiel 1727 zu seiner Residenzstadt wählte. Friedrich war mit der Tochter Zar Peters des Großen verheiratet, und sein 1728 in Kiel geborener Sohn bestieg später als Zar Peter III. den russischen Thron.

Mit der ziemlich gemächlichen Entwicklung der Stadt war es ab Mitte des 19. Jh. schlagartig vorbei. Kiel wurde zur Industriestadt, es entstanden Fabriken und vor allem Werften, und es wurden bedeutende Erfindungen rund um die Schifffahrt gemacht. So gelang Wilhelm Bauer (1822–1875) im Jahr 1850 der Bau des ersten deutschen U-Boots, und zu Beginn des 20. Jh. entwickelten Alexander Behm (1880–1952) das Echolot und Hermann Anschütz-Kaempfe (1872–1931) den Kreiselkompass. Später entstand in Kiel der erste Heckfänger für den Hochseefischfang und der erste europäische Atomfrachter, die "Otto Hahn". Dass Prinz Heinrich von Preußen, Bruder des Kaisers, in Kiel 1908 das Patent für den Scheibenwischer anmeldete, hat zwar auch etwas mit Wasser zu tun, darf aber als Anekdote verbucht werden, wenngleich dies den Kieler Erfindungen im wahrsten Sinne des Wortes die Krone aufsetzt.

Das nach den Freiheitskämpfen mit Dänemark preußisch gewordene Kiel wurde 1871 als Mittelpunkt der Kaiserlichen Flotte Reichskriegshafen. Für den bedeutenden Flottenstützpunkt wurden gleich vor Ort die Schlachtschiffe gebaut. Weitere Arbeitsplätze entstanden für die übrige aufblühende Werftindustrie, und aus ganz Schleswig-Holstein strömten die Menschen in die Stadt. Als 1895 der *Kaiser-Wilhelm-Kanal* von seiner Majestät höchstselbst feierlich eröffnet wurde, war die Kaiser- und Kiel-Euphorie perfekt, und der Aufschwung der Stadt schien unaufhaltsam. Doch das Ende nahte schon 1918. Nach den verlorenen Schlachten des Ersten Weltkriegs brach auf einem der Kriegsschiffe im Kieler Hafen eine Meuterei aus,

Kiel
Karte Seite 238/239

Botanischer Garten
Universitätskliniken
Zoologisches u. Völkerkunde museum
Medizin- und Pharmazie-historische Sammlung
Schwimmhalle
Lessing-platz
Dreiecks-platz
Brunswiker straße
Jungmannstr.
Gerhardstr.
Holtenauer str.
Feldstraße
Breiter Weg
Arnold-Heller-Str.
Kolpingstr.
Preußerstr.
Annen-str.
Knooper Weg
Lehmberg
Jahnstr.
Teichstr.
Mittelstr.
Jägersberg
Baustr.
Blocksberg
Hospitalstr.
Dahlmann-str.
Schloßgarten
Wilhelminenstraße
Muhlius-str.
Bergstraße
Legienstraße
Lorentzen-damm
Ratsdiener-garten
Kleiner Kiel
Prinzen-garten
Gartenstraße
Muhliusstraße
Lorentzendamm
Martensdamm
Jensendamm
Warleberger Hof (Stadtmuseum)
Falckstr.
Haßstr.
Dänische Str.
Burgstr.
Schloss
Fleethörn
Hiroshima-park
Küterstr.
Alter Markt
Oper
Rathaus-platz
Kehdenstr.
Nikolai-kirche
Eggerstedtstr.
Flämische Str.
Schuhmann-str.
Wall
Muse. schi.
Schifff. museu.
Waisenhofstraße
Damm-str.
Rathausstraße
Holsten-str.
Berliner Platz
Boots-hafen
brücke
Rathaus
Treppenstr.
Kleiner Kuhberg
Exerzier-platz
Hafen-str.
Ostsee-halle
Europa-platz
Andreas-Gayk-Str.
Ziegelteich
Holsten-platz
Kaistraße
Schwedenkai
Prüne
Sandkuhle
Schulperbaum
Walkerdamm
Stadtgalerie
Neues Rathaus
Norwegenkai
Herzog-Friedrich-Str.
Kirchhofallee
Hopfenstraße
Stresemann-platz
Die Hörn
Sophienhof
Sophien-blatt
Auguste-Viktoria-Str.
Zur Fähre
Werftstraße
Königsweg
Lerchenstraße
Ringstraße
Haupt-bahnhof
Hörnbrücke
1
5
6
7
8
9
10
11
12
13
14

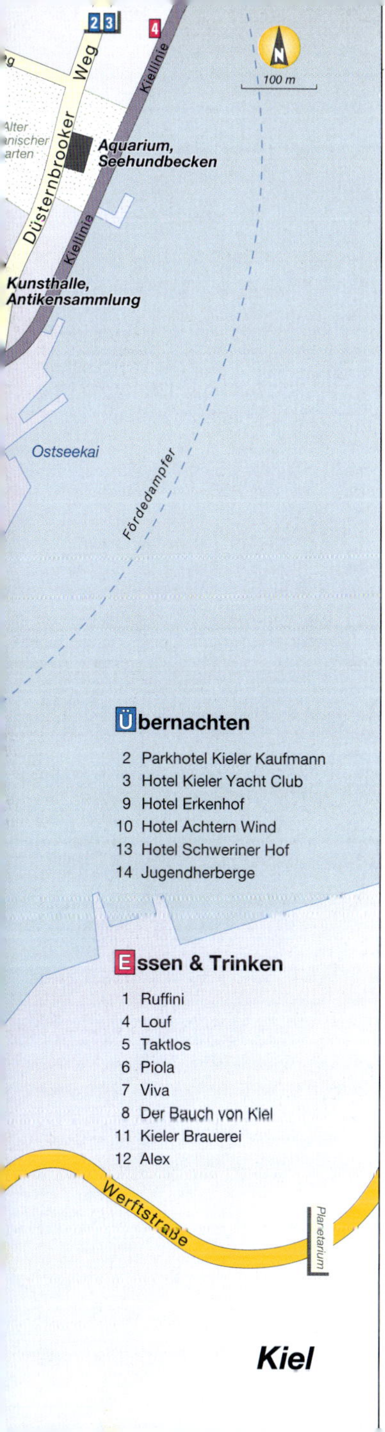

die einen Flächenbrand auslöste, der im November des gleichen Jahres schließlich zur Abdankung von Wilhelm II. führte.

Im Zweiten Weltkrieg war Kiel ebenfalls Marinestützpunkt. Doch Militäranlagen sind Angriffsziele, und so wurde die Stadt in über 90 Bombenangriffen weitgehend zerstört. Im Rahmen des Wiederaufbaus nach dem Krieg entstand ein neues Kiel, in dem aber nach wie vor dem Hafen mit mehr als 1,2 Millionen Passagieren im Fährverkehr und 5,5 Millionen Tonnen Güterumschlag eine zentrale Rolle zukommt.

1946 wurde Kiel die Landeshauptstadt des neu geschaffenen nördlichsten Bundeslandes. Damit erhielt Kiel eine führende politische Stellung, die es in seiner Geschichte bis dahin nie eingenommen hatte.

Vergleichsweise wenig erinnert in Kiel an den wohl berühmtesten Sohn der Stadt, an Max Planck (1858–1947). Der spätere Nobelpreisträger für Physik wurde am Kleinen Kiel in der Küterstraße 17 (Ecke Jensendamm) geboren. Vor dem dortigen Hochhaus der Landesbank erinnert ein Gedenkstein an Planck, der 1885 in seiner Heimatstadt zum Professor für Physik berufen wurde, später aber nach Berlin ging.

Information/Adressen

- *Vorwahl* 0431
- *Information/Zimmervermittlung* **Tourist Information Kiel,** Neues Rathaus, Andreas-Gayk-Str. 31, ✆ 67910-0, www.kiel-tourist.de, Hotelreservierung ✆ 67910-17
- *Schiffsausflüge* **Fördedampfer und Ausflugsfahrten, im Sommer auch Wochenend-Fahrradfähre,** Schlepp- und Fährgesellschaft Kiel (SFK), ✆ 594-1263; **Raddampferfahrt** mit der "Freya" (Baujahr 1905) durch die Förde oder den Nord-Ostsee-Kanal, 04651/987014, **Schwentinetalfahrt** ab Kiel-Wellingsdorf, ✆ 722428.
- *Taxi-Stadtrundfahrten* Mit dem Taxi zu den schönsten Punkten in Kiel, ab 4 Personen, Mo, Mi und Fr um 14 Uhr, Sa um 12 Uhr, Fahrtzeit eine Stunde, jeweils zwei Stunden vorher in der Tourist Information anmelden. Erwachsene 8 €, Kinder 4 €.

Karte Seite 238/239

Übernachten/Essen und Trinken (siehe Karte S. 238/239)

• *Übernachten* **Parkhotel Kieler Kaufmann (2),** zweifellos die erste Adresse in Kiel. Das frisch im englischen Landhausstil renovierte Haus in einer ehemaligen Bankiersvilla mit weitläufigem Garten versprüht aristokratischen Charme. Legerer Luxus, wohin man blickt, 43 geräumige Zimmer, anspruchsvolles *Restaurant*. DZ 131–200 €. Im nördlichen Teil der Stadt nahe am Hindenburgufer gelegen. Niemannsweg 102, ✆ 8811-0, www.kieler-kaufmann.de.

Hotel Kieler Yacht Club (3), wer nobel und in ein wenig maritimer Atmosphäre übernachten möchte, ist hier richtig und hat am Ufer der Förde nicht in allen, aber in vielen der 58 Zimmer einen tollen Blick auf den Yachthafen. Alles wirkt gediegen und großräumig. DZ 132–172 €. Das *Delikatessen-Restaurant* bietet auch Schleswig-Holsteinische Spezialitäten. Hindenburgufer 70, ✆ 88130, www.yachtclub.bestwestern.de.

Hotel Erkenhof (9), typisches Innenstadthotel mit einfach möblierten, kleinen Zimmern und doch nur 400 m vom Schwedenkai entfernt, Ladenpassage im Erdgeschoss. DZ 82 €. Dänische Straße 12–16, ✆ 97109-0.

Hotel Schweriner Hof (13), vergleichsweise erschwingliches Touristenhotel mit 31 meist geräumigen Zimmern im Zentrum der Stadt. DZ 77 €, Wochenendpreise etwas günstiger. Im Erdgeschoss das *Café Presseclub*. Königsweg 13, ✆ 62416, www.schweriner-hof-kiel.de.

Hotel Achtern Wind (10), ruhig in einer Wohnhauszeile gelegen, zweckmäßig eingerichtetes 56-Betten-Haus in maritimem Ambiente, im Erdgeschoss kleine *Piano-Bar*. DZ 70–85 €. Muhliusstr. 95, ✆ 986800.

Jugendherberge (14), großes 270-Betten-Haus im typisch-nüchternen Herbergsstil, je zwei Zimmern ist ein Sanitärbereich zugeordnet. Am Ostufer der Förde, aber dennoch unweit vom Bahnhof und Stadtzentrum gelegen (über die Hörnbrücke). Herrlicher Blick über Stadt und Förde, nebenan ein Hallenbad. Johannesstraße 1, ✆ 731488.

• *Essen und Trinken* **Kieler Brauerei (11),** seit 1988 gibt's in einem urigen Kellergewölbe-Ambiente am Alten Markt selbst gebraute Bierspezialitäten. An den Holztischen und -bänken werden dazu selbst gebackenes Brot und deftige Speisen aller Art gereicht, beispielsweise Räucherfisch oder Grillschinken. An der Kneipe scheiden sich die Geister: Für die einen ist es ein gemütlich-kerniges Wirtshaus und für die anderen die Touristenfalle Kiels schlechthin. Alter Markt 9, täglich ab 10 Uhr geöffnet, ✆ 906290.

Ruffini (1), das sehr kleine Restaurant mit der guten Küche ist "in", weshalb man immer reservieren sollte. Es gibt keine feste Karte, denn je nach Saison werden die tollen Gerichte von Tag zu Tag variiert (z. B. Dorade mit Rucola zu 13,80 €), vorweg wird selbst gebackenes Brot gereicht. Erst ab 18 Uhr geöffnet, Di Ruhetag. Blücherplatz 14, ✆ 82595.

Der Bauch von Kiel (8), hier geht man der Küche wegen hin und kann kein besonderes Interieur erwarten: kleine Tische, dunkles Holz, Parkettboden. Doch das Essen und die ausgesuchten Weine sind gut und vom Preis-Leistungs-Verhältnis noch akzeptabel. Legienstr. 6, ✆ 51215.

Alex (12), die Filiale der Restaurantkette liegt direkt neben der Nikolaikirche. Das Alex ist frisch, frech, peppig und kinderfreundlich. Zu jeder Tageszeit gibt's, was das Herz begehrt, z. B. so Ausgefallenes wie Schnuten-Gepetzeltes (8 €) oder Komm Puter (7 €). Schlossstr. 2, ✆ 98263-3.

Louf (4), schon die Lage direkt an der Förde (Nähe Aquarium) lohnt den Besuch, die windgeschützte Terrasse gibt den Blick auf Promenade und Förde mit ihren ein- und auslaufenden Schiffen frei. Das Louf ist alles: Café, Restaurant und Bar – je nach Tageszeit. Das Interieur ist sozusagen einheitlich uneinheitlich, das Publikum ist ebenso bunt wie das Angebot, das vom großen Kuchenbuffet über knackige Salate (8 €) bis zu Fisch (z. B. Red Snapper zu 14 €) oder Wild, Rumpsteak, ja sogar Pizza reicht. In dieser Mischung gibt's in Kiel nichts Vergleichbares. Reventlouallee 2, ✆ 551178.

Taktlos (5), Café-Bar, typische Studentenkneipe mit kleinen runden Tischen. Das Besondere ist hier das Frühstück, denn das stellt man sich selbst zusammen. Auf einem Zettel werden einfach die gewünschten Zutaten angekreuzt, und die werden dann serviert. Mo–So 9–1 Uhr, So schon ab 6 Uhr. Hansastraße 26, ✆ 577577.

Viva (7), etwas skurril, bunt, ebenfalls im Studentenkneipen-Look, prima Frühstück, auch kleine Speisen. Knooper Weg 169, ✆ 83153.

Piola (6), etwas außerhalb der Innenstadt gelegene lateinamerikanische Bar und Diskothek. Alles ist etwas angegammelt, was gerade den besonderen Reiz der Salsa-Bar ausmacht. Das Gebäude ist ganz schmal mit lang gestreckter Bar, am Wochenende ist hier die ganze Nacht etwas los. Viel Spanisch sprechendes Publikum. Mi–Sa ab 21 Uhr geöffnet. Ecke Eckernförder Str., Eichhofstr. 1 (neben der Kneipe Max), ✆ 1229977.

Sehenswertes

Nikolaikirche: Diese dreischiffige gotische Backsteinhallenkirche aus dem 13. Jh. bildet seit jeher den Mittelpunkt der Altstadt. Sie wurde durch die Bombenangriffe fast vollständig zerstört, aber teilweise im alten Stil wiederaufgebaut. Nur direkt am Eingang der Kirche, und zwar im Durchgang zwischen der Turmhalle und der Seitenkapelle, sind einige Freskenreste aus dem frühen 15. Jh. erhalten geblieben.

Von innen wirkt St. Nikolai eher sachlich und schlicht, beherbergt aber einige bemerkenswerte Kunstschätze. Der Blick fällt zunächst auf den wertvollen spätgotischen Schnitz- und Gemäldealtar eines unbekannten Meisters von 1460. Aufgeklappt zeigt er prächtig geschnitzte Szenen aus dem Leben Jesu. Im Chor hängt ein monumentales, 6 m hohes Triumphkreuz von 1490. Die vier Enden der Kreuzbalken zieren die Evangelisten-Symbole Engel, Löwe, Adler und Stier. Den Sieg des Lebens über den Tod symbolisieren die aus dem Kreuz sprießenden Blumen. Die reich beschnitzte Kanzel am rechten Seitenschiff stammt aus dem Jahr 1705. Sie wird getragen von einer lebensgroßen Holzfigur des Moses, der die Gesetzestafeln in den Händen hält. Ein weiteres Meisterwerk ist die Bronzetaufe von 1344. Sie gilt als eines der vollkommensten Werke des monumentalen Bronzegusses und wird von vier sitzenden Löwen getragen. Über dem Mittelgang und im Seitenschiff hängen zwei Messingkronleuchter aus dem 17. Jh. Bei näherer Betrachtung sind in der Mitte die Figuren der zwölf Apostel und eine bekrönte Pelikangruppe zu erkennen. Der Pelikan, der sich für das Leben seiner Kinder opfert, indem er sie mit seinem eigenen Blut ernährt, ist Sinnbild für den Opfertod Jesu.

Bronzeplastik von Ernst Barlach: Der "Geistkämpfer" vor der Nikolaikirche

Vor der Kirche befindet sich eine große Bronzeplastik von Ernst Barlach (1870–1939). Sie heißt "Geistkämpfer" und zeigt einen schwerttragenden Engel, der als Symbol für den Sieg des Guten über das Böse ruhig und gesammelt auf dem Rücken einer Bestie steht.

Schloss: Darüber, ob das Schloss wirklich sehenswert ist, kann man streiten. An der Stelle einer 1260 erstmals erwähnten Burg und auf dem Fundament des im

Kiel Karte Seite 238/239

Die Gorch Fock bei der Windjammerparade

Krieg zerstörten Renaissance-Schlosses von 1569 steht der Neubau aus den 1960er Jahren. Lediglich der *Rantzaubau,* ein vergleichsweise schmuckloser Westflügel der Schlosserweiterung von 1697, hat dem Bombardement getrotzt. Im Schlossgarten, heute ein kleiner Stadtpark, stehen drei Denkmäler. Zwei davon stammen aus der Kaiserzeit. Eines zeigt Kaiser Wilhelm I. zu Pferde, ein anderes aus Naturstein erinnert an den Sieg über Frankreich im Krieg von 1870/71. Das dritte, etwas modernere Denkmal liegt ein wenig versteckt auf einer Anhöhe (Nähe Kunsthalle) und ist den Gefallenen des Ersten Weltkriegs gewidmet.

Schwimmhalle Lessingplatz: Ungewöhnlich und schön. Kiel besitzt noch sein erstes Hallenbad, das 1934/35 aus Ziegeln erbaute Lessingbad. Die mit hohen Fenstern versehene Giebelfront gibt im oberen Teil den Blick auf die tonnengewölbte Schwimmhalle frei. Auch im Inneren ist die alte Architektur allgegenwärtig.

Adresse/Öffnungszeiten Lessingplatz 1, ✆ 554675. Täglich zu unterschiedlichen Zeiten geöffnet. Eintritt 2,50 €, Kinder 1 €.

Gorch Fock: Der Tirpitzhafen von Kiel ist der Heimathafen des weltbekannten Windjammers, der seit 1958 Segelschulschiff der Bundesmarine ist. Die Dreimastbark von über 80 m Länge und mit 2000 m^2 Segelfläche zierte sogar einst den alten 10-DM-Schein der Bundesrepublik, um so etwas wie Weltoffenheit zu symbolisieren. Das stolze Schiff verdankt seinen Namen dem Hamburger Schriftsteller Johann Kinau (1880–1916), dessen Künstlername *Gorch Fock* war und der im Ersten Weltkrieg in einer Seeschlacht am Skagerrak starb. Der prächtige Segler wurde bis 2001 komplett überholt und im Inneren umgebaut. Wenn die "Gorch Fock" nicht gerade unterwegs ist, liegt sie an der Außenmole und ist vom Hindenburgdamm aus gut zu sehen. Eine Besichtigung ist nur bei besonderen Ereignissen möglich, beispielsweise anlässlich der Kieler Woche.

Der Nord-Ostsee-Kanal

1895 erfüllte sich ein lange gehegter Traum: Kaiser Wilhelm II. eröffnete feierlich den damals noch nach ihm benannten Wasserweg zwischen der deutschen Nord- und Ostsee. Er beginnt an den Holtenauer Schleusen in Kiel und endet in Brunsbüttel, wo die Schiffe nach dem Ausschleusen in die Elbe ihren Weg in die Nordsee finden. Die Zahlen sind beeindruckend: Mehr als 37.000 Frachtschiffe jährlich, die bis zu 235 m lang, 32,5 m breit und 40 m hoch sein dürfen, passieren den Kanal von Kiel bis zur Elbmündung. Hinzu kommen etwa 17.000 Boote der Sportschifffahrt. Auch wenn das Schiffsaufkommen in den letzten Jahren deutlich abgenommen hat, ist der 99 km lange, 160 m breite und 11 m tiefe *Kiel-Canal,* wie er international heißt, immer noch die meistbefahrene künstliche Wasserstraße der Welt. Er spart den Umweg um Jütland und den großen Belt, das sind im Mittel immerhin 460 km. Für die aus Hamburg kommenden Schiffe ist der Vorteil noch größer. So spart man beispielsweise auf der Strecke zwischen Hamburg und Rostock rund 800 km (432 Seemeilen) und damit Treibstoff. Der Zeitgewinn ist weniger groß, als man auf den ersten Blick denkt, denn auf dem Kanal gilt ein Tempolimit von 15 km/h, weshalb die Durchfahrt je nach Verkehrsdichte und Schiffsgröße 6,5–8,5 Stunden dauert. Um angesichts der immer größer und schneller werdenden Schiffe die Attraktivität der Wasserstraße dennoch zu erhalten, subventioniert der Staat kräftig. Die Gebühren decken die Kosten nicht einmal zur Hälfte, aber immerhin beschäftigt der Kanal etwa 3500 Menschen, und weitere Arbeitsplätze sind von ihm indirekt abhängig.

Von der Schleuseninsel aus (von der Nord- und Südseite des Kanals erreichbar; siehe S. 250) lässt sich das Aus- und Einschleusen der Schiffe hautnah miterleben. In den vier Schleusenkammern werden die Schiffe in 30–45 Minuten um etwa 10 m gehoben oder gesenkt. In den großen Schleusen drängeln sich oft mehrere Schiffe. Damit hier keine Unfälle passieren, müssen Schiffe von mehr als 100 m Länge zusätzlich zum Lotsen, der bereits ab 300 Bruttoregistertonnen auf dem Kanal Pflicht ist, auch einen Schleusen-Schiffssteuerer mit an Bord nehmen.

Auch die Geschichte des Kanals ist bemerkenswert. Schon zwischen 1777 und 1784 wurde der Traum vom Wasserweg das erste Mal verwirklicht, als zwischen Kiel und Rendsburg der 43 km lange Eiderkanal entstand und die Schiffe von hier aus auf einer etwas nördlicheren Route über die Eider zur Nordsee gelangten. Als nach langen Auseinandersetzungen und Kriegen mit Dänemark 1864 die Herzogtümer Schleswig und Holstein an Preußen fielen, nahmen die Pläne für einen neuen, auch aus militärischen Gründen wichtigen Kanal konkretere Formen an. Ab 1887 bewegten 8000 Arbeiter acht Jahre lang 80 Millionen Kubikmeter Erde, um das Bauwerk zu schaffen.

Was nur wenig bekannt ist: Das Privileg der ersten Verbindung zwischen Nord- und Ostsee genießt eine andere Wasserstraße, nämlich der schon im Mittelalter entstandene Stecknitzkanal. Er wurde bereits 1381–98 auf Anregung Lübecks gebaut und verlief viel weiter südlich zwischen der Trave bei Lübeck und der Elbe bei Lauenburg (östlich von Hamburg). Seit 1900 ersetzt der 62 km lange Elbe-Trave-Kanal diese mittelalterliche Verbindung.

Museen und Ausstellungen

Kiel kann eine erstaunliche Vielfalt an sehenswerten Ausstellungen präsentieren, viele davon kostenlos oder mit moderaten Eintrittspreisen. Dies hat die Stadt besonders der Christian-Albrechts-Universität zu verdanken, die einen großen Teil der Museen betreut.

Kieler Schifffahrtsmuseum mit Museumsbrücke: Es gibt wohl keinen besseren Ort, um die maritime Geschichte einer Stadt darzustellen, denn das Museum befindet sich unmittelbar am Kieler Hafen in der markanten alten Fischmarkthalle mit ihrem Spitzbogendach von 1910. Wo früher fangfrischer Fisch verkauft wurde, informieren heute Schiffsmodelle, Galionsfiguren und nautische Instrumente über die Geschichte der Seefahrt. Zu sehen gibt's auch ein Modell des "Brandtauchers", des ersten deutschen U-Boots von 1850, das allerdings beim Probetauchen in der Förde sank. Ein Modell des brandneuen und sehr geheimen U-Boots der Klasse 212 zeugt davon, dass die Tradition des U-Boot-Baus in der Stadt fortlebt (diese von außenluftunabhängigen Wasserstoff-Brennstoffzellen angetriebene U-Boot-Klasse wird derzeit auf der gegenüberliegenden Seite des Museums in der HDW-Werft gebaut). Origineller Blickfang im Museum ist auch das sog. Kaiserpanorama mit Fotos von der Eröffnung des Kaiser-Wilhelm-Kanals 1895.

Schild des Stadtmuseums Warleberger Hof

An der benachbarten Museumsbrücke sind drei *Oldtimerschiffe* vertäut und zu besichtigen: Der schon 1905 gebaute Dampfeisbrecher und Tonnenleger "Bussard" ist mit 40 m Länge das größte Schiff der kleinen Museumsflotte. Wer die steile Leiter unter Deck hinabsteigt, hat den Eindruck, als habe die Mannschaft soeben erst das Schiff verlassen. Das daneben vertäute Feuerlöschboot "Kiel" lief im Kriegsjahr 1941 vom Stapel und war immerhin bis 1985 im Einsatz. Nicht zu übersehen ist auch der Seenotrettungskreuzer "Hindenburg", der ebenfalls im Zweiten Weltkrieg, nämlich 1944, gebaut wurde und bis zu seiner Außerdienststellung Ende der 1970er Jahre mehr als 800 Menschen das Leben rettete.

Adresse/Öffnungszeiten Wall 65, ✆ 901-3428. Täglich 10–18 Uhr, im Winterhalbjahr (15.10–15.4) Di–So 10–17 Uhr. Der Eintritt zum Schifffahrtsmuseum ist frei, eine Spende von 1 € ist erwünscht. Die Museumsbrücke kostet 0,50 € Eintritt. Sie ist im Winterhalbjahr geschlossen.

Stadtmuseum Warleberger Hof: 100 m entfernt vom Alten Markt in Richtung Schloss ist in den historischen Räumen des ältesten noch erhaltenen Adelshauses das Stadtmuseum untergebracht. Das Haus wurde 1616 erbaut, aber mehrfach verändert. Es besitzt noch sein ursprüngliches Kellergewölbe, in dem der mittelalterliche Herd und ein Zisternenbrunnen komplett erhalten geblieben sind. Im Keller ist eine ständige Ausstellung zur Kieler Stadtarchäologie zu sehen. In den beiden übrigen Geschossen werden in teilweise stuckverzierten Salonräumen Wechselausstellungen zur Stadt- und Kulturgeschichte des 19. und 20. Jh. gezeigt.

Adresse/Öffnungszeiten Dänische Straße 19, ✆ 901-3425. Täglich 10–18 Uhr, im Winterhalbjahr (15.10–15.4) Di–So 10–17 Uhr. Eintritt frei, eine Spende von 1 € ist erwünscht.

Kieler Umschlag

Jedes Jahr am letzten Wochenende im Februar wird im Kieler Stadtmuseum der legendäre Bürgermeister Asmus Bremer "geweckt". Anschließend wird die Stadtfahne aus Eisenblech am Turm der Nikolaikirche gehisst, und der Kieler Umschlag, heute ein volksfestartiger Warenmarkt, kann beginnen. Schon seit 1482 wurde dieser größte Tausch- und Geldmarkt des Nordens hier abgehalten. Erst die immer häufiger werdenden Bankengründungen im späten 18. Jh. beendeten das Kerngeschäft des Kieler Umschlags, nämlich die Abwicklung der Geld- und Immobiliengeschäfte des holsteinischen Adels.

Stadtgalerie Kiel: In den Räumlichkeiten des neuen Rathauses gelegen, versteht sich die 1988 gegründete Stadtgalerie mit wechselnden Ausstellungen als Forum für Gegenwartskunst. Lediglich die Bilder Heinrich Ehmsens (1886–1964), eines in Kiel geborenen Malers der zweiten expressionistischen Generation, werden ständig präsentiert, denn eine nach ihm benannte Stiftung ist der Stadtgalerie angeschlossen. Eine Besonderheit ist die in der Stadtgalerie untergebrachte Stadtbilderei. Unter dem Motto "Warum Kunst immer nur im Museum erleben?" können hier etwa 1000 zeitgenössische Werke von Kunstinteressierten gegen eine geringe Gebühr für einige Wochen oder Monate ausgeliehen werden.

Adresse/Öffnungszeiten Andreas-Gayk-Str. 31, ✆ 901-3400/10/11, ✆ 901-3412 (Stadtbilderei). Di, Mi, und Fr 10–17 Uhr, Do 10–19 Uhr, Sa/So 11–17 Uhr. Eintritt frei (Spende erbeten).

Kunsthalle zu Kiel: Das am Schlossgarten gelegene Gebäude aus dem Jahr 1909 mit dem Treppenhaus aus den 1950er Jahren und dem lichtdurchfluteten Erweiterungsbau von 1986 gibt der Ausstellung einen angemessenen Rahmen und ist mit 1300 m² Ausstellungsfläche das größte Museum der Landeshauptstadt. Die Kunsthalle präsentiert Gemälde, Skulpturen und Objektkunst, aber auch Foto- und Videoarbeiten. Ein Höhepunkt der bereits 1854 begründeten Sammlung sind die expressionistischen Werke verschiedener "Brücke"-Künstler (Kirchner, Heckel, Schmidt-Rottluff, Pechstein) und natürlich die Arbeiten Emil Noldes (geb. 1867–1956). Von dessen leuchtend farbigen, kontrastreichen Arbeiten sind gleich acht im Original zu sehen. Außerdem im Programm: Kunst des 19. Jahrhunderts mit romantischer Malerei und Gemälden der russischen "Wandermaler", Werke der klassischen Moderne und nicht zuletzt internationale moderne Kunst seit 1945. Des Weiteren präsentiert die Galerie eine Sammlung mit mehr als 30.000 Zeichnungen, Aquarellen und druckgraphischen Blättern von der Dürerzeit bis heute. Zahlreiche Wechselausstellungen sowie eine Präsenzbibliothek ergänzen das außergewöhnliche Programm.

Adresse/Öffnungszeiten Düsternbrooker Weg 1, ✆ 880 5751/5756. Di–So 10.30–18, Mi 10.30–20 Uhr. Erwachsene 4 €, ermäßigt 2,50 €.

Kiel
Karte Seite 238/239

Antikensammlung: Die im gleichen Gebäude wie die Kunsthalle untergebrachte Antikensammlung gewährt Einblicke in die Kunst- und Kulturgeschichte der Antike vom 2. Jahrtausend v. Chr. bis in die römische Kaiserzeit. Die schon 1843 eröffnete Ausstellung verdankt ihre Entstehung dem Kieler Professor für Altertumskunde Peter Wilhelm Forchhammer (1801–1894), der weniger eine akademische Lehrsammlung als vielmehr eine öffentliche Schausammlung und Stätte der Kunst schaffen wollte. Der Professor hält im Übrigen einen kaum schlagbaren Rekord, hat er doch stolze 65 Jahre an der Christian-Albrecht-Universität gelehrt.
Wer das Museum betritt, mag angesichts der eindrucksvollen Ansammlung der bedeutendsten antiken Skulpturen zunächst seinen Augen kaum trauen. Es handelt sich allerdings um Gipsabdrücke, die gleichwohl einen umfassenden Einblick in die antike Kulturwelt geben. Der dokumentarische Wert der teilweise schon sehr alten Abgüsse steigt ständig, denn sie zeigen den Zustand der Kulturdenkmäler vor ihrer Beschädigung durch die starken Umwelteinflüsse, die beispielsweise den Skulpturen vom Parthenon auf der Athener Akropolis stark zugesetzt hat.
Original hingegen und weiterer Schwerpunkt der Sammlung sind die zahlreichen antiken Tongefäße aus dem 6.–4. Jh. v. Chr., die mit ihren lebendigen Darstellungen von den griechischen Göttern und Helden berichten.

Adresse/Öffnungszeiten Düsternbrooker Weg 1, ✆ 880-5785/2053. Di, Do und Fr 10–18, Mi 10–20, Sa/So 10.30–18 Uhr. Eintritt frei. Die Sammlung wird betreut vom Verein "Freunde der Antike", der sehr lehrreiche Vortragsabende organisiert und einmal im Monat sonntags um 11 Uhr besonders interessante Führungen zu wechselnden Themenbereichen veranstaltet.

Aquarium: Das, was anderswo "Sea Life" oder "Meereszentrum" heißt und mit hohem Werbeaufwand Hunderttausende von Besuchern anzieht, wird in Kiel schlicht "Aquarium des Instituts für Meereskunde" genannt. Es ist weit weniger kommerziell ausgerichtet, aber mindestens ebenso interessant. Das an der Uferpromenade gelegene Aquarium der Kieler Universität ist vor allem ein Schaufenster für die Lebensräume von Nord- und Ostsee. Empfangen wird der Besucher von zwei Seehundbecken, in denen die Robben durch Glasscheiben auch bei ihren Tauchgängen eintrittsfrei zu beobachten sind. Bei der Fütterung täglich um 10 und 14.30 Uhr kann ebenfalls jeder zuschauen (außer freitags, da müssen die Seehunde fasten). Im Gebäude selbst sind in über 30 Schaubecken die häufigsten Fischarten und wirbellosen Tiere der heimischen Meere und holsteinischen Seen zu sehen. Einen farbigen Kontrast zu den Fischen der kalten Meere bieten kleine Tropenbecken mit ihrer bunten Vielfalt. Ein Höhepunkt des Aquariums ist das Rundbecken, in dem ein Heringsschwarm unentwegt über den im Sand eingegrabenen Schollen und Seezungen seine Kreise zieht. Auf diese Weise legt der Schwarm im Jahr etwa 10.000 km zurück, also mehr als einen Kilometer in der Stunde. Um noch attraktiver zu werden, ist für die nächsten Jahre ein Neubau geplant.
An der Pier gegenüber dem Aquarium liegt die Flotte der vier blau-weiß-orangenen Forschungsschiffe des Instituts für Meereskunde, sofern die Schiffe nicht gerade auf den Meeren dieser Welt im Einsatz sind.

Adresse/Öffnungszeiten Düsternbrooker Weg 20, ✆ 597-3857. April–September täglich 9–19 Uhr; Oktober–März täglich 9–17 Uhr. Der für ein Aquarium erstaunlich niedrige Eintritt beträgt 2 €, für Kinder ab 5 J. zahlt man 1 €.

Zoologisches Museum und Völkerkundemuseum: Das am Schlossgarten gelegene Museum ist in einem von Walter Gropius (1883–1969), dem späteren Begründer des Bauhauses, entworfenen Gebäude mit zum Teil galerieartigen Rundgängen untergebracht. Für die inhaltliche Konzeption war der Meeresbiologe Karl Möbius

(1825–1906) verantwortlich. Schon zur Gründungszeit konnte das auch für Kinder interessante Museum nur einen kleinen Teil der in drei Jahrhunderten zusammengetragenen Tierpräparate präsentieren (heute 200.000 Stücke). Die bunte Auswahl der dargestellten Objekte reicht vom Bandwurm über ausgestopfte Raubkatzen bis zum Skelett eines 13 m langen, nicht ausgewachsenen Blauwals. Die größte zoologische Kostbarkeit ist ein Exemplar des um 1850 ausgestorbenen *Riesenalkes*, der etwa die Größe einer Gans hat. Das Museum zeigt überdies Tausende von Insekten, beispielsweise eine Schmetterlingssammlung sowie Vergleichssammlungen von Käfern, Zweiflüglern und Blattwespen.

Unter dem gleichem Dach ist das Museum für Völkerkunde untergebracht. Die Ausstellung besteht in erster Linie aus "Mitbringseln", die einst deutsche Forschungsreisende und Kaufleute vornehmlich aus den ehemaligen deutschen Kolonien mit nach Hause gebracht haben. Zu sehen sind Statuen und Masken, Schmuck und bemalte Menschenschädel, aber auch ein Original-Auslegerboot einer kleinen Südseeinsel. Als Rarität gilt ein *Häuptlingsschmuck aus Menschenhaar* mit einem Pottwalzahn-Anhänger, den Prinz Heinrich von Preußen (Bruder von Kaiser Wilhelm II.) im Jahre 1879 als 17-jähriger Seekadett von Hawaii mitbrachte. Der auf den ersten Blick eher unscheinbare Schmuckanhänger besteht aus einem Flechtwerk von über 500 m Menschenhaar.

Adresse/Öffnungszeiten Hegewischstraße 3, ✆ 880-5170. Di–Sa 10–17, So 10–13 Uhr. Eintritt frei.

Medizin- und Pharmaziehistorische Sammlung: Die bemerkenswerte Sammlung ist in einem zweiten Gropius-Bau gleich neben dem Zoologischen Museum untergebracht. Man taucht ein in ein Gewirr aus vielen verwinkelten Räumlichkeiten, durch das man teilweise vom Personal (meist studentische Hilfskräfte) fachkundig begleitet wird. Die Ausstellungsstücke aus verschiedenen Kulturen sind allesamt noch funktionsfähig und veranschaulichen überdeutlich den raschen Wandel in Medizin und Pharmazie. Ausgestellt ist beispielsweise die berühmte "Eiserne Lunge", die 1929 vom amerikanischen Ingenieur Philip Drinker entwickelt wurde und die Beatmung vollständig gelähmter Patienten ermöglichte. Sie besteht aus einer Metallkammer, die den Körper des Kranken bis zum Hals einschließt. Rhythmisch abwechselnder Über- und Unterdruck presst die Lunge zusammen bzw. dehnt sie auseinander.

Zu den eher makaberen Attraktionen zählt eine geburtshilfliche Lehrsammlung krankhafter Beckendeformationen aus dem 19. Jh. und vor allem ein Sektionsraum mit Hunderten von pathologischen Feuchtpräparaten, darunter so Delikates wie Hauttätowierungen. Darüber hinaus gibt es zu bewundern: ein Kräuterbuch von 1684, die Ausstattung von Apotheken-Arbeitsräumen aus vorindustrieller Zeit, die Ausstattung von Arztpraxen im Zeitraum von 1890 bis 1960, eine Bestrahlungsapparatur zur Röntgentiefentherapie von Tumoren (1931) und ein komplett installiertes Elektronenmikroskop (1951).

Adresse/Öffnungszeiten Brunswiker Straße 2, ✆ 880-5720. Di–Fr 10–12 und 14–17 Uhr, So 12–17 Uhr. Eintritt 1 €.

Geologisches und Mineralogisches Museum: Warum sind Minerale bunt, welchen Ursprung haben die Mineralnamen, welche Auswirkungen auf die Lebewelt haben Vulkanausbrüche? Das sind nur drei der Fragen, auf die das vom Institut für Geowissenschaften betreute Museum auf dem Universitätsgelände eine Antwort zu geben versucht. In den Vitrinen liegen Goldnuggets, künstliche Edelsteine, Silikate

Kiel
Karte Seite 238/239

und Kristalle, und diverse Fühlkästen stehen bereit, in denen die Besucher ihren Tastsinn erproben können. Zu sehen gibt es darüber hinaus Teile eines Korallenriffs von Gotland (Schweden), versteinertes Holz aus Arizona oder Saurierspuren in Buntsandstein und natürlich den 737 Gramm schweren Kieler Steinmeteoriten, der am 26. April 1962 durch das Dach eines Hauses im Kieler Stadtteil Pries sauste.

Adresse/Öffnungszeiten Ludewig-Meyn-Straße 12 (Universitätsgelände, Parkplatz am Studentenhaus bei der Uni-Kirche, zweites Backsteingebäude hinter dem großen Uni-Hochhaus, der Pförtner lässt Besucher parken), ✆ 880-3254/-2905. Mi und Fr 14–18 Uhr, Eintritt frei.

Botanischer Garten: Der ebenfalls auf dem Universitätsgelände und deshalb nicht ganz im Zentrum gelegene botanische Garten der Universität (über den Westring erreichbar) ist so gästefreundlich und ereignisreich gestaltet wie kaum ein anderer. Kein Wunder, wurde er doch erst 1985 neu angelegt. Es ist seit 1669 bereits der fünfte Standort einer derartigen Anlage in Kiel. Auf 8 ha beherbergt er rund 14.000 Pflanzenarten aus aller Welt. Vorbei an einem nordamerikanischen Wäldchen führt der Rundweg durch Moor, Heide und durch Dünenlandschaft hin zur Vegetationszone des Mittelmeerraumes. Ein 10 m hoher Hügel aus Kalksteinfelsen bildet einen Steingarten mit Pflanzen aus allen Gebirgsregionen dieser Welt, von hier aus gelangt man hinein in ein chinesisches Gehölz. Besonders attraktiv ist die größte öffentlich zugängliche Gewächshausanlage Schleswig-Holsteins, in der es mal tropisch warm und feucht, mal wüstenhaft heiß ist. Im Afrikahaus stehen beispielsweise verknöcherte, über 500 Jahre alte Flaschenbäume, die nur eine kurze Zeit im Jahr Blätter tragen und deswegen meistens kahl sind. Zahlreiche Schautafeln und gelegentliche Sonderausstellungen informieren über Bemerkenswertes, beispielsweise darüber, dass die Vanille die einzige Orchideenart ist, die von den Menschen kulinarisch genutzt wird.

• *Adresse/Öffnungszeiten* Leibnizstraße, ✆ 880-4275/76/73, www.uni-kiel.de/botanik/botgar.html. Ganzjährig von 9 Uhr an geöffnet, Schließzeiten: April–September 18 Uhr, März und Oktober 17 Uhr, November–Februar 15 Uhr; die Gewächshäuser sind von 11.45 bis 12.45 geschlossen. Eintritt frei. An jedem 1. Sonntag im Monat finden kostenlose Führungen statt. Der Weg zum botanischen Garten ist beschildert, ein großer Parkplatz ist vorhanden; der Pförtner lässt auch im Semester Touristen kostenlos einfahren.

Planetarium der Fachhochschule Kiel: Bei jedem Wetter werden in dem 2003 neu eingerichteten Planetarium die Geheimnisse des Weltalls unterhaltsam, aber gleichzeitig wissenschaftlich fundiert dargestellt. Ein künstlicher Sternenhimmel und ein Mediendom schaffen die geeignete Atmosphäre. Die Kuppel mit dem Fernrohr hat 72 Sitzplätze. Schnell wird deutlich, dass der Betrieb des Planetariums ohne das Engagement der ehrenamtlichen Helferinnen und Helfer nicht möglich wäre. Die Eintrittskarten sind begehrt, deshalb besser Karten reservieren lassen.

Adresse/Öffnungszeiten Campus Dietrichsdorf (am Förde-Ostufer), Sokratesplatz 1, ✆ 210-1741 (Telefonservice nur Mo–Fr 19–20 Uhr), www.planetarium-kiel.de. Fr 19 und 20.30 Uhr, Sa 20.30 u. 22 Uhr sowie bei besonderen Veranstaltungen. Eintritt je nach Veranstaltungsart 2–5 €.

Computermuseum der Fachhochschule Kiel: Alte Computer sind nicht zwangsläufig Schrott. Der Schätzwert der europaweit einmaligen Sammlung mit ihren 1500 Exponaten beträgt sagenhafte 25 Millionen Euro. Hier wird die Entwicklung des Computerzeitalters dokumentiert. Als besondere Kostbarkeit besitzt das Museum

Gedränge auf der Kieler Woche

SALOMON
SOLDEN

programmgesteuerte Rechenmaschinen des deutschen EDV-Pioniers Konrad Zuse (1919–1995).

• *Adresse/Öffnungszeiten* Campus Dietrichsdorf, Sokratesplatz 6, ✆ 210-1720. Das beim Planetarium gelegene Computermuseum ist mangels Geldes bisher nur für Gruppen nach telefonischer Absprache zu besichtigen. Eintritt 1 €. Derzeit werden die Exponate für ein virtuelles Museum im Internet zugänglich gemacht (www.computermuseum.fh-kiel.de).

Außerhalb des Zentrums

Holtenauer Schleusen/Schleusenausstellung: Auf der Nordseite der Schleusen in Kiel-Holtenau ist die Ausstellung des Wasser- und Schifffahrtsamts gut beschildert. Bevor man zum Pförtnerhäuschen auf der Schleuseninsel kommt, überquert man den alten Eiderkanal, auf dem viele zusammengebundene Holzstämme im Wasser liegen, die ein wenig an die Flöße von Holzfällern erinnern. Die Stämme kommen aus Süddeutschland und finden als Dalben im gesamten Kanal Verwendung. Viele Holzarten und auch Eisenpfähle hat man ausprobiert und festgestellt, dass Kiefernholz am besten geeignet ist. Nun liegen die Kiefern zwecks Sauerstoffentzugs bis zu einem halben Jahr neben der Schleuse im Wasser, dann geben sie am besten nach, um das Anlegen der Schiffe ohne Schäden zu ermöglichen.

In der Ausstellung wird neben Wissenswertem zur Kanalgeschichte im Rahmen einer obligatorischen 75-minütigen Führung die gesamte Schleusengruppe gezeigt. Wer nicht so viel Zeit hat, kann die weniger spektakuläre Aussichtsplattform auf der Südseite der Schleuse (beschildert von Kiel-Wik aus) besuchen, auf der sechs Schautafeln über Geschichte und Funktionsweise der Schleusen informieren. Auch zu Fuß kann man auf die andere Seite gelangen, denn ein paar hundert Meter vor der Schleuse fährt eine Personen- und Fahrradfähre über den Kanal. Die Fähre ist kostenlos und verkehrt alle sieben Minuten.

• *Öffnungszeiten* Nordseite: Führungen täglich um 9, 11, 13 und 15 Uhr, Erwachsene 2,50 €, Kinder 1,50 €; Schleuseninsel 2, ✆ 360-3407. Südseite: täglich von Sonnenaufgang bis Sonnenuntergang geöffnet, am Automaten ist eine Eintrittkarte für 1,50 € (Kinder 1 €) zu lösen.

• *Tipp* Am nördlichen Ende der Holtenauer Schleusen ist meist morgens bis 10.30 Uhr der Kutter eines Kanalfischers vertäut, der hier **fangfrischen Fisch** verkauft.

Leuchtturm Kiel-Holtenau: In der Nähe der nördlichen Schleuse markiert dieser 1895 gebaute Turm auch heute noch die Einfahrt zum Nord-Ostsee-Kanal. Der runde Turm mit dem achteckigen Unterbau ist zugleich Denkmal des Kanalbaus und ein typisches Bauwerk des preußischen Geistes: Über dem schmiedeeisernen Eingangsportal, das eine Eiche darstellt, reichen sich im bronzenen Relief zwei Meeresgöttinnen, die Nord- und Ostsee darstellen, die Hand. In der kleinen Halle erinnern Bildnisse und heroische Gedenktafeln an die drei Hohenzollernkaiser, unter denen der Kanal von 1885 bis 1887 entstand.

• *Essen und Trinken* **Das Kanal-Packhaus,** das Ambiente stimmt, denn ein 77 m langes Packhaus aus Backsteinen (von 1784) beherbergt das gemütlich und gediegen eingerichtete Restaurant, das allerdings keinen Ausblick auf den Kanal bietet. Wo andere vor 200 Jahren ihren Schweiß ließen, werden heute Fisch- und Fleischspeisen serviert, beispielsweise im Rahmen eines Menüs für 15 €. Unweit der Nordseite der Holtenauer Schleusen in der Kanalstraße 61–65 gelegen, ✆ 36847. Kein Ruhetag.

Fördeblick, der Name sagt alles: Das Restaurant-Café am Kiel-Holtenauer Leuchtturm bietet einen tollen Blick auf die aus- und einfahrenden Schiffe und die auf der anderen Seite der Förde liegenden Badeorte. Nachmittags locken Kaffee und Torten (im Sommer auf der großen Terrasse), mittags und abends gibt's Fisch- und Fleischspezialitäten ab 10 €. Täglich zwischen 11.30 und 24 Uhr geöffnet. Tiessenkai 20, ✆ 362838.

Friedrichsort: Der am Westufer der Förde liegende Kieler Stadtteil ist ein historischer Ort. Im 17. Jh. stand hier eine Festung des dänischen Königs Christian IV. zum Schutz vor den Schweden. Ab 1871 war die zwischenzeitlich stark verfallene Festung Stützpunkt der Marine. Heute erinnern daran nur noch einige Gräben und Wallanlagen sowie die Kasematten, die zukünftig wieder der Öffentlichkeit zugänglich gemacht werden sollen. Friedrichsort ist eher ein Industrievorort geworden, der allerdings auch einen kleinen Yachthafen besitzt.

Vor den Festungsanlagen erstreckt sich der feinsandige Falkensteiner Strand (südlich der Fördedampfer-Anlegestelle Falkenstein). Dorthin führt nur ein von Norden her kommender Fahrweg (Sackgasse) mit allerdings eingeschränkten Parkmöglichkeiten. Ganz flach geht hier das Wasser in die Förde über und bietet gefahrlosen Badespaß für die Kinder. Alles ist naturbelassen, man hat einen schönen Panoramablick über die Förde, Strandkörbe sucht man vergebens. Markant ist der im Wasser stehende, grün-weiß gestrichene Leuchtturm, der die engste Stelle der Förde markiert.

Schilksee: Schon 1936 fanden hier die Olympischen Segelwettbewerbe statt. Aber erst zur Olympiade 1972 wurde ein Teil des ehemaligen Dorfes an der Außenförde zu einem mustergültigen Segelhafen umgewandelt, ganz im Stil der Zeit, das heißt mit Hochhäusern und ähnlichen Wohnkomplexen. Wassersportler schätzen die Förde seit jeher als eines der weltweit besten Segelreviere. Deshalb hat Schilksee nichts von seiner seglerischen Bedeutung verloren, zumal es jedes Jahr im Juni das Mekka der größten Segelregatta der Welt ist, der Kieler Woche. Schilksee besitzt auch einen gepflegten, von Steindämmen geschützten und kurtaxenfreien Sandstrand, der von schmucken Häuschen mit schönem Fördeblick gesäumt ist.

Die Kieler Woche

Sie ist das größte Segelsportereignis der Welt und wird schon seit 1882 ausgetragen. Alljährlich Ende Juni kämpfen für neun Tage rund 1800 Jollen und Yachten und 6000 Aktive aus 45 Ländern um Seglerehren. Es wird in den nationalen, internationalen und olympischen Klassen gesegelt. Der Segelmarathon ist zugleich das größte Volksfest in Nordeuropa. Kiel befindet sich dann gewissermaßen im Ausnahmezustand. Die Uferpromenade Kiellinie verwandelt sich mit zahlreichen Straßenveranstaltungen in eine "Spiellinie", auf der ein Querschnitt des kulturellen Schaffens im Ostseeraum dargeboten wird. Im Stadtzentrum werden auf dem *Internationalen Markt* Kunstgewerbeprodukte und kulinarische Spezialitäten aus aller Herren Länder angeboten. Alles ist übervoll, fast im ganzen Innenstadtbereich steht eine Bude neben der anderen. Seinen Höhepunkt findet die Kieler Woche in der großen Windjammerparade am letzten Junisamstag und natürlich mit dem großen Feuerwerk, das sonntags kurz vor Mitternacht gezündet wird.

Strande: Das Tor zur Kieler Förde entwickelte sich zu Beginn des 20. Jh. ähnlich wie Schilksee zum Ausflugsziel für wohlhabende Städter. Noch heute sind die beiden Orte so etwas wie die Badewanne Kiels, obwohl Strande streng genommen

Kiel
Karte Seite 238/239

nicht mehr zu Kiel gehört und ein eigenständiges Ostseebad ist. Der schmale, südöstlich ausgerichtete Kurstrand (Gästekarte 1,50 €) verlockt zum Sonnenbaden oder Verweilen in einem der Cafés oder Restaurants mit Fördeblick. Ein Bummel zum Hafen, in dem neben den Sportschiffen auch noch ein paar Fischerboote herumdümpeln, lässt auch für Wochenendbesucher Urlaubsgefühle aufkommen.

Bülker Leuchtturm: Der imponierende, schwarz-weiß geringelte Leuchtturm von 1865 markiert die Einfahrt zur Förde und ist ein beliebtes Ausflugsziel. Er ist zu Fuß von Strande aus in weniger als einer halben Stunde erreichbar, aber auch mit dem Auto gelangt man problemlos dorthin. 97 Stufen führen zur ersten Plattform, von der man einen tollen, aber auch zugigen Weitblick über Bucht und Förde hat. Diese Ecke ist für ihre Winde bei Surfern sehr beliebt, das Baden ist allerdings nicht empfehlenswert, da ausgerechnet hier das Kieler Klärwerk seine Abwässer einleitet. Nach Nordwesten schließt sich die Steilküste des Stohler Kliffs an, die sich für ausgedehnte Spaziergänge bestens eignet.

Öffnungszeiten Mai–September 11–17 Uhr, Mo geschlossen. Eintritt 1 €, Kinder die Hälfte.

Schleswig-Holsteinisches Freilichtmuseum Molfsee: Von den Freilichtmuseen Deutschlands ist dieses wohl eines der schönsten. Vor den Toren der Landeshauptstadt gelegen, wurde hier ein Stück alter Heimat bewahrt. Mehr als 70 meist reetgedeckte Bauernhäuser, Katen, Scheunen, Werkstätten und Mühlen aus den verschiedensten Regionen Schleswig-Holsteins sind in jahrzehntelanger Arbeit wiederaufgebaut worden. Noch heute raucht es hier aus alten Schornsteinen, und aus den Werkstätten erklingt das Klappern alter Gerätschaften. Regelmäßig wird in der Weberei, Korbflechterei, Töpferei, Meierei, den Schmieden und dem Backhaus nach alter Tradition gearbeitet, und natürlich sind die hergestellten Produkte auch zu erwerben. Alte Nutztierrassen wie Kaltblutpferde, Kühe, Schafe (Moorschnucken), die robusten Angler Sattelschweine, Gänse und Hühner bevölkern die Wiesen und Wege. Dies alles ist eingepasst in eine 60 ha große Hügellandschaft mit Seen und Feldern. Besonders bei Kindern beliebt ist ein dörflicher Jahrmarkt mit Karussell, Schiffsschaukel und Schießbude. Höhepunkte für die Erwachsenen könnten sein: das älteste Bauernhaus Schleswig-Holsteins von 1569 aus Grube/Ostholstein, die besonders reich ausgestatteten Häuser aus den Elbmarschen oder eine vollständig eingerichtete ländliche Apotheke (um 1840) mit angrenzendem Kräutergarten. In vielen Bauernhäusern sind Einzelsammlungen untergebracht: landwirtschaftliche Geräte, Spielzeug, Darstellungen zur Geschichte des Mühlenwesens oder auch eine komplette Ausrüstung und Dokumentation zum Walfang.

• *Adresse/Öffnungszeiten* Hamburger Landstraße 97, Kiel-Molfsee (südlich der Stadt gelegen, auch von der nahen Autobahn aus gut beschildert), ✆ 659660, www.freilichtmuseum-sh.de. Vom 1.4. bis 31.10. täglich von 9 bis 18 Uhr (montags arbeiten in den Werkstätten keine Handwerker), vom 1.11. bis 31.3. nur an Sonn- und Feiertagen von 11 bis 16 Uhr. Erwachsene 4,50 €, Kinder 2,50 €, Familienkarte 11 €.

• *Essen und Trinken* **Restaurant Drathenhof,** der vor dem Freilichtmuseum liegende, prächtige Hof von 1794 ist selber ein Museumsstück und wurde 1968 an dieser Stelle wiederaufgebaut. In den alten Räumen werden selbstverständlich holsteinische Spezialitäten und Fischgerichte von Nord- und Ostsee, aber auch internationale Gerichte serviert. Mo Ruhetag, ✆ 650889.

Sach- und Personenregister

Adel 31
Adolf II. 31, 35, 113, 167
Adolf III. 31, 55, 74
Adolf IV. 31, 149, 161, 178, 229, 235, 237
Adolf VIII. 32
Aertsen, Pieter 191
Angeln 15
Angelschein 15
Anreise 16
Anschütz-Kaempfe, Hermann 237
Apengeter, Hans 44

Badekarren 9
Baden 13
Bahn 16
Barlach, Ernst 47, 241
Barschel, Uwe 32
Bartelmann, Wilhelm 10
Bauer, Wilhelm 237
Behm, Alexander 237
Bernstein 20
Bismarck, Otto von 53, 55
Bismarckturm 52, 53, 168
Blome, Otto Graf 189, 191, 192
Blunck, Heinrich 189
Brandungsangeln 15
Bremer, Asmus 245
Brockdorff, Cai Lorenz von 207
Bus 16

Camping 18
Cap-Arcona 81
Christian I. 32
Christian IV. 32, 167, 251
Christian VII. 26

Dodelsteine 138
Donner, Conrad Hinrich von 201
Drinker, Philip 247

Ebbe und Flut 20
Ehmsen, Heinrich 245
Eichendorff, Joseph von 56
Einstein, Albert 67
Engholm, Björn 32
Eutiner Festspiele 26
Eyler, Claudine 101

Familienurlaub 13
Fehmarnsundbrücke 107
Feig, Heinrich 94
Ferienwohnungen 18
Flath, Otto 232
Fledermäuse 232
Flora und Fauna 21
Forchhammer, Peter Wilhelm 246
Fördewanderweg 185
Frantz, Justus 159
Friedrich II. 31, 36
Friedrich Wilhelm von Hessen 191
Fünf-Seen-Fahrt 204

Gästekarte 17
Geibel, Emanuel 61
Geologie 22
Gerold (Bischof) 167, 225
Geschäftszeiten 16
Geschichte 30
Gilde 100, 102, 150
Gorch Fock 242
Gottorf, Adolf von 97
Grass, Günter 51
Greggenhofer, Georg 210, 214
Gropius, Walter 246, 247
Grote Hans 24

Hanse 38
Hausmarken 138
Heckel, Erich 245
Helmold von Bosau 225
Helmstede, Hinrich 46
Hendrix, Jimi 133
Herrenhäuser 22
Heinrich der Löwe 35
Hessenstein, Friedrich Wilhelm von 174
Heuhotel 18
Hirschfeld, Christian Cay Lorenz 207
Hochseeangeln 15
Hölbing, Adam 80
Holsteinische Küche 23
Hotels 18
Hügelgräber 25
Hünengräber 25
Humboldt, Wilhelm von 210

***J**anus, Johannes* 203
Jugendherberge 18

***K**afka, Franz* 56
Kajak 14
Kanu 14
Karl der Große 30
Karl-May-Spiele 26, 231
Kieler Sprotten 25
Kinau, Johann 242
Kinder 13
Kirchner, Ernst Ludwig 121, 245
Klima 26
Knicks 26
Köm 25
Kunst- und Kultur 26
Kur 14
Kurtaxe 17

Labskaus 24
Laiesz, Ferdinand 58
Langbetten 26
Limes Saxoniae 30
Löns, Hermann 61, 81
Lütt un Lütt 25
Lys, Jan 149

***M**acke, August* 47
Maltzahn, Elfriede 10
Mann, Heinrich 35, 50
Mann, Thomas 35, 49, 50, 51, 56
Marzipan 49
Megalithgräber 26
Memling, Hans 48
Möbius, Karl 246
Mueller-Stahl, Armin 70
Munch, Edvard 47

***N**apoleon* 37, 61
Napoleonbrücke 105
Naturschutzgebiete 22
Nehrungshaken 142
Niobe-Denkmal 127
Nolde, Emil 245
Notke, Bernd 46
Novembersturmflut 21

Öffentliche Verkehrsmittel 16
Ostsee 22
Ostseeküsten-Radweg 14
Overbeck, Johann Friedrich 48

***P**aasch, Heinrich* 101
Pamir 43, 58
Parken 17
Passat 58
Pechstein, Max 245
Pensionen 18

Peterichs, Paul 52
Planck, Max 239
Platt, Peter 182

Quallen 28

Raabe, Wilhelm 61
Radfahren 14
Rantzau, Heinrich von 83
Reetdächer 29
Reiterferien 15
Reventlow, Otto von 168
Ripener Privileg 32
Rotspon 25

Schauenburger Grafen 31
Schleswig-Holstein Musik-Festival 26, 76, 159, 192
Schmidt-Rottluff, Karl 71, 163, 245
Schwarzsauer 24
Seeadler 22, 159, 183
Segeln 14
Slawen 30
Slawenchronik 225
Stahl, Sophie 84
Stellwagen, Friedrich 43
Storch (Weißstorch) 22, 62, 100, 182, 234
Storm, Theodor 144, 146, 230
Störtebeker, Klaus 165
Strandkorb 10
Strong of Stonesfield (Lord) 114

Tintoretto, Jacobo 47
Tischbein, Johann Heinrich Wilhelm 210
Twieten 218

Übernachten 18

Vicelin (Bischof) 31, 149, 225, 229
Vogel, Samuel Gottlieb 8
Vogelfluglinie 107, 109, 112
Voß, Johann-Heinrich 210

Wagner, Richard 56
Wagrien 30
Waldersee, Alfred von 173
Wandern 14
Weber, Carl Maria von 210
Wieck, Clara 56
Wiepert, Peter 120, 135, 138
Wilhelm I. 134, 172, 242
Wilhelm II. 56, 173, 221, 222, 239, 243
Windkrafträder 28
Windmühlen 28
Windsurfen 14
Wohnmobil 19

Zuse, Konrad 250

Geographisches Register

Ahrensbök 234
Albertsdorf (Fehmarn) 138
Altenkrempe 74
Altenteil (Fehmarn) 128
Ascheberg 228
Augstfelde 226

Bad Malente-Gremsmühlen 215
Bad Schwartau 52
Bad Segeberg 230
Bannesdorf (Fehmarn) 121
Bannesdorf Ort (Fehmarn) 125
Barsbek 183
Barsbeker See 183
Behler See 218
Behrensdorf 171
Belauer See 230
Bellin 192
Bentfeld 90
Berlin 234
Bisdorf (Fehmarn) 138
Blekendorf 159, 161
Bliesdorf 83, 90
Bojendorf (Fehmarn) 131
Bollbrügge 147
Bornhöved 229
Bosau 225
Bottsand 183
Brasilien 178
Bredeneek 201
Brenkenhagen 91
Brodau 83
Brodten 60
Burg (Fehmarn) 114

Cismar 91

Dahme 96
Dahmeshöved 99
Dannau 169
Dänschendorf (Fehmarn) 128
Darry 173
Depenau 230
Dersau 226
Dieksee 215
Dobersdorfer See 193

Ehlerstorf 158
Eitz (Strand) 156
Eutin 208

Fahren 190
Falkensteiner Strand 251
Fargau 193
Farve 157
Fehmarn 109
Fehmarnsund (Fehmarn) 140
Flehm 169
Flügger Strand (Fehmarn) 132
Friedrichsort 187, 251
Futterkamp 160

Gaarz 151
Gahlendorf (Fehmarn) 124
Gammendorf (Fehmarn) 127
Giekau 169, 170
Gießelrade 234
Gleschendorf 68
Göhl 148
Gold (Fehmarn) 139
Gömnitzer Berg 74
Görtz 105
Gothmund 51
Grabensee 193
Grafenwinkel 23
Grammersdorf 63
Graswarder 142, 147
Grebin 224
Gremersdorf 147
Griebeler See 205
Grömitz 83
Grönwohlshorst 93
Großenbrode 106
Großer Plöner See 218, 220
Großer Segeberger See 231
Grube 100
Grüner Brink (Fehmarn) 126
Güldenstein 153

Haffkrug 69
Hansühn 159
Harmsdorf 154
Hasselburg 75
Häven 64
Heidkate 182
Heikendorf 187
Heiligenhafen 141

Windjammer am Reventlou-Kai von Kiel

Helmstorf 169
Hemmelsdorfer See 62
Heringsdorf 104
Hessenstein 175, 191
Högsdorf 169
Hohenfelde 175
Hohenstein 158
Hohwacht 161
Holm 178
Holsteinische Schweiz 203
Holtenauer Schleuse 243, 250

Ihlsee 231

Kaköhl-Buschkate 161
Kalifornien 178
Kamp 234
Kasseedorf 204
Katharinenhof (Fehmarn) 122
Kellenhusen 93
Kellenhusener Forst 94
Kellersee 215
Kesdorf 69
Kiel 235
Kirchnüchel 169, 206
Klamp 169
Klausdorf (Fehmarn) 124
Kleiner Plöner See 218, 220
Kletkamp 169
Klostersee-Strand 93
Kopendorf (Fehmarn) 131
Kraksdorf-Strand 106
Kremsdorf 148
Krokau 182
Krummsteert (Fehmarn) 134
Kührener Teiche 200

Laboe 184
Lammershagen 192
Landkirchen (Fehmarn) 136
Landkirchen Ort (Fehmarn) 137
Langenrade 228
Lanker See 198, 200
Lemkendorf (Fehmarn) 136
Lemkenhafen (Fehmarn) 135
Lensahn 152
Lensterstrand 89
Lippe 171
Logeberg 90
Löhrstorf 105
Lübeck 33
Lütjenburg 100
Lutterbek 183

Marienleuchte (Fehmarn) 125
Martensrade 193
Meeschendorf (Fehmarn) 121
Molfsee (Kiel) 252
Möltenort 187
Mönchneverstorf 205
Mönkeberg 188

Nehmten 227
Nessendorf 160
Neudorf 164
Neuhaus 170
Neukirchen (bei Heiligenhafen) 105
Neukirchen (bei Malente) 217
Neustadt in Holstein 76
Niendorf 60
Nord-Ostsee-Kanal 243
Nüchel 207

Oevelgönne 73
Offendorf 63
Oldenburg (Holstein) 148
Orth (Fehmarn) 134

Panker 173
Passade 189
Passader See 189
Pelzerhaken 81
Perdoel 230
Petersdorf 130
Pönitzer Seenplatte 68
Postsee 196
Prasdorf 183
Pratjau 193
Preetz 195
Priwall 55
Probstei 177
Probsteierhagen 189

Pronstorf 233
Pülsen 193
Putlos 145, 148
Puttgarden (Fehmarn) 125
Püttsee-Strand (Fehmarn) 133

Rantzau 170
Rastorf 201
Ratekau 53
Rettin 82
Riepsdorf 102
Rixdorf 195, 224
Roge 74
Rosenfelder Strand 104
Rosenhof 103
Ruhwinkel 229
Rumpelsee 74
Ruserberg 160

Sagau 204
Salzau 192
Sande 227
Scharbeutz 67
Schashagen 83
Schierensee 230
Schilksee 251
Schlagsdorf (Fehmarn) 128
Schlesen 193
Schmalensee 230
Schöhsee 220
Schönberg 178
Schönberger Strand 178
Schönböken 229
Schönwalde am Bungsberg 204
Schwentine 14, 206, 216
Seedorf 233
Seegalendorf 147
Seekamp-Strand 106
Seekrug 170
Sehlendorfer Strand 159
Selent 190
Selenter See 170, 190
Sierhagen 76
Sierksdorf 70
Sieversdorf 207
Siggen 104
Siggeneben 103
Sophienhof 202
Staberhuk (Fehmarn) 121
Stakendorf 182
Stein 183
Stendorfer See 204, 205
Stocksee 226
Stöfs 172
Stolpe 229
Stolper See 230
Stoltenberg 190
Strande 251
Strenglin 233
Strukkamphuk (Fehmarn) 140
Sulsdorf (Fehmarn) 131
Sulsdorfer Wiek (Fehmarn) 134
Süsel 74
Süssau 104
Sütel-Strand 106

Teschendorf (Fehmarn) 136
Testorf 158
Thomsdorf 102
Timmdorf 218
Timmendorfer Strand 64
Todendorf 172, 173, 176
Tökendorf 193
Trammer See 220
Trappenkamp 229
Travemünde 54
Travenhorst 234
Tröndel 169

Ukleisee 214

Wahlstorf 202
Wallnau (Wasservogelreservat, Fehmarn) 131
Wangels 158
Wankendorf 229
Wankendorfer Seengebiet 229
Warder 233
Wardersee 233
Warnsdorf 64
Waterneverstorf 172
Weissenhaus 156
Weissenhäuser Strand 154
Wendtorf 183
Wensin 233
Westerbergen (Fehmarn) 136
Westermarkelsdorf 129
Westfehmarn (Fehmarn) 128
Wintershagen 73
Wisch 182
Wittenberg 193
Wulfener Hals (Fehmarn) 140

Was haben Sie entdeckt?

Haben Sie ein gemütliches Hotel, ein uriges Lokal, einen empfehlenswerten Strand oder aber einen schönen Wander- oder Radweg gefunden?

Wenn Sie Ergänzungen, Tipps, Anregungen oder Kritik zu diesem Buch haben, lassen Sie es uns bitte wissen.

Schreiben Sie an:

Dr. Dieter Katz
Stichwort "Ostseeküste"
c/o Michael Müller Verlag
Gerberei 19
91054 Erlangen
E-Mail: d.katz@michael-mueller-verlag.de